한국대통령 통치구술사료집 3

* 이 사업은 한국연구재단 중점연구소지원사업(NRF-2008-401-J01601~3) 지원을 받아 진행되었음.

**한국대통령 통치구술사료집 3 -노태우 대통령**

초판 1쇄 발행  2013년 11월 30일

엮은이 | 연세대학교 국가관리연구원
펴낸이 | 윤관백
펴낸곳 | 선인

등  록 | 제5-77호(1998.11.4)
주  소 | 서울시 마포구 마포동 324-1 곳마루 B/D 1층
전  화 | 02)718-6252/6257
팩  스 | 02)718-6253
E-mail | sunin72@chol.com

정가 23,000원

ISBN  978-89-5933-665-4  94340
ISBN  978-89-5933-652-4  (세트)

·잘못된 책은 바꿔 드립니다.

연세대학교 국가관리연구원
국가관리사료총서 13

# 한국대통령 통치구술사료집 3

## 노태우 대통령

연세대학교 국가관리연구원 편

구술: 박철언 | 문희갑 | 노재봉

채록 및 편집: 박명림 | 윤민재 | 권자경 | 장훈각 | 박용수

※ 본문의 인용부호(" ")는 편집과정에서 독자의 편의를 위해 사용한 것이며 과거 특정상황의 현실성을 표현하기 위한 것으로 특정인의 발언 내용과 일치하는 것이 아니라는 점을 밝힙니다.

## 발간사

　연세대학교 국가관리연구원은 통치사료 축적의 수준을 높이기 위해 '한국대통령 통치구술사료집'을 기획하고 발간해 오고 있습니다. '대통령 구술사료'는 통치사료연구에서 일차사료로서의 성격을 지니면서 대통령 재임 당시의 복잡한 정치와 정책 구도를 가장 원초적으로 참고할 수 있는 사료일 것입니다. 연세대학교 국가관리연구원이 최규하 대통령 통치구술 사료집을 출간한데 이어서 전두환 대통령과 노태우 대통령 두 분에 대한 구술 사료집을 연이어 출간하게 되었습니다.
　한국정치사에서 1979년 이후 1992년까지의 기간은 1987년 한국민주화의 분기점을 품고 있는 기간입니다. 따라서 그 기간의 민주주의 과도기적 성격들은 이미 많은 학자들에 의해서 그 중요성이 지적된 바 있습니다. 1979년부터 1992년까지의 정치 과도기에 대통령 직을 수행하였던 분들은 최규하, 전두환, 노태우 대통령 세 분입니다. 특히, 노태우 대통령의 경우 1987년 민주화로 인한 대통령 직선제 개헌 이후 6공화국 초대 대통령이기에 한국 민주주의 공고화 과정의 초기를 담당한 대통령이라는 중요성에도 불구하고 그간 연구 대상에서 소외되어 온 것은 안타까운 일입니다.

연세대학교 국가관리연구원 '국가관리사료총서 시리즈'의 일환으로 발간되는 통치구술사료집 2권(전두환 대통령 편)과 3권(노태우 대통령 편)이 통치사료 연구와 자료 축적에 또 다른 계기를 마련할 것으로 생각합니다. 구술사료집에서 구술을 맡아 주신 분들과 이를 채록하고 편집하신 분들의 노고에 감사드립니다. 어려운 프로젝트라는 예상 속에서도 연세대학교 국가관리연구원의 연구역량을 믿고 재정적으로 지원해 주신 한국연구재단에 감사드립니다.

2013년 9월 20일

연세대학교 국가관리연구원장

진 영 재

# 차 례

발간사 / 5
서　론 / 9

## ▌박철언 …………………………………………………………… 15
### 1. 개요 ………………………………………………………………… 16
### 2. 구술 ………………………………………………………………… 23
- 1차 구술 ……………………………………………………………… 23
- 2차 구술 ……………………………………………………………… 51
- 3차 구술 ……………………………………………………………… 90
- 4차 구술 ……………………………………………………………… 115

## ▌문희갑 …………………………………………………………… 153
### 1. 개요 ………………………………………………………………… 154
### 2. 구술 ………………………………………………………………… 161
- 1차 구술 ……………………………………………………………… 161
- 2차 구술 ……………………………………………………………… 187
- 3차 구술 ……………………………………………………………… 220
- 4차 구술 ……………………………………………………………… 239

▍노재봉 ······················································································· 255
  1. 개요 ··················································································· 256
  2. 구술 ··················································································· 262
    • 1차 구술 ·········································································· 262
    • 2차 구술 ·········································································· 297
    • 3차 구술 ·········································································· 319

노태우 대통령 연표 / 345

# 서론

　노태우 대통령 통치구술사료집은 연세대학교 국가관리연구원이 수행하고 있는 한국연구재단 중점연구소지원사업 "한국 대통령리더십과 국가관리(state governance)"의 일환으로 추진되었다. 이 사업은 역대 대통령리더십과 거버넌스 관점에서의 국정운영에 대한 연구, 관련 문서 사료수집, 그리고 관련 인사들에 대한 구술인터뷰 작업, 그리고 한국 대통령에 관한 학제간의 종합적이고 통합적인 연구들을 포함한다. 이 구술사료집은 노태우 정부에 참여했던 주요 인사들의 인터뷰 내용을 편집한 것이며, 최규하 대통령 관련 구술사료집, 전두환 대통령 관련 구술사료집에 이어 세 번째 펴내는 구술사료집이다. 노태우 대통령 관련 구술인터뷰는 대부분 2011년에 이루어졌다. 노태우 정부 이후 20년이 지났지만, 구술자들이 당시의 자료나 메모, 문서 등을 동원하여 인터뷰하였고, 연구자들이 이를 많은 시간을 투입해 확인하는 과정을 거쳤기 때문에 어느 정도 체계적인 사료집이 완성될 수 있었다.

　노태우 대통령은 1987년 한국 민주화 이후 직선제로 뽑힌 첫 번째 대통령이다. 그는 4·19 직후의 장면 총리, 10·26 직후의 최규하 대통령과 마찬가지로 정치적 전환기의 대통령이었다. 세계수준에서 탈냉전과 민주화가 진행되었던 1987년은 민주주의의 새로운 시대를 연 의미 있는 역사적

시기였다. 노태우 대통령이 역사적으로 중요한 평가를 받을 수 있는 이유 가운데 한 가지는 권위주의적 통치가 점차로 약화되는 시점, 시민사회의 정치참여 열기가 뜨거워지면서 나타난 변화, 그리고 여소야대라는 분점정부의 상황 속에서 한국의 민주화를 '87년체제'에서 안착시켰다는 데에 있다. 그 과정에서 노태우 대통령은 '보통사람'이라는 구호를 내세워 전임 대통령과 달리 탈권위적인 대통령의 모습을 보여주었으며, '6·29선언'과 '7·7선언' 그리고 '5공비리' 수사 수용 등을 통해 시대적 과제에 적응할 수 있는 리더십을 보여주기도 하였다. 특히 '6·29선언'과 '7·7선언'은 민주화와 탈냉전에 대한 노태우 대통령의 주도적 대응이라는 상징적 의미를 지닌다. 또한 노태우 정부의 북방정책과 토지공개념 추진 등은 탈냉전과 민주화에 부합하는 대표적인 정책으로 평가할 수 있다. 이외에 노태우 정부는 인천공항, KTX, 서해안고속도로 등 기간시설확충에 적극적이었다.

역대 어느 대통령이나 명암이 엇갈리지만 노태우 대통령에 대한 지지율은 아직까지 역대 대통령 중에서 최저 수준을 벗어나지 못하고 있다. 대내·외적으로 주요한 몇몇 성과와 업적을 냈지만 다른 대통령들에 비해 국민들로부터 평가를 받지 못하고 있다. 그것은 노태우 대통령이 가지고 있는 부정하기 힘든 개인적 요소 때문이기도 하고 혹은 그의 리더십의 한계일 수도 있다. 아니면 노태우 대통령 시기에 대한 평가가 때로는 왜곡되거나 폄하되는 측면도 있었다. 그것을 설명할 수 있는 요인들은 크게 몇 가지로 구분 가능하다. 우선 노 대통령은 하나회 신군부 출신으로서 12·12사태 주역 중 하나이고, 5·18 광주항쟁에 대한 과도한 진압 관련 책임에서도 자유롭지 않다. 1990년 초 '3당합당'으로 인한 지역구도 고착화도 민주화 이후 한국정치 발전의 제약요인으로 평가받고 있다. 또한 그의 부드러운 리더십 이미지가 나약한 이미지로 여론에 인식되었고, 비자금 문제로 인한 구속은 노태우 대통령에게 부패 이미지를 추가시켰다. 그리고 금융실명제, 지역균형발전전략 등 노태우 정부 집권 초기에 의해 추진되던 주요 개혁조치들은 '3당합당' 이후 중단되거나 이완되었다. 정책적으로 여러 성과에도 불구하고 결과적으로 노태우 정부는 제1차 북핵위기를 김영삼 정부에게 넘겨주었고, 3저호황에서 시작했던 경제도 임기 말에는 상대적으로 침체되고 부실해졌다고 볼 수 있다.

박철언, 문희갑, 노재봉 등 당시 외교, 경제, 정무 부문에서 노태우 대통령이 신임했던 핵심 인물들이 본 구술인터뷰에 참여하여 매우 소상하게 당시 상황을 구술했다. 이들 세 명의 구술인터뷰 내용을 보면 지금까지도 논쟁과 갈등의 대상이 되고 있는 주요 국가의제, 국가정책 등 주요 화두들이 이미 노태우 정부 시기에 논의되고 있었고 상당한 부분들이 실제로 추진되었거나 검토되고 있었음을 알 수 있다.

박철언의 구술에서 확인할 수 있는 것은 먼저 5공화국의 대표적 사건이었던 4·13호헌조치와 6·29선언에 관한 내용이다. 특히 6·29선언은 전두환 대통령이 먼저 했고 노태우 대표는 그것을 수용했지만 노태우 대표가 기득권을 포기하고 과감하게 그것을 수용했다는 점에서 노태우 전 대통령이 주역임은 분명하다는 점을 박철언 이사장은 강조하였다. 두 번째는 노태우 대통령이 당선되었던 13대 대통령 선거와 관련된 일화이다. 대통령 선거지원을 위해 전국 204개의 거점을 둔 월계수회를 박 특보는 만들었고 내부적으로는 노태우 스쿨을 만들어 연수와 교육활동을 했다고 한다. 노태우 후보는 당 공조직보다 이 사조직을 매우 신뢰했으며 당선 후 공조직보다 앞서 사조직과 만찬을 열 정도로 믿음을 갖고 있었다고 한다. 세 번째는 5공청산문제와 관련된 노태우 대통령 측과 전두환 전 대통령 측 간의 갈등에 관한 일이다. 박철언 이사장은 당시 5공청산은 양측 간의 갈등문제보다 6공화국의 설계에 대한 시각의 차이로 보았다. 네 번째는 3당통합과 정계개편에 관한 내용이다. 여소야대의 현실에서 박철언 장관은 보수 대 혁신의 구도가 한국정치에 바람직하다는 생각을 가지고 있었고 3당합당은 내각제로 가는 하나의 과정이었다고 평가하였다. 다섯 번째는 김영삼 후보의 선출과정에 대한 일이다. 김영삼 후보가 선출되는 과정에서 반YS진영에 섰던 인사들이 당내 후보단일화를 위해 힘썼지만 노태우 대통령은 반YS활동을 하지 말 것을 비서실장을 통해 박철언 이사장에게 이야기했다고 한다. 김영삼 후보와의 갈등은 3당합당 과정에서 이미 발생했다. 그런데 3당합당 이후 당대표가 된 김영삼 대표는 1990년 소련방문을 추진하면서 박철언 정무장관과 다시 한번 충돌하게 되는 과정을 설명했다. 마지막으로 6공화국의 대표적인 업적으로 박철언 이사장은 북방외교를 지목했고, 그 의미를 대미의존적인 외교에서 벗어나 외교범위를 확장하고 주변 4대강국과의 관계를 재수립하며 나아가서 남북한 평화통일을 새롭게 모색하는 일로 규정했다. 북방정책을 추진하는 과정에서 미국정부는 반미주의자, 용공주의자로 박철언 장관을 의심했다고 한다. 그리고 국내에서도 안보보좌관, 안기부, 특보 등이 박철언 장관의 외교활동을 못마땅하게 생각해 다양한 방해활동을 전개했다고 한다.

문희갑 경제수석 구술의 기본 내용은 노태우 정부의 주요 경제개혁을 추진했다가, 1990년 3당합당 이후 본인의 의사와 상관없이 국회의원에 출마하면서 개혁 추진력이 상실되는 것을 보면서 안타까워했다는 것이다. 예산관련 전문관료로 공직을 시작했던 그는 전두환 정부 시기에도 경제기획원에서 심의관을 거쳐 차관을 역임했다. 그는 1988년 말부터 1990년 초까지 토지공개념, 금융실명제, 200만 호 주택 건설, 기간시설(인천공항, KTX, 서해안 고속도로, 대불공단 등) 확충, 지역균형개발전략 등을 추진했다. 이러한 사안들이 모두 성과를 낸 것은 아니지만 그 이후 진행된 개혁과 연계하거나 비교해볼 때 노태우 정부 초기의 개혁성이 강했음을 알 수 있다. 그는 노태우 정부의 경제정책기조를 경제정의 실현으로 규정했다. 이것은 박정희 정부의 경제성장, 전두환 정부의 경제안정에 이은 노태우 정부의 시대적 과제라는 것이었다. 특히 1986~1988년 3저호황과 88올림픽을 계기로 확산된 경제거품이 과열된 부동산 투기로 나타나 이를 억제하거나 관리하기 위해서 경제정의가 필요했다. 그 일환으로 추진된 토지공개념은 노태우 대통령의 동의와 여소야대 국회에서 입법화가능했다고 회고했다. 그렇지만 이것은 김영삼 정부 시기에 위헌판결을 받아 제대로 시행되지 못했다. 금융실명제, 지역균형개발 추진은 3당합당 이후 자신이 청와대에서 물러나면서 제대로 추진될 수 없었음을 설명했다. 토지공개념법도 김영삼 정부 시기 위헌판결을 받아 제대로 시행되지 못한 만큼, 그의 개혁은 정치적 환경의 변화에 따라 좌절되었다. 이렇게 볼 때 그는 노태우 대통령의 경제개혁 의지를 강조했지만, 이는 정치적 상황에 따라 바뀔 수 있는 수준이었음을 짐작할 수 있다. 200만 호 주택건설과 5개 신도시 건설은 당시 폭발적인 부동산 투기를 잡는데 기여했고, 그 후유증은 계획 수준을 넘어 과도하게 추진된 결과로 규정했다. 또한 인프라 시설로서 인천공항, KTX, 서해안 고속도로, 대불공단 등이 그가 기획하고 적극적으로 추진한 것이라는 것을 밝혔다. 이외에도 그의 구술에는 대통령 비자금 문제가 노태우 대통령 임기중에 거론되었다는 점과 파업 노동자와의 협상, 북한과의 협상과 같은 다양한 활동에 대한 내용이 담겨있다.

노재봉은 학자 출신으로 1987년 대통령 선거 이전까지 노태우 대통령과 인연이 없었음에도 불구하고, 선거운동과정에서 양 김 단일화 후보와 노태우 간의 일대일 대결 제안을 계기로 대통령의 신임을 얻어 대통령 특보에서 비서실장 나아가 총리까지 역임했던 인물이다. 그는 자신의 경험에 기초하여 임용과정에서 나타나는 언론의 반응이 임명 결과에 영향을 줄 수 있음을 설명했다. 그리고 그는 노태우 대통령의 특보, 비서실장의 경험에서 청와대 비서실의 기본적인 의사결정방식과 당시 상황을 사례를 통해 구체적으로 설명했다. 또한 그의 중간평가와 관련하여 야당과의 의사소통 내용에서 당시 정세의 불안정성과 이를 이용하여 정권의 안정성을 유지하려는 의도를 확인할 수 있다. 총리로 임명되는 과정에서 그는 몇 번 고사를 하면서 노태우 대통령으로부터 행정을 총괄할 수 있는 실세총리의 위상을 확보했다. 그리고 그는 총리 재직 시 강경하고 공세적인 입장에서 대북정책을 수립, 추진했다. 당시 북한의 불가침조약 주장에 대하여 조약의 체결가능성을 인정하고 이에 대한 보장책으로 UN동시가입을 주장했다. 다시 말해 북한의 하나의 조선정책을 그 근저에서 부정하고 이에 대한 역공세를 펼쳤던 것이다. 또한 일부 노동계의 극렬시위를 북한과 연계되어 있는 것으로 판단했으며, 이에 강하게 대응하였다. 이러한 점들로 인해 북한이 노재봉 총리 재임 시 남북고위급회담을 중단한 이유가 된 것으로 노 전 총리는 해석하고 있다. 또한 그가 총리 재직 시기 미국으로부터 북한의 핵문제와 관련하여 관련 장관들이나 정치인들이 북핵문제를 한국이 아닌 미국과의 문제로 인식하고 있었음을 지적했다. 그는 당시 북한의 핵문제는 전면적인 제재정책을 통해 강력하게 대응함으로써 북한 스스로 붕괴되는 기회로 삼았어야 했다고 회고했다. 그는 강경대 사건에 대한 책임을 지고 총리직에서 물러났지만, 당시 차기 대통령 후보로 거론되기도 했다.

# 박철언

(전) 체육청소년부장관

## 1. 개요

　　국회의원과 정무장관 등을 역임한 박철언 현 한국복지통일연구소 이사장과의 인터뷰는 4회에 걸쳐 실시되었다. 첫 번째 인터뷰는 2010년 12월 29일 한국복지통일연구소에서 실시되었고 2차 인터뷰는 동일 장소에서 2011년 1월 5일 실시되었다. 3차 인터뷰는 2011년 1월 31일, 4차 인터뷰는 2011년 2월 25일 동일 장소에서 실시되었다. 총 12시간에 걸친 인터뷰 내용은 1980년대와 1990년대 제5공화국과 제6공화국, 권위주의정부 시기와 민주화 이후의 김영삼, 김대중 정부의 주요 사건, 정책과 관련된 내용뿐만 아니라 외교, 통일 분야의 국제적인 사건 및 비사 등을 포함하고 있다. 본 인터뷰 내용은 박철언 이사장이 펴낸 회고록 『바른 역사를 위한 증언 1,2』의 내용과 중복되는 점도 있지만 이 구술집에서는 6·29선언과 관련된 비화나 김영삼 정부의 탄생과 권력내부의 갈등 등 새로운 내용을 포함하고 있다.

　　경북 성주에서 출생하여 경북고등학교와 서울대 법대를 졸업하고 검사 생활을 한 박철언 이사장은 전두환 정권 시기 대통령법률비서관, 국가안전기획부장특별보좌관을 역임하였고 노태우 정부 시절에는 정무장관, 체육청소년부장관을 역임했으며 3선 국회의원을 지내기도 하였다. 국내정치 분야뿐만 아니라 외교분야에서도 크게 활약한 박 이사장은 42차례 남북비밀회담 수석대표로 북한의 주요 인물들을 접촉하였고 노태우 정부의 북방외교를 주도하였다. 노태우 정부 탄생 과정에서 핵심적 역할을 하였고, 6·29선언의 기초를 닦는데 기여했을 뿐 아니라, 3당통합을 위한 물밑협상을 주도했다.

　　박철언 이사장은 신군부의 핵심적 인사도 아니고 군 출신도 아니었지만 노태우 전 대통령과의 친인척 관계로서 5공화국과 관련된 다양한 정치사건과 내부에서의 권력투쟁, 갈등의 현장을 직접 목격하였다. 노태우 전 대통령이 대통령으로 당선되는 과정에서 외곽조직을 이끌고 직접 선거유세를 주도하기도 하였으며 한국정치의 큰 지형을 변화시켰던 3당통합을 주도하여 여권뿐만 아니라 야권의 전체 구도를 변화시키는 데 영향력을 발휘하기도 하였다. 김영삼 대통령 후보 선출과정에서 대립과 갈등을 한 박철언 이사장은 여권에서 야권으로 옮겨가며 개인적으로는 많은 어려움을 경험하기도 하였다. 현재는 정치일선에서 물러나 통일과 복지분야에 관한 관심을 가지고 활동하고 있고 시집을 발표 하는 등 문인으로서도 활동하고 있다.

총 4회, 12시간에 걸쳐 진행된 인터뷰 내용의 핵심사항들을 정리하면 아래와 같다.

먼저 5공화국의 대표적 사건이었던 4·13호헌조치와 6·29선언에 관한 내용이다. 박철언 이사장에 의하면 4·13호헌조치가 내려지기 전에 전두환 전 대통령은 순수내각책임제를 기초로 한 개헌안을 만들도록 당시 박철언 안기부장 특별보좌관에게 지시를 내렸다고 한다. 이 때문에 대통령 주재로 회의가 수차례 열리기도 하였으며 여권의 핵심인사들이 회의에 참석했다고 한다. 당시 노태우 대표는 이에 대해 특별히 반대하거나 이의를 제기하지 않으며 4·13호헌 발표문은 청와대 비서관이 작성해 최종적으로 박철언 특보가 검토해 확정했다고 한다. 당시 박 특보는 법전문가, 외교전문가, 정보전문가 등 63명으로 이루어진 비공식 법제연구반을 만들어 선언문 작성에 도움을 받았다고 한다. 당시 여권은 평화적 정권이양과 88올림픽 성공을 위해 호헌조치를 내렸으며 이 과정에서 여권내부에서는 갈등 등은 전혀 없었다고 한다. 즉 전두환 대통령의 판단과 의지 등이 전적으로 반영된 결과물이 4·13호헌조치였다고 할 수 있다. 6·29선언의 직선제 내용은 전두환 대통령의 제안과 판단에 의한 것이었으며 노태우 대표는 처음에는 반대했다고 한다. 그 후 노태우 대표는 직선제 안에 찬성하고 박철언 특보에게 문안준비를 하도록 지시했다고 한다. 6월 27일 8개조

항의 6·29선언 최종안이 준비되고 6월 28일 박철언 특보는 노태우 대표를 방문하여 마지막 점검을 하였다고 한다. 이 선언의 제안은 전두환 대통령이 먼저 했고 노태우 대표는 그것을 수용했지만 노태우 대표가 기득권을 포기하고 과감하게 그것을 수용했다는 점에서 노태우 전 대통령이 주역임은 분명하다는 점을 박철언 이사장은 강조하였다.

두 번째는 13대 대통령 선거와 관련된 일화이다. 대통령 선거지원을 위해 전국 204개의 거점을 둔 월계수회를 박 특보는 만들었고 내부적으로는 노태우 스쿨을 만들어 연수와 교육활동을 했다고 한다. 노태우 후보는 당 공조직보다 이 사조직을 매우 신뢰했으며 당선 후 공조직보다 앞서 사조직과 만찬을 열 정도로 믿음을 갖고 있었다고 한다. 당선 후 최병렬, 현홍주, 이병기를 중심으로 한 취임준비위원회가 구성되고 이들이 신주류로 부상했다고 한다. 신주류로부터 견제를 받으며 박철언 특보는 초기 내각 참여를 하지 못하게 된다. 이 과정에서 전두환 대통령 측도 내각참여에 반대하는 입장을 가졌다. 그러나 박철언 특보는 전국구 의원을 추천하는 데 큰 영향력을 발휘하였고 노태우 대통령의 지시로 북방정책연구소를 개설하여 여전히 외교안보, 통일분야에서 영향력을 갖게 되었다.

세 번째는 5공청산문제와 관련되어 노태우 대통령 측과 전두환 전 대통령 측 간의 갈등에 관한 일이다. 5공청산문제가 공론화되는 시점에서 이순자 여사가 연락이 와 만났으며 연희동 측은 청와대 측에 섭섭하다는 표현을 하였고 그 후 양측 간의 메신저 역할을 박철언 이사장이 맡았다고 한다. 박철언 이사장은 당시 5공청산은 양측 간의 갈등문제이기보다는 6공 화국의 설계를 어떻게 하느냐에 대한 시각의 차이문제로 보았다는 점이 특징이다. 최병렬 등 일부세력이 인기영합에 치중하여 5공청산과 과거단절을 강력하게 주장하였고 이들이 노태우 대통령을 부추겼다고 박철언 이사장은 진술하였다. 심지어는 당시 김기춘 검찰총장, 최병렬 수석 등이 장세동, 안현태, 이원조, 이학봉, 허문도, 박태준 등의 구속수사를 주장했지만 본인은 강력히 반대했다고 한다. 이러한 내용들은 일반적으로 전두환 전 대통령 측에서 박철언 전 장관을 5공청산의 핵심적 인사로 지목하고 있는 사실과 차이가 있는 내용이다.

네 번째는 3당통합과 정계개편에 관한 내용이다. 여소야대의 현실에 직면한 노태우 정부는 박철언 당시 정책보좌관으로부터 정계개편의 건의를 받게 된다. 박철언 장관은 보수 대 혁신의 구도가 한국정치에 바람직하다는 생각을 가지고 있었고 당시 야당도 보수정당이기 때문에 보혁구도가 역사발전에 긍정적으로 작용할 것이라는 믿음을 가지고 있었다고 한다. 당시 김영삼 총재가 더 적극적으로 통합문제에 관심을 가지고 있었으며 김영삼 총재는 정치자금을 요구했다고 한다. 그리고 김대중 총재와의 면담에서는 중간평가 유보를 주장했고 통합자체에는 부정적인 입장을 표명했다고 한다. 당내에서는 일부 인사들이 중간평가와 신임문제를 연계하여 실시할 것을 주장하기도 했지만 노태우 대통령은 경고를 했다고 한다. 그리고 정보부처와 정치특보도 중간평가실시와 정계개편을 주장했지만 박철언 장관은 중간평가는 국가적 손실이므로 반대했고 이것이 결국 관철되었다. 박철언 이사장은 3당합당은 내각제로 가는 하나의 과정이었고 여소야대 정국 속에서 노태우 정부가 산업화, 민주화의 교량역할로서 6공화국의 핵심적 사업을 추진하기 위한 발판이었다고 평가하였다.

다섯 번째 김영삼 후보의 선출과정에 대한 일이다. 김영삼 후보가 선출되는 과정에서 김윤환, 금진호, 서동권, 이원조, 이병기 등이 큰 역할을 당내외에서 했으며 반YS진영에 섰던 인사들이 당내 후보단일화를 위해 힘썼지만 김윤환 의원이 박태준 대표가 출마를 강행할 경우 김영삼 후보는 탈당할 것이라는 협박을 했다고 한다. 이 과정에서 노태우 대통령은 반YS 활동을 하지 말 것을 비서실장을 통해 박철언 이사장에게 이야기했다고 한다. 또한 박철언 이사장은 인터뷰를 통해 김영삼 측에서도 김영삼 후보를 밀어주면 차기를 약속하는 듯한 이야기를 전달했다는 사실을 확인해주었다. 심지어는 김영삼 후보의 부인이 박철언 장관의 부인을 찾아와 지원해 줄 것을 부탁했다고 한다. 당시 박 장관은 대통령 후보로서 강영훈 총리나 정주영 회장을 염두에 두고 있었다. 그러나 강영훈 총리에게 정보기관 등으로부터 참여하지 말라는 압력이 있었다고 한다. 결국 김영삼 후보가 대통령이 되었지만 박철언 장관은 엄청난 돈과 조직, 정보를 동원해 당선되었으므로 6공의 황태자는 본인이 아니라 김영삼 대통령 후보라고 비판하는 점을 인터뷰를 통해 강조하였다. 이후 본인은 김영삼 대통령 측으로부터 많은 탄압을 받았고 자신과 가까운 인사 200명의 명단을 만들어 금융추적이나 출국금지 등의 압력을 받았다고 한다.

김영삼 후보와의 갈등은 3당합당 과정에서 이미 발생했다. 그런데 3당합당 이후 당대표가 된 김영삼 대표는 1990년 소련방문을 추진하면서 박철언 정무장관과 다시 한번 충돌하게 된다. 노태우 대통령의 친서를 고르바초프(고르비)에게 전달할 것을 명 받은 박철언 장관은 김영삼 대표로부터 동행할 것을 부탁받고 소련을 방문하게 된다. 그러나 박철언 이사장의 증언에 의하면 김영삼 대표가 단독으로 고르바초프를 만나 친서를 전달할 기회도 마련하지 않은 상태에서 개인적으로 한·소수교 성사를 발표하면서 국내외에 큰 파장을 일으키게 되었다. 소련의 항의를 받은 박철언 장관은 이 일을 수습하는 데 큰 힘이 들었으며 이 과정에서 자신이 만든 연구소에 번역한 고르바초프의 책이 소련관료들에게 영향을 주었다고 한다. 귀국 후 노태우 대통령은 김영삼 대표를 질책하였고 그 후 김영삼 대표 측은 언론과 권력층을 동원해 박철언 장관을 맹공격했다고 한다. 업무복귀를 거부한 김영삼 대표는 고향으로 내려갔고 이 일을 원만히 수습하기 위해 박철언 장관은 사표를 제출하게 된다. 이후부터 노태우 대통령의 레임덕은 시작되었다고 박철언 이사장은 회고하였다.

마지막으로 박철언 이사장의 북방정책과 통일문제에 대한 외교안보활동에 관한 내용들이다. 6공화국의 대표적인 업적으로 북방외교를 들고 있는 박철언 이사장은 대미의존적인 외교에서 벗어나 외교범위를 확장하고 주변 4대강국과의 관계를 재수립하며 나아가서 남북한 평화통일을 새롭게 모색하는 일에 몰두하게 된다. 이 작업은 이미 5공화국 때부터 시작되었고 박철언 당시 특보는 북한전문가, 공산권전문가 등을 모아 특보팀을 구성했으며 이 팀이 앞에서 설명한 6·29선언을 기초하는데 큰 역할을 했지만 북방정책의 틀을 만드는데도 큰 기여를 했다고 한다. 5공화국 때 남북비밀회담을 추진하는 과정에서는 김용식 전 외무장관으로부터 자문을 받았다고 한다. 특히 남북비밀회담에 대해 박철언 이사장은 세밀한 기억을 통해 회담장소, 대화내용, 주고받은 선물, 재미있는 일화 등을 구술인터뷰를 통해 들려주었다. 그리고 1989년 세계청년학생축전을 관람하기 위해 북한을 방문했을 때의 일화도 소개하기도 하였다. 한편 6공화국이 출범하면서 노태우 정부는 한민족공동체통일방안을 마련하였고 이것이 그 이후의 정부들의 통일정책의 기초가 되었다고 평가하였다.

　북방정책을 추진하는 과정에서 미국정부는 반미주의자, 용공주의자로 박철언 장관을 의심했다고 한다. 미국으로 출장을 간 박철언 장관은 미국의 주요 부서의 초청을 받고 고위관리들을 만났으며 이 과정에서 사상에 대한 평가를 받고 동시에 보이지 않는 경고를 받았다고 한다. 그리고 국내에서도 안보보좌관, 안기부, 특보 등이 박철언 장관의 외교활동을 못마땅하게 생각해 다양한 방해활동을 전개했다고 한다. 박철언 이사장은 친미일변도의 외교노선은 극복되어야 하며 중국과 외교노선을 보다 강화하여 북한을 압박해야 하며 북한에 대한 인도주의적인 지원은 지속되어야 한다는 점을 강조하였다. 특히 1991년 중국을 방문하여 중국지도부에게 수교 당위성을 주장하는 26쪽의 서신을 직접 발송했는데 이것이 수교와 노태우 대통령의 중국방문에 영향을 미쳤다고 박철언 이사장은 평가하였다.

　이러한 다양한 내용을 담고 있는 박철언 이사장과의 인터뷰는 5공화국, 6공화국의 탄생과정과 그 내부의 비사, 그리고 보이지 않는 권력투쟁과 갈등의 모습을 잘 보여주고 있다. 평화적 정권이양과 국민직선제로 선출된 노태우 정부의 출범은 한국현대사에서 민주화과정으로 가는 과도기로 평가받기도 하고 한편으로는 권위주의정부의 연속선상에서 평가받기도 한다. 3당합당을 통해 보수세력의 결집을 통해 정권재창출을 이루어냈지만 한국정치를 기형적으로 만들고 야합과 지역주의 정치를 강화했다는 비판을 면하기는 어렵다. 5공청산을 시도했지만 인적, 제도적 청산을 제대로 하지 못했다는 평가도 받기도 하고 다른 한편으로는 동맹세력을 제거했다는 비판을 받기도 한다. 그러나 노태우 정부는 북방정책과 통일정책에서는 분명히 역대정부보다 결코 뒤지지 않는 큰 성과를 이룬 것은 분명하다. 다른 정부에 비해 상대적으로 긍정적인 평가를 덜 받고 있거나 혹은 간과되고 있는 측면이 강한 6공화국에 대한 보다 심층적인 연구와 관심이 필요한 시기이다. 그러한 면에서 박철언 이사장과의 인터뷰는 의미 있다고 생각된다. 그 상세한 인터뷰 내용 속에서 학술적인 측면이나 혹은 역사적, 정치적인 측면에서 중요한 내용들을 충분히 찾아낼 수 있다고 생각한다.

## 2. 구술

>>>>> 1차 구술 _____

**윤민재:** 인터뷰를 시작하겠습니다. 오늘은 정무장관과 체육청소년부장관을 역임하시고 3선 의원을 지내신 박철언 선생님을 모시고 노태우 대통령 시기와 관련된 여러 가지 이야기들을 들어보도록 하겠습니다. 선생님 안녕하십니까, 윤민재라고 합니다. 시간 내주셔서 감사합니다. 먼저 1987년을 전후한 시기의 주요사건들을 짚어 가면서 질문 드리도록 하겠습니다. 4·13호헌과 6·29선언이 있는데 첫 번째 4·13호헌 정책이 나오기 이전, 전후 과정 속에서 민정당 내부에서 다양한 헌법 개정 논의가 있었던 걸로 알고 있습니다. 그래서 주로 어떤 논의가 있었고, 어떠한 의견 대립들이 있었는지와 그 과정이 알고 싶습니다.

**박철언:** 보통 4·13호헌조치라 하는데, 정확하게 얘기한다면 '호헌', 헌법을 수호한다는 의미가 아니라, '개헌 문제는 1988년 서울올림픽 이후로 미루자'는 조치입니다. 1986년 5월 22일에 전두환 대통령과 장세동 부장을 통해서 헌법 개정에 대한 대통령 지시 사항이 안기부장 특별 보좌관으로 있는 저한테 전달이 됩니다. 그것은 '순수 내각 책임제로 하는 개헌안을 준비를 하라, 그중에 특히 건설적 불신임제, 말하자면 내각의 수상이 선출되면 2, 3년간은 불신임을 할 수 없도록 해서 분단국가니 만큼 내각제 중에서도 안정된 독일식의 순수 의원 내각 책임제를 모델로 해서 안을 만들고, 당과, 안기부와, 법제처장이 팀을 구성해서 개헌안을 만들고, 또 아울러서 지방 자치나 선거 제도에 관해서도 연구를 하라'는 구체적인 내용의 지시였습니다. 그리고 1986년 5월 29일에 노태우 대표와 신민당 이민우 총재

간에 6월 임시 국회에서 헌법 특위 구성을 합의합니다. 그 후 1986년 7월 7일 청와대에서 헌정체제, 선거제도에 관한 회의를 대통령 주재로 하게 되는데, 여기에 저와 장세동 부장, 노태우 대표는 물론이고 정순덕 사무총장, 이치호 의원, 최병렬 의원까지 참석했습니다. 이양우 법제처장, 허문도 정무수석, 법무수석, 안현태 경호실장, 이해구 안기부차장도 참여했습니다. 이 회의에서 전두환 대통령은 내각제 개헌안을 야당이 거부할 경우 현행 헌법으로 차기를 선출하고 88올림픽 후에 국민이 뜻에 따라 개헌해야 한다는 얘기까지 하십니다.

**윤민재**: 핵심적인 내용은 내각제였고, 그리고 '88올림픽 이후에 개헌을 추진하라'는 것인데, 그중에 최병렬 의원 같은 경우는 전공도 언론 출신이신데, 법대를 나오신 분이긴 하지만은 어떤 계기로 참석하게 되신 겁니까?

**박철언**: 그것은 당에서도 이 개헌 문제를 다루는 데는 홍보 문제도 있고 하니까 언론계에 오래 있던 최병렬 의원이 참여하게 된 게 아닌가 그렇게 생각됩니다.

**윤민재**: 팀이 꾸려지면서 구체적으로 연구를 해 나가게 되죠. 그 당시에 노태우 대표는 그러한 팀이 꾸려진 것과 앞으로의 방향에 대해 어떤 생각을 갖고 계셨는지 궁금합니다.

**박철언**: 노태우 대표는 이런 전두환 대표의 결정을 받아들이는 입장이었습니다. 왜냐하면 전두환 대통령의 통치 스타일이 강하게 장악해서 리드하는 권위주의적인 방식의 통치 형태였고, 노태우 대통령이 특히 이 문제, 4·13조치에 대해서 이론을 제기할 그런 입장이 아니었습니다.
그 당시 어떻든 88올림픽은 하나의 민족적인 대 사업인데 이것을 원만

히 추진하기 위해서 개헌 문제, 직선제냐 내각제냐를 가지고 국론이 분열되서는 안되었고, 1988년 새 정권이 순조롭게 출발해야 88올림픽도 무사히 개최될 것이 아니냐는 이유로 올림픽 후의 개헌논의가 제기된 것인데 거기에 반대할 입장도 아니었고 상황도 아니었죠.

**윤민재:** 그 당시에 민정당이 다수당이었지만 헌법개정을 할 수 있을 정도의 의석수는 확보하지 못했는데, 내각제가 국정안정과 정권재창출의 측면에서 가장 유리한 제도였다고 생각하십니까? 가장 유리한 제도였다고 생각되십니까?

**박철언:** 어느 정도 산업화가 성공적으로 진행이 되서 국민이 먹고 살만하면 책임정치를 해야죠. 또 통일에도 대비를 하려면 의원 내각제가 속히 이루어지지 않으면 안되는 게 제 개인적인 신념일 뿐만 아니라 그 당시에 전두환 대통령과 노태우 대표의 생각도 마찬가지였습니다.

**윤민재:** 예, 알겠습니다.

**박철언:** 4월 11일에 민정당 의원 총회에서 '합의 개헌 불가' 선언을 하는데, 청와대 공보수석실 김성익 비서관이 작성한 4·13호헌조치의 담화문을 제가 검토 후 최종확정하고 전두환 대통령은 특별담화를 통해 4·13조치를 하게 됩니다. 이후 노 대표는 18일 기자 회견을 통해 '평화적 정권 이양과 올림픽이라는 양 대사가 마무리 되면 의원내각제를 위한 당 노력을 제가 하겠다, 그리고 1987년 상반기 지방자치 법안을 확정하고, 언론기본법 개정 등 민주화 조치를 단행하겠다'는 이런 구체적인 입장을 밝혔습니다.

**윤민재:** 예, 알겠습니다. 그런 과정을 거치면서 국민적인 저항에 부닥치게 되고, 결국 6·29선언을 하게 됩니다. 어떻게 보면 한국현대사에서 중요한 전환을 마련하는 선언이라고 평가가 되는데요. 근데 여기에 대해서 그 후에 여러 가지 설들이 많이 있습니다. 그 당시에 이 선언이 나오기까지 청와대와 당, 그 다음에 안기부 등 다양한 조직들이 있을 텐데 그 가운데 핵심은 어쨌든 내각제에서 직선제로 간다는 것입니다. 선생님께서 보시기에는, 그 상황 속에서 어떠한 것이 그 물줄기를 트는 데 중요한 계기로 작용했다고 생각하시는지 궁금합니다.

**박철언:** 그 경위에 대해서 좀 더 구체적으로 얘길 하자면 1987년 3월 25일에 전두환 대통령이 노태우 대표에게 개헌 정국에 관한 전권을 위임한다고 발표를 하게 됩니다. 당시 노태우 대표의 비밀 핵심 참모 역할을 하던 저를 비롯한 저의 팀은 세 가지 경우를 상정해서 준비를 합니다. 첫 번째는 4·13조치를 유지하기 위한 방안, 두 번째는 4·13조치를 수정하는 방안, 세 번째는 대통령 직선제 등 야당과 국민의 여론 전부를 받아들여서 대처하는 안, 이 세 가지를 가지고 은밀히 준비를 합니다. 당시 민정당의 입장은 4·13조치에 대한 국민 투표를 하고 88올림픽 이후 국회를 해산한 뒤에 총선을 실시해 원내 일당의 공약대로 헌정체제를 수립한다는 것이었습니다. 그런데 사실은 6·29선언에서 대통령 직선제를 하도록 하자는 것을 처음 결심을 해서 지시를 내린 것은 전두환 대통령이었습니다.

1987년 6월 23일에 노태우 대표가 당시 저에게 급히 보자 해서 만났는데, 노태우 대표가 전두환 대통령의 얘기가 직선제를 하는 수밖에 없다 해서 처음에는 반대 의견을 개진했지만 전두환 대통령의 결심이 굳은 듯해서 '뭐 그렇다면 직선제로 합시다, 다만 그럴 경우에는 김대중 총재에 대한 사면 복권뿐만 아니라 구속자를 석방 하는 등 일련의 조치를 한꺼번에 해야지 우리가 지지를 받을 수 있지 않겠는가' 이런 얘기가 있었다는 얘기를 곧바로 저한테 전했습니다. 그리고 준비를 하라고 했죠. 다시 말해 당시 안기부 팀이 늘 준비하고 있던 세 개의 안 중에서 3안, 국민과 야당의 말을 전부 수용하는 방향으로 가게 된다는 거죠. 좀 더 구체적으로 얘기하면 6월 25일 아침 8시 20분부터 9시 30분까지 연희동 노태우 대표 자택에서 노 대표가 "직선제, 김대중 사면 복권, 시국 사범 석방, 언론 기본법 폐지 등을 포함시켜서 사전 누구하고도 상의 없이 독자 선언을 하면 나중에 전두환 대통령이 추인을 하는 형식을 취하기로 전두환 대통령과 합의가 됐다. 이것은 극비 사항이니까 박 특보 자네만 알고 문안 준비를 속히 좀 해 주었으면 좋겠다"고 얘기합니다.

그래서 6월 25일 곧바로 안기부 사무실로 돌아와서 우리 연구 팀 중에서 이 일을 할 만한 강재섭 연구실장, 박원출 연구관, 김희성 연구관 이 세 명을 제 방으로 불러서 제가 그동안 생각해보고 있던 것, 또 지금 노태우 대표로부터 지시받은 사항의 요지를 구술하고, 오늘 오후 3시까지 전체 문안 자료의 초안을 정리해서 오라고 지시를 합니다. 그래서 오후 3시에 박원출 비서관이 전체 자료를 제가 구술한 것을 가지고 자기들 형식으로 정리해 가지고 왔습니다. 오후 3시부터 10시까지 일곱 시간 동안 안기부 특보실에서 혼자 앉아서 전체 문안 한 자 한 자를 7개 항으로 완성을 합니다. 그리고 밤 11시 30분에 연희동으로 가져가 노 대표께 읽어 드렸습니다. 굉장히 만족을 하시고 "다만 자유로운 출마와 공정한 선거 관리가 되도록 보장을 한다는 조항을 추가 해주면 좋겠다." 그래서 7개 항이 8개 항으로 바뀌게 됩니다. 그리고 6월 27일, 그러니까 그 이틀 후죠? 오후 5시 15분부터 10시 40분, 그러니까 한 네 시간 반가량 연희동에서 노 대표와 저 둘이서 자구 한 자 한 자를 다시 읽고 노 대통령의 느낌에 맞추어서 일부를 수정합니다. 그리고 선언 후 일정을 논의합니다. 그래서 심야에, 밤 12시가 거의 다 돼서 완결문안을 들고 안기부 남산 사무실로 돌아와서 붓글씨를 잘 쓰는 김구해 직원한테 필경을 시킵니다. 필경을 시켜 노 대표께 보냈는데 이병기 비서가 보고 노 대표가 뒤에 또 보고 일부 한두 개 수정을 해주면 좋겠다는 요청이 있어서 그걸 반영했습니다. 김구해 직원에게 최후 필경을 시켜서 6월 28일 저녁에 연희동에서 다시 노 대표와 제가 만나서 최후 준비와 점검을 합니다. 그 다음날 6월 29일 아침 9시 5분경에 역사적인 6·29선언을 하게 되는 것입니다.

**윤민재:** 네. 한 일주일도 안 되는 시간 속에서 문안이 작성되고 긴급하게 수정도 되었습니다. 문안이 만들어지는 과정에서 전두환 대통령 측은 문안에 대해서나 어떤 팀이 만드는지에 대한 것들을 전혀 몰랐나요?

**박철언:** 그런 것은 전두환 대통령으로서는 알 수가 없죠. 왜냐하면 역사적으로 노태우가 민주화의 상징으로서 국민한테 돋보이려면 노태우 대표가 모든 것을 하고 전두환 대통령은 추인하는 식으로 해야지 될 것 아닙니까. 그게 노태우 대표도 살고 전두환 대통령도 사는 겁니다. 그런 극적인 효과를 노리는 의미에서 전두환 대통령께서는 자기가 생각한 직선제를 강조했던 것이죠. 근데 우리로서는 평소 준비했던 여러 가지 항을 다 집어넣었고, 노태우 대표하고 얘기됐던 그런 모든 국민 주문 사항도 다 들어있어요.

**윤민재:** 네. 그런 것 같습니다.

**박철언:** 결국 이 부분에 관해서 그러면 누가 주연이냐? 나중에 6·10항쟁으로 뺏어낸 거다? 그렇게 볼 수는 없습니다. 이런 흐름 속에서 피 한 방울 흘리지 않고 결국은 역사적으로 민주화의 길을 밝게 되는데, 이것을 두고 전두환 대통령 측은 갈등을 많이 일으키잖아요. 저는 그때 『바른 역사를 위한 증언』이란 책을 쓰기 전까지는 '노태우 대통령 독자적으로 하고

이후 전 대통령이 추인한 것이다'라고 해왔었는데, 책에서 사실대로 서술했습니다.

**윤민재:** 예, 맞습니다.

**박철언:** 그건 제가 역사와 국민에게 죄스럽게 생각합니다. 사실은 지금 얘기한 것처럼 전 대통령이 먼저 하자고 했고, 노태우 대표가 그걸 따라서 이렇게 된 것입니다. 한마디로 얘기 하면 직선제를 하던 간선제를 하던 내각제를 하던 전 대통령은 별 관계가 없는 분입니다. 또 노태우 당시 대표는 말하자면 대통령이 되기로 결정이 돼 있었습니다. 그 기득권을 완전히 포기한다는 측면에서 본다면 역시 6·29선언의 주역은 모든 기득권을 포기하고 역사와 국민 앞에 맨 몸으로 서서 심판 받겠다고 결정한 노태우 대표입니다. 더 거슬러 올라가서 누가 진정한 주역이냐를 물으면 저는 국민들이라고 봅니다. 당시 산업화의 성공과 그로인한 중산층의 형성으로 민주화를 바라는 역사의 흐름을 누구도 거역할 수가 없었던 것입니다. 6·10항쟁에 관여 했던 그 사람들이 주역입니까? 그 사람들은 그 흐름을 타고 있는 한 부분이었습니다. 어떻게 보면 우리나라 현대사에서 짧은 기간에 세계가 놀랄 정도의 산업화와 민주화가 모두 성공할 수 있었던 것은 행운이 따랐기 때문입니다. 외국의 많은 예들을 보면, 역사의 고비에서 쉽게 권력의 독점으로 이어지기도 하잖아요. 이런 면에서는 민주화 투쟁세력의 공도 인정해 주어야 하지만 그것이 유일한 원인은 아니었습니다. 말하자면 동전의 양 면과 같은 것인데 단순히 투쟁에서 뺏어 낸 것이다? 그렇게 보면 안 되죠. 기득권 세력, 특히 노태우 대표를 비롯한 전두환 대통령 이런 보수 세력들의 큰 양보와 줄기찬 투쟁 세력의 노력, 그것이 잘 절충돼서 일어난 것이 6·29선언이고 그 당시에 국민이 역사의 고비를 잘 극복해서 민주화의 길을 걷게 되는 겁니다.

**윤민재:** 말씀 중에서 팀에 대해 말씀하셨는데요. 그 모임이 언제 결정이 됐습니까?

**박철언:** 제가 검사 생활을 하고 있다가 1980년 6월 2일 자로 국가보위비상대책위원회에 파견근무 하라는 법무부장관의 명을 받습니다. 그래서 국보위 법사 분과 위원에서 일을 하다가 검찰로 돌아가려 그랬더니 1980년 10월에, 청와대 정무비서관으로 파견근무를 하라는 발령이 납니다. 그래서 봉급은 검찰에서 받고, 일은 청와대 비서관으로서 하게 됩니다. 청와대 비서관으로 일하는 중에 전두환 대통령의 국정 운영이 법치주의에 기초해서 이뤄지도록 여러 가지 보좌를 하게 되는데 이를 위해서 법제 연구반이 구성이 됩니다. 그때 강재섭 당시 검사 박원출 법제처 연구관, 또 김희성 연구관, 이종백 검사 김영진 검사, 권오곤 판사, 양삼승 판사 이런 사람들을 연구반에 넣게 됩니다.

**윤민재:** 선생님이 이제 팀장의 역할을 하시는 거죠?

**박철언:** 제가 팀장이고 팀장 아래에 연구관으로서 각 분야에 제일 우수한 사람들을 데리고 있었던 거죠. 예를 들어서 그 후에 강재섭 검사는 한나라당의 대표까지 되었고, 김영진 검사도 검사장 거쳐서 변호사를 하고 있죠. 또 박원출 비서관 등도 있구요. 물론 이 팀들을 그 후에 전부 안기부로 데려갑니다.

**윤민재:** 그렇죠, 엘리트들이었죠.

**박철언:** 그렇죠. 말하자면 기라성 같은 사람들을 청와대에서 데리고 있었는데, 일이 그때는 적었죠. 그런데 안기부장 특별 보좌관으로 오자 많은

과제가 생기니까 인원을 보강하라는 지시에 의해서 사람들을 외무부, 내무부, 법무부, 법원, 법제처, 안기부 내에 공산권 팀, 대북팀에서 전부 뽑아 오지 않을 수 없었습니다. 그래서 당시 6·29선언을 주도한 실무팀이 63명입니다. 박철언 특보팀이 되죠. 이 특보팀이 북방정책이나 대북정책이나 6·29선언을 주도하는 팀이었습니다. 그런 측면에서 이 팀들이 사실상 고생을 많이 했죠.

**윤민재:** 그 팀은 대통령의 밑에 있는 것 맞나요?

**박철언:** 그건 청와대에 제가 데리고 있던 팀이죠.

**윤민재:** 어쨌든 이제 그 관계로 보면 통제는 안기부 부장의 통제를 받게 돼 있지 않나요?

**박철언:** 아 그렇죠.

**윤민재:** 그러면 그 팀이 6월 달에요, 아까 말씀하신 그 6·29선언이 나오기 전에 다양한 의견을 준비하게 되는데, 그 과정도 장세동 안기부장이 알고 있었나요?

**박철언:** 6·29선언 때에는 안기부장이 아마 바뀌었을 거예요.

**윤민재:** 예, 바뀌었습니다.

**박철언:** 안무혁 부장으로 바뀌었고, 저는 우리 팀은 사실상 공식적으로 전두환 대통령 보좌를 위한 팀일 뿐만 아니라 안기부라는 게 대통령의 직

할 부서인데요.

**윤민재:** 예, 맞습니다.

**박철언:** 그리고 안기부장을 직접적으로 보좌하는 팀이니까 보고서를 만들면 안기부장, 대통령 두 분 앞으로 가는 거죠. 그런데 경우에 따라서 저는 5공화국 7년여 동안 전두환 대통령의 하명사항을 수행하면서도 개인적으로는 노태우 대표의 비밀 핵심 참모 역할을 꾸준히 하게 됩니다. 당시 노 대표가 외로웠으니까요. 2인자로서 공인된 것은 말기의 일이고요. 그래서 안기부장에게 가는 보고 중에 '꼭 이것은 노태우 대표가 알아야 되는 사항이다'라고 생각되는 사항은 제가 별도로 챙겨서 드리죠. 이병기 비서관 통해서 주든지, 직접 주든지 그랬죠.

**윤민재:** 그러면 당시 선언이 나오기 전에 그 준비 과정에 대해서는 어쨌든, 안무혁 안기부장이 알고 있었나요?

**박철언:** 자세히 알지 못했어요. 개략적으로 짐작 정도를 했겠죠.

**윤민재:** 공식적으로 보고한 일은 전혀 없으신 거죠.

**박철언:** 공식적으로 사전 보고는 안 했습니다. 왜냐하면 그것은 대통령이 노 대표에게 얘길 했고 노 대표가 저한테 지시한 사항이에요. 그렇지 않아요? 무슨 조직에서 하는 일이 아니라 저한테 온 일이에요. 저도 제 팀 중에 3명한테만 과제를 줍니다. 63명이 있어도 이걸 아는 건 3명뿐이에요. 중요한 일마다 차단의 원칙을 통해 보안을 철저히 했습니다. 왜냐하면 예를 들어서 6·29선언이라든지 역사적인 선언이 만의 하나 사전에 새나가

면 그 효과는 반감되거든요. 6·29선언도 극적으로 해서 대단했잖아요. 그 날 찻집, 식당이 무료로 하는 데도 많을 정도로요.

**윤민재:** 세 분만 알고 있었나요?

**박철언:** 얘길 안 했죠. 보안은 되지만은 만일의 경우를 생각해서요. 당연히 임박했다는 것은 감지하고 있었겠지요.

**윤민재:** 날짜는 누가 정하신 겁니까?

**박철언:** 노태우 대표하고 저하고 같이 있는 자리에서 노태우 후보가 결정했습니다. 미리 새 나가면 청와대에서도 핵심 비서관들이 전 대통령에게 이런 게 포함돼야 됩니다 얘기도 하고 했겠죠. 그러니까 전 대통령이 노 대통령한테 얘기를 좀 했겠습니다. 그러니까 노 대통령이 아까 얘기한 그런 지시를 저한테 얘기하고, 저는 우리 팀에 평소 준비하던 것 중 제3의 안으로 해가지고 세 명에게 요지를 구술 시키고 초안만 들어온 걸 가지고 제가 일곱 시간 작업해서 6·29선언문이 완성되게 된 거에요.

**윤민재:** 군의 개입 문제가 심각하게 논의가 되지 않았나요? 위수령이라든지 아니면 전국적인 계엄 선포령, 여러 가지 안들이 있었는데 그 당시에 노 대표도 군의 개입에 대해서 어떠한 생각을 하셨나요?

**박철언:** 직선제를 비롯한 모든 것을 받아들이는 최종단계 방안까지 염두에 두었기 때문에 위수령이나 계엄령은 전혀 고려하지 않았습니다. 그런데 다만 심리전으로서 그런 분위기, 일종의 엄포용으로 전두환 대통령이 좀 하셨죠.

**윤민재:** 근데 전두환 대통령 같은 경우도 단순한 엄포용이었고 선전 효과 때문이었죠?

**박철언:** 물론입니다. 고도의 심리전도 필요하죠.

**윤민재:** 6·29선언 이후에 본격적으로 여야 간에 헌법 개정 절차가 진행이 되었습니다. 그런데 후에 헌법 학자들은 그 사회 경제 측면에서 기본권 확대가 이루어지지 않았다고 평가하기도 했습니다. 예를 들어 7월 달 들어가면서 현대자동차를 비롯한 울산 지역에서 대규모 노동자들의 파업쟁의가 있었습니다. 그 과정 속에서 6공화국의 헌법 내용이 여야 합의 간에 이루어졌기 때문에 국민적인 투표 절차도 거쳤습니다. 그럼에도 불구하고 소외된 계층의 이해관계가 잘 반영되지 않았다는 거죠. 6공 당시 경제수석을 전담한 김종인 경제수석 얘기를 들어보면 토지공개념도 좌절됐고, 실명제도 좌절됐고 그런 과정 속의 내용과 연관된 것 같아요. 다시 말해서 정치적이고 그런 내용들은 법이 잘 구성되어 있는데 사회 경제적인 측면에서, 특히 사회 복지라든지 혹은 토지의 개념이라든지 등등에 관한 내용들은 미약하지 않았는가하는 평가도 일부 있습니다.
　이러한 헌법 개정 논의에 선생님도 직접 의견을 주시고 이렇게 저렇게 했다면 좋겠다는 방향 제시도 하시고 그러셨습니까?

**박철언:** 6·29선언 이후에 법을 만드는 과정에는 직접 관여하지 않았습니다. 왜냐하면 6·29선언으로 모든 야당과 국민의 요구를 수용한다는 그런 입장을 취했기 때문에 여당 야당 간의 그 당시 그 팀이 구성 되서 일종의 대통령 직선제, 또 대통령 권한에 대한 약화와 국회 권한의 강화 이런 점에 역점을 두어서 만들었기 때문에 여러 가지 측면에 있어서 좀 미흡한 점이 있는 것은 사실입니다. 1987년 헌법 체제가 지금 23년 째 지속이 되

고 있는데 순수 대통령제도 아니고 이원집정부제도 아니고 물론 내각제도 아니고, 일종의 기형적인 대통령제입니다. 예를 들면 국무총리제라는 것이 대통령제에는 없습니다. 그리고 4, 5년 단임이라는 것도 여러 가지 문제를 야기하고, 대통령의 임기와 국회의원 다른 것도 문제입니다. 내각에 국무의원에 대한 해임건의권을 주는 것도 대통령제에서는 없는 일입니다.

칼 레빈슈타인 교수가 적절히 지적했듯이 '미국 대통령제가 태평양을 건너서 다른 대륙에 상륙하는 순간 민주주의에 대한 죽음의 키스로 변했다' 이렇게 말할 정도로 대통령제는 미국 이외는 성공하고 있는 나라가 거의 없습니다. 그리고 미국이 대통령제를 성공하고 있는 것은 연방제에 의해서 각 주가 상당한 권한을 가지고 있고, 연방 대법원이 참으로 객관적이고 중립적인 입장에서 판결을 잘 해주고 있는 측면, 또 시민들의 민주의식, 언론의 역할 같은 여러 가지 장점이 있고 평시에 정당은 거의 활동이 없습니다. 평시에는 국회 중심으로 다 움직이고요. 우리나라는 대통령제를 취하면서 예를 들어서 내각제적 요소를 많이 넣어서 대통령에 대한 여러 가지 견제 장치가 있다고 변명을 했었던 것입니다. 대통령제의 본질은 대통령을 뽑아서 주어진 임기동안 소신껏 정치하게 하는 게 기본이기 때문에, 대통령을 뽑는 데 그 정당성이 담보가 되어야 합니다. 직선제, 아니면 미국식의 선거인단에 국민 의사가 직접 반영된 그런 시스템을 해야 되죠. 그것을 안 하려고 하고 내각제에 좋은 거라는 건 다 넣었기 때문에 기형적인 대통령제가 되었죠.

1987년에 제대로 정리를 해야 하는데, 말하자면 순수 대통령제로 가든지, 아니면 순수 내각 책임제로 가든지 가야 되는데 그렇지 못했죠. 당시 '87체제'라는 게 나오게 된 것은 그 당시 유력한 후보로 거론되던 사람들이 누구도 당선 자신이 없었기 때문이기도 합니다. 김영삼, 김대중, 노태우 모두 5년 단임으로 해야지 다음에 찬스가 한 번 있지 않겠는가 해서 단임으로 가지 않았느냐 하는 거죠. 대통령제를 하는 나라에서 장관이라는 것은 대통령의 비서에 불과합니다. 예를 들어서 미국의 힐러리 국무장관이 국무에 관해선, 비서에요. 비서에 관해서 불신임 건의안을 내고 우스운 얘깁니다. 그렇지 않아요? 미국에는 장관들끼리 회의가 없습니다. 필요하면 미국의 대통령이 필요한 장관 불러가서 회의하고 대통령 마음대로 책임지고 하는 것이지요. 우리나라의 경우에 보면 장관을 임명 할 때 검증 절차를 밟도록 하는 것은 몰라도 그런 시스템을 그때 제대로 바꾸어야 되겠죠. 지금 얘기하는 여러 가지 경제 복지 관계 조항도 약간 손을 보아야 될 점이 있습니다. 그런 측면에서 당시에 1987년 헌법은 빨리 손을 봐야 되는 시점에 왔다는 걸 말씀드립니다.

**윤민재:** 좋은 말씀입니다. 어쨌든 이제 노태우 대표가 어떻게 보면 후보자로서 당의 전면에 나서게 되고 전두환 대통령 같은 경우는 당연히 후퇴를 하게 되는데 그러한 신주류의 등장과 이로 인한 변화관계가 당의 여러 가지 역학관계에 영향을 미쳤다고 생각하는데, 어떤 변화들이 있었습니까?

**박철언:** 당은 그 당시까지만 하더라도 사실상 총재인 전두환 대통령이 강하게 장악하고 있었는데 6·29선언 이후는 노 후보 중심으로 강하게 집중되고 또 집결되지 않을 수 없었죠. 그래서 1987년 7월 12일에 전두환 대통령이 민정당 대표직을 사임합니다. 그리고 8월 5일에 노 대표가 2대 총재로 취임하게 되죠. 그러나 신주류, 이런 게 생기고 한 것은 나중에 대통령에 당선되고 취임준비위원회를 구성하고 난 후의 이야기죠.

**윤민재:** 본격적으로 대통령 선거, 그중에서도 직선제를 준비하게 되시는데요. 요즘 같은 경우에는 여론 조사 기법이 있어서 사전에 대략 예측을 할 수 있는데 그 당시에도 일종의 시뮬레이션을 통해서 이 직선제를 했을 때 노태우 대표가 확실하다는 가능성을 어느 정도 갖고 계셨나요?

**박철언:** 제3안으로 가는 경우에는 6·29선언의 효과를 극대화하면서 총력전을 다하면 승리할 수도 있겠지만, 굉장히 어려운 상황이라고 봤습니다. 그런 어떤 정확한 시뮬레이션은 그 당시 비밀리에 6·29선언이나 이런 작업들을 했기 때문에 할 수가 없죠, 그렇지 않아요? 어디까지나 가상적으로 상상해서 하는 것이지 정확하게 데이터를 가지고 조사하고 시뮬레이션 할 수 있는 상황이 아니었어요. 그래서 이와 관련해서 대통령 선거 전에 양 김의 분열을 예상하고 있었느냐 이런 질문을 주셨는데, 후보 단일화에 성공하는 경우도 YS, DJ가 선후를 정해서 서로 협상을 하는 경우도 우리는 상정하지 않을 수 없었습니다. 그래서 양 김이 분열한다는 그런 확정이 어디 있습니까. 그러나 이 두 사람이 다 대통령을 그렇게 하고 싶어 하니까 다 나오지 않겠느냐, 이런 생각은 했죠. JP는 나중에 지역당으로서 남기 위해서도 출마하려 하지 않겠느냐 하는 이런 예상은 했지만 특히 YS, DJ는 서로 단합해서 민주화가 모든 게 앞선다는 식으로 늘 얘기했기 때문에 단합의 가능성도 배제할 수 없었습니다.

**윤민재:** 결과적으로 보면 투표율은 높았지만 역대 대통령 선거 결과를 놓고 보면 퍼센테이지가 좀 낮은 지지를 받은 건 분명하거든요. 상대적으로 그것은 양 김이 그 만큼 많은 표를 획득해서 표가 분열됐기 때문이라고 생각합니다.

**박철언:** 맞습니다. 그러니까 자기 자신들이 말하는 민주화 시대가 개화되는 게 늦어졌다면 그것은 일차적으로 양 김의 책임입니다. 자기들이 분열했잖아요. 그렇지 않아요?

**윤민재:** 본격적으로 대통령 선거가 12월 달부터 들어가게 됩니다. 그래서 이제 4자 후보가 등장하기 시작하는데요. 어떻게 보면 역대 선거 중에

서 지역 갈등의 문제가 첨예하게 대립된 게 아마 그 당시 선거였던 것 같습니다. 당시 민정당 당 외 말고 당 내에서 선거의 실무자 역할을 한 분들은 어떤 분들이었습니까?

**박철언**: 그 민정당 공조직의 선거 책임자는 이춘구 사무총장이었습니다.

**윤민재**: 공식적으로 그럼 선거 자금은 전부 어떻게 조달하셨습니까?

**박철언**: 물론 당내 선거 자금은 당 내에서 조달하는 거죠. 노태우 후보에게 조달된 것이 당의 공조직으로 흘러들어가서 전국의 그 막대한 조직이 가동된 것이죠.

**윤민재**: 선거전에 자생적인 사조직이 필요하다고 생각하신 것 같습니다. 당 내에서는 선거가 민정당 중심으로 주도되는 것을 바랬을 텐데, 사조직 때문에 오히려 원활한 유기적인 결합이 안되는 분열 그러한 것도 예상할 수 있을 것 같습니다. 당의 반응이 그렇게 좋진 않았을 것이라고 예상이 되는데요.

**박철언**: 그렇죠. 당의 반응은 공조직을 통해 모든 걸 해야 되니까 사조직의 활동에 대해서 그렇게 탐탁지 않게 생각한 것은 사실입니다. 공조직이라는 것은 전국 각 선거구마다 구성되어서 대규모 유세 동원에 유익하지만, 반면에 엄청난 자금이 소요되고, 뿐만 아니라 사명의식이나 소명의식 같은 것은 약할 수밖에 없는 형식적인 거대공룡이죠. 노태우 후보 측에서는 공조직을 통한 홍보나 국민에게 파고드는 영향력이 미미하다는 것을 알고 있었고, 공조직을 믿다가는 당선 될 수 없다는 것을 알고 있었기 때문에 자생적인 사조직이 무수히 많았습니다. 말하자면 강한 소명의식을

가지고 자기 돈을 들여서 이른 바 노태우 시대를 열기 위해서 애써줄 수 있는 사람들로 그 조직의 핵심을 구성해야만 일 대 일로 유권자를 설득하고 그 많은 일도 자임을 해야 당선될 수 있다고, 그 필요성을 절실하게 느꼈던 것이지요. 말하자면 노무현의 사조직과 흡사하죠.

**윤민재:** 노사모를 말씀하시는 겁니까?

**박철언:** 노사모의 전신이 월계수회입니다. 지금 일부에서는 아직까지도 월계수회의 막대한 자금을 자체에서 거출을 했든지 아니면 노태우 후보 측에서 지원해서 거대한 돈에 의해서 움직인 것이 아니냐 하는 추측을 하는 사람이 있습니다. 그러나 천만의 얘깁니다. 이 사조직의 거점장들은 전부 노태우 후보 내외나 저와 핵심 멤버와 개인적인 인연이 있는 사람들로, 전국 방방곡곡 찾아서 리스트를 만들고 거점을 세웁니다.

예를 들어서 노태우 대통령을 치료하던 사람, 군대에 있던 시절의 참모들, 아니면 운전기사, 그런 여러 인연이 있는 사람들 전부를 하나하나 발굴을 해서 전국에 자생적인 204개의 거점을 세웠습니다. 이 거점에서 자기들 모임은 독자적으로 이름을 붙이고 또 자기들이 간부직을 구성해서 자생적으로 운영한다는 게 대 전제였어요. 그래서 이 한 개의 거점 당 적게는 30명, 많게는 200명 정도의 이사진들, 간부직으로 구성 하해서 204개 거점의 회원이 한 5개월 기간 내에 180여만 명으로 늘어나죠. 그런 정도로 아주 방대한 조직을 갖추었는데 당에서는 우리를 조금 과소평가해서, 공식적으로 지급하는 건 하나도 없었습니다. 월계수회에 대한 애착은 그 당시 노 후보 내외분이 누구보다도 강했고 내용을 알고 있었기 때문에 김옥숙 나중에 영부인이 되신 여사님께서 조금씩 지원해주었죠. 당시 제가 박 회장이란 가명으로서 전국을 누비면서 참여하고 할 때 격려금은 당시에 100만 원에서 500만 원, 아주 큰 행사에서 많아야 1000만 원 그 이내였습니다. 그러니까 전국에 204개의 거점이었으니까 어느 정도 선의 돈은 필요했죠. 우리 자체 모금은 하지 않았습니다. 다만 행사협찬은 받았습니다. 자체 모금을 했으면 나중에라도 비자금이 있겠지만, 비자금이 없었잖아요.

자생적인 사조직에 대한 당의 반응이 평시에는 냉담했는데 다만 아주 간절한 도움을 요청받은 게 1987년 12월 12일 여의도에 마지막 선거를 나흘 앞둔 대군중집회가 있었어요. 거기에 당에서는 100만 이상, 150만까지 동원을 해서 위세를 과시해야지 승세를 굳힌다는 당의 목표를 정해가지고, 지역마다 할당을 해서 우리한테 30만 명 정도를 모아 줬으면 좋겠다고 간절히 요청을 했습니다. 그런데 말이 그렇지 30만 명이 얼마나 많은 인원입니까? 그리고 사람들을 동원 하는 과정에 여의도 광장이 그 넓은 데 어디에서 모인다는 걸 이 사람들이 알 수가 없잖아요. 그래서 애드벌룬을 크게 올려가지고 우리 조직 지역이 여기다라는 걸 알려야 되기 때문에, 그때까지 극비로 하던 월계수회의 명칭을 써서 띄웠어요. 당시 여의도에 뜬 그런 플랭카드나 이런 것만 하더라도 수천, 수만 개가 있는데 물론 우리 것이 상당히 크게 떴습니다. 노태우 후보의 큰 대형 초상화까지 넣어서 했기 때문에 당에서 후에 고맙다고 했습니다. 우리는 우리 땅을 꽉 채우고도 남아서 옆에까지 채워주었으니까요.

**윤민재:** 30만이 넘었겠네요?

**박철언:** 넘었죠. 월계수회는 말이죠, 1987년 6월 29일에 6·29선언을 한 다음 여러 가지 당선을 위한 구상을 하고 하던 중에 1987년 8월 20일에 서울 광화문 부근에 로얄 빌딩 502호실에 중앙 본부 사무실을 만들어요. 총조직의 총 사무실을 만들죠. 그런데 이 본부에는 처음에는 물론 명칭을 정하지 않았습니다. 그 당시 여야 할 것 없이 전부 사조직을 수도 없이 만들었는데 법으로 따지면 다 불법 아니에요?

**윤민재:** 불법이죠.

**박철언:** 그런데 명칭을 미리 정하면 위험하니까 각 거점 별로 멋대로 정해라 중앙에는 그냥 중앙본부 사무실이고 이사회라고, 그 이사회를 거쳐 여러 가지 정책들 정하고 하는데, 명칭은 1987년 한 9월경에 정해요. 그러니까 어느 정도 뼈대가 되고 다음에 월계수회 본부 회의에서 여러 사람들 의견을 들어서 승리를 상징하는 것이 월계수니까, 대외에 비밀로 하고 명칭은 월계수다, 그렇게 결정했죠. 그 당시 나는 대외적으로 박 회장으로 통했습니다.

**윤민재:** 그렇죠.

**박철언:** 물론 조직 관리나 인적 동원은 내가 다 책임지죠. 그러나 그 각 거점마다 회장, 이사, 뭐 이런 게 있어서 그 거점장 책임하에 운영되도록 이렇게 됐기 때문에 정확하게 월계수 명칭을 언제 정했느냐 그건 기억이 안 나요. 1987년 9월경인데 대외적으로 처음 알려진 것은 1987년 12월 12일 여의도 집회 때 애드벌룬 띄우고 사람 집결하기 위해서 한 게 처음입니다. 그 전에는 조직 자체를 보안해야 되니까 사람들이 몰랐죠. 사실 다들 자기들 선거운동하기 위해서 다른 데는 신경도 쓸 틈도 없는 그런 상황이었어요.

**윤민재:** 그렇게 짧은 시간 동안 204개면, 거의 전국의 지구당 조직과 맞먹는 조직이거든요?

**박철언:** 물론이죠. 내가 회장으로서 전국을 돌 때, 어떨 때는 하루 저녁에 저녁 행사를 12개를 겹쳐 합니다. 초저녁부터 시작해서 격려사 하고 가

고, 격려사 하고 가고 그런 고생이 많았어요. 그때 고생한 것은 말로 다 못해요. 그리고 알다시피 노태우 스쿨을 운영했습니다. 안양 근교에 농민수련원 빌려서 거기서 거점장들과 핵심 요원들에 대한 1박 2일 교육을 시킵니다. 난 교장이에요. 물론 숙식 같이 하고, 옷도 전부 연수복으로 갈아입어요. 졸업 시에는 일명 마패라는 메달을 줬어요.

**윤민재**: 그게 나중에 마패로 불리게 된 거죠?

**박철언**: 네. 거기서 핵심 교육을 받은 사람에게 주는 겁니다. 그리고 이 모임 끝부분에는 노태우 대통령 내외가 반드시 참석했습니다. 식당에 와서 같이 식사도 하고, 졸업할 때는 1박 2일 동안 저는 눈 한번 안 붙이고 제복 입고 함께 호흡하고 한 번에 한 250명씩 교육했습니다.

**윤민재**: 그게 전 조직원들은 아니고요?

**박철언**: 전 조직원은 아니죠.

**윤민재**: 그럼 거길 수료한 사람에게만 메달을 주나요?

**박철언**: 그렇지요. 핵심한테 만요. 180만 명에게 이걸 어떻게 줍니까. 그러니까 이걸 가지고 있는 사람은 전국 그래봤자 1400 내지 1500명 정도 됩니다.

**윤민재**: 그럼 선거가 끝난 이후에 이 메달이 소중한 가치를 지녔겠네요.

**박철언**: 그 개인들은 전부 소중하게 간직하고 있죠.

**윤민재:** 나중에 잘못 되면 큰 일이 벌어질 수도 있죠?

**박철언:** 그렇지요. 잘못되면 그 사람은 진짜 큰일 나요. 나도 만약 잘못되면 내가 감옥 간다는 각오를 하고 한 사람이에요. 이런 사진도 있죠. 여의도에서 우리 지역 동지들과 함께 지금 노태우 띠를 두르고 있는 거지요. 제가 이때 현직 검사고 안기부장 특별보좌관 때였지요.

**윤민재:** 그러니까 공직자의 선거개입이 되는 거죠?

**박철언:** 그럼요. 완전히 저는 감옥 가는 거지요. 그런 비장한 각오를 하고 했고 이 동지들도 그랬죠. 그래서 공조직하고는 차이가 엄청나지요.

**윤민재:** 열성이 엄청나게 뜨거웠겠습니다.

**박철언:** 열성이 엄청나고 자기가 대통령을 만든다는, '시대를 연다'는 식으로 교육을 시키고 했지요. 때문에 보통 사조직하고 다릅니다. 지금 노사모의 원조로 보면 맞아요. 노사모가 우리 아이디어를 많이 본받은 것 같아요.

**윤민재:** 차이점가 있다면 노사모는 조금 젊은 층이 많았고요. 노사모는 20~30대 젊은 층이 많았고 월계수회는 좀 40대 이상이 많지 않았습니까?

**박철언:** 아닙니다. 우리도 젊은 층도 많았죠. 젊은 조직들이 대구 근교에 기점으로 해서 전국민주민족 청년동맹도 있었고, 청년부장 남칠우를 총재로 앉혔어요. 왜냐하면 어느 조직이고 청년 조직이 굉장히 중요해요. 그리고 63명의 그 팀원들 다 참 젊은 20대부터 시작해서 내 나이 또래까지 있었는데 그 사람들도 다 그냥 거점 지도를 맡아서 하니까 젊은 사람들도

많았어요. 입회 원서 받는 것도 다 젊은 사람들이에요.

**윤민재:** 지금 젊은 분들 얘기하니까 갑자기 생각이 나는데요, 노재헌 씨가 선거에 많이 참여했습니까?

**박철언:** 노재헌 군도 많이 했죠. 그뿐만 아니라 딸인 노소영 씨도 많이 했죠.

**윤민재:** 예, 노소영 씨하고요.

**박철언:** 둘 다 많이 했습니다. 노재헌, 노소영이 자기 어머니 모시고 다니면서도 하고, 우리 조직 여기저기 자기 어머니가 다 못 가는 그런 데는 노소영이 많이 했습니다. 또 노재헌은 젊은 사람들에게 유세를 많이 했습니다.

**윤민재:** 그 다음에 그 당시에 선거구호가 '보통 사람들의 시대', 아주 어떻게 보면 좀 쉬운 구호이면서도 상징적인 쉽게 와 닿는 감성적인 구호라고 생각하는데, 누가 그걸 만들었습니까?

**박철언:** 그것은 여러 군데서 그와 유사한 게 나왔는데 제가 볼 때는 당에서 나오지 않았느냐 이렇게 봅니다. 우리가 내 놓은 건 '꿈도 아픔도 국민과 함께' 이거였어요.

**윤민재:** 메달에 있는 거요?

**박철언:** 예. '꿈도 아픔도 국민과 함께.' 이게 또 굉장히 먹혀들어가는 거

죠. 꿈과 아픔을 국민과 함께 한다는 거는 우리 조직에서 내걸고 주로 썼지요. '보통 사람들의 시대'라는 것은 어떻게 보면 언론도 와 닿지 않는 측면이 있고요.

**윤민재:** 예.

**박철언:** 꿈도 아픔도 국민과 함께 한다는 게 즉 보통 사람들의 시대를 연다는 얘깁니다. 그리고 당선된 뒤에는 우리가 노태우 후보 내외분이 있는 패를 드렸어요. 핵심 요원들한테는 감사패를 드렸죠. 당선되고 열흘 만에 우리가 전국에서 제일 처음 그 축하회를 한 것이 선거 끝나고 열흘 후인 12월 26일 힐튼 호텔 그랜드 볼룸에서 2000명 집결해서 대통령 당선자 내외분 모시고 했죠.

**윤민재:** 축하연이죠?

**박철언:** 네, 축하연을 당보다 우리가 먼저 했습니다. 열렬히요. 노태우 후보는 우리를 제일 신뢰했죠. 어려운 일은 우리를 많이 시켰어요. 당은 돈이 천문학적으로 들어갔잖아요. 그런데 우리가 영부인한테 지원받는 것은 그에 비하면 진짜 새발의 피고, 전부 우리 자체에서 자생적으로 해나갔으니까요. 그만한 사명감이 있고, 또 우리 교육에 와보면 열기를 알잖아요. 1박 2일 동안 새마을 교육처럼 쫙 하고 쫙 빠지고, 엄중 보안을 해서요. 그리고 나중에는 그 중에 핵심들은 노태우 대표님 내외분이 있는 자택에 가서 식사하면서 한 열댓 명 단위로 수련생 옷 입은 채 기념촬영도 하고 했었어요. 그 열기가 대단했죠. 당의 집회나 이런 데 가면 여러 가지 행사에 돈 들고 하는데 우리는 전부 자기들이 열렬히 노태우 내외를 좋아하고, 조직을 만들어 가고 그런 입장이니까 연령층도 젊었어요. 청년 조직은

따로 있었지만 30, 40, 50대가 주축이었어요.

**윤민재:** 당시에 선거가 끝난 이후에 취임 준비 위원회가 등장하게 되는데요, 거기에 보면 최병렬 의원, 그 다음에 현홍주 의원, 이병기 비서관이 등장합니다. 그런데 서울 지역에서 이종찬 의원도 새롭게 신주류에 등장하고 또 심명보 의원도 그랬는데, 그분들과 선생님과의 관계는 어떠했습니까? 정책의 어떠한 논의나 여러 가지 장래에 대한 앞으로의 비전, 전망 등등에서 의견 충돌이나 대립 같은 건 없었나요?

**박철언:** 그것은 1987년 12월 16일 대통령 선거일 다음날 아침에 당선되자 이른바 신주류로 이춘구, 현홍주, 이병기, 최병렬 등이 일등공신으로 등장하고, 이종찬, 남재희, 심명보 등이 합세하면서 문민화, 또 반 TK세력 구축, 친인척 불용 이런 것들로 자기들이 공감대를 형성했죠. 그리고 노태우 당선자를 완전히 감싸면서 일종의 자기들 나름대로 나라 판을 짜기 위해 노력을 했죠. 그런 분위기 속에서 1988년 1월 18일에는 노 당선자가 삼청동 금융연수원 건물에 집무실을 마련하고 취임준비위원회를 발족하죠. 위원장에 이춘구, 위원에 최병렬, 현홍주, 김중위, 김종인, 강용식 의원 이런 사람들로요. 그래서 이 신주류들이 당과 정부를 자기들의 의도대로 장악해 가야겠는데, 월계수회를 가지고 노 대통령을 돕고 또 전두환 대통령 7년여간 막후 핵심 참모로서 역할을 한 박철언이라는 존재를 어떻게든지 견제해서 노 대통령과의 거리를 유지시킨다는 이런 공감대를 가지고 있었던 듯해요. 그래서 친인척은 전직 전두환 대통령 때 폐해가 많았기 때문에 대통령 주변이나 중요 자리에 있으면 안 된다는 걸 내세우고, 또 월계수회는 대선도 끝났으니 해체돼야 된다는 의견들을 노태우 대통령께 끊임없이 이야기하면서 언론에 계속 그런 플레이를 했죠. 그러니까 우리로서는 우리가 노태우가 2인자로 있던 시절 군번 없는 용사처럼 7년여를 음지에서 일

했는데, 막상 시대를 열었는데 이렇게 엄청나게 견제를 하니까 말할 수 없는 좌절과 어두운 분위기에 젖게 되죠.

**윤민재:** 제가 전두환 시기를 인터뷰하면서 이종찬 의원하고 남재희 의원을 만나 뵙고 얘기를 들었거든요. 전두환 대통령 시기에 국한해서만 얘길 들었는데 그분들 말씀이 그러더라고요. '어찌됐든 새로운 시기가 열렸다, 그 다음에 과거에 지역주의 문제, 부정부패, 비리 등등을 탈바꿈하기 위해서는 민정당 자체의 내부가 개혁을 해야 되는데 그 개혁을 이룰 수 있는 사람들은 전두환 대통령에 의해서 국회의원으로 진출한 그분들로서는 한계가 있다. 그렇기 때문에 민간인들을 중심으로 해야 되고 그리고 과거의 그러한 정권과 단절될 수 있는 분들이 모인 순수한 하나의 뜻이었다' 이렇게 말씀을 하시더라고요. 그런데 정말 그 당시에 시대를 바라보는 입장의 차이가 있었을 것 같은데, 그로 인해서 어쨌든 민정당 자체 내부에서도 5공청산을 둘러싸고 엄청나게 세력들이 분화하고 그렇게 시작하는데요. 그 당시 그랬음에도 불구하고 선생님은 이제 청와대 내의 정책보좌관을 맡게 되잖아요. 선생님이 자원해서 가신 건가요?

**박철언:** 노 대통령이 필요로 했죠. 나는 법조인 출신으로서 검찰총장도 하고 법무장관도 하고 또 나중에 참 국민을 위해서 변호사로서, 교수로서 젊은이들과 대화하는 그런 생활이 당초의 내 꿈이었습니다. 그러나 격동의 현대사 흐름 속에서 1980년 6월 2일에 징발, 결국은 이 권력의 격류 속에 휘말리게 되는 것이고 그런 과정에서 1985년 대통령의 지시에 의해서 남북 간에 긴장 완화, 또 평화 통일을 위한 정상 회담 준비를 위한 차관급 비밀 회담의 수석대표로서 목숨을 걸고 북한 지역으로 출장을 가서 비밀 회담을 하고 이런 역할을 했잖아요? 5공화국 때 이미 대통령의 정무비서관, 법무비서관 그리고 또 안기부 특별보좌관으로 역할을 하고 6공화국이

열렸을 때 노태우 후보로서는 당연히 7년여간 내 보좌를 받아왔고 하니까 없어선 안 될 존재라고 생각하시니까요. 그래서 '검사 사표를 내고 같이 좀 일을 하자. 더구나 네가 맡아 있는 남북 비밀 접촉이나 대 공산권 일들은 대체가능성이 있는 일이 아니지 않느냐' 하시고요. 그러니까 처음에는 저보고 정보하고 법사 사정을 포괄한 법사수석을 하라고 하셨죠. 그러나 전두환 전임 대통령의 반대로 결국은 정책보좌관으로 일하게 되었지요.

새 공화국이 열렸지만, 노태우 대통령 취임준비위원회가 강했기 때문에 노태우 대통령의 민주화의 흐름에 대해서 대통령을 보좌하는 일은 구체적으로 하기 어려웠지요. 다만 대북포용정책, 북방정책 이 부분만은 내가 주도적으로 밀어붙였어요. 그건 대통령 프로젝트로 정해서 제일 역점으로 추진하는 그런 입장에 있으니까 다른 내정 문제는 내가 콩 놔라, 팥 놔라 안 해도 좋다, 그러나 이것은 내가 옛날부터 했던 일이고 또 대통령의 철학이고 하니까 해야 되겠다고 했는데, 이것도 극우 친미 일변도의 이른바 고위 관료들의 말할 수 없는 비판과 견제의 어려움 속에서 했습니다. 그러나 해냈습니다.

**윤민재:** 북방정책에 대해서는 다음 주제로 더 자세하게 질문 드리도록 하겠습니다. 초기 내각에서 선생님께서 추천하신 분이 있으십니까.

**박철언:** 거기서는 아까 분위기를 얘기했지만 내가 관여할 여지를 이 사람들이 주지 않았습니다. 다만 1988년 2월 17일 인가 네 분이 모여서 실무 작업을 했잖아요. 이현재 총리 내정자, 홍성철 비서실장 내정자, 이춘구 취임준비위원회 위원장, 노 당선자 등 4명이었죠. 2월 11일부터 이분들이 이른 바 실무 작업을 하는데 2월 17일 저를 불렀습니다. 그래서 갔더니 '정해창 법무장관을 유임을 시킬 거냐, TK가 너무 많은데 이거 빼야 되는 게 아니냐, 만약에 후임을 한다면 누굴 해야 되느냐'를 삼청동에 있는 안가에

서 노태우 당선자가 질문했습니다. 그래서 내가 "정해창 법무는 신망도 많고 하니까 유임하는 게 맞습니다" 이런 건의를 했습니다. 그리고 저한테는 노 당선자께서 법사수석 내정 통보를 했죠. 그러나 전두환 대통령한테 보고하는 과정에서 전두환 대통령이 '반대한다, 박철언이 똑똑하고 하지만 바깥에서 키워주는 게 좋지 않으냐, 그러니까 정보부 2차장이나 이런 데로 하던지' 하면서 다른 의견이 있으니까 조금 기다려봐라 하는 그런 통보를 했었죠. 내각 조각에 참여할 기회는 첫 내각에서는 거의 없었다 해도 과언이 아니죠.

**윤민재:** 총선 과정에서 월계수회 인사들 중에서 후보자로 누가 추천이 되었으며 그 과정에서 갈등은 없었는지요.

**박철언:** 추천한 지역구 후보는 소수였어요. 대통령께서 그래도 고생한 사람들 중에 지역구 추천하라고 말씀하셔서, 예를 들면 지대섭이라든지, 이긍규, 김인영, 이정무, 전용원 의원 이런 사람들을 노태우 대통령도 잘 아시지요. 이런 사람을 추천 하는 게 전부였고, 총선 기간 중에 선거대책위원회에 참석한 일도 없고 총선 전략회의도 물론 참석한 적이 없었고요.

**윤민재:** 그럼 전국구 후보 과정에도 전혀 개입을 안하셨나요?

**박철언:** 전국구 과정은 다릅니다. 1988년 4월 12일에 민정당 전국구 후보 명단이 확정 발표가 되는데 그 당시만 하더라도 원내 일당에게 정수의 반 수가 할당이 되는 그 시스템이었습니다. 그러니까 38번까지는 대충, 사실상 당선권에 들어갑니다. 그런데 그때 전국구는 저의 의견이 상당 부분 반영될 기회가 있었습니다. 노 대통령께 몇 차례 의견을 개진할 기회가 있었기 때문입니다. 노 대통령의 지시에 따라 북방정책연구소를 다시 개설

합니다. 그 후 1988년 6월 23일에 정식 북방정책연구소가 63빌딩에 개설이 됩니다. 52층에 200여 평 자리에 나창주 의원을 소장으로 하고 대통령의 북방정책연구의 씽크탱크 역할을 하고 월계수회의 중앙 본부 역할도 하고 의원이 30여 명 정도는 월계수회에 같이 하게 되었죠. 나중에 공산권과 수교 다하고 난 뒤에 이름을 한국복지통일연구소로 바꾸었지요. 그 다음에 시대적 과제는 복지 문제, 통일 문제다 이래서 한국복지통일연구소로 이름을 바꾸었습니다. 1987년에 설립 이래 23년 째 됐는데 63빌딩에 있는 동안은 200여 평에 상근연구원만 하더라도 18명을 두었고, 국제적인 교류를 하는 등 굉장히 큰 활동을 했죠.

**윤민재:** 그 비용은 어디서 충당했나요?

**박철언:** 조건 없는 협찬금이 많이 있었어요. 그 당시에는 얼마든지 합법적이죠. 예를 들어서 부정한 이권을 대가관계로 한 돈이라든지, 아니면 부정한 인사 청탁을 조건으로 한 그런 건 범죄에 걸렸죠. 그렇지만 아무 조건 없는 순수한 협찬금, 정치 자금은 그 당시는 법적으로 아무 문제가 안 됐습니다. 근데 1997년에 정치자금법이 바뀌었습니다. 그래서 실명제도 1993년에 되었고요. 그 이전에는 가명으로 얼마든지 기금예금도 하고 했습니다. 그러니까 협찬금이 많이 들어왔죠.

**윤민재:** 기업들에서 많이 들어왔나요?

**박철언:** 대선 과정에는 우린 협찬금 모금을 안했습니다. 자생적으로 하고 격려금 정도로만 노 후보의 부인 김옥숙 여사로부터 지원받아 해 나갔고 행사협찬만 받았습니다. 그러나 끝난 뒤에 북방 연구소가 본격적으로 활동을 하니까 이 연구소에 사람을 초청해서, 가령 소련의 요인들 불러 강

연회, 토론회도 하고 하는데 돈이 많이 들잖아요. 협찬이 없으면 할 수 없어요. 그래서 협찬금, 이런 것에 의존해서 하고 그 기금 관리를 주로 내 책임하에서 하게 되었지요.

**윤민재:** 긴 시간 말씀 감사했습니다.

## 〉〉〉〉〉 2차 구술

**윤민재:** 오늘은 지난 시간에 이어서 두 번째로 박철언 전 의원님을 모시고 인터뷰를 진행하도록 하겠습니다. 이번 시간에는 총선 이후에 민정당 내부의 변화 과정, 그리고 3당합당 과정을 살펴보고 그 이후에 김영삼 후보가 등장하는 과정들을 말씀해주셨으면 좋겠습니다. 첫 번째 질문드릴 내용은 지난 시간 잠시 언급되었지만 총선 이후에 본격적으로 민정당과 청와대 내부에서 5공청산의 문제가 제기됩니다. 그 과정을 상세히 말씀해 주십시오.

**박철언:** 당시에 5공청산문제와 관련해서 청와대에 새롭게 구성되는 6공화국의 핵심구성원들 사이에 입장 차이가 나타납니다. 대부분의 흐름은 최병렬 정무수석을 비롯한 취임준비위원회 인사들이 언론계에 자기들의 영향력이 있는 사람들을 동원, 언론 플레이를 통해 6공화국은 5공화국하고는 질적으로 다른 새로운 공화국이니까 5공화국을 청산하고 단절시켜야 한다는 입장을 취했습니다.

그러나 저는 입장이 달랐죠. 결국 5공화국과 6공화국은 한 뿌리인데, 그럼에도 불구하고 일시적인 인기의 영합을 위해서 진실을 감추고 의도적인 단절론 플레이를 하게 되면 결국 자승자박하게 되니까 5공화국 전두환 시대의 긍정적인 전통을 그대로 이어 받고 고칠 점은 하나하나 개혁해 가는 차별화를 하는 것이 순리에 맞다라는 입장이었습니다. 이 입장의 차이가 단적으로 나타난 예를 들면 1988년 10월 4일에 청와대 수석비서관 회의에서 아웅산 사태 5주기 추념식을 현충관에서 김상협 총리 주재로 행사를 하는 데, 전두환 대통령 조화와 홍성철 비서실장이 참석하는 정도는 해야 하지 않느냐 하는 저의 입장과, 5공화국과 6공화국의 행사는 무관하기 때문에 6공화국의 대통령 비서실장이 참석할 필요가 없다는 최 수석의 입장으로 나뉘어집니다. 결국 저의 주장대로 홍성철 실장도 참석하는 것으로 결론이 났던 일이 있습니다. 저는 그 당시 대북비밀접촉의 문제와 미수교 공산권과의 외교관계 수립을 위한 비밀출장을 많이 다녔습니다. 그러다 보니까 국내의 어떤 정치 문제나 이런 여러 가지 행사 문제에 있어서는 일일이 관여할 수 없는 한계가 있었습니다. 그런 5공청산문제와 관련해서 청와대의 흐름 속에 큰 갈등은 말하자면 감추어질 수가 없었습니다. 시각의 차이는 존재했던 것이 사실입니다.

**윤민재:** 두 가지 큰 흐름이 있었는데 하나는 급격한 단절론이 있었고, 또 하나는 단점을 개선하면서 장점을 차별화시키는 그런 입장이 있었습니다. 두 가지 입장 속에서 공식적으로는 5공 문제를 둘러싸고 야당의 압력도 있었고 또 한편으로는 그런 과정 속에서 연희동 측과 접촉을 하게 되죠. 그런데 연희동 측과 주로 접촉한 건 어떤 배경이 있었습니까.

**박철언:** 5공청산과 관련해서 전두환 전 대통령 측과 접촉한 과정에 관해서 구체적으로 얘기한다면, 1988년 10월 5일에 이순자 여사께서 보자는 연락이 왔습니다. 그래서 그날 오후 3시경부터 오후 한 5시 45분경까지 약 세 시간가량 이순자 전 영부인께서 여러 가지 말씀을 했습니다. 말하자면

5공, 6공의 관계 또는 5공을 마무리하는 문제에 있어서의 섭섭한 점들에 관한 얘기를 들었습니다. 그리고 또 1988년 11월 8일 전두환 대통령 측에서 저녁을 초대했습니다. 저녁 초대에는 저와 최병렬 수석, 박준병 사무총장 또 김윤환 총무 네 사람을 초대했는데 연희동의 전두환 대통령 측에서는 대통령, 이양우 변호사, 민정기 비서관이 배석을 했습니다. 그런데 전두환 전 대통령께서 노여운 말씀을 하시고 하시는지, 저녁 초대인데도 불구하고 저녁 식사도 못하고 헤어질 때는 서로 악수도 없이 헤어지는 그런 분위기였습니다. 그 후에 1988년 11월 11일 3일 후죠. 전 대통령께서 저를 보자 해서 11시부터 오후 1시까지 약 두 시간가량 독대를 하게 됩니다. 그 때도 역시 같은 토론으로 노태우 대통령과 자신과의 깊은 우정관계, 역사 이런 것도 말씀하시고 유감을 표시하면서 앞으로 두 분 사이에 쓸 데 없는 오해와 잡음을 없애기 위한 상호 연락을 위해서 박철언 보좌관을 썼으면 좋겠다고 노태우 대통령께 얘기했다고 저한테 말씀 하시면서 앞으로 두 사람 사이에 메신저 역할을 잘 해달라는 당부의 말씀을 했습니다. 그리고 이순자 전 영부인과 노태우 대통령의 부인이신 김옥숙 영부인과의 상호간의 의사소통에도 박철언 보좌관이 중간 역할을 잘 해 달라 이런 말씀이 있었습니다. 그래서 '두 분 사이에 얘기가 되었다니까 그렇게 두 분의 그런 의사소통이 왜곡되지 않도록 두 분의 우정이 근본적으로 손상되지 않도록 최선을 다 하겠습니다' 이런 말씀을 드렸죠.

그 후에 1988년 11월 14일 오후 2시경에 전두환 전 대통령의 대외 법률관계나 5공 마무리 문제와 관련한 대변을 하던 이양우 변호사 측에서 만났으면 한다는 연락을 받았습니다. 그래서 63빌딩 일식당에서 이양우 변호사와 제가 만나서 장시간 여러 가지 문제를 논의하게 됩니다. 다음 날인 1988년 11월 15일에 노 대통령과 전두환 전 대통령이 약 40분 동안 여러 가지 문제에 대해서 통화를 하면서 앞으로 연희동 측과 청와대 측과 연락해서 박철언 정책보좌관 외에 이원조 의원을 추가하도록 하자고 노태우 대통령께서 전두환 전 대통령한테 얘기했다 하는 통보를 저한테 하면서, 이원조 의원하고 협력해서 두 측 간의 의사소통을 원활히 해주면 좋겠다고 했습니다.

**윤민재**: 지금까지의 말씀을 들어보면 양측의 의사소통 문제가 매우 중요했던 거 같습니다. 그래서 그게 더 불신이 되기도 하고 또 한편으로는 오해를 낳는 소지가 되기도 하는 것 같은데, 의사소통의 문제는 무엇이었습니까?

**박철언**: 근본적인 원인은 신권력과 구권력 간의 갈등이라기보다는 6공화국의 설계를 어떻게 해야 하느냐에 대한 시각의 차이였습니다. 전에도 얘기한 것처럼 취임준비위원회 측에서는 현실을 외면하고 지나치게 6공화국의 인기 영합에 치중을 하는 입장이었습니다. 그래서 최병렬 수석 등의 이른바 신 실세는 5공과의 단절, 어떤 질적 차별화를 통해서 6공화국의 바탕을 강화해야 된다는 그런 시각을 가지고 있었습니다. 5공 세력이 6공의 새로운 등장인물에 대해서 어떤 투쟁적 자세를 보인다던지 하는 그런 신구 권력 간의 갈등이 있었다고는 보기 어렵습니다. 물론 전두환 전 대통령께서 노태우 신임 대통령의 제일 첫 번째 내각구성에 말하자면 청와대 참모들 구성에 관여한 얘기를 몇 건 한 것은 잘못된 것이지만, 그것은 신구 권력 간의 갈등이라기보다는 두 분이 워낙 가까운 사이니까 노태우 대통령께서는 전임 대통령이자 친한 친구인 전두환 대통령 측에 새로운 진영을 짰으면 한다는 의견의 개진을 보였고 거기의 몇 사람에 대해서 전임자가 의견을 개진한 것이었습니다. 그 점도 역시 연희동 측에서 조금 오버한 것이 아니냐 하는 얘기를 취임준비위원회를 비롯한 신실세들 간에 하기도 했습니다.

**윤민재:** 아까 말씀 중에서 11월 15일에 전두환 대통령과 노태우 대통령이 통화를 했다라고 말씀을 하셨는데 사실 어떻게 보면 그 통화내역이 결정적으로 아주 중요한 내용이었던 것 같은데요. 물론 그 후에 백담사로 가시게 되는데, 그 통화내역에 대해서 이후에 말씀 들으신 내용이 있습니까?

**박철언:** 그 당시에 노태우 대통령의 입장은 어떠했느냐, 즉 노태우 대통령이 5, 6공의 단절론에 앞장섰느냐, 아니면 되도록이면 전두환 대통령을 비롯한 그 주변을 보호하려는 입장이었느냐 그것이 중요한 대목이라고 생각합니다. 전두환 대통령 측에서는 노 대통령이 취임준비위원회 멤버들하고 합세하여 단절을 통한 인기의 상승을 도모한 것이 아니냐하는 오해를 상당히 한 것 같아요. 근데 사실은 그렇지 않습니다. 당시의 노태우 대통령의 입장은 5, 6공은 한 뿌리이다, 5공청산이라는 문제는 사정 기관에서 구체적인 증거가 나타나서, 구체적인 범죄 증거가 있는 경우에 법적 절차에 따라서 하면 되는 문제고, 이미지 업을 위한 5, 6공의 단절을 위한 표적 사정, 표적 수사, 표적 언론 플레이를 절대로 해서는 안된다는 측면에서는 노태우 대통령이나 저의 입장이 일치했어요. 그러나 아까 말씀드린 대로 최병렬 등 취임준비위원회는 끊임없이 노태우 대통령을 부추기고, 또 언론 플레이를 해서 결국은 5, 6공이 한 뿌리이고 구체적인 법적인 증거가 있는 경우에 사정 기관에 의해서 진행된 것은 모르지만, 절대로 그것을 인기 올리기 위해서 의도적인 단절을 시켜서는 안된다는 노 대통령의 입장은 소신대로 운영이 되지 못했습니다. 또 그 원인 중에 하나는 취임준비위원회의 그런 흐름도 있었지만 1988년 2월 25일 대통령 취임하고 곧 이어서 두 달 만에 실시된 국회의원 총 선거에서 여소야대가 되었다는 점도 있습니다. 과반수의 20여 석이나 부족한 국회 의석 때문에 여러 가지 일을 할 수 없는 가운데 야당들이 봇물처럼 5공의 문제점을 얘기하고 언론에 보조를 맞추고 하는 통에 노태우 대통령으로서는 어려움이 많았습니다. 인간적으

로 아마 고민을 많이 하신 것 같습니다. 예를 들어서 1988년 11월 23일에 전두환 전 대통령이 대국민 사과성명을 하고 백담사행을 내외분이 하시게 되는데 그 모습을 텔레비전 중계를 통해서 지켜보는 노태우 당시 대통령 눈물이 고이는 것을 제가 목격을 했습니다. 이분의 뜻대로 전임 대통령 내외분을 이렇게 평안하게 해 주지 못한 데 대해서 굉장히 마음 아파하는 표정이 역력했습니다. 그래서 청산 문제를 계기로 해서 5, 6공의 두 분 사이의 우정에 금이 가게 되는데, 사실은 노태우 대통령의 책임이라기보다는 두 분을 모시는 측근들의 책임이 컸다고 봅니다.

**윤민재:** 여의도 측과 접촉 과정에서 두 영부인들이 통화를 나누면서 서로 의견을 교환했다고 말씀하셨는데요, 어떤 면에서 정치 문제이면서도 정치 문제를 떠나 인간적인 문제까지 아주 복합적인 문제 같습니다. 영부인들의 입장 차이가 분명하게 나타났습니까?

**박철언:** 이순자 여사께서 상당히 불만스러운 얘기를 하시고 또 김옥숙 영부인께서 그걸 듣고 거기에 대한 해명 설명을 하는데 애를 쓰고 있는데도 그것도 몰라주고 굉장히 섭섭하다는 격양된 표현만 하느냐고 서운해 하셨습니다. 그래서 두 내외분 사이에 어떤 벽이 생기게 되죠. 그러나 양측 다 보면 섭섭함의 뿌리가 있고 원인이 있는 겁니다. 여소야대란 흐름의 역풍, 또 청와대 참모진 이른 바 취임준비위원회 최 수석 측의 강한 단절론, 이런 것 때문에 사실은 두 내외분의 우정에 자꾸 벽이 생기고, 금이 가고 이렇게 된 것입니다. 본의 아니게 그렇게 된 것입니다.

**윤민재:** 백담사행이 이루어지고 정국이 안정되면서 새로운 분위기 쇄신이 필요했을 거라고 생각합니다. 그 조치의 하나로서 개각이 이루어지게 됩니다. 개각을 추진하게 된 여러 가지 배경이 있을 것 같은데요, 핵심적

인 내용이 무엇이었습니까?

**박철언:** 1988년 11월 26일에 노태우 대통령과 제가 오찬을 함께 합니다. 이때 노태우 대통령께서 극비로 개각을 위한 그런 자료 준비를 지시합니다. 그래서 이제 그야말로 사실상의 노태우 대통령이 백 퍼센트 결정을 하는 첫 조각을 하게 되는데, 저에게 사람들을 파악해서 자료를 가지고 몇 차례 시안을 보고해 달라 해서 제가 몇 차례 비밀리에 노태우 대통령께 개각에 관한 여러 가지 자료의 시안을 보고를 하게 됩니다. 대통령께서는 11월 23일에 전임 대통령이 백담사 가고 5공 일이 마무리 되는 마당에 심기일전해서 새로운 국정 운영을 해보겠다는 새로운 의지를 보여준 것이죠. 또 당시에 노태우 후보 2인자 시절 7년여, 전두환 대통령 시절에는 그야말로 제가 비밀리에 참모 역할을 나름대로 최선을 다해서 수행을 했고 월계수회를 조직했었습니다. 그런데 대통령이 당선된 다음에는 취임준비위원회가 득세를 하면서 월계수회는 필요가 없다, 총선에도 관여하지 마라고 요구해 결국 무장해제 상태에 빠지게 되었습니다. 그 후 4·26총선에 패배하고 4월 27일 날 아침에 노태우 대통령께서 "자네가 큰 역할을 해줘야 되겠다"라는 당부를 하셔서 제가 북방정책 연구소를 확장운영하고 또 대통령의 정책을 뒷받침하기 위한 여러 가지 일을 하게 됩니다. 그 일환으로 5공문제가 마무리되고 저는 굉장히 바빠졌습니다.

1988년 2월 25일에 6공화국이 출범한 이래 4월 26일 총선까지는 소극적인 입장에서 있은 반면에, 총선 패배 후에 노태우 대통령께서 적극적으로 정면에서 보좌를 해주지 않으면 안되겠다는 몇 차례 당부 말씀이 있었지만 국내 정치 문제와 관련해서 5공청산이나 이런 문제는 제가 주도적으로 마무리하기 어려웠던 측면이 있었습니다. 그 당시에도 저는 남북 간의 비밀접촉과 공산권과의 수교를 위한 공산권 인사들과의 비밀 접촉 때문에 국내 정치 문제를 주도적으로 다루어가기엔 불가능했어요. 그냥 잠시 참여해서 내 의견을 분명하게 얘기하고 그런데 또 엉뚱한 방향으로 전개되어 있으면 그것을 수습해 나가는 방법밖에 없었습니다. 그 일환으로 청와대 비서실을 일부 개편했습니다. 문화교육비서관을 신설하고 또 정무수석실의 외교를 떼어내어서 외교안보보좌관실을 보강을 합니다. 그 전까지만 하더라도 김종휘 안보보좌관은 안보문제만 다루었지요. 외교안보보좌관 역할을 김종휘 안보보좌관이 맡은 것은 1988년 11월 26일경이었죠. 그 첫 번째 개각을 하게 된 것은 1988년 12월 3일에 노 대통령과 홍 비서실장, 최 수석, 저 이렇게 넷이서 한 차례 얘기를 나누게 되고, 12월 4일에는 오찬을 하면서 개각에 관한 이런저런 대통령 의중도 듣고 우리의 의견도 얘기를 하게 됩니다. 그래서 총리로서는 강원룡 목사가 내정이 되어 있다가 여러 가지 잡음이 들리고 해서, 다시 강영훈 의원을 추천하게 됩니다. 그래서 노 대통령께서 강영훈 의원을 사전에 만나 얘기를 나누고 좋다하셔서 강영훈 총리 내각이 1988년 12월 5일에 등장하게 되는 겁니다. 저는 개각에 있어서 여러 가지 자료나 이런 것을 만들 때 사심에 의해서 넣고 빼고 한 것은 한 사람도 없습니다. 제가 데리고 있던 그 팀으로 하여금 각 분야에 신망이 있는 사람들을 복수로 뽑도록 하고, 또 관계 기관을 통해서 엄중하게 스크린을 해서 대통령께 자료를 가지고 보고를 드렸습니다. 당시 저는 강영훈 의원을 잘 몰랐습니다. 근데 저의 스텝 중에 하나인 강근택 연구관이 외무부 소속입니다. 강근택 연구관이 강영훈 의원을 강하게 추천해서 제가 여러 가지 수소문 해보니까 훌륭한 분이라서 제가 한 번 만나서 얘기를 나누어보고, 노태우 대통령께 한 번 만나 보라고 말씀드렸더니 노 대통령께서 식사를 하면서 깊은 대화를 나누어 보고서 강영훈 의원을 총리로 임명하였죠.

**윤민재**: 일반적으로 보면 내각의 어떤 개편에 있어서는 민정수석이라든지, 아니면 그 당시 안기부 등등의 자료나 추천에 의해서 일반적으로 하는

경우도 있고, 또 대통령이 갖고 있는 사적인 라인을 통해서 추천받는 경우가 있는데 하여튼 선생님께서는 노태우 대통령한테 중요한 부탁을 받고, 그런 추천을 하게 됐습니다. 그게 또 결정적으로 또 이루어졌고요. 민정수석이라든지 안기부 의견도 참고가 되었나요?

**박철언:** 그 당시에 우리가 자료를 정리하고 했지만 말씀드린 대로 홍성철 비서실장이라든지, 최병렬 수석이라든지, 또 정책보좌관인 저와 대통령께서 두세 차례에 걸쳐서 회동을 하게 되는데, 그 전에 물론 대통령께서는 또 나름대로 여러 가지 생각이 있어서 제가 시안을 작성하는 데 있어서 대통령이 생각하는 여러 지침을 많이 내려줍니다. 전화나 메모를 통해서 내려 주면 그것을 우리가 확인하고 서로의 의견을 얘기합니다. 그러나 결정은 물론 대통령께서 하시는 거죠. 민정이나 정보부나 경찰 측의 스크린은 물론, 대통령이 최종 결심해서 발표하기 전에 전과나 특이사항 유무들을 한 번 극비리에 최종 단계에서 스크린을 합니다. 그런 문제는 미리 하면 새어 나가니까 대통령께서는 민정 같은데서 온 인물 자료 파일을 보고 대통령께서 나름대로 이런저런 구상을 하십니다. 물론 대통령께서는 안기부장이나, 민정수석이나, 아니면 비서실장이나 이런 분들한테도 부분적으로 묻고, 그분들은 자기 의견을 얘기했을 거에요. 그럼 그런 자료를 또 대통령께서는 저한테 전화로 또 메모로 잘 내려 보내고 했으니까, 우리 자료에 의해서만 대통령이 판단하고 하는 그런 것은 결코 아닙니다. 우리는 그야말로 사심 없이 대통령께서 가장 적합한 인재를 뽑아서 국정의 각 분야에 제대로 국정 수행하도록 해서 역사와 국민에게 도움이 되는 그런 결과가 나와야 된다는 사명감을 가지고 있었습니다. 단 한 사람을 천거할 때도 사심을 가진 적이 없습니다.

예를 들어서 제가 국가안전기획부 특별보좌관 팀을 구성하게 된 경위를 말씀드리지요. 처음에 1985년 3월에 장세동 안기부장 특별 보좌관으로 가니까 직원이 남녀 직원 딱 두 명뿐이었어요. 그러나 중요한 일을 자꾸 나한테 맡아 시키고 맡아 하다 보니까 사람을 늘리라 하게 돼서 결국은 안기부 내에 최고의 엘리트뿐만 아니라 청와대에서 데리고 있던 법제 연구관, 강재섭 대표 같은 여러 사람들도 데려오게 됩니다. 그래서 1987년 6월 29일 6·29선언 때는 남녀 직원들 전부 63명에 이르는 겁니다. 그 과정에 에피소드를 소개하면 당시에 이순자 영부인께서 아드님의 친구가 대학원을 나와서 훌륭한 사람이니까 우리 팀에 좀 넣어줬으면 좋겠다는 개인적인 부탁이 있었습니다. 그래서 제가 알아보니 명문 대학원은 졸업했는데 우리 팀에 들어와서 할 역할이 없었습니다. 그리고 그렇게 사적인 라인을 통해서 들어오는 것을 우리 팀에서는 전부 싫어하는 거예요. 그래서 제가 두 차례나 "아, 죄송하지만은 안되겠습니다. 그 사람이 여기 와서 할 수 있는 일은 방 쓸고, 커피 나르고, 청소하는 일 밖에 없습니다."라고 거절한 일이 있습니다. 제가 사람을 쓰는 건 나라의 일이고, 국민을 위하는 것인데, 절대로 사적인 그런 인연이나 생각에 의해서 하지 않았습니다. 혹시 노태우 대통령이 하명하는 그런 분야의 인재를 뽑는 데 있어서도 마찬가지였습니다. 그렇기 때문에 저 자신의 어떤 생각보다도 여러 부처에서 최고의 인재를 데려와 있기 때문에 그 사람들한테 천거를 받았죠. 또 스크린을 해보면 당시 시점에서의 최고의 적임자를 대통령께 건의를 할 수 있는 겁니다.

때문에 적어도 6공에서의 인사문제와 관련해서 항간에서는 박철언 보좌관이 핵심 실세로서 굉장한 권력을 행사한 것처럼 얘기하는데 사실은 그렇지 않아요. 대단히 많은 일을 한 큰 머슴이었지 사실은 권력다운 권력을 행사하고 즐기고 할 수가 없었어요. 목숨 걸고 북한지역 비밀 출장가고, 목숨 걸고 미수교국 공산권에 가면 거기는 북한 요원들만 득실득실 대는데 가는 것 아닙니까? 그런 속에서 우리가 재미교포처럼, 아니면 재일, 일본 그 조총련계 무슨 사람들처럼 위장을 해서 다니는데 이게 얼마나 조심스러웠는데요. 권력을 누린다는 것은 생각도 못했어요. 일 속에서 살다시

피 했어요.

**윤민재:** 1988년도로 넘어가게 되면, 여소야대 정국을 타개할 수 있는 여러 가지 논의들이 진행되지 않습니까. 근데 문제가 장세동 의원과 이학봉 의원 같은 경우에는 5공에도 참여를 했고, 6공에도 참여를 하게 되잖아요? 이학봉 의원 같은 경우에는 5공청산의 문제에서 직접적으로 발언할 수 있는 기회가 상대적으로 많았다고 생각을 합니다. 이학봉 의원은 당연히 청산에 대해서 문제 제기를 했겠죠. 그랬을 때 특히 이분들이 5공의 중요한 상징적인 분들인데 이분들의 구성에 대해서 당내에서 여러 가지 의견도 당연히 있었다고 생각합니다. 그랬을 때 선생님은 이학봉 의원과 이 문제를 두고서 의견을 나누시거나 말씀을 하신 적이 있으십니까?

**박철언:** 당시에 1988년 12월 13일로 제가 기억이 됩니다만 김영일 비서관으로부터 '김기춘 검찰총장이 얘기하기를 장세동, 안현태, 이학봉, 이원조, 허문도, 이상재, 박태준 이런 사람은 구속이 되어야 된다고 자기한테 얘기 하더라', 그런 내용을 들었습니다. 그리고 당시에 '한영석 민정수석 비서관 하고 최병렬 정무수석의 입장이 그러한 것 같더라, 또 그런 방향으로 언론 플레이를 하고 있는 것 같다'고 사정 비서관을 했던 김영일 비서관 이야기했습니다. 김영일 비서관은 경북 중학교 동기고, 서울 법대 동기고, 고시 동기라 가까우니까 나한테 그런 얘기를 했습니다. 그래서 저는 정책 보좌관하면서 김영일 사정 비서관에게 분명하게 여러 차례 얘기합니다. 특히 '장세동 부장, 이학봉, 허문도, 박태준 이런 분들의 구속이란 것은 어불성설이다, 물론 구체적인 범죄의 증거가 나타나면 사정 절차에 의해서 그것은 어쩔 수 없는 것이지만, 적어도 5공화국의 핵심 인물에 대해서 표적 사정이라고 할까, 표적 사정을 위한 언론 플레이랄까 이런 것은 결코 있어선 안 된다'는 것을 김영일 사정 비서관에게도 분명히 얘기를 했고, 물

론 노태우 대통령께도 여러 차례 그런 얘기를 했습니다.

　인기를 올리고 단절을 시키기 위해서 언론 플레이를 한다는 것은 의리에도 반하고, 진실에도 반하고, 또 사정의 성격상도 맞지 않고, 표적 사정이라는 것은 말이 안된다는 말을 했습니다. 그러나 예를 들면 이학봉 수석의 구속이나 이런 문제는 제가 자꾸 자리를 뜨고 북한이나 미수교국에 비밀 출장 다니다 보니 제가 관여하지 못하는 가운데 많이 일어납니다. 또 언론 플레이를 해서 사건을 만들어 놓으면 대통령도 어떻게 할 방법이 없습니다. 검찰에서 영장을 청구할 수밖에 없다는데 대통령이 그걸 하지마라, 하라 이렇게는 할 수가 없습니다. 해서도 안 됩니다. 그런 측면에서 어려움이 많았습니다.

　예를 들어서 그 해 1989년 1월 27일 장세동 부장이 구속되는데, 장세동 부장의 구속도, 제가 그 당시에는 구속되는 이 날에는 싱가포르에서 북한측의 김일성 주석의 위임을 받은 한시해 수석대표와 비밀 회동을 하고 있는 기간 중에 있었던 일입니다. 이런 식으로 이루어지니까 말하자면 언론과 또 검찰에 의해서 막 이렇게 몰아가서 안 할 수 없도록, 연희동 측 핵심 멤버들이 그렇게 사정 절차에 의해서 처리되도록, 안 할 수 없는 노태우 대통령의 상황, 그렇게 되어버렸습니다. 그러나 허문도 수석의 경우는 달랐습니다. 그것은 1989년 봄으로 기억되는데 제가 비밀 출장을 갔다가 귀국하는 길에 연락이 오기를 삼청동 안가에서 허문도에 대한 처리 문제에 관해서 회의를 하고 있다는 연락이 왔다고 정책보좌관실 비서가 전화로 알려주었습니다. 그 당시 우리 멤버들도 내가 공산권이나 북한 땅에 가고 이런 걸 잘 모릅니다. 회의가 있으면 통보하는데 안 가면 부득이한 사유가 있어서 못 간다, 이렇게만 통보하도록 하고 물론 내가 출국하는 것을 아는 것은 대통령이나 안기부장 그런 정도죠. 마침 그때는 귀국하는 길에 그 얘기 듣고, 제가 삼청동 안가로 가서 도중에 회의에 참석합니다. 그 멤버들이 구속을 기정사실화 해놓고 얘기하는 것 같아서 제가 강하게 안된다는 문제 제기를 했습니다. 물론 저는 허문도 수석하고 개인적인 인간관계는 없지만 허문도 수석이 5공 시절 한 시대의 핵심 참모로서 소신껏 강하게 일을 밀어붙이고 한 측면에서는 상당히 긍정적으로 평가합니다. 따라서 그런 식으로 몰아가서 구속을 하고 그래선 안 된다, 이렇게 해서 구속을 못하게 하고 노태우 대통령께도 다음날 이건 안 된다고 주장해서 구속 절차 진행이 안 됩니다. 이처럼 연희동 측에서는 지금도 노태우 대통령에 대한 서운한 느낌이 지워지지 않았는데, 사실 『바른 역사를 위한 증언』 1, 2권을 전두환 전 대통령 내외분이 읽어보신다면 오해가 말끔히 다 풀리리라 생각합니다.

**윤민재:** 최병렬 수석하고 검찰 간의 의견조율이라든지, 사전에 의견 조율이라든지 여러 가지 것들이 동일한 선상에서 이루어졌다고 생각합니다. 최병렬 수석의 의견도 중요했겠지만 검찰의 역할도 상당히 중요했겠죠.

**박철언:** 검찰에도 역시 김기춘 검찰총장이 당시에 있었는데 김기춘 검찰총장이 5공화국 시절에 이른바 그 쓰리 허를 비롯한 신군부의 주역들에 의해서 상당히 어려움을 겪는 수모를 당한 그런 또 악연이 있습니다.

**윤민재:** 선생님께서 말씀하신 내용 중에서 박태준 전 대표를 구속해라 그런 의견도 나왔다고 했는데, 물론 이뤄지진 않았지만요. 비리 문제인가요?

**박철언:** 검찰에서는 검찰 나름대로 어떤 근거를 가지고 당시 김기춘 총장이 분명히 사정비서관에게 그런 얘기를 했는지 그것은 저는 구체적으로 알아보진 않았어요. 예를 들어서 여러 가지 일을 공직에서 하다 보면 이런저런 의혹이 있게 마련이죠. 어느 정도까지 구체적인 게 있어서 그런 얘기

가 나왔는지는 모르지만 어떻든 표적사정적인 누구누구는 구속 조치를 해야지 5공화국 단절되고 6공의 이미지 업이 된다, 그런 시각은 절대로 법을 집행하는 사람으로서나, 나라를 운영하는 사람으로서 어느 시대든 가져서는 안 된다고 생각합니다.

**윤민재:** 3당합당이 이루어지기 전에 정계개편이 시도가 됩니다. 그랬을 때 당내에서 정계개편을 강하게 주장한 부분은 어떤 부분이었습니까?

**박철언:** 인위적인 정계개편이라는 그런 얘기들이 있는데 정계개편이라는 것은 자연현상이 아니라 인위적인 겁니다. 이합집산을 통해서 개편되기 때문에 그런 비판을 위한 비판의 표현인 듯 하고, 4·26총선 패배한 직후에 노태우 대통령께 건의합니다. 여소야대가 돼서 위기지만 오히려 보수 대 혁신으로 갈 수 있는 좋은 계기가 아닙니까? 지금 장차 통일에 대비하려면 어차피 의원 내각제로 장차는 가야 될 것이고, 그런 의원내각제를 위한 준비, 그리고 이제는 보수와 혁신의 구도, 말하자면 4당이 모두 보수정당인데 그 보수정당이 대통합을 하고 그 일부, 평민당과 그 YS의 민주당에 있던 일부의 급진 혁신계 사람하고 재야 혁신인사들이 한 그룹을 이루게 될 수 있습니다. 보수 대 혁신의 양 날개가 되어서 정국운명이 될 때 역사발전이 있지 않겠느냐 하는 점이 평소 소신입니다. "정계를 개편하는 계기를 삼으면 좋을 것 같습니다"라는 말을 했죠. 그러나 노태우 대통령께서는 DJ와의 합당, 4당통합이라는 것은 현실적으로 불가능하다, 이렇게 보신 것 같아요. 나는 그것도 가능하다라는 그런 생각을 가지고 있는데, 어떻든 정계개편을 해 가야 된다는 의미를 대통령께 말씀을 드렸고, 또 대통령께서도 총선 다음날인 4월 27일 아침 9시 40분에 청와대에서 회의를 합니다. 수석비서관 회의 때 말씀하시기를 홍 비서실장 중심으로 전체적인 정계개편 구상을 해봐라, 또 공화당과 민주당도, 평민당과도 연합하는 방

안, 말하자면 연합이나 합당이나, 이런 것도 검토해보라, 이런 말씀을 하십니다. 그러자 홍성철 비서실장이 '앞으로의 정국 운영에 관해서 그 문제점과 대책을 박철언 정책 보좌관이 지금 검토 중에 있습니다'란 보고를 현장에서 대통령께 합니다. 그래서 정계개편에 대해서는 저, 홍성철 비서실장 모두 마찬가지였습니다.

**윤민재:** 선생님께서 4당통합까지도 염두에 두셨다고 말씀하셨는데 그러면 당이 하나가 되는 것 아닙니까?

**박철언:** 당이 하나가 되는 것이 아니죠. 지금 제가 말했듯이 보수정당이 대통합을 하고, 그 보수정당의 내에 있는 혁신적 인물들은 대통합에 반대하는 사람들이죠. 그 혁신계 인사들은 나와서 혁신당 하자는 것이지요. 기존 4개 당이 다 보수정당이지 혁신정당이 아닙니다. 강령을 보면 그렇잖아요. 그렇기 때문에 보혁구도로 가는 것이 역사발전에 좋다는 게 소신이었다는 얘깁니다.

**윤민재:** 본격적으로 야당과의 접촉이 이루어지는데요. 김영삼 총재의 결단이 3당합당이었다는 평가도 있습니다. 그것도 결정에 영향을 미쳤다는 거죠. 김영삼 총재와 여러 차례 만난 걸로 알고 있는데, 그 과정에 대해서 얘기해주세요.

**박철언:** 1988년 9월 15일에 국회 본회의장 로비에서 김영삼 총재가 저한테 다가와서 말씀하시기를 '아, 박 보좌관 조용히 한 번 만났으면 좋겠다.' 말씀하십니다. 그래서 6일 후인 1988년 9월 21일 밤 9시 반에 상도동 김영삼 총재 자택에서 만나게 됩니다. 저는 그 당시 만남에서 보수 연합이 되어야만 차기 대권의 문이 가능하지 않겠는가, 노태우 대통령은 단임제였

기 때문에 한 번만 하고 맙니다. 그 다음은 보수 연합이 되어야지 차기 대권의 문이 열린다라는 얘기를 말하자면 보수 대연합, 아직 합당까진 얘기 안하면서 그런 운을 띄웁니다. 김영삼 총재가 '자기는 노 대통령을 믿는다, 또 앞으로 긴밀한 대화를 바란다, 김대중 총재는 믿을 수 없는 사람이고 좌경화 우려가 많은 사람이다'라고 말했습니다. 그러면서 은근히 여러 가지 어려움도 얘기하면서 지원을 약간 기대하는 눈치를 보였습니다. 그 후 1988년 12월 28일 밤 아홉 시 상도동에서 김영삼 총재와 비밀리에 둘이서 만납니다. 저는 중간평가 문제에 대한 협조를 요청하고, 당시 노무현 의원이 개입해서 근로자들을 선동하고 있으니까 현역의원이 의외의 일 아니냐는 우려를 전달합니다. 그리고 1989년 3월 16일에 YS의 상도동 집에서 양당합당에 관한 원칙적인 합의를 하고 중간평가 문제도 무기 연기하기로 서로 합의를 하였습니다.

**윤민재:** 김영삼 총재와의 접촉과정에서 금전적 지원을 바랬던 것 같다고 하셨고 실제로 전달이 됐죠. 근데 그 내용은 어떤 건가요?

**박철언:** 역사적 사실이고, 김영삼 총재에게 몇 차례 걸쳐서 40억여 원, 그리고 제가 미화 몇 만 달러 준 그 날짜, 시간, 수표 일련번호, 진실 그대로에요. 그걸 왜 제가 그 당시에 그런 기록을 했느냐 하면, 김영삼 총재에게 돈을 갖다 준 기록만 한 것이 아니라 저는 중요한 공직에서 있었던 일을 전부 수첩, 메모에 기록을 했어요. 이 나라에 국가운영, 권력운영, 여야 정치 지도부의 여러 가지 행태가 이래서는 되겠는가, 여든, 야든, 청와대든 야당총재든 많은 문제가 있다 이겁니다. 선진사회라는 것은 이성과 합리가 지배하는 맑고 밝은 사회입니다. 이런 최고 지도부, 여야 지도부부터 권력 운영부터 투명하고 깨끗해지지 않으면 안 되는데, 우리나라 현대 사회의 특징은 권력을 일단 잡고나면 재직 기간에 있었던 일은 전부 묻혀 버

립니다. 그리고 오히려 상대방에 대한 정치보복, 그리고 그 다음 권력자가 생기면 내가 정통성을 가지고 있다 과거는 전부 엉터리다, 정의롭질 못하고 부패하고 썩었다, 이렇게 과거를 부정하고 자기의 독선적인 그런 입장을 갖게 됩니다.

이것은 내가 기록을 했다가 언젠가 정치를 그만두고 당사자들이 공소시효가 지나서 사법적인 처벌의 대상으로부터 벗어났을 때 기록으로 세상에 남겨서, 말하자면 역사적인 사료로 남김으로써 하나의 귀감, 현재 여야 지도부, 권력 심부가 누구인지 언젠가 공개 되겠구나, 혹은 역사와 국민에 대해서 두려운 마음을 가질 것이 아니냐 생각을 가졌습니다. 그리고 두려운 마음을 가지면 부정이나 부패나 비리를 저지르지 않을 게 아니냐, 그리고 내가 나라와 국민을 위해서 할 수 있는 마지막 봉사는 그것이다, 그렇게 생각해서 그 당시 현장에서 메모해 놓았던 겁니다.

억울한 정치보복을 당해서 1993년에 투옥 되서 1년 4개월 억울한 옥살이를 할 때도 김영삼 당시 대통령의 엄청난 비리, 부정에 대해서도 얘기하지 않았습니다. 내 자신의 방어용으로 역사와 국민을 위해서 기록한 이것을 써서는 안된다고 생각했고, 그분을 처벌하기 위해서 내가 공개한 것도 아닙니다. 시효가 다 지나서 그렇지 않아요? 2005년 책을 펴 낼 때는 김영삼 대통령 임기 끝나고 공소시효가 다 지난 후입니다. 그러나 만약 내가 『바른 역사를 위한 증언』 도합 1,2권 합쳐서 1100페이지에 기록한 그 모든, 많은 사람들의 명예, 체면과 관련되는 그런 사항이 진실이 아니라면 명예 훼손죄의 형사범죄자가 되고, 또 민사상으로도 그 피해에 대한 위자료를 지불해야 되죠. 그러나 알다시피 2005년 8월에 책을 냈는데도 단 한 건의 형사적인 고소나 민사적인 고소, 명예 훼손에 대한 위자료 배송 소송이 없습니다.

때문에 『바른 역사를 위한 증언』이라는 회고록은 지도층에 있는 사람은 물론이고 젊은이들이 읽어야 될 책입니다. 내가 그 책의 서문에 그렇게 썼습니다. '격동의 현대사를 함께 살아온 사람들에게, 그리고 앞으로 이 나라를 이끌어갈 젊은이들을 위해 삼가 이 책을 바칩니다'라고 썼습니다. 바로 그런 심정으로 쓴 것인데, 사실 출간 이래 많이 읽혔습니다. 정치가가 쓴 회고록 중에서 실제 무상으로 배포한 것이 대부분이지만 이처럼 전국 서점을 통해서 팔려나간 것은 아마 없었을 거에요. 한 십만 부가 팔린 베스트셀러였으니까. 때문에 그런 문제에 대한 자세한 일시, 장소, 수표 번호 이런 것은 『바른 역사를 위한 증언』에 다 게재되어 있는 그대로고, 제가 그것을 쓴 이유에 관해서는 지금 말씀을 드린 대로입니다.

그런 비리는 누구 한쪽만의 잘못이 아닙니다. 불법 정치자금 받고 불법으로 야당 총재한테 준 것 그것도 노태우 대통령 잘못일 뿐 아니라 야당 총재로서 낮에는 대통령 욕하고, 비판하고, 물러가라 그러면서 밤에는 뒤에서 돈 받는 야당총재도 잘못입니다. 정치 개혁을 주장하는 보좌관이었던 박철언 보좌관도 잘못된 것을 알면서 전달하는 것도 잘못입니다. 그러나 또 제가 이 3자에 대해서 당시의 입장을 해명도 했어요. 노태우 대통령은 여소야대의 상황 속에서 사사건건 야당이 반대하는데 국정을 수행하려 해도 야당의 협력을 받아야 할 거 아닙니까. 야당 협력을 받으라 해도 야당이 아쉬워하는 자금을 안 대줄 수 없고 야당 총재는 총재노릇을 하고 다음 대권을 이렇게 생각하다보니까 자기 계보 의원을 관리해야 되고 또 언론을 관리해야 되니까요. 당시만 하더라도 언론인들의 다는 그렇지 않지만 YS장학생, DJ장학생 이런 호칭이 있을 정도로 밥도 사주고 술도 사주고, 용돈도 주고 하던 일종의 그런 나쁜 그런 관행이 있어요, 돈이 필요했어요. 또 저는 대통령을 보좌해서 6공화국의 여러 정책을 집행해가는 과정에 있어서 대통령이 일할 수 있도록 보좌하지 않으면 안 되는데 당시에 대법원장 임명 동의안까지 부결에 부쳐지고 사사건건 야당이 결사반대를 하니까 일이 되지 않습니다. 그래서 그런 심부름을 할 수 밖에 없었습니다. 그러나 역사와 국민에게 부끄러운 일이니까 앞으로는 없어야 된다고 제가 증언록에 쓰고 있습니다.

**윤민재:** 김영삼 총재의 접촉 과정 이후에 김대중 평민당 총재와도 만나게 되는데 하여튼 실제로 그 만남과정에서 당 대 당 통합논의가 구체적으로 진행이 되었는지요?

**박철언:** 1989년 1월 18일에 동교동에 지하서재에서 김대중 총재와 저와 3시간가량 밀담을 나눴습니다. 밤 10시 15분에 시작된 지하 서재에서의 얘기가 무려 세 시간 넘어 새벽 1시 20분까지 많은 얘기를 하게 됩니다. 비밀 만남을 주선한 것은 임춘원 당시 김대중 총재의 신임을 받고 있었던 분입니다. 임 의원이 안내해서 신라호텔에서 임 의원 차를 타고 비밀리에 동교동으로 가서 얘기를 하는데 물론 얘기 현장에는 임춘원 의원은 빠지고, 임 의원은 처음부터 안내만 하고 갔어요. 저와 김대중 당시 총재와의 독대 형식으로 했는데, 제 얘기의 요지는 '이 시대의 과제는 발전해야 하고 또 복지사회 되어야 하고 통일 되어야하고 이를 위해서 지역 간 계층 간 세대 간 화합해야 하는 국민통합 화합해야 되는 게 시대적 과제로 본다, 이것을 위해서는 시대적 과제의 해결을 위해서는 산업화 세력의 주도자인 노태우 대통령과 호남 민주 투쟁 세력의 상징인 DJ 간에 협력이 있어야 되지 않겠나, 그 시대적 과제를 위해서 있어야 된다, 또한 북방정책과 대북정책에 관해서 설명을 하고 이해, 협조를 부탁을 드립니다.' 한 것이었습니다. DJ는 '미국편중의 외교가 시정되어야 된다, 또 5공이 청산되어야 되고 금년에는 중간평가 준비가 안 되어 있으니까 이것이 된 다음에 하자, 또 최병렬 장관은 여러 가지 문제가 많은 사람이다'라고 비판하고, 앞으로 사람들 눈이 있으니까 직접 이렇게 비밀리에 의사소통은 하고 싶은데, 직접 하면 너무 눈에 띄고 자기도 의심받으니까 비밀리에 만나고 이 창구 역할은 김원기 총무로 하고 김원기 총무와 은밀하게 문제를 협의해주면 자기한테

그대로 보고가 된다고 했습니다. 그렇게 해서 김원기 총무하고 대화가 시작됩니다. 예를 들어서 1989년 3월 2일에 김원기 총무가 저에게 얘기하기를, '김대중 총재는 국민투표 연기를 희망하며, 전두환 최규하 전 대통령의 증언과 특별검사제가 이루어지고 정호용, 이원조 의원이 사퇴하면 중간평가 불용론, 필요없다는 얘기까지 펴겠다'라는 호의적인 입장을 보이게 됩니다.

**윤민재**: 두 분이 만나는 과정에서 구체적으로 여러 가지 논의들이 진행되는데 궁극적인 문제는 중간평가 문제가 핵심적인 사안이었지 않습니까? 거기에 대한 전제 조건으로서 DJ 측이 특검이라든지, 두 분에 대한 사퇴 등등을 요구하고 있습니다. 그리고 통합과정에 있어서 내각제 문제가 본격적으로 핫이슈로 등장하게 됩니다. 그때 민정당 내부에서도 이해관계가 다양했을 거라고 생각되는데요. 대체적으로 어떤 의견들이 있었습니까?

**박철언**: 김대중 총재는 통합 자체는 부정적 입장을 보였습니다. 김영삼 총재는 내각제에 대해서 합의를 물론 했습니다. 각서도 쓰고 했는데 나중에 보니까 내심으로는 통합 후에 대통령제하에서 후보를 쟁취하겠다는 전략이 아니었느냐 이렇게 보이는데요. 또 JP는 내각제 합의, 당연히 동의했고요. YS가 내각제 합의 한 것이 어떤 의도였느냐, 또 3당합당을 한 것이 왜 했겠느냐 하는 것은 당시에 YS는 참으로 어렵고, 곤궁한 입장이었어요. 당시에 총선에서 제1야당은 평민당의 김대중 총재 측이고, YS는 제2야당의 총재로서 그냥 있었으면 대권쟁취가 사실상 불가능했어요. 게다가 1989년 4월에 동해 보궐선거가 있었는데 후보 매수 사건으로 서석재 당시 사무총장이 구속되게 됩니다. 당내에서는 여러 가지 김영삼 총재의 지도노선에 문제를 제기하고 반기를 드는 그런 일이 있었습니다. 박용만, 황낙주, 신상우, 김동주, 노무현 등이 야권 통합을 요구하고 이대로는 전망이 없다,

그러니까 YS가 DJ를 비롯한 야권과 통합해야 된다는 요구 등등이 일어나 있었던 이런 상황이었기 때문에 YS로서는 내각제 합의를 하지 않을 수 없었죠. 자기 살 길이었으니까요. 통합을 하지 않을 수 없었죠.

**윤민재:** 당시에 노태우 대통령도 중간평가 문제를 심각하게 인식하고 있었던 것 같은데 3당합당 문제가 구체적으로 진행되면서 그 당시에 노태우 대통령은 어떤 입장을 갖고 계셨습니까?

**박철언:** 당시에 저는 얘기하기를 '중간평가를 해서는 안 된다. 만약 중간평가를 하면 물론 집권당이 이기는 것은 명백하다'라고 했습니다. 왜냐하면 엄청난 조직과 엄청난 자금을 동원해서 하는 중간평가, 국민투표가 부결된 예는 거의 없습니다. '이기게 되어 있다. 그러나 이겨 봤자 상처뿐인 승리고 파멸 전야의 작은 승리에 불과하다' 하는 것입니다. 이게 무슨 얘기냐면 중간평가해서 이기더라도 중간평가 과정에서 엄청난 조직, 공사조직과 엄청난 자금을 동원해서 선거에 이긴다면 우리가 추진하는 정계개편은 불가능하다는 것이죠. 왜냐하면 야당과의 깊은 골과 대결이 있기 때문에 불가능할 뿐만 아니라 이긴 다음에 야당에서 틀림없이 엄청난 자금, 사조직, 동원한 부정선거 조사 특위 구성해야 된다는 것이죠. 특위를 구성하게 되면 6공 자체의 도덕성, 근본적으로 문제가 제기 되서 그야말로 파멸의 궁지에 처하게 된다는 것이 저의 신념이었고 노 대통령에게 끊임없이 그런 얘기를 합니다. 그러나 하자는 사람들이 더 많았습니다. 노태우 대통령의 입장은 역시 저하고 생각이 같았습니다. 1988년 12월 28일 청와대 당정회의에서 헌법테두리 내에서 '이 중간평가 약속 문제를 이행해야 될 것이 아니냐. 대통령이 해야 될 책임 의무는 없다' 했죠. 헌법에서 중간평가를 신임과 연계해서 할 수 있는 헌법적인 근거도 사실은 없습니다. 그런 점을 지적을 했지만 야당하고 또 한 번 국민에게 약속했고 언론도 그렇게

알고 있고 당내에서도 여소야대는 정면으로 국민투표를 통해서 강하게 야당을 몰아 붙여야 된다는 그런 세력들이었죠.

이와 관련하여 1989년 1월 31일 청와대 회의에서 노 대통령이 이종찬 의원이 자기 개인적인 인기를 위해서 이런 저런 자리에서 중간평가 신임을 위해서 해야 된다 한 데 대해서 이종찬 의원에게 최후 경고를 하는 일이 있었습니다. 개인 인기를 위해서 무책임한 얘기를 해서 되느냐, 이종찬 의원도 애매한 사과 비슷하게 하는 그런 일이 있었고, 1989년 3월 12일에는 노태우 대통령과 김대중 총재가 청와대 회동을 하면서 신임문제를 묻는 국민투표는 헌법위반이라는 입장을 DJ가 보입니다. DJ가 부드러운 입장으로 후퇴하죠. 그것은 말씀드린 대로 DJ와 많은 얘기를 동교동 지하 서재에서도 얘기하고 김원기 총무를 통해서도 얘기하고 이런 교감, 또 DJ 나름대로의 판단 이런 것이 작용해서 DJ가 상당히 누그러진 입장을 보이게 됩니다. 1989년 3월 16일 DJ와 노 대통령이 만난 한 6일 뒤 상도동 김영삼 대표 댁에서 김영삼 대표와 제가, 양당이 합당해야 될 것이 아니냐, 또 중간평가는 무기 연기하는 것으로 구두 합의를 합니다. 중간평가는 YS, DJ와의 막후 이런 대화를 통해서 서서히 물 건너가는 상황이 되죠.

**윤민재:** DJ와의 만남 과정에서 DJ의 입장이 부드러운 입장으로 변했다고 말씀하셨는데, 그 과정에서도 상도동 측과 마찬가지로 정치자금이 관련되어 있습니까?

**박철언:** 아닙니다. 나는 DJ 측에는 다른 루트를 통해서 어떻게 되었는지는 모르지만 김대중 총재에게는 단 한 푼의 자금을 전달한 일도 없고 DJ와는 그런 어떤 정책을 두고 논리를 가지고 서로가 많은 얘기를 했지, 자금 문제에 대한 협조를 저에게 넌지시 비친다던지, 이런 일이 없었습니다. 그래서 내가 그런 것을 대통령에게 보고해서 조금 도와줘야겠습니다, 이런

애기할 수 있는 그런 상황이 아니었죠.

**윤민재:** 1989년 아까 말씀하신 3월 16일 상도동 측에서 김영삼 총재를 만나면서 본격적으로 어쨌든 의견합의를 보게 되고 3당합당으로 가는 길이 열리게 된 것 같습니다. 그럼에도 불구하고 또 중간평가가 유보되고 국민투표가 실시될지 모른다는 가능성이 있었던 거죠. 거기에 대한 여러 가지 준비를 하셨다고 했는데 구체적으로 어떤 준비를 하셨습니까?

**박철언:** 1989년 3월 3일에 프라자호텔에서 월계수, 핵심의원 열여섯 명이 모여서 중간평가에 대비해서 전국거점 국민 투표에 대비한 거점사무실과 운영체계의 재정비 가동을 지시를 합니다. 그것은 왜냐하면 이렇게 진행되고 있지만 국정운영이라는 것은 만약에 협상이 깨져서 국민투표를 하는 경우에도 대비를 해야 되잖아요. 그래서 대통령의 친위대라고 할 수 있는 월계수의 의원이나 정부의 핵심 멤버들한테는 준비를 시키지요. 우리가 필승을 위한 준비를 완벽하게 하고 있다는 것을 야당 측에 과시할 필요도 있습니다. 말하자면 상대측의 전의를 상실케 하는 성동격서의 전략입니다. 1989년 3월 14일 서울 올림피아 호텔에 월계수 핵심간부 수련대회를 열 때는 다른 모임은 조금 소박하고 조용하게 했지만 이건 일부러 야당들도 좀 놀라도록 싶을 정도로 조금 요란하게 행사를 치릅니다. 바로 그것은 야당하고는 이것을 연기하는 방향으로 사실상 합의를 하면서 정계를 개편하고 이런 계획을 진행하면서 우리가 만약 협상이 깨지는 경우에는 대통령을 보좌하는 참모로서 완벽해야 하기 때문에 했다고 말씀을 드리고 싶습니다.

**윤민재:** 민정당 내에서 중간평가에 대한 큰 이견이 없었습니까?

**박철언**: 이종찬 총장이 1989년 1월 28일에 중간평가는 신임과 연계해서 해야 한다 이런 얘기를 했습니다. 그리고 또 백담사 측 허문도 의원 등은 중간평가를 결행할 것을 촉구합니다. 또 1989년 3월 4일에 3김 총재 회담에서는 중간평가는 5공청산 등 민주화 조치가 이루어진 후 신임투표 형식으로 실시해야 한다고 발표를 합니다. 그러니까 야당들이 막후에서는 나하고 만나서 안하는 방향으로 또 합당도 하기로 하면서도 야 3당 총재들이 낮에 모여서 대 언론 국민한테 발표할 때는 강경일변도의 성명을 발표하는 등 선명성 경쟁이 나타났죠. 우리는 물론 거기에 대응해서 정부, 당 이런 회의에서도 신임 연계한, 그 국민투표를 조기에 실시할 방침을 재확인합니다. 막후로는 이렇게 진행되는데 야당은 3월 4일에 야 3당 총재가 해야 된다, 또 정부 당정 최고회의에서 그 다음날 조기에 실시한다고 대외적 발표를 합니다. 또 노재봉 특보는 난데없이 '국민투표를 통해서 5공청산 정국을 종결시키고 정면으로 정계개편을 해야 되고 정면으로 신임 연계한 국민 투표를 하고 5공청산 정국을 종결시키고 정계개편 작업을 하자' 이렇게 얘기합니다.

그리고 1989년 3월 17일 박세직 부장이 그와 비슷한 얘기를 합니다. 그런데 참 딱한 것이 대통령의 정치특보라는 분이나 정보부를 총괄하고 있는 이런 분들이 어떻게 보면 무책임하죠. 나라와 국민한테 다 손해가 되는 상처뿐인 승리죠. 집권당이 국민투표해서 지는 적은 거의 없습니다. 그런데 그 후유증이 엄청난데 이런 분들이 그런 얘기를 하는데 곧 이어서 1989년 3월 20일에는 중간평가 무기연기결단을 노태우 대통령이 해버린 거에요. 왜냐하면 뒤로 이미 야당 간에 그런 분위기가 성숙되었으니까 공개적으로 선언해버리고 마무리 지어버리는 겁니다. 위기에 있어서 극복하는 그런 리더십으로 대통령 보좌를 해야 하고 대통령도 이런 방식으로 극복해 나아가야 한다는 좋은 본보기를 노태우 대통령이 보여주고 있는 거예요.

**윤민재:** 그러니까 당시에 포스트를 차지했던 노재봉, 박세직 두 분이죠. 결론적으로 보면 정세를 잘못 판단을 한 것으로 볼 수 있죠?

**박철언:** 그렇겠죠. 혼선만 가져왔죠.

**윤민재:** 그럼 이 두 분은 선생님이 본격적으로 개입하신 3당합당의 과정에 대해서 전혀 몰랐나요?

**박철언:** 구체적으로 어떻게 진행되고 하는지는 극도의 보안이기 때문에 정치특보나 안기부장이라고 할지라도 자기들의 어떤 사적인 라인을 통해서 수집하는 정보가 아니라면 공개되어서는 안 되죠. 그렇지 않아요? 누설되면 아무것도 안 되죠.

**윤민재:** 그러면 이제 3당합당이 본격적으로 이루어지고 그 이후에 그 일부 연구자들은 '날치기'라든지 그 다음에 '지역주의 대립이 더 강화됐다', 'DJ의 호남이 더 고립됐다', 또 '여러 가지 그 정책의 내용들을 보면 상당히 보수적인 것으로 회귀하게 되는 것이 아닐까' 또 이런 평가도 합니다. 그랬을 때 선생님의 입장에서 3당합당이 갖는 우리 한국의 현대 정치사에서의 의미가 뭐라고 생각하십니까?

**박철언:** 저는 3당합당이 비록 당초 보수 대 혁신 구도의 정계개편의 이상에는 미치지 못했고 통일에 대비하고 의회정치, 책임정치에 충실하기 위해서 내각제를 해야 한다는 목표에는 달성되지 못했지만, 3당합당은 긍정적으로 역사가 평가해야 한다고 생각합니다. 왜냐하면 여소야대의 상황 속에서 노태우 대통령 산업화와 민주화의 그런 교량 역할을 역사적으로 해 나가면서 또 북방정책이라든지, 역사적인 대통령 프로젝트를 추진하고

6공의 핵심적인 일들을 이루어 나가기 위해서 3당합당이라는 과정이 없었으면 일을 할 수가 없었습니다. 때문에 이런 시대적 과제의 효과적 추진을 위해서 정국 안정과, 또 내각제 개헌이 필요했고 이런 것을 생각해서 본다면 3당합당은 긍정적으로 평가 되는 게 마땅하다고 생각됩니다.

**윤민재**: 정국을 안정시켰고 또 한편으로는 노태우 정부의 정책을 추진시키는 데 일조했다는 그런 말씀이셨습니다. 그 이후에 또 문익환 목사가 방북을 하게 되고, 본격적으로 공안정국이 조성되는데 어떻게 보면 노태우 정부의 또 한편의 위기였죠. 당시 당과 정부 차원의 대책은 주로 어떤 것들이 있었습니까?

**박철언**: 많은 사람들이 마치 6공화국에서 공안정국을 조성한 것으로 이렇게 얘기를 하는데 그것은 사실을 잘못 얘기하는 것이라고 봅니다. 공안정국은 6공화국이 만든 게 결코 아닙니다. 예컨대 1989년 1월 24일에 정주영 회장이 북한을 방문하게 됩니다. 1989년 1월 22일에 정책보좌관인 제가 싱가포르에서 한시해 북한의 비밀회담의 수습대표 비밀 회동을 하면서 정주영 회장이 북한 방문해서 금강산 관광개발 합의 이런 문제에 대해서 측면 지원을 하게 되는데 1989년 2월 2일에 정주영 회장이 북한에서 내려와서 금강산 관광개발에 대한 합의를 한 다음에 와서 발표를 하니까 언론계나 극우 친미 일변도의 보수 측에서 공격을 했습니다. 공격의 빌미는 정주영 회장이 북한에 있을 때 불러주는 여러 가지 행사에 참석해서 얘기하는 중에 '위대한 김일성 장군님'이라는 호칭에 있었습니다. 북한 방송에 나오는 것을 녹화해서 정보기관이 언론에 공급해서, 대대적으로 하루에도 여러 번 씩 나오니 비난하는 분위기가 전개됩니다. 안기부에서도 감정적인 부분이 상당히 있었는데 당시에 북방정책을 그들이 주도해서 추진하고, 저는 정주영 회장의 방북이나 방소나 이런 것을 측면지원해서 도와주는 입

장이었습니다. 김우중 회장도 북한도 가고 동구도 가고 하는데 정주영 회장의 경우도 꼭 가기 전에 중요한 것은 나하고 상의를 하고, 또 도와주고 그럼 돌아와서도 정주영 회장님이 공항에 내리니까 안기부 직원 몇 명이 동행을 하자는 것을 뿌리치고 차를 타고 정책보좌관실 내 방으로 와서 거기서 한 모든 것을 보고했죠. 그 다음에 정보기관에 가서 보고를 하고, 왜냐하면 대통령 프로젝트니까 정주영 회장이 바로 하는 게 자기들은 빠르고 정확하고 일하기가 수월하니까요.

그런데 안기부에서 굉장히 정주영 회장을 밉게 봤는지 용공적인 형태라고 비판하는 분위기가 조성되었는데, 1989년 4월에는 문익환 목사 밀북 문제가 되었고 또 사전에 알고 있었던 DJ 김대중 총재가 상당히 곤혹스러워집니다. 거기다가 1989년 6월 28일엔 서경원 의원이 1988년 8월에 김일성 주석을 면담한 것이 발각이 돼서 국가보안법 위반으로 구속이 되기 때문에 이런 일련의 사건이 일어난 것이지, 6공화국에서 공안정국을 의도적으로 조성한 것은 결코 아닙니다. 공안 사건이 그때 마침 우연히 발생했을 뿐입니다. 그런데 김영삼 총재로서는 김대중 총재를 무력화시킬 절호의 기회로 삼고 있는 그때였습니다. 제2야당의 총재가 제1야당의 총재인 김대중이 좀 이렇게 불그스레한 용공적인 행태를 보인다는 것을 자꾸 알리는 것은 굉장히 도움 되는 일이라고 생각했을 것입니다. 그러나 전향적인 대북정책과 북방정책을 추진하고 있는 저로서는 굉장히 어렵고 힘든 상황이 됐습니다. 이것 때문에 금강산 관광 개발 문제가 실제 중단 되어 무려 한 10년 뒤에 가서 금강산 관광을 하게 되지요. 그 당시에 저는 모든 것을 남북 상호주의에 입각해서, 고향방문단, 예술단, 교환 방문도 서울, 평양 이렇게 방문했어요. 북측 사람들은 금강산에서 하자, 판문점에서 하자, 어디서 하자, 남쪽 지역에서 보안이 다 샌다, 고향방문단이 금강산에서 너의 북측 지역에서 철망 쳐 놓고 거서 만나는 게 무슨 고향 방문단이냐, 안 된다, 그래서 나는 관철시키고 모든 것을 힘들게 풀어 가는데 여기서 역풍을 맞아가지고 모든 게 중단되게 되지요. 대북정책을 조기에 성과를 내기 위해서 그렇게 한다든지, 아니면 또는 극우 친미일변도 보수 측에서 너무 의도적인 언론 플레이를 통해서 제동장치를 취해 버리면 민족의 진정한 의미에 있어서의 교류, 협력, 동질화가 어려워지고 평화 통일의 기반 조성이 늦어지게 되는 거예요. 그런 점을 얘기하고 싶습니다.

**윤민재**: 당시 정계 개편에서 이종찬 총장이 낙마를 하게 됩니다. 그 배경에 대해서 간단히 설명해 주십시오.

**박철언**: 1989년 8월 23일 도산 아카데미 조찬 강연회에서 이종찬 총장이 말하기를 내각제는 시기상조다, 내각제 개헌을 정권 연장 수단으로 정계 개편에 이용하면 안 된다, 또 특정 지역 기반의 1인 보수 중심의 세 야당도 변혁을 기대하기 어렵다 이런 요지의 발언을 합니다. 이것은 내각제를 뼈대로 3당합당을 추진하는 여권 핵심의 의도하고도 상반되는 얘기고 또 여야 최고 수뇌부를 표적으로 하는 그런 비판이죠. 자기 자신이 말하자면 돋보이는 그런 인기 발언으로 생각되어져서 정계 개편 흐름에 찬물을 끼얹었죠. 당정 간에 상당히 거부 반응을 일으킵니다. 그 다음 날인 1989년 8월 24일에 민정당 내에서 확대 당직자 회의에서 이종찬 총장이 이런 일에 대해서 애매한 해명을 합니다. 그러나 박준규 대표가 질책을 합니다. 이런 치고 빠지기 식의 인기 발언을 하고 그 다음에 적당히 해명하고 얼버무려 버리는 식의 행태를 보이면 되느냐 하는 지적이었지요. 그런 비판적인 그런 분위기죠. 김중위 정책조정 실장이나 김윤환 총무나 임방현 중앙의 의장, 서정화 전 의원 등이 신랄하게 이종찬 총장의 그런 행태에 대해서 비판을 합니다. 그 후에 1989년 8월 30일 당직개편이 단행됩니다.

**윤민재**: 당시 보혁구도 개편에 대해서 많은 여권 내 인사들이 동의를 하

셨습니까?

**박철언:** 극비로 추진하였기 때문에 구체적 의견들을 들을 수 있는 기회는 없었습니다. 다만 극우 친미 일변도의 보수 세력은 비판적 시각이었던 것은 사실입니다. 1990년 1월 10일 프라자 호텔에서 김원기 총무에게 제가 최후 통고를 합니다. 지금 정계, 보혁 구도로의 정계 개편이 추진되고 있고, 평민당을 제외한 다른 두 당은 상당히 긍정적 반응을 원칙적인 합의를 이루고 있는데 만약에 김대중 총재께서 다음 날 청와대에서 있을 노태우 대통령과 김대중 총재 간의 회동 시에 이 문제에 관해서 '우리는 긍정적인 답변을 기대한다, 그래야만 우리가 얘기한, 내가 DJ한테도 옛날에 얘기해 왔던 보혁구도의 정계 개편이 된다'라는 그런 얘기를 했습니다.

그 다음 날 1990년 1월 11일에 예정이 된 대로 노태우 대통령과 김대중 총재가 청와대에서 회동을 합니다. 그러나 회동 마치자마자 대통령에게 확인을 하니까 DJ가 '이에 대해서 긍정적인 답변이 없었고 야당의 총재로서 자신은 국정에 협력할 일은 할 것이지만은 정당의 합당이나 연합이나 개편 문제에 대해서는 자기는 의향이 없다는 것을 확인했다'라고 하셔서 보혁구도로의 큰 정개편의 청사진이 불가능하게 되겠구나, 이렇게 판단을 하게 됩니다. 그 후 1990년 1월 19일 신라호텔에서 저와 홍성철 비서실장, 민주당 측의 황병태 의원, 또 김덕룡 의원 4인 회의를 하게 됩니다. 황병태 의원하고만 저하고 비밀 협상을 했는데 조금 보완할 필요가 있어서 YS에게 얘기를 하니까 김덕룡을 보완해줘서 4인회의가 됐습니다. 그래서 여기서 4인 간의 비공개를 전제로 한 합의 각서에 서명합니다. 그리고 1월 20일에 공화당의 김용환 의원하고 우리 민정당의 박준병 의원 간에 예정대로 내각제를 전제로 한 합의 각서를 만듭니다. 그 후 1990년 1월 22일 10시에 노태우 대통령과, 김영삼 총재, 김종필 총재 3자회동을 시작해서 오후 7시에 3당합당 선언이라는 역사적인 선언을 합니다.

**윤민재:** 합의각서라는 게 일종의 내각제 합의 각서였던 것 같습니다. 그리고 이제 3당합당 이후에 김영삼 전 대통령과의 갈등이 이제 본격적으로 등장하게 되는데 소련 방문 과정은 다음 시간에 말씀드리기로 하구요, 3당합당 이후에 선생님께서 정무장관직을 사퇴하시게 됩니다. 배경이 어떻게 됩니까?

**박철언:** 3당합당 이후에 정무장관직 사퇴과정은 제가 1990년 2월 2일 저녁에 김영삼 당시 대표의 아들 김현철 군 아파트에서 저와 김영삼 총재, 황병태 의원이 만납니다. 그래서 3월 19일 김영삼 대표의 소련 방문 시에 저보고 같이 가자고 제의를 합니다만 사양합니다. 그러자 2월 26일 김영삼 총재 자택에서 YS가 저와의 회동에서 거듭 함께 갈 것을 요청합니다. 그러나 저는 완곡하게 거절합니다. 한·소 간에는 비밀 막후 회담이 진행되고 있고 그 책임자가 저인데 공개적인 당의 행사에 가는 것이 바람직하지 않다 이렇게 설명을 합니다. 그러나 2월 28일에 김영삼 총재가 노태우 대통령에게 직접 또 박철언 보좌관과 동행할 것을 요망합니다. 그래서 노태우 대통령의 지시로 함께 가는 것이 결정이 됩니다.

그런데 문제는 1990년 3월 2일, 저의 집에 오전부터 기자들이 몰려와서 티타임을 하게 되는데 그날 아침 기자들의 질문이 당의 총재인 대통령도 아니고 당의 대표가 가는데 정부의 현직 장관이 수행해서 가는 예가 우리 헌정사에 없었는데 어떻게 그러느냐는 질문을 해서 그냥 즉흥적으로 좋은 의미에서 해명하기를, 그러면 그렇게 '수행한다'고 그렇게 생각하지 마라, 김영삼 대표는 당의 대표로서 가는 거고, 난 정부의 대표로서 함께 간다했죠. 동행한다고 보면 헌정사에 없는 일이라는 얘기는 지나친 표현이 아니냐 이렇게 가볍게 해명하고 넘어갔고, 기자들도 별 이론 없이 넘어갔습니다.

그런데 기자들이 이건 수행이 아니라 동행이라고 박 장관이 말한다는 식으로 민주계의 당직자한테 조금 확대해서 얘기를 했는지, 민주계의 당직자가 기자들에게 전화를 해서 정말 박철언 장관이 오만하게 정치 대선배인 YS 당 대표와 동격으로 수행이 아니라 동행이라고 하는데 이게 말이 되느냐, 이렇게 해서 언론에 그게 가십으로 수행이 아니라 동행이라고 박 장관이 말하고 있다고 이렇게 나게 됩니다. 그 후에 역시 그날 3월 2일 밤에 신반포의 김현철 군 아파트에서 YS와 저와 회동해서 하게 되는데, 그때 YS가 또 얘기합니다. '아, 박 장관. 우리 내각제 합의는 없었던 것으로 하자. 이거 국민들이 내각제 아직 그렇게 생소한 것 같고 국회에서 통과되기도 쉽지 않을 것 같으니까 없었던 것으로 하고 이번에 대통령 후보로 나를 화끈하게 밀어 주면 그 다음 번에 민정 계열에 별 사람도 없고, 노 대통령 의중도 우리 박철언 장관을 좋아하니까 다음에 대통령으로써 박 장관을 밀어주고 하면 다 좋은 일 아니냐', 이렇게 말해서 내가 깜짝 놀라서 '무슨 얘깁니까, 우리가 3당통합 한 것은 역사와 국민을 위해서 내각제를 해서 통일에 대비하고 책임제를 하자는 것 아니었습니까? 내각제를 반드시 해야 됩니다, 하지 않으면 안 됩니다'라고 해서 김영삼 대표하고 격렬한 논쟁을 벌입니다. 그러니까 김영삼 대표가 얼굴이 시뻘겋게 해서 '아니, 국민이 원하지 않는데 뭘 하자는 거냐, 안 되는 일을 자꾸 하자는 거냐' 하기에 '안 되는 일을 왜 약속을 하셨습니까?' 이렇게 반문했죠.

그날 어떻게 보면 YS와 저는 돌아올 수 없는 깊은 간격이 생깁니다. 어떻든 함께 가기로 했으니까 함께 가게 되었지요. 3월 19일에 제가 YS가 요구하지 않는데도 대통령께 얘기해서, 당 대표가 가고 하는데 친서를 가지고 가는 게 좋지 않겠냐고 해서 고르바초프에게 보내는 친서를 받았습니다. YS께는 사전 얘기를 안 한 채 준비했습니다. 그 후 나는 물론 친서가 준비됐다는 걸 YS한테 얘기를 했습니다. 그러니까 YS가 고르바초프를 만날 땐 어차피 같이 갈 테니까 저보고 보관하고 있으라고 해서 제가 가지고 있었습니다. 그런데 3월 22일에 YS 측에서 갑자기 혼자 고르바초프를 만나 회담을 해서 한국과 소련 간에는 수교 원칙에 대해서도 합의를 하고 아주 모든 것이 끝났다, 이렇게 기자들에게 일방적으로 얘기를 했습니다. 같이 가서 친서도 전달하자고 YS가 나에게 얘기 했었는데 저한테 사전 통보도 안 한 채 언론에다가 홍보를 해 버리니까 본국에서는 난리가 나서 저한테 확인 전화가 왔어요. 이런 보도가 나오는데 왜 박 장관은 아무 얘기도 없느냐고 난리였습니다. 아무 것도 아는 게 없으니까요. 제가 깜짝 놀라서 YS에게 확인을 해야겠다 싶어서 황병태 의원에게 가서 물으니 황 의원도 '자기도 자세한 걸 모른다, 여하튼 크렘린 궁에 가서 고르바초프를 만나고 얘길 하고 왔다'고만 들었다고 하기에 '그럼 같이 YS에게 가보자'고 얘기해서 함께 갔습니다. YS가 의자에 앉지도 않으셔서 왔다 갔다 하기에 어떻게 된 건지를 물었습니다. YS는 다만 '아이, 상황 다 끝났어, 이젠 뭐 더 얘기할 게 없어'라는 말뿐이었습니다. 그래서 제가 '그럼 뭐가 어떻게 합의가 됐고, 만난 시간은 얼마나 되고 그럼 뭘 합의 했습니까'라고 물으니 YS는 '아니, 박 장관, 다 끝났다면 끝난 줄 알아야 될 거 아냐, 다 끝났어'라고 할 뿐이었습니다. 구체적인 얘기가 없어서 다시 YS에게 '그러면 사진을 찍으셨습니까?'라고 물으니 YS가 '사진 찍은 거 없어. 사진 필요 없어. 다 만나서 얘기했음 끝났지'라고 말할 뿐이었습니다. 그래서 제가 '본국에서도 난리 나고 언론에서 본국에서는 김영삼과 고르바초프가 회담했다. 곧 수교를 할 거라고 나오고 또 총영사관 설치 합의도 있었다고 보도 되었다'고 얘기했습니다.

  제가 YS에게 '그러면 대표님, 지난번에 제가 출국 전에 대통령 친서를 가져 왔다고 말씀드렸는데 이 친서는 전달할 필요도 없고 그러면 대통령께 반납을 해야 되겠습니다'라고 하니 그제야 YS가 얼굴이 아주 확 변하더니 '아, 그래요? 참 그거 반납은 안 되지, 전달은 우째 하지? 친서 전달을 어떻게 하지?'라고 당황해 했습니다. 그래서 나는 어떻게든 수습을 해야 되잖아요. '아 이분이 이게 진짜 뭐 제대로 한 건 아니구나' 싶어서 YS에게 '제가 사실은 말씀을 안 드렸는데 소련 측의 부르텐스 부부장 하고 내일

따로 비밀 회담을 하기로 되어 있는데 친서를 그쪽으로 전달하면 되겠습니까'라고 물으니 YS가 반색을 하면서 그럼 비밀 회담하는 게 있으면 전달해 주면 좋겠다고 해서, 다음 날 YS-고르바초프 회담 경위에 대하여 자세히 모르는 채 부르텐스하고 공산당 당사로 회담하기 위해 갔는데 부르텐스가 정면으로 항의를 했습니다. '글쎄, 박철언 장관. 도대체 이 무슨 얘기냐, 세계 언론에서 YS하고 고르바초프 회담을 해서 지금 한·소수교 문제도 원칙 합의를 하고 했다고 외신에 나서 북한 측에서도 뭐 그런 그게 있냐고 문의가 들어오고 난리가 났는데 이럴 수가 있느냐'고 강력하게 항의를 했습니다. 그래서 나는 한국의 언론은 극성스러운 데가 있어서 추측 보도도 많고 과장 보도도 많고 하다고 궁색한 변명을 하면서 도대체 경위가 어떻게 됐는지 오히려 부르텐스한테 물어본 거에요. 김영삼 대표가 프리마고프 사무실 부속실에 있다가 프리마고프를 만나고 나오는 고르바초프를 만나서 앉지도 안고 선 채로 서로 악수하고 안부 묻고 헤어졌을 뿐 차도 한 잔 나눈 일도 없고, 한 2~3분 몇 마디 주고받은 것뿐인데, 예정된 그런 회담도 아닐 뿐만 아니라 아무런 합의 사항도 없는데 문제를 이렇게 악용해서 몰고 가면 비밀 회담을 할 필요가 없지 않느냐고 재차 항의를 했습니다. 그래서 언론에 책임을 넘기는 수밖에 없었어요. YS가 정면 발표한 게 아닙니다. 다만 어떻든 얼굴을 보고 만났으니까, '그래 본 일이 있다'고 했고, 언론에서 확대보도 한듯한데 앞으로 그런 일이 없도록 내가 엄중하게 보안 조치를 하고 하겠다고 했어요. 겨우 간신히 수습을 하면서 노 대통령 친서를 전달을 하게 된 것입니다. 두 번째 친서를 전달하고 그 후 몇 번 비밀 회담을 부르텐스하고 해서 고르바초프의 답신을 받게 됩니다. 제가 부르텐스에게 '고르바초프로부터 답을 받아가야 될 것이 아니냐, 내가 직접 만나서 고르바초프에게 친서를 전달해야 되겠는데 알다시피 소련 측이 아직 북한 눈치를 보니까, 간접으로 전달하게 되었는데 고르바초프 대통령도 두 번 다 친서를 받았으면 이 문제에 대해 어떻게 생각하는지 답신이 있어야 될 거 아니냐'고 여러 차례 했어요. 처음에는 답신을 하면 북한이라는 존재가 있기 때문에 큰일난다고 거부했습니다. 그러나 제가 '그건 말이 안 된다, 북한하고도 계속 잘 지내라. 그러나 한국하고도 잘 지내자. 세계와 친구가 되겠다고 너희들이 얘기했고 고르바초프도 개혁, 개방, 세계의 나라와 친구가 되겠다고 여러 차례 밝혔는데 지금 뭐하는 일이냐, 우리는 소련이 북한하고도 잘 지내고, 또 우리하고도 잘 지내고, 북한이 미국, 일본하고도 수교하길 바란다' 얘기하면서 1988년 7·7특별선언을 소련어로 번역하고, 영어로 번역한 걸 보여주면서 고르바초프의 답신을 촉구했습니다. 북방정책연구소에서 발간한 고르바초프의 『아시아 평화를 위해』라는 어록을 그 당시 번역을 해서 시중에도 팔고, 헝가리, 소련과 비밀협상을 할 때 활용했습니다. 우리가 고르바초프의 연설문을 번역해서 출판했었는데 그걸 보여주면서 계속 답신을 촉구하여 제가 고르바초프의 비서실장 체르니야예프가 쓴 그 메모를 받아오게 됩니다.

**윤민재**: 『아시아 평화를 위해』는 어떤 경위로 출판하게 되었고 내용은 무엇인지요?

**박철언**: 북방정책연구소에서 번역했는데 북방정책연구소는 당시에 우리 월계수회 회원이었던 나창주 의원을 소장으로 임명하여 운영했습니다. 『아시아 평화를 위해』는 고르바초프의 아시아 관련 연설을 국어로 번역하고 제가 여기 서문에 "우리의 북방정책은 민족의 통합과 내일을 향한 겨레의 꿈을 싣고 이미 큰 걸음을 옮겨 놓고 있다. 우리의 북방정책은 평화를 사랑하는 배달겨레의 정신과 함께 아시아에서, 나아가 세계의 평화를 정착시키고 모든 인류와 함께 희망의 내일을 향해 나아가는 길이다" 하는 이런 요지의 추천서문을 써서 1988년 8월 5일에 출간을 합니다. 이것을 소련과 동구에 보여 주니까, '아니 북한에서도 이렇게 발간을 못 하고 하는데

한국이 반공을 국시로 해서 소련이나 중국이나 동구를 아주 적대시하는 줄 알았더니 이렇게 크게 사진을 컬러로 넣어가지고 고르바초프를 소개하는 등 한국의 실정을 몰랐다' 이런 얘기를 하며 굉장히 호의적인 반응을 보였습니다. 또 7·7특별선언을 소개하면서 노태우 정부는 북한이 미국, 일본과 외교관계 맺는 것을 지원한다고 선언하였는데 소련이 우리를 못 만나고 우리하고 수교 안 할 이유가 뭐가 있느냐 이런 식으로 설득했습니다. 그 다음에는 나중에 얘기하겠지만 옐친이 막 화려하게 등장을 하기 때문에 옐친 측을 만나기 위해서는 "이제는 인민들이 결정한다"는, 옐친의 어록 번역본을 북방정책연구소에서 출판하여 활용하였지요. 고르비 측에서는 수교를 조건으로 엄청난 돈을 요구하기 때문에 수교 협상이 지지부진하였는데, 옐친의 러시아 공화국은 한 푼도 없이 그냥 수교 하겠다 해서 옐친을 서울에 초청하는 등 고르비와 옐친의 경쟁관계를 이용했지요. 고르비 측에서 우리가 이러다가 옐친한테 선수를 뺏기겠다고 생각하여 한·소수교를 하게 되는 것입니다. 수교 타결이 되기 전에 제가 브루투스와의 비밀 회담에서 노 대통령의 친서에 대한 답신 형식에 갈음하여 고르바초프가 서둘러서 '한·소 간의 우호, 그 다음 수교를 위해서, 여러 가지 협력을 할 거고 자기들도 공감한다'라는 요지를 구술한 것을 비서실장이 메모해서 그것을 제가 받아가지고 온 것입니다. 물론 그것은 김영삼 대표가 알면 또 전부 공개가 돼서 소련 측의 항의를 받고, 비밀 수교 협상이 깨지기 때문에 할 수 없이 그걸 YS에게는 사전 보고를 안 한 겁니다.

돌아와서 노태우 대통령께 보여드리고 보고를 했는데 그 다음 날 김영삼 대표가 소련 갔다 온 것을 노 대통령에게 보고하면서 빈손으로 청와대에 들어왔습니다. 노태우 대통령께서 저로부터 받은 메모를 내놓으면서 '미수교 국가와의 외교라는 것은 조용한 가운데 비밀이 유지되는 가운데 이뤄져야 하는데 당신 같이 그렇게 일종의 신문 플레이, 인기 영합을 위해서 하는 건 외교를 몰라도 너무 모르는 것이다, 그러니까 앞으로 그러지 말라'

고 노태우 대통령한테 질책을 당한 듯해요. 그 후에 김영삼 대표 측에서 내가 노태우 대통령께 YS를 모함해서 그렇게 된 것처럼 또 언론 플레이를 했습니다. 그리고 그걸 언론에서는 내가 노태우 대표의 친서를 받아서 그걸 감추고 김영삼 대표한테 전달하지 않아서 전달이 못됐다는 식으로 언론이 보도했습니다. 그런데 사실은 정 반대죠. 국민을 속이는 인기영합의 홍보 플레이에 대해서 저는 한·소수교 비밀협상을 하고 있으니까 제동을 걸 수밖에 없는 상황이었죠. 그런데 그 제동이 마치 YS의 인기 올라가는 것을 내가 못 올라가기 위해서 방해를 한 것으로 언론 플레이를 하고 언론의 이른바 YS장학생들이 집단적으로 나를 공격하고 하는 그런 양상이 전개되었습니다. 그래서 정무장관 사퇴 과정으로 이어지게 되는 것입니다.

　1989년 3월 29일 귀국한 다음에 제가 청와대에 직행해서 비서실장 체르니아예프가 대신 기록하고 서명한 고르바초프의 구두 노트, 이 메모를 노 대통령에게 보고를 했는데, 그 다음날 3월 30일에 김영삼 대표가 빈손으로 노태우 대통령께 무용담을 또다시 늘어놓자 크게 질책을 했습니다. 4월 7일 청와대 당직자 조찬 회의에 YS가 불참하고, 4월 9일에 서동권 안기부장이 YS하고 오찬을 하면서 설득해도 응하지 않고 그날 오후에는 노재봉 비서실장이 YS하고 면담해서 화를 풀어라 이렇게 해도 응하지 않고, 4월 9일에는 당사조차 출근하지 않은 채 오히려 부산으로 가버렸죠. 문제의 4월 10일 아침에 양재동 저의 자택에서 역시 기자들과 아침 모임에서 그 기자들의 얘기가 시작됩니다. 'YS가 지금 청와대의 대통령과의 만남도 거부하고 또 당무도 거부하고 있는데 이게 도대체 우리 헌정사에 이런 일이 있었느냐, 현직 대통령이 이렇게 무시당하고 경멸당하고 있는 데도 어느 누구도, 여기에 대해서 YS에 대해서 제동을 걸고 견제를 하고 하지 않으면 나라가 이래서야 운영이 되겠느냐고 이구동성으로 얘기했습니다. 사실은 당에서 당연히 거기에 대해서 제동을 걸고 그렇게 못 하도록 해야 되는데 어느 누구도 하지 않았습니다.

그렇다면 내가 총대를 메고 한번 YS를 자제시키는 수밖에 없지 않겠는가 생각을 하게 됩니다. 그래서 이제 기자들에게 다음과 같은 얘기를 합니다. "김영삼 대표도 이제는 그 문제에 대해 자제하고 당무에 복귀하고, 청와대 회의에도 나오고 이렇게 해야 된다, 내가 만약에 김영삼 대표가 소련에서 한 행태를 진실대로 공개를 하고, 또 3당합당 과정에 관해서도 진실대로 밝힌다면 김영삼 대표의 정치적인 이미지에도 엄청난 손상을 입을 거다"라고 말했습니다. 이제는 자제해서 당무에 복귀하고 해야 된다고 했습니다. 이런 식으로 내 나름대로 총대를 메고 견제 역할을 수행을 했던 것입니다. 그런데 4월 11일 YS가 부산에서 기자회견을 해서 공작정치다, 당 기강을 잡고 쇄신하겠다고 강하게 반발하면서 계속 당무를 거부하고 그 다음엔 어느 누구 하나 YS를 견제하지 않죠. 저는 할 수 없이 총리실 찾아가 정무장관 사표를 제출하죠. 그러나 사표는 계속 수리되지 않습니다. 4월 13일 제출한 사표가 5일 뒤에 수리되는 것도 처음이고, 5일 있다가 4월 18일 사표가 수리되고 후임에 YS하고 친한 김윤환 장관이 임명되죠. 사실은 노태우 대통령의 레임덕은 이때부터 시작되는 겁니다. 그렇지 않아요? 대통령이 말하자면 제1인자, 당 총재 대통령으로서 기강을 못 잡은 것이지요. 사표가 수리된 다음날인 4월 19일 노 대통령이 위로하는 만찬을 해주었습니다. 저는 일주일 뒤인 4월 26일부터 5월 19일까지 아프리카, 이집트 나일 강변으로, 그 다음에 구라파로 여행을 떠납니다. 그것이 제가 정무장관직을 사퇴하게 되는 과정입니다.

**윤민재:** 2차 정계 개편을 또 한 번 시도하게 됩니다. 동교동계의 DJ 측과 접촉이 되는데 그 과정에서 선생님이 주도적으로 참여하시게 되죠?

**박철언:** 1990년 6월 16일에 노태우 대통령과 김대중 총재의 청와대 회동을 앞두고 내가 그 사전 조율을 위해서 그 6일 전인 6월 10일에 김원기 총

무와 사전에 만납니다. 그리고 개헌 문제, 북방정책에 대한 이해 등의 대화를 나눕니다. 그 후 6월 16일에 노태우 대통령과 김대중 총재가 회담을 합니다. 회담을 하면 북방정책과 남북 대화의 초당적인 대처를 하겠다 하는 합의를 합니다. 합의를 하고 그래서 이제 3당합당 후에 팽팽하게 대립됐던, 민자당 노태우 대통령과 평민당의 김대중 총재 간의 팽팽한 긴장이 완화되는 무드가 조성됩니다. 그 후 7월 14일에 국회에서 방송관계법, 광주 보상법 등 26개 법안이 25초 만에 통과되는 일이 있고, 그 후 다시 여야 간 극렬 대립 전선이 형성되고 1990년 8월 15일 제가 소련 방문 후에 귀국해서 제2 정계개편의 필요성을 제기합니다. 말하자면 1차 정계개편이 부족하고 미흡해서 동서 간의 대화합이나 민주투쟁 세력과 또 산업화 세력 간의 대 화해가 미흡한 이런 부분을 위해서 제2차 정계 개편이 필요하다는 얘기를 합니다. 그리고 8월 20일에는 박상천 의원과 대화를 나눕니다. 그리고 또 1990년 8월 23일에는 김대중 총재와도 비밀리에 회동을 하는 이런 접촉 과정을 가지게 됩니다.

**윤민재**: 내각제 각서가 유출됩니다. 어떤 쪽에서는 고의로 누군가가 유출시켰다 이런 시각도 있고 또 이게 분실됐다 그런 시각들이 있는데, 그 과정이 어떻게 되는 겁니까?

**박철언**: 그것이 아직도 미궁입니다만, 고의로 유출되었다는 것은 사실이 아닙니다. 그것은 박준병 총장 얘기도 들어보고 경위를 조금 얘기하면 1990년 10월 24일에 노태우 대통령과 김영삼, 김종필, 박태준 네 분이서 합의하기를 '1990년 중에는 내각제 논의를 일체 중지를 한다'는 걸 서로 확인합니다. 그런데 1990년 10월 26일 중앙일보에서 내각제 합의 각서 사본이 공개됩니다. 10월 24일에 맺었던 4일간의 내각제 합의를 중지한다는 것이 아니라, 옛날에 당초에 1990년 1월에 합의했던 3당통합 과정, 이 합의 각서

가 중앙일보에 보도되는데 그 다음날 10월 27일 YS가 자신을 음해하기 위한 고의 유출이라고 크게 반발합니다. 그러나 박준병 총장은 자기는 그 각서를 집무실 책상 서랍에 넣어놨는데 아마 중앙일보 기자가 자기가 부재한 사이에 꺼내서 가져가서 카피하고 다시 넣어 놓은 것이다 그런 해명을 하고 사의를 표합니다. 그럼에도 불구하고 10월 29일 YS는 당무를 거부하고 내각제는 강행될 수 없다고 성명을 발표합니다. 그 후 10월 31일에 YS는 국민과 야당이 반대하기 때문에 추진할 수 없다 하면서 마산으로 가버리고, 11월 2일에는 김윤환 총무가 다시 마산 가서 달래서 11월 3일 YS는 서울로 복귀합니다. 말하자면 이 과정을 두고 YS는 내각제를 합의한 사실이 없다고 얘기하다가, 이제 합의한 사실이 들통이 나자 그 다음에는 공작정치라고 역공을 하고, 언론도 진실을 감추고 거짓말 한 것은 하나도 얘기하지 않았습니다. 그 각서가 나온 것이 공작 정치이고 이른 바 YS 장학생들이 앞장을 서고 전 언론이 공격을 하고 하면서 본격적으로 내각제는 물 건너가기 시작하고 또 노태우 대통령은 권력 누수 현상을 심각하게 겪게 되는 겁니다.

**윤민재:** 그때 이 문제에 대해 김종필 최고의원은 반응이 어땠습니까?

**박철언:** 그 문제에 있어서 1990년 11월 29일 JP와 얘기할 기회가 있었는데, 말씀하시기를 'YS 김영삼 대표 땡깡에 노태우 대통령이 끌려다니고 있다', '참으로 부도덕하고 유치한 행태가 아니냐는 이런 식의 김영삼 대표에 대한 극도의 불신감을 저한테 얘기를 했습니다.

**윤민재:** 장시간 동안 소중한 말씀 감사드립니다.

>>>>> **3차 구술**

**윤민재:** 오늘은 3당합당 이후에 김영삼 대표가 후보로 결정되는 과정들을 들어보겠습니다. 첫 번째 질문 드리겠습니다. 노태우 대통령이 김영삼 대표를 후계자로 공식적으로 결정하게 되었습니다. 그때 결정적으로 노태우 대통령의 판단에 영향을 미친 분들이 어떤 분들이 있는지 이야기를 듣고 싶습니다.

**박철언:** 민정계에서 김영삼 후보를 독립해서 당선되는 데에서 결정적으로 기여한 사람은 다섯 명으로 요약해서 이야기할 수가 있습니다. 첫 번째가 김윤환 총재로 당시에 이른바 '김영삼 후보 밖에 후보가 없다'는 대세론으로 몰아갔고, 두 번째 분이 서동권 당시 안전기획부장입니다. 이분은 김영삼 대안 부재론, '김영삼 이외에 대안이 없다'라는 논리를 생산해서 YS 대통령 굳히기에 큰 역할을 하였습니다. 그 다음이 금진호 전 장관인데 노태우 대통령의 동서이면서 가장 가까운 친구로서 김영삼 대표를 후계자로 해야 된다는 것을 노태우 대통령께 끊임없이 입력한 분입니다. 네 번째 분이 이원조 의원입니다. 이원조 의원은 아시다시피 전두환 전 대통령, 노태우 대통령과 아주 오랜 막역한 친구 사이입니다. 아주 오랜 친구의 입장에서 이원조 의원은 YS 측과 이미 밀착이 되어 계속 'YS를 차기로 밀어야 된다'는 이야기를 했습니다. 마지막 다섯 번째는 이병기 비서관입니다. 이병기 비서관은 청와대의 수문장 역할인 의전비서관을 하면서 대통령을 만나는 모든 사람들을 스크린 할 뿐만 아니라 또 대통령에게 오는 보고 전화까지 다 알 수 있는 그런 위치에 있었습니다. 따라서 노태우 대통령의 수족 같은 입장에서 출입하는 모든 사항 모든 정보, 모든 사람에 관한 것들을 상대편인 YS 측에 제공함으로써 YS가 노태우 대통령의 모든 동향을 환히 꿰뚫어 볼 수 있도록 하는 역할을 했습니다. 참고로 이병기 비서관은 김영

삼의 차남 김현철의 경복고등학교 13년 선배 됩니다. 이런 인연으로 해서 굉장히 가까운 역할을 합니다.

이 다섯 명이 당 내외에는 물론이고 노태우 대통령 내외께 끊임없는 영향을 미쳐서 나중에 YS가 대통령 후보가 되는데 결정적인 역할을 합니다. 그래서 대통령 당선 후에 김윤환 의원은 정무장관 등을 역임하게 되고, 서동권 안기부장은 대통령 통일고문을 역임하게 되며, 이병기 비서관은 안기부장의 제2특보, 안기부 제2차장 등의 요직을 차지하게 됩니다.

**윤민재:** 그 후에 김영삼 후보가 결정되었는데 민정계의 반응은 여러 가지였을 것이라고 생각합니다. 어떠한 입장들이 있었는지 말씀해주십시오.

**박철언:** 3월 31일에 민정계의 6인중진협의체가 만들어졌습니다. 내각제가 되지 않는 상황 속에서 대통령 후보를 할 수 있는 사람, 반YS 민정계 단일 후보를 추대하자는 의견을 모으게 됩니다. 이 멤버는 박태준, 이종찬, 이한동, 심명보, 박준병, 그리고 저를 포함한 여섯 명입니다. 3월 31일에 회동해서 반YS 단일후보 원칙에 합의하고, 이틀 후 모임에는 양창식 의원까지 추가해서 7인의 중진협의체가 구성됩니다. 3월 31일 저녁에는 YS 대통령 후보를 추대하자는 쪽에서 굉장히 발 빠르게 움직입니다. 남재희, 김용태, 정순덕, 김종호, 정재철, 금진호, 김진재, 이웅희 아홉 명이 모여서 김영삼 후보 지지를 공식적으로 선언을 하고 YS 대통령 후보 추대 위원회를 구성하게 됩니다. 이렇게 상반되는 두 갈래 큰 움직임이 나타나게 됩니다.

**윤민재:** 지금 말씀하신 내용과 관련된 내용인데, 민정계가 입장이 양분되면서 김영삼 후보 측도 여기에 대해서 많은 반격을 준비했다고 하는데 구체적인 내용이 어떤 것들이 있습니까?

**박철언**: 구체적으로 예를 들면 이런 동향 뒤에 4월 4일 김윤환 의원이 말하기를 "청와대의 설명 없이 박태준 대표가 출마를 강행한다면 김영삼은 경선을 포기하고 탈당할 것이다"라고 청와대를 압박했다고 합니다.

**윤민재**: 그 후에 박태준 의원이 주저앉게 되고, 이한동 의원도 주저앉게 되면서 결국에는 이종찬 의원으로 후보가 단일화 되었습니다. 그 과정에 대해 상세히 설명해 주십시오.

**박철언**: 1992년 4월 17일 7인 중진협의체 제8차 회의에서 9시간 20분에 걸쳐서 단일 후보 선정에 관한 논의를 하였습니다. 그 이틀 전인 4월 15일에 저는 경선에 출마할 의향이 없음을 선언했습니다. 그리고 1992년 4월 17일 오후 5시 20분경에 박태준 최고의원도 경선에 나서지 않겠다고 포기 선언을 했습니다. 그래서 이종찬, 이한동 두 분이 끝까지 경합하게 됩니다. 오후 3시에 시작한 논의가 0시 20분이 되도록 계속 되기에 제가 이종찬, 이한동 두 사람을 제외한 나머지 다섯 명의 투표로 최종 결론을 내자고 제의를 합니다. 그래서 이 제의가 받아들여져서 비밀투표를 해서 만장일치로 이종찬 의원을 단일후보로 결정하게 됩니다.

**윤민재**: 그 후에 김영삼 후보를 결정하는 과정에서 노태우 대통령과 선생님과 의견 차이가 있었다고 생각합니다. 결국에는 정치적으로 좋을지 모르겠지만 그렇게 됩니다. 그 배경에 대해 말씀해주십시오.

**박철언**: 제가 반YS 투쟁을 가장 앞장서서 하면서 민정계 단일 후보를 위해서 총력을 기울였습니다. 단일 후보의 대상이 되는 사람으로 강영훈 의원이나 박태준 최고의원, 김동길 박사 이런 사람들을 접촉했습니다. 4월 14일 정해창 비서실장으로부터 급히 봤으면 좋겠다는 연락을 받았습니다.

요지는 '반YS 투쟁을 하지마라' 그리고 '민정계 단일후보 과정에 주도적으로 일을 하고 있는데 손을 떼라 그렇지 않으면 좌시하지 않겠다' 이런 통보였습니다. 그러나 저는 국민 그리고 저와의 약속을 저버린 것은 노 대통령과 YS이고, 내각제를 전제로 3당합당을 했으니 따라서 내각제를 실현하지 않는 한 YS를 대통령으로 결코 밀지 않고 소신대로 하겠다고 했습니다. 약 한달 후인 5월 13일 정해창 비서실장이 다시 전화를 해서 공관에서 보자고 했습니다. 그래서 갔더니 지난번과 마찬가지로 각하로부터 들은 내용이라면서 반YS 투쟁과 민정계 후보단일화 작업을 즉각 중지하고 해외로 떠나라는 협박을 했습니다. 만약 국내에서 계속 반YS 투쟁을 계속하면 구속 시키겠다며 각하가 매우 진노했다고 덧붙였습니다. 드디어 내가 결심을 하지 않으면 안 되겠구나 싶어서 정해창 실장에게 '각하의 지시사항은 정확히 들었으니 내 뜻 역시 대통령께 그대로 전해주십시오'라고 말했습니다. 그리고 '국민과 역사와의 약속을 지키지 않는 것은 YS이고, 그런 YS를 대통령으로 밀라 하는 것은 대통령과 나와의 약속을 스스로 위반한 것이므로 인간적으로 떨어질 수는 없겠지만 정치적으로는 이제 결별하는 수밖에 없다'고 전해달라고 했습니다. 그리고 '앞으로 대통령께서 청와대에서 보자고 찾으셔도 나는 가지 않을 것이고 전화가 와도 받지 않을 것이라고 분명히 전달해주십시오'라고 덧붙였습니다.

**윤민재:** 노 대통령과 직접 만나서 의견을 나눌 수 있는 시간은 없었습니까?

**박철언:** 그 전에 여러 차례 있었습니다. 물론 이는 최후적인 단계를 말하는 것이고, 이 전 해의 가을에 대통령께서 전화로 다른 대안이 없어서 YS를 대통령으로 적극 밀기로 했으니까 박 장관도 그렇게 알고 꼭 좀 밀어달라고 여러 차례 말씀하셨습니다. 김옥숙 영부인께서도 여러 번 얘기하

셨지만 제가 같은 이유로 그렇게 할 수 없다고 말씀드렸습니다.

**윤민재:** 선거를 본격적으로 앞둔 시점에서 노 대통령이 탈당을 합니다. 마찬가지로 선생님께서도 탈당하시게 됩니다. 그런데 강재섭 의원은 잔류하게 되는데, 그런 과정들을 같이 말씀해주십시오.

**박철언:** 1992년 8월 20일에 송원종 체신부장관이 제2이동통신 사업자로 선경 SK가 선정되었음을 확정 발표하게 됩니다. 선경의 회장 최종현 회장은 노태우 대통령의 사돈이 되는 분이죠. 그러나 당시 송 체신부장관은 여러 가지 기준으로 엄정하게 심사를 한 결과 적격자라고 발표를 했는데 이에 대해서 야당은 반발합니다. 그러자 8월 21일 김영삼 대표가 '사리보다도 공익이 우선되어야하며 도덕적인 문제가 있다'라고 지적합니다. 자기도 '가족을 사랑하지만 나라를 더 사랑한다'라며 노태우 대통령에게 직격탄을 쏩니다. 그 6일 후인 8월 27일에 선경이 사업 추진을 포기하겠다는 것을 발표합니다. 그 후 9월 16일에 김영삼 대표가 3월 24일 총선거시에 연기군 임재길 전 총무수석 당선이 관권선거였으므로 중립내각 구성을 대통령께 건의하겠다는 말을 하게 됩니다. 그러자 9월 18일 선거공정관리를 해야겠다는 이유로 중립내각을 구성하고 노태우 대통령은 민자당을 탈당하겠다고 통보합니다.

노태우 대통령은 현직 대통령인 자신이 계속 도전 받는 상황에서 더 이상 민자당의 당적을 가질 수 없다고 판단을 하고 그만두게 된 것입니다. 1992년 9월 21일에 하이야트호텔 일식당에서 만난 최형우 장관이 이번에 탈당하지 말고 김영삼 후보를 화끈하게 밀어주면 김영삼 후보가 대통령이 될 것이고, 그 다음에는 노태우 대통령이나 김영삼 대표나 다 박 장관을 밀어줄 것이라고 했습니다. 그러나 제가 답하기를 '나는 YS가 최형우 장관과 같이 훌륭한 참모를 가진 것을 부럽게 생각하지만 지금 이 무대는 내가 그 주역으로 나설 무대는 결코 아니라고 생각한다'며 '유감스럽지만 함께 할 수 없다'고 거절을 합니다. 그 이틀 후인 9월 23일 김영삼 대통령이 꼭 좀 만나자고 말씀하셔서 당시 대통령 후보가 안가로 쓰던 하이야트호텔 1916호실에서 단둘이 회동합니다. 역시 YS는 도와달라는 취지의 이야기를 했고, 저는 '내각제를 왜 안하느냐 약속부터 하라' 이렇게 끝냅니다. 이후에 서동권 안기부장, 정해창 비서실장, 김윤환 총무와의 만남에서도 노태우 대통령의 뜻도 있고 하니 YS를 밀어야지 하지 않겠느냐는 권유가 있었지만 거절했습니다. 또 손명순 여사가 양재동 저희 집에 제가 없을 때 와서 집사람에게 당부를 했지만 또 거절했습니다. 그리고 김옥숙 여사가 '박장관이 끝까지 반YS 투쟁하고, 탈당하면 결국 크게 다치지 않겠느냐, 그러니 노 대통령과 같이 YS를 강력하게 밀어달라'라고 했지만 제가 거절을 했습니다.

1992년 10월 14일에 국회에서 저와 이자헌, 김용환, 유수호, 장경우 이렇게 5인이 민자당을 탈당하게 됩니다. 그런데 1992년 10월 15일 강재섭 의원이 기자회견을 자청해서 '지금은 당이 단합할 시점이고 탈당은 명분이 없다'고 성명을 발표합니다. 그 당시 제가 월계수회의 참모장 역할을 강재섭 의원에게 맡겼는데 강재섭 의원이 정면으로 돌아서니 월계수 소속 의원 전원이 탈당을 유보하게 되었고 반YS 단일 전선 형성에 아주 치명상을 입게 되었습니다. 강재섭 의원이 그럴 수밖에 없었다고 저는 이해합니다. 왜냐하면 반YS 노선으로서는 당시 정치적인 생존이 거의 불가능한 흐름이었습니다. 그러니 YS가 대통령이 된 후에 올 엄청난 박해 같은 것을 염두에 두지 않을 수 없었을 것이고, 저보다 6~7년 아래였으니까 그것을 감내하기에는 너무 젊은 나이였습니다. 또 중고등학교 선배들인 김윤환 총무나 서동권 부장, 김영일 비서관, 손진곤 비서관들의 집요한 설득과 김영삼 대표 본인의 강력한 회유에 많은 고심을 하다가 마음을 바꾼 게 아닌가 이렇게 이해를 하고 있습니다. 그러나 그 당시 저도 아주 참담한 심경이었습니다. 다행히 5~6년 전에 강재섭 의원이 그 당시의 일을 사과해서 지금은 아주 가까운 사이로 지내고 있습니다.

**윤민재:** 김영삼 후보를 9월 달에 만나셨고 그전에 최형우 장관을 먼저 설득하기 위해서 선생님께서 차기에 대한 언질을 했습니다. 그럼 김영삼 후보를 그날 만나셨을 때도 똑같이 차기에 대한 보장 제의를 했습니까?

**박철언:** 그 차기에 대한 이야기는 이미 내각제는 없었던 일로 하자고 이야기하던 당시의 훨씬 전의 일입니다.

**윤민재:** 전부터 말입니까?

**박철언:** 내각제는 야당도 반대하고 국민도 좀 반대하는 것 같으니까 없었던 일로 하고 그러면 노태우 대통령도 박 장관을 키워줄려고 하는데 다음에 박 장관이 하면 되지 않겠느냐 이렇게 이야기를 한 것입니다. 그 후에 최형우 장관이나 몇몇 사람들도 그런 식의 이야기를 했습니다. 그리고 YS가 할 때는 당연히 전제를 하고 탈당하지마라 이런 표현이었지만 9월 23일 이때는 '차기는 당신이 하라'는 이런 이야기는 없었습니다.

**윤민재:** 탈당 이후에 국민후보 추대가 진행이 됩니다. 그 과정에 대해서 좀 말씀해 주십시오.

**박철언:** 국민후보라는 것은 결국은 범국민적 지지를 받을 수 있는 중도보수 후보를 우리가 추대해서 대통령으로 모셔야겠다는 취지입니다. 내각제를 못하는 경우에는, 당초에 제 개인적인 구상은 강영훈 후보에 박태준 당수, 혹은 정주영 후보에 박태준 당수였습니다. 장차 내각제가 되면 당수

가 내각제의 총리가 되는 것이므로 내각제에 대비해서 그런 구상을 한 것입니다. 만약 이게 안 되는 경우에는 박태준 대통령 후보 이것도 생각해봤습니다. 그중에서 가장 강력한 것이 강영훈, 박태준 두 분이었습니다. 이렇게 생각했는데 여러 가지 압력이 있어서 박태준 최고의원은 1992년 4월 대선불출마 선언을 합니다. 아마 안기부장 등 여러 사람이 압박을 가한 것 같습니다. 그리고 강영훈 씨 댁에도 여러 차례 갔는데 1992년 10월 1일 저녁에 아주 긍정적인 반응을 보였습니다만 이후 태도를 바꾸셨습니다. 그 닷새 뒤인 10월 6일 프라자호텔에서 만나서 강영훈 전 총리에게 결단을 촉구하였고 10월 15일, 10월 23일, 10월 30일 여러 차례 자택도 방문해서 권유했습니다. 그러나 강영훈 총리가 자꾸 받아들이지 않아서 탈당한 여러 사람들이 어떻게 해야 하는지 고심하는 중에 이종찬 의원이 좀 기다리는 듯하다 10월 23일 새한국당 발기인대회를 합니다. 나머지 사람은 강영훈 총리나 박태준 총리를 세우려고 했는데 박태준 총리는 안하겠다고 불출마 선언을 해버리고, 강영훈 씨는 할 듯하다 결국은 완곡하게 거절을 했습니다. 강총리한테도 역시 나가지 말라는 압력이 노태우 대통령이나 정보기관 측으로부터 가지 않았나 생각합니다.

11월 3일에 제가 박태준 최고의원과 장기간 대화를 나눕니다. 박태준 최고의원이 당시에 국민당 정주영 후보와 통합하는 대안이 가장 최선이라고 강력하게 권유를 했습니다. 그래서 결국 1992년 11월 16일에 채문식 위원장하고 정주영 대표 간에 합당선언을 하게 됩니다. 당시 채문식 위원장은 국민후보 추대를 위한 준비위원회의 위원장이었습니다. 결국 1992년 11월 17일 다섯 명 탈당 의원 중에서 이종찬은 신당을 만들어 발기인대회를 하고, 나머지 네 명은 박태준 최고의원의 권유에 따라 국민당에 입당하는 식으로 결론이 났습니다. 따라서 저는 탈당을 한 번 했고 후에 자동적으로 국민당으로 입당하게 되었습니다. 그 대전제가 뭐냐면 정주영 후보가 대통령 선거의 승패에 관계없이 국민적인 건전정책정당 육성을 위해서 2천억 원을 당 발전 기금으로 내놓겠다고 공약을 했고 이것은 불가피한 선택이 아닐 수 없다는 점입니다. 왜냐하면 YS가 대통령이 되면 내각제 약속도 어기고 과거의 경력으로 보아서 박정희, 전두환, 노태우 시대의 정통성도 부인하게 될 것이 당연하므로 산업화 보수의 맥을 이을 수 있는 사람은 결국 정주영이 있는 국민당뿐이라는 결론이었습니다. 그래서 불가피한 선택으로 1992년 11월 17일 탈당했던 네 명이 국민당에 입당하게 되었고, 그 4~5일 후인 11월 21일 김복동 의원도 국민당에 입당을 하게 되는 것입니다.

**윤민재:** 2천억에 관한 이야기인데, 국민당을 입당할 때 많은 분들이 YS와 3당합당을 할 때 문서로 합의를 하자는 듯한 조건을 내 건 것으로 알고 있는데 사실입니까?

**박철언:** 문서가 아니라 발표를 했습니다. 국민당을 살리고 혹시 자기가 대선에 떨어지더라도 훌륭한 후진들이 산업화 보수의 정책정당을 육성할 수 있도록 2천억 원을 내놓겠다고 국민 앞에 공식 기자회견을 했습니다.

**윤민재:** 그게 나중에 안 지켜졌습니다.

**박철언:** 안 지켜졌을 뿐만 아니라 YS가 대통령이 된 다음에 탄압을 하니깐 국민당 간판마저 내려버렸습니다. 그래서 우리가 광화문에 천막당사를 치고 국민당 간판을 지키고 계속 반YS 투쟁을 하다가 저는 결국 정치보복 대상 1호로 투옥 되서 감옥에 가게 된 것입니다. 정주영 당시 대표가 국민과의 약속을 이렇게 무참하게 짓밟아 버리니까 회사에 여러 가지 문제가 있다는 식으로 정주영을 법정에 세우게 되었고, 그렇게 되니 당연히 정 회장은 정신을 차릴 수가 없었고 결국 정계를 은퇴하지 않을 수 없었습니다.

저는 이분이 돈이 아까워서 안 내놨다고 보지는 않습니다. 만약 돈을 내놓고 국민당을 계속 하려고 했다면 현대가 치명상을 입고 문을 닫는 일이 생길 수도 있고 그럼 자기가 평생을 두고 애지중지 하던 모든 것이 끝나지 않을까 하는 위기의식 속에서 그렇게 되었다고 생각합니다.

**윤민재:** 중도보수 후보를 찾는 과정에서 강영훈 전 총리를 만났습니다. 어쨌든 반YS 결집도 중요한 과제였다고 생각하는데, 그 과정에서 정치적인 입장은 많이 달랐겠지만 김대중 후보 측과 마찰은 없었습니까?

**박철언:** 그 당시에는 우리 진영 자체가 체계적으로 구성되어 있지 않아서 김대중 후보 측은 이야기할 겨를도 없었습니다. 우리는 천막 당사에서 투쟁하고 있었고, 저는 곧 잡혀갔으니까요.

**윤민재:** 김대중 후보 측에서도 선생님과 같이 하려고 시도를 했습니까?

**박철언:** 제가 감옥에 가 있는 동안에도 위로를 하고 사람을 시켜 면회를 오고 이런 노력을 계속 했습니다.

**윤민재:** 김영삼 정부에서 아까 선생님께서 말씀하신 정치보복이 있었는데요. 그 내용에 대해서 말씀 해주십시오.

**박철언:** 사실 우리 헌정사에 있어서 가장 치열했던 정치보복이 자행된 것이 김영삼 대표 당선 이후입니다. 노태우 대통령이 비록 기분이 상해서 탈당을 하긴 했지만 결국 YS 밖에 대안이 없다고 해서 엄청난 물질적인 지원과 모든 정보와 인적인 역량을 총동원해서 당선시켰습니다. 말하자면 김영삼 대통령은 노태우 대통령의 모든 지원 아래에서 대통령으로 당선된

분입니다. 그런데 1993년 3월 8일, 당선 된지 며칠 되지 않아서 김진영 육군참모총장, 서완수 기무사령관을 전격 해임합니다. 모두 육사 출신 하나회 출신이죠. 3월 16일에는 17층 당사를 폐쇄 해버리고 우리 국민당의 당사를 폐쇄합니다. 그래서 3월 17일에 우리는 낡은 텐트 20인용 2개를 시장에서 구해다 당사 옆 주차장에 가설하고 천막당사를 시작하게 됩니다. 닭의 목을 비틀어도 새벽은 온다고 이야기한 분이 새벽이 왔는데 오히려 닭의 목을 비트는 것도 모자라 아예 닭의 목을 토막토막 내고 있었던 것입니다. 당사 셔터를 내리고 정주영 상대 후보를 법정에 세우고, 연이어 정치보복 제1호로 5월 21일 저를 구속조치하고, 3월 29일에는 장세동 전 안기부장을 구속합니다. 대구의 대표기업이자 저의 후원회 회원들인 우방, 청구주택은 제가 정식으로 받는 정치 후원금 외에는 따로 받은 것이 없어 불법자금을 찾을 수 없었는데도 세무조사를 해서 결국 무너지게 되었습니다.

그리고 제가 건영그룹하고 가깝다는 잘못된 첩보 때문에 그곳도 세무조사를 하는 등 엉뚱한 첩보 때문에 유탄을 맞은 사람이 많았습니다. 4월 22일에는 안응모 동화은행장도 구속했습니다. 안응모 동화은행장은 저랑 같이 산을 가는 멤버들 중에 한 명으로, 산행을 함께 했을 뿐인데 저한테 정치자금을 주었나 싶어 조사했고, 아무것도 나오지 않자 다른 이유를 들어 구속했습니다. 이어서 박준규, 김재순 전 국회의장도 사퇴시키고 하나회에 대한 엄청난 숙청작업을 시작했습니다. 구체적으로 일일이 나열하기도 힘들 정도로 많은 전직 장관, 차관, 장성 이런 사람들의 옷을 벗기고 감옥으로 보냈습니다. 저도 감옥에 있었고 많은 사람들이 들어와서 감옥에서 국무회의를 해도 될 정도였습니다. 그럴 정도로 정치보복을 엄청나게 했습니다. 사실 김대중 대통령 당선 된 뒤에는 그런 정치보복은 없었습니다. 그런 점에서 굉장히 대조가 됩니다.

**윤민재:** 다음 주제는 노태우 대통령에 대한 선생님의 개인적인 평가에

관한 것입니다. 구체적으로 한 가지 질문만 여쭈어 보겠습니다. 새로운 정부가 출범하게 되면 정부의 큰 과제인 국가의제를 설정하게 됩니다. 6공화국은 제가 찾아보니 대표적으로 북방외교, 경제민주화, 정치민주화가 이렇게 있었습니다. 이들 세 가지 키워드를 정할 때 노태우 대통령 말고 또 어떤 분들이 이런 것들을 국가의제로 하자고 제안을 했습니까? 그리고 그 토론과정을 구체적으로 설명해 주십시오.

**박철언:** 국정목표는 취임준비위원회에서 노태우 대통령의 뜻을 받들어서 그 틀을 준비하게 됩니다. 물론 제가 정책 보좌관이어서 많은 부분에 참여했지만, 주로 북방외교 부분을 거의 전담하다시피 했습니다. 정치적 민주화의 문제에 대해서는 관여는 했지만 경제는 저의 전문 영역이 아니어서 거리를 두었습니다. 이 세 가지의 큰 틀은 노태우 대통령의 기본 아이디어에서 비롯되어 취임준비위원회 멤버들이 구체적인 방향을 잡았습니다. 사실 특정인의 생각이었다기보다는 그 당시 시대의 흐름입니다. 말하자면 산업화 시대가 안정되면서 국민들이 민주화를 요구하는 도도한 물결은 더 이상 막을 수 없는 대세였습니다. 그래서 국정의 각 분야, 즉 정치적·경제적인 영역에서 어떻게 민주적으로 투명하게, 복지문제를 생각하면서 운영할 것인가를 생각했습니다. 그리고 마지막으로 나라의 미래를 생각하는 대통령 프로젝트로서 북방정책도 누가 정했다기보다는 시대의 흐름이고 당연한 주제였습니다.

**윤민재:** 또 하나 드릴 질문은 노태우 대통령의 리더십에 관한 것입니다. 노태우 대통령을 대세편승, 상황에 대해서 소극적으로 대처한다고 평가하는 사람도 있고, 어떤 분들은 국민의 여론을 잘 수렴하고 중도적 입장에서 잘 처리한 대통령으로 평가하기도 합니다. 두 가지의 극단적인 평가로 나뉘는데 선생님께서는 개인적으로 어떻게 생각하십니까?

**박철언:** 그 당시에 노태우 대통령을 두고 '물태우'라고 말하는 사람들이 있었습니다. 정부가 선진국 흉내를 내서 국민들의 요구를 너무 많이 받아들인 결과 노임도 너무 올리고, 반정부단체에 너무 안일하게 대응하지 않았냐며 일부 극우 보수층에서 이야기를 합니다. 하지만 이것은 잘못된 비판이라고 생각합니다. 왜냐하면 우리가 나라를 운영해 가는 나가는데 있어서는 그 시대의 도도한 흐름을 알아야 합니다. 그 당시의 상황은 우리가 해방 후에 참 힘들었던 산업화를 성공적으로 달성해서 먹고 사는, 빵의 문제를 해결하고 중산층이 형성되던 때입니다. 따라서 각계에서 이전까지 억눌렸던 영역에서부터 민주화를 해야겠다는 움직임이 활발하게 일어납니다. 이를 받아들인 게 노태우의 6·29 민주화선언이고 그 선언을 출발점으로 해서 6공화국이 출발했습니다. 그러므로 국정의 각 분야에 억눌렸던 것을 풀어주지 않을 수 없었습니다. 언제까지 국민들에게 희생과 허리띠 조르기만을 강조할 수는 없는 것입니다.

**윤민재:** 선생님께서는 5공과 6공의 중요한 직책을 맡으면서 동시에 참여를 하셨는데, 그런 점에서 양 대통령, 또는 5공과 6공의 전반적인 국가정책에 대한 것들을 총체적으로 비교해 주십시오.

**박철언:** '토지공개념과 금융실명제를 실시하지 않는 등 경제적 민주화가 제대로 이루어지지 않았다' 이런 평가를 하는 분도 있습니다만, 이 역시 잘못된 비판이라고 생각합니다. 왜냐하면 각 분야를 투명하게 하고, 또 확장하고 해야 하지만 반드시 한계점은 있어야 합니다. 일거에 둑을 트고 일거에 모든 것을 바꾸면 나라가 어떻게 되겠습니까? 안정 속에서 천천히 개혁을 해 나가야 됩니다. 그래서 우리는 그 당시에 아주 적정할 수위에서 중간을 잘 선택해 국정을 운영해 나갔다고 봅니다. 양쪽의 비판이 있다는 것이 그것을 반증하는 이야기이기도 한 겁니다. 그렇게 이야기하고 싶습니다.

**윤민재:** 5공과 6공에 동시에 참여한 분께 질문 드립니다. 5공과 6공의 두드러진 차이점이 있습니까?

**박철언:** 5공화국과 6공화국의 리더십의 차이를 이야기한다면, 전두환 대통령께서는 힘에 의한 통치를 했습니다. 그 당시 전두환 대통령으로서는 그러지 않을 수 없었다는 측면도 있었습니다. 박정희 시대 말기에 억눌렸던 여러 가지가 한꺼번에 폭발하는 상황에서 그것을 강력하게 개혁을 해 나가려고 하다 보니 힘이 필요했습니다. 그리고 사실 전두환 대통령은 힘에 의해 통치를 해야 한다는 그런 철학을 가진 분이었습니다. 반면 6공화국의 노태우 대통령께서는 여러 참모들의 의견을 수렴해서 함께 정치를 해야 한다는 이런 철학을 가지고 있었습니다. 한 분은 분명한 방향을 설정해서 힘에 의해서 강한 추진력으로 통치를 해 가야한다는 리더십을 가졌고, 또 한 분은 시간이 걸리더라도 다양한 의견을 수렴해서 함께 정치를 해 나가야한다는 철학을 가지고 있었습니다.

**윤민재:** 6공화국이 어떻게 보면 아까 말씀하신 것처럼 산업화에서 민주화로 넘어가는 과도기적인 상황에서 중요한 징검다리 역할을 했다고 생각합니다. 선생님께서는 6공화국의 현대사에서 차지하는 위상, 비중 등에 대해서 어떻게 생각하시는지 간단히 설명해주십시오.

**박철언:** 우리 현대사는 해방 후에 60여 년간 그야말로 파란만장한 격동의 현대사였습니다. 그 격동의 현대사에 있어서 6공화국의 의미는 사실 굉장히 중요하다고 생각합니다. 우리가 해방 후에 분단과 6·25 동족상잔의 참담했던 전쟁을 겪으면서도 나라를 지키고 자유민주주의의 뼈대만이라도 지키려는 전통이 이어져 왔습니다. 물론 장기집권과 인권 등의 측면에서 많은 부정적인 측면이 있었던 것은 사실이지만, 전체적으로는 전쟁을

치루면서 나라의 기초를 다지고 초등교육을 의무화해서 국민들을 문맹으로부터 조속히 극복하도록 해서 나중에 비약적으로 발전하는 교육의 기반을 다진 분이 바로 이승만 대통령입니다. 토지개혁도 하고, 정전협정으로 미군이 철군하면 야기될 어려움을 예상하여 한미상호방위조약을 체결해낸 분이 이승만 대통령입니다. 그 후 장면 정권에서 내각제를 짧은 기간이지만 실시하여 그 기간 동안은 자유가 무엇인가를 경험할 수 있었습니다. 그 뒤에 등장한 박정희 대통령 정권 18년은 그야말로 민주헌정사적 측면, 인권의 측면에 많은 오점과 얼룩과 비극, 아픔을 남긴 것도 사실입니다. 하지만 한편으로는 우리 국민들의 가장 절실했던 가난의 문제, 빵의 문제를 해결한 분이 박정희입니다. 집권 초기에 국민소득이 80불 정도였는데 박정희가 그만두던 시점에서 1700여 불에 이르게 되었습니다. 이와 더불어 국가 안보의 측면에서 당시 닉슨 독트린 후로 한국에서 미군이 철군 감군하려고 할 때 우리의 안보를 스스로 지키기 위해서 핵개발을 추진하려고도 했습니다. 그런 카드를 내걸고 미국하고 끝까지 담판해서 얻어낸 것이 남침하면 자동적으로 미군이 개입되게 하는 한미연합사령부입니다.

　그리고 전두환 시대를 거쳐서 노태우 정부의 집권 과정에 있어서도 정당성이나 광주 문제라든지 여러 가지 아픈 사연이 있기도 했습니다. 전두환 정권과 달리 노태우 정권은 산업화가 어느 정도 마무리 되어 가는 시점에서 민주화가 도도한 역사의 흐름이라는 것을 재빨리 간취를 하고 6·29민주화선언을 합니다. 이러한 맥락에서 미국과 일본을 위주로 하는 자본주의체제와의 외교관계로부터 탈피하여 공산권을 포함한 전 세계를 상대로 하는 전방위 자주외교시대를 열겠다는 북방정책을 수립합니다. 피의 진통을 겪어야할 산업화에서 민주화로 가는 그 과정을 그야말로 순탄하게 잘 이행되도록 한 분이 노태우 대통령입니다. 노태우 대통령의 제6공화국은 민주화가 잘 정착되어 나가도록 했고, 뿐만 아니라 북방정책을 통해서 남북문제, 대공산권문제에 있어서도 획기적인 여러 가지 이정표를 쌓은,

우리 헌정사에 있어서 굉장히 중요한 시기로 평가하고 싶습니다.

**윤민재:** 저희 연구소가 국가 관리에 관해 전반적으로 연구하는데, 세부 영역 중 하나가 국가위기관리에 관한 것입니다. 6공화국 기간 동안 안보 등을 비롯한 국정 전반을 봤을 때 국가 위기관리와 관련한 내용들 중에서 선생님께서 특별히 기억에 남는 것이 있습니까?

**박철언:** 6공화국 역시 크고 작은 위기가 많았습니다. 그중에서 아주 컸던 위기 한 세 가지만을 이야기한다면, 첫 번째는 6공화국이 출범한지 얼마 안지 얼마 되지 않아서 일어난 4·26총선에서 민정당이 패배한 것입니다. 말 그대로 여소야대가 되어버렸습니다. 대통령제 정부 아래에서 여소야대가 되면 대통령이 아무것도 할 수 없습니다. 이런 상황에서 총선 참패의 위기를 극복하기 위한 대책으로 노태우 대통령은 정계 대개편을 추진합니다. 보혁구도로의 개편, 그것이 안 될 경우에는 내각제로의 개헌을 통한 책임정치와 통일에의 대비, 이조차도 안 될 경우에는 최소한의 안정적 국정운영을 위한 대개편을 시도합니다. 옛날에는 권위주의적인 방식으로 통폐합이 가능했다면 노태우 시대부터는 모든 것이 자유 민주의 흐름 속에 있었기 때문에 그렇게 할 수는 없었습니다. 그런 속에서 3당통합이라는 여야 대화 등을 통해서 위기를 극복해 낸 것은 그야말로 위기 시에 보여준 탁월한 리더십의 하나였습니다.

두 번째는 북방정책에 대한 도전이 대단했었습니다. 우리가 미수교 공산권과 외교관계를 맺기 위해서 예를 들면 제가 헝가리, 체코, 중국, 소련에 비밀 출장도 많이 다녔고, 대북포용정책을 통해서 북한과의 관계개선을 위해서도 많은 일을 했습니다. 이런 대승적인 북방정책, 광의의 북방정책은 대북정책까지 포함하는 개념입니다. 하지만 이를 두고 극우친미일변도의 보수층에서는 '용공외교다, 밀사외교다, 밀실외교다, 졸속외교다'라고 반발이 심했습니다. 심지어 육군사관학교 졸업식에서 대통령을 면전에 두고 당시 육사 교장인 민병돈 장군이 북방정책에 대해서 안 좋게 얘기하는 등 아주 공개적이고 도전적인 이야기까지 나왔습니다. 그러나 우리는 그것을 잘 극복했습니다.

사실 미국도 우리가 헝가리하고 처음 수교를 할 때에 굉장히 보완을 해서 48시간 전에 통보를 했는데도 굉장히 불쾌감을 표시했습니다. 비밀회담의 수석대표인 저에게 수차례 면담을 제의했지만 거절했고, 미국하고의 연락은 외무장관이 미 국무성에게 하도록 하였고, 우리 외무장관의 파트너는 안기부장이 외무장관한테 통보하는 걸로 해서 외무장관이 국무성에게 하도록 했습니다. 또한 미 CIA하고는 안기부장에게 CIA거점장하고 연락하도록 조치했습니다. 방북문제나 공산권 접촉문제와 관련한 보안문제를 잘 극복하면서 남북 간에 역사적인 남북기본합의서를 1991년 12월 13일에 발표를 합니다. 예를 들면 5, 6공에 걸쳐서 본다면 남북 간에 밀사의 방문 회담을 통해서 고향방문단 예술단 교환 방문도 있었고, 축구와 탁구 단일팀으로 세계무대에도 나갔으며, 서울 평양 교환 축구 경기를 갖기도 했고, 24시간 운용되는 핫라인을 가설해서 무력충돌을 방지하기도 했습니다. 여러 가지가 모태가 되어 공개회담에서 남북 총리 간에 기본 합의서가 채택되는 등 북방정책에 있어 새로운 거대한 프로젝트를 이루어냅니다. 미국에서는 제가 협조적이지 않자 국무성에서 초청을 했습니다. 별로 내키지는 않는 출장이었지만 국무성 백악관, 국방성이 동시에 초청을 해서 응하지 않을 수는 없었습니다. 하지만 다행히 그 사람들하고 만나 이야기하고 오해를 풀게 되었습니다. 그들의 요지는 우리가 미국 몰래 무엇을 뒤에서 하려고 해서는 안 되며, 자국의 막강한 정보 군사 시스템을 통해 모든 정보를 이미 가지고 있다는 것이었습니다. 미국의 의심을 풀어주기 위해 노력을 하면서도 우리가 원하는 일을 해내야 했던 그런 어려움도 6공에서 일어났기 때문에 해결이 가능했던 것 같습니다.

한 가지만 더 이야기한다면 6공이 출범하고 얼마 되지 않아 광주사태 마무리 문제가 첨예한 쟁점으로 논의되었습니다. 5공 비리 마무리 문제라해서 중간평가를 하자며 난리가 났습니다. 이 문제 또한 상당한 위기였습니다. 그 역시 제가 총대를 메는 악역을 맡아 야당의 총재들과 대화를 통해서 해결을 했습니다. 결국 대통령도 마지막 결단을 내려서 중간평가를 시행하지 않기로 합니다. 엄청난 자금과 인력 들여서 중간평가하면 물론 집권당이 승리하지만 승리해서 얻는 것이 무엇입니까? 또 부정투표 관권선거 조사 특위를 하자며 아주 엉망진창이 될 것이 뻔합니다. 결국 상처뿐인 승리입니다. 여권에서조차도 국민투표를 한 후에 강하게 밀어 붙이자고 주장했지만 저는 그 당시 정계 개편을 막후에서 추진하는 대화를 통해서 추진하고 있었습니다. 때문에 여권과 야당의 많은 요구를 잠재우고 정계를 개편해서 6공이 지향하는 기본 프로젝트를 잘 마무리할 수 있었습니다. 현대사에 있어서 특히 대화와 설득 그리고 협상으로서 문제를 풀어낸 좋은 선례가 될 수 있다고 봅니다.

**윤민재:** 다음 질문입니다. 김영삼 정부가 들어서면서 앞에서 말씀하셨지만 하나회척결, 5공인사구속, 5·18이나 12·12에 대한 재평가, 역사바로세우기를 추진하고 실제로 많은 국민적인 지지를 받기도 했습니다. 여기에 대해서 선생님께서는 어떻게 생각하십니까?

**박철언:** 우리 역대 정부마다 집권하면 역사바로세우기를 합니다. 다른 말로 신한국창조, 제2건국추진위원회다 해서 자기만이 정통성과 정당성이 있다고 주장합니다. 이런 편협하고 독선적인 시각은 참으로 안타깝지만 용납될 수 없는 생각이라고 여깁니다. 왜냐하면 역사라는 것은 그렇게 단절되고 바로 세우려 한다고 해서 바로 서는 게 아니기 때문입니다. 『역사란 무엇인가』라는 에드워드 헬릿 카의 책에서 보면 역사라는 것은 결국은 한

시대 사건에 대한 어떤 해석적 기록입니다. 따라서 아무리 어느 시대에 자기가 주도적으로 '이건 이렇게 해석해야 된다, 이렇게 평가해야 된다' 해도 이것이 결코 영원한 것이 될 수는 없습니다. 그것은 세월이 흐르고 난 다음에 역사가의 몫이라고 할 수 있습니다.

그런데 어느 특정 정권, 특정 인사가 자기의 정당성을 강조하기 위해 역사바로세우기를 한다고 해서 과거는 부당하고 지금부터가 참이라고 하는 것은 너무나 어리석은 생각입니다. 그래서 제가 국회에서 비판을 하면서 이른바 김영삼 정부의 역사바로세우기를 풍자적으로 역사거꾸로처박기라고 표현했습니다. 김영삼 정부가 노태우 대통령의 엄청난 지원 아래서 대통령이 되었음에도 불구하고 전직 대통령을 감옥에 가두고 자기 혼자 깨끗하고 정당하다고 이야기를 하면 말이 되지 않습니다. 사실 김영삼 정권도 비리와 부정이 엄청난데 말입니다. 그리고 그 뒤에 김대중 정부에서 제2건국추진위원회를 추진한 것에도 저는 동의하지 않습니다. 다만 정치보복을 하지 않은 것은 잘했다고 봅니다. 물론 구체적인 증거가 나와서 비리를 국법절차에 의해서 다루는 것은 해야 합니다. 그러나 역사를 바로 세운다, 신한국을 창조한다는 이야기를 하면서 숙청하고 몰아내고 이렇게 하는 것은 온당치 않다고 생각합니다.

**윤민재:** 그 당시 선생님을 언론에서 별칭으로 '6공의 황태자'라고 불렀습니다. 이게 언제 나온 이야기입니까?

**박철언:** '6공의 황태자'는 언론이 만들어 낸 것입니다. '6공의 리틀 프린스', '리틀 박, 그리고 LP'라고 불렀습니다. '리틀 박'이라는 말은 제가 일하는 방식이 박정희 식으로 여러 가지 밀어 붙인 게 상당히 있어서 그런 것 같습니다. 청소년육성기본법이나 생활체육회를 사단법인화 하기 위해 전국적으로 밀어붙이고 아무리 반대해도 끝내 해내고하니 그런 별명을 언론

에서 붙인 것 같습니다. 요즘도 언론에서 그런 식으로 쓰는데, 사실 일을 열심히 하는 큰 머슴 같다는 측면에서 황태자라는 별명을 붙인다면 저는 반대할 이유가 없습니다. 하지만 권세를 부리고 호사를 누리는 제2인자였다라는 측면의 황태자라면 사실 저하고 너무 맞지 않고 잘못된 것입니다.

왜냐하면 6공의 황태자로 제위에 오른 사람은 바로 김영삼입니다. 6공 대통령의 엄청난 돈의 지원과 조직·정보 등 결정적 지원에 의해서 대통령이 된 사람이 황태자이고, 그건 김영삼이죠. 제가 권세를 부린다 혹은 중요 정책을 좌지우지한다고 이야기하던 6공 시절에 사실 일반에 공개되지는 않았지만 수십 차례 북한에 생명을 걸고 비밀 출장을 다녔고 북방정책을 추진하고 고생했습니다. 미수교국이라는 것은 북한의 요원들만 득실대는 공산주의 나라입니다. 헝가리, 체코, 소련, 중국, 베트남, 라오스 이런 수많은 미수교국을 목숨 걸고 다닌 것입니다. 또한 여소야대 상황에서 야당총재들과 비밀리에 접촉해서 협력을 얻고 소방수 역할을 하느라 세도를 누리고 권세를 부릴 시간적인 여유, 정신적인 여유가 없었습니다. 그런 측면에서 저를 6공화국의 큰 일꾼이라 한다면 동의합니다. '권세를 누린 사람하고는 정 반대의 입장에 서있었다'라고 말하고 싶습니다.

**윤민재:** 행정부에도 계셨고 청와대 가셨고 입법부에도 계시는 등 다양하게 공직을 맡으셨습니다. 그중에서 어떤 일을 할 때 선생님께서 가장 보람을 느꼈습니까?

**박철언:** 어느 것이 가장 보람 있었냐고 물으면 참 어려운 질문입니다. 왜냐하면 저는 오랫동안 여러 공직에 있었지만 각각의 직책 모두 다 엄청난 열정을 기울였고, 그 과정에서 어려움도 많았지만 극복해서 이루어냈기 때문에 전부 다 보람을 느끼고, 나라에도 기여했다고 자부하고 있습니다. 왜냐하면 예를 들어 1983년 10월 9일 아웅산 폭탄 테러 사건 이후 전쟁

일보 직전 극도의 대결 상황을 해소하기 위해 안기부특보시절에 제가 대북 밀사 자격으로 1985년 7월부터 1991년 중반까지 6년여 동안 42차례의 남북 비밀 회담의 수석대표로 역할을 수행했습니다. 또 대통령정책보좌관으로서 북방정책을 추진하기 위해 많은 미수교국을 목숨 걸고 방문하고 헝가리와의 수교를 기폭제로해서 많은 공산권 국가와 수교를 하는 등 엄청난 일을 이루어냈고 그것을 보람으로 느끼고 있습니다.

체육청소년부장관 시절인 1991년에는 청소년 기본법을 처음으로 만들었습니다. 그리고 청소년육성기본계획을 세워서 세계잼브리대회를 강원도에서 개최하고, 청소년육성을 위한 10개년 계획을 뒷받침할 청소년 지도자를 육성하고, 청소년 유스호스텔, 캠핑장, 청소년 수련관 등을 만드는데 많은 예산을 투입했습니다. 법적, 제도적인 뒷받침을 마련하기 위해 야당의원의 엄청난 반대를 무릅쓰고 일을 추진했습니다. 그 후 많이 바뀌었지만 요즘도 청소년 수련관, 청소년 유스호스텔 등이 남아있고 많이 활성화 되고 있습니다. 그리고 가장 어려웠던 생활체육협의회를 사단법인화해서 그 이전까지 엘리트 체육, 선수 체육, 메달을 따기 위한 메달체육으로부터 이젠 국민이 '보는 체육'이 아니라 '하는 체육' 시대를 열고자 노력했습니다. 전국의 산, 야산, 동네 임야를 과거에는 개발제한으로 묶어놨던 것을 풀어서 체육시설, 간이체육시설을 건설하고 수영장, 테니스장, 게이트볼장 등을 만들었습니다. 그 법적기초, 예산상의 지원, 사단법인 조직화, 경기종목별 분류작업들을 제가 했습니다. 야당과 여당에서 조차도 이를 두고 제가 제2월계수회를 만들어서 차기 대권을 위한 조직을 결성한다며 비난했습니다. 언론도 마찬가지였습니다. 그러나 그런 비난에도 아랑곳하지 않고 묵묵하게 추진했습니다. 우리 국민들이 세계 어느 나라 국민 못지않게 생활체육 공간을 확보하고 있습니다. 자전거도 타고 테니스도 하고 게이트볼도 하고 간이체육시설이 없는 곳이 없습니다. 제가 공직에 있는 동안 어느 것이 가장 기억에 남는다고 이야기할 것 없이 모두 최선을 다했고, 그때그때 마다 엄청난 저항에 부딪혔지만 극복해 냈습니다.

**윤민재**: 노태우 대통령이 재임 시에 선생님께 '다음에 대권도전을 해봐라 권력승계가 있게 될 것이다'라고 비공식적인 자리에서 언급하신 적이 있습니까?

**박철언**: 노태우 대통령 당선자가 대통령이 되기 전이나 재임 시에 '저도 대권을 도전하겠다'라고 말씀을 드린 일도 없고, 또 노태우 대통령도 직접적으로 '다음에는 자네가 한다' 이런 이야기는 하신 일이 없습니다. 제 자신이 그 당시에는 내각제로 가야 된다는 생각이 확고해서 내각제를 실현시키기 위해서 온 힘을 다했습니다. 내각책임제가 되면 총리와 대통령 두 자리가 있습니다. 그러면 그래도 한 시대 역할을 한 3김 씨가 대통령, 수상 적당히 나누어서 일정 역할을 하고 그 다음에 자연스럽게 저를 포함한 젊은 세대가 자기의 능력에 의해서 경쟁하고 경륜을 펼 기회가 있지 않겠느냐라는 그런 기대와 희망과 꿈은 있었습니다. 저는 그것을 실천했기 때문에 일반 분들은 제가 3김을 제치고 제가 하려고 하지 않았느냐 이런 오해들을 많이 하지만 그렇지 않습니다.

**윤민재**: 전두환 대통령 같은 경우에 보면 퇴임 후에 일해재단을 통한 활동이 있었습니다. 노태우 대통령도 마찬가지로 전직대통령으로서 비록 전직이기는 하지만 정치에 기여하겠다는 계획이 있었습니까?

**박철언**: 노 대통령께서는 아시다시피 우리나라 민주화와 특히 북방정책을 통해서 전방위 세계 외교 시대를 열고, 통일에 대한 집념도 역대 대통령 어느 분보다도 강력했기 때문에 평화통일을 위한 세계적인 재단을 만들고 싶어 하는 의중이 있었습니다. 평화통일을 위한 세계적인 재단을 만

들어서 자기가 미력이나마 기여할 수 있었으면 하는 그런 내심이 있으신 걸 제가 몇 차례 대화 시간에 들은 일이 있습니다.

**윤민재:** 그런데 그게 실행이 안 된 것인가요?.

**박철언:** 실현 못 했습니다. 왜냐하면 임기 후에 엄청난 YS와의 풍파에 시달리고 감옥까지 가시고, 그 다음엔 투병생활 같은 상황 등이 있었습니다.

**윤민재:** 김영삼 대통령과 역사바로세우기에 대해서 어떻게 평가하십니까?

**박철언:** 제가 노태우 대통령 말기에 YS 대통령 만들기에 협조하지 않고 반YS 투쟁을 했다고 노태우 대통령이 저를 구속시키겠다고 하고 정치적인 결별을 하지 않았습니까. 그 후에 예상대로 저는 투옥이 되고 감옥에서 나왔는데 노태우 대통령, 전두환 대통령께서 투옥되어 감옥에 가셨습니다. 그래도 인간적으로 노태우 대통령과 오랜 인연을 한 번도 끊어서 생각해 본 일이 없어서 감옥에 면회도 갔습니다. 그런데 당시 YS의 서슬이 얼마나 대단했었던지 아무도 감옥에 면회를 못 갔습니다. 이른바 고위공직자나 정치인들은 면회를 갈 수 없었습니다. 만약 가면 리스트에 올라서 탄압의 대상이 되었습니다. 전 대통령에게 먼저 갔더니 참 대조적인 게 전 대통령께서는 교도관이 있으나 마나 YS 정권을 막 비판하고 하셨는데, 노태우 대통령은 면회를 가니 눈물을 글썽하시면서 자네가 감옥까지 면회 올 줄 몰랐다 말씀을 하셨습니다. 박 장관 자네가 이야기하던 생각이 난다시면서요. YS가 대통령이 되면 틀림없이 과거 정권의 정통성을 부정하고 무자비한 정치적 보복과 역사의 단절이 있을 거라는 말 말입니다. 예전에 제가 몇 차례 이야기했었는데도 노 대통령께서는 그렇지 않다, YS는 신의 하나

로 평생을 살아온 사람인데 절대 그럴 일이 없을 거라고 말씀하셨습니다. 결국 제 이야기를 들으시지 않고 YS를 전폭적으로 밀어서 대통령 시킨 후에 YS로부터 당한 꼴이 된 것입니다. 다른 말씀은 안하시고 자네 이야기가 생각난다고 하셨습니다. 어떻게 사람으로서 그렇게 도와주고 지원해줬는데 엄청난 배신을 할 수 있는지 참담한 심정이라고 하셨습니다.

**윤민재:** 김영삼 대통령 후보를 지지하는데 영부인께서도 협조요청을 하셨다고 하셨잖아요? 영부인께서도 못지않게 큰 실망과 분노를 가졌을 것 같습니다.

**박철언:** 그렇습니다. 두 분이 전직 대통령으로서 연세도 많고 어쩔 수 없이 건강장수하시면 좋지만 죽음이 가까워 오는데, 어떤 연유에서든 자기가 은혜를 입었던 분을 감옥에 넣고, 오랜 고생을 하시고 나와서 투병생활을 하고 있는데 직접 찾아가서 위로를 하는 것이 인간의 최소한의 도리가 아닌가 생각합니다. 매우 안타깝습니다.

**윤민재:** 과거에 3당합당이나 정계개편의 핵심적인 내용은 내각제였습니다. 현재의 헌법도 6공화국이 출범할 때 1987년 헌법에 기초하고 있고 최근에 헌법의 문제가 많이 드러나다 보니까 개헌 논의를 하고 있습니다. 선생님께서는 현재도 내각제에 대한 입장은 똑같으십니까?

**박철언:** 당연합니다. 지금 우리 국민들에게 아직 내각제에 대한 인식이 부족한 것에 대해 일단 안타깝게 생각합니다. 이것은 정치권의 책임에다가 언론의 책임도 있다고 생각합니다. 이제 우리도 책임정치를 해야 됩니다. 그리고 통일에 대비한 헌정체제도 갖추어야 됩니다. 예컨대 대통령제, 특히 단임제 아래에서는 대통령이 책임질 일이 없습니다. 그러나 내각제

하에서는 내각이 책임질 일이 있으면 책임져서 바뀝니다. 그럼 너무 분단국이 불안하지 않느냐란 한계가 있는데 그건 '취임 후 1년, 혹은 2년 그 기간 안에는 불신임할 수 없고 후임 수상을 선출한 후에 선출할 수 있다'라는 독일식의 '건설적 불신임제'를 선택하면 되는 것입니다. 그리고 대통령제라는 것은 대통령 혼자 하는 것이지만, 내각제라는 것은 내각이 함께 상의해서 합의에 이르기 때문에 함께하는 정치이고 그리고 무엇보다도 극단적인 일을 피할 수 있습니다. 또한 통일에 대비해서도요. 예를 들어서 인구비례에 의해서 대통령 직선으로 뽑으면 북한에서 응하겠어요? 당연히 하지 않습니다. 어차피 내각제로 가야 됩니다. 그런데 안타깝게도 아직까지 되지 못하고 있습니다. 내각제가 되기에는 현행헌법이 많은 모순을 안고 있습니다. 대통령은 4년 연임제로 바뀌어야 하고, 국무총리도 없애야 하고 부통령을 두어야 하며 대통령 유고시에는 국민이 뽑지도 않는 총리가 대리해서는 안 됩니다. 정부통령 티켓에서 국민선출 받아서 대통령 유고시에는 부통령이 해야 됩니다. 대통령제하에서 국무총리라는 것은 대통령의 비서에 불과합니다. 예를 들면 전형적인 국가인 미국에서 국무장관이라 하면 비서입니다. 비서는 대통령이 부를 때 오고 그만두라고 할 때 그만두고 그런 것이지 책임질 일이 없습니다. 대통령에게 책임이 다 돌아가는 겁니다. 그런 측면에서 칼 뢰벤슈타인 교수가 '대통령제가 미국을 떠나서 태평양을 건너 다른 대륙에 상륙하는 순간 민주주의에 대한 죽음의 키스로 변질된다'라고 했습니다. 미국 이외에 대통령제가 온전하게 성공하고 있는 나라는 없습니다. 바꾸어야 됩니다. 그러나 우리나라는 본류에서 벗어난 기형적인 변태적인 대통령제를 하고 있기 때문에 내각제로 가야함이 마땅하지만 정 안된다면 순수 대통령제로 가야 된다고 생각합니다.

**윤민재:** 알겠습니다. 오늘도 장시간 소중한 말씀 감사드립니다.

## 》》》》 4차 구술

**윤민재:** 박철언 선생님을 모시고 네 번째 인터뷰를 진행하도록 하겠습니다. 먼저 북방정책의 개념에 대해 얘기해보겠습니다. 당시 6공의 대표적인 업적 가운데 하나가 북방정책입니다. 북방정책을 6공의 주도적인 정책의 하나로서 추진한 배경에 대해 여쭤보겠습니다.

**박철언:** 북방정책 추진의 시대적 배경에 대해서 말씀드리자면, 1980년대 초반은 미·소 간의 신냉전기간이었습니다. 1979년 소련의 아프가니스탄 침공이 있었고, 1980년 미국의 모스크바 올림픽 불참, 또 1984년 LA올림픽에 소련이 불참한 사건이 있었습니다. 그리고 레이건 정부는 군비를 확충하기 시작했습니다. 미·소 간의 신 냉전기간이 1985년에 접어들면서 신데탕트 체제로 전환하기 시작합니다. 1985년 3월 고르바초프 서기장이 등장합니다. 미국에서도 1985년 레이건 정권 제2기가 시작됩니다. 이와 함께 미국과 소련이 함께 군비감축의 필요성을 인식하게 됩니다. 1987년 12월에는 미·소 간 중거리 핵전력 INF철폐 협정이 체결됩니다. 그리고 미·소 관계가 호전되고 소련의 개혁 개방 정책 추진 등으로 냉전체제가 완화 붕괴되는 조짐이 보이기 시작합니다. 한반도에서도 주변 4강국과의 관계 재정립이 필요하게 됩니다. 그래서 첫째, 중국 및 소련과의 수교를 강력하게 추진하는 등 공산권과의 수교를 해야겠다고 생각했습니다. 둘째, 남북 간에도 긴장을 완화하는 대북포용정책이 필요했습니다. 말하자면 우리 남한이 평화통일을 주도해야겠다는 것입니다. 셋째로는 한·미·일 간에도 더욱 긴밀하게 대북정책을 공조해 나가야겠다는 점입니다. 요컨대 대미의존 일변도의 외교의 극복이 필요하다는 필요성이 제기되게 된 것입니다.

**윤민재:** 신데탕트가 중요하다고 말씀하시는데 1960년대 말 닉슨이 새로운 데탕트 정책을 실시하면서 중국과 수교를 맺게 됩니다. 그 당시에 박정희 대통령이 데탕트 정책을 실시되자 긴장을 했습니다. 왜냐하면 중국과 미국이 가깝게 지내다보면 한국과 북한과의 관계도 변화가 생기고 미국과 북한과의 관계도 친밀해질 가능성이 있기 때문에 경계를 하면서 데탕트 정책이 한반도에 몰고 올 부작용을 염려하게 됩니다. 그런데 신데탕트 정책이 실시되면서 북방정책이 한편으로는 대북관계, 한·일관계를 통한 공조, 그 다음에 중국과의 관계를 회복하면서 한반도의 문제를 새롭게 회복하자는 생각을 갖게 됩니다. 어떻게 보면 1970년대의 한국 정치인들이 가졌던 대외관과 근본적으로 뒤바뀐 것이라고 생각합니다. 완전히 패러다임이 바뀔만한 여러 가지 징후라든지 아니면 거기에 대한 진단들이 체계적으로 있었습니까?

**박철언:** 우리는 세계의 흐름을 잘 읽어야만 합니다. 왜냐하면 우리가 100년 전에 세계의 중심을 산업화에 성공한 영국, 미국, 유럽의 여러 나라가 아니라 중국으로 잘못 인식하면서 당시에 쇄국정책을 쓰고, 또 국내에서는 대원군과 명성황후가 서로 당파싸움을 하다가 나라를 잃었습니다. 반면 일본은 세계사의 흐름을 재빨리 간취하고 중국이 아니라 영국, 미국과 수교하고 메이지 유신을 통해서 개국하고 산업화를 하면서 1895년 청일전쟁을 통해서 청나라를 격퇴하고, 1905년 러일전쟁을 통해서 러시아마저 꺾고, 그 5년 뒤인 1910년 한반도를 식민지화했습니다. 그처럼 세계정세의 변화를 우리가 잘 읽어야 하는 것입니다.

5공화국 말, 또 6공화국에 있어서는 당시에 세계정세가 엄청나게 변화하고 있었습니다. 그 변화의 핵심은 역시 미국과 소련의 냉전체제가 서서히 와해되면서 소련이 붕괴될 조짐을 보이는 것이었습니다. 그래서 레이건 정부 2기가 1985년에 들어서고 고르바초프가 1985년에 등장하면서 개혁과 개방을 얘기했습니다. 페레스트로이카, 그라스노스트가 등장하면서 세계가 지금 변화하고 있다는 것을 감지하고 우리가 북한에 대해서도 포용정책을 써야 한다는 생각을 갖게 되었습니다. 북한의 맹방인 중국, 소련을 비롯한 동구 여러 나라와의 외교관계를 수립하고, 그것을 통해서 미국, 일본 등의 자본주의 나라와 만의 반쪽외교에서 탈피하자는 것입니다. 즉 공산권을 포함하는 전 세계를 상대로 하는 전방위 자주 세계 외교 시대를 열어야 한다는 어떤 시대적인 성찰하에서 시작했던 게 북방정책의 단초입니다.

**윤민재:** 알겠습니다. 그럼 이러한 북방정책을 추진하기 위해서 청와대에서 구성한 팀의 구성과 역할에 대해서 설명해 주십시오.

**박철언:** 북방정책의 구상과 추진의 주체는 청와대 정책보좌관실이었습니다. 1980년에 제가 청와대 비서관 때 만들었던 법제연구관을 모태로 해서 1985년에 구성된 안기부 특보팀, 이른바 박철언 팀이 구성이 되어서 북한전문가, 소련, 중국 등 공산권 전문가들도 넣어 공산권을 집중적, 체계적으로 분석, 연구하고 있었습니다. 말하자면 5공에서는 북방정책을 준비, 구상하고 있었다고 할 수 있습니다. 박철언 팀은 당초 안기부 내의 북한 파트, 국제 파트, 공산권 파트의 엘리트는 물론이고 외무부, 통일원, 법무부, 법제처, 내무부, 법원 등에서 최고의 엘리트를 차출해서 구성했고 인원이 63명에 이르게 됩니다. 5공화국에서 이른바 88남북 비밀 회담을 실무적으로 책임 추진했고, 6·29선언을 기초했으며, 1987년 12월의 대통령 선거를 승리로 이끄는 데에도 적극 기여를 합니다. 6공화국이 출범하면서 이들 중 상당수가 청와대 정책보좌관 팀으로 옮겼고, 또 일부는 안기부에 남아 저를 적극적으로 지원하게 됩니다. 그래서 이른바 1987년 6·29당시 특보팀, 박철언 팀의 면모는 강재섭 한나라당 전 대표, 태종민 전 국정원 차장,

이태훈 변호사, 김영진 검사장, 이종백 전 서울 고검장, 염돈제 국정원 1차장, 김용환 통일원 부장 등 63명입니다.

**윤민재:** 이 팀에서 주 실무자 분들을 보면 법조인 출신들이 많이 계십니다. 대북정책 같은 경우에는 그런 경험도 중요하겠지만 북방외교 등에 관한 전문적인 식견과 경험도 상당히 중요하다고 생각하는데 그런 부분들을 위해서 이 팀에게 자문 역할을 해줬던 분들이 있습니까?

**박철언:** 물론 88남북 비밀 회담을 할 때는 비밀리에 김용식 외무장관님을 안기부 안가에 따로 방을 모시고 수시로 여러 가지 문제를 자문을 받았습니다. 그분이 박학다식하고 경험이 많아, 남북 간에 88회담 비밀접촉의 내용도 소상히 그분한테 알렸고 의견도 구하고 했습니다.

박철언 팀에는 법조인 수보다도 비법조인이 훨씬 많이 있습니다. 법조인은 몇 명 되지 않습니다. 염돈제 같은 분은 안기부 국장, 국정원 차장을 한 분이고, 김용환 씨는 통일원 부장, 또 송춘석, 강신호 이런 분도 안기부 전문 요원이고, 박원출은 한국조폐공사 사장을 역임합니다만 법제처, 총리실 등에서 일한 분이고, 김희성 연구관 역시 법제처 국장이고, 황규학 국정원의 중국문제 전문가고, 강근택 외무부에서 대사를 한 분이고, 권중호 역시 국정원의 요원이고, 우헌길, 김만주 국정원 요원인데 김만주는 통일원의 요원이기도 합니다. 조근식은 후에 통일부 차관도 역임하고 했습니다. 박성훈 씨는 외무부 출신인데 대사직을 합니다. 오상식도 역시 외교통상부 이사관, 박현석은 안기부 요원, 오거돈은 해양수산부장관을 역임했고, 전옥현 국정원 해외담당 차장 등을 역임했고, 이규용 환경부장관까지 했고, 박규태, 정권, 백강수, 이중선 안기부 관계 분야의 최고 엘리트 요원들이었습니다. 그 당시에 우리가 필요로 했던 공산권이나, 북한, 소련, 중국의 최고 전문가들을 많이 뽑았습니다. 그리고 이뿐만 아니라 구체적인 분야에 대한 자문은 청송사업이라고 해서 각계의 최고 전문가들로부터 자문을 많이 받았습니다. 그래서 역사적인 북방정책을 준비하고 추진하는 과정에서는 당대의 최고의 전문가와 엘리트들의 의견을 집결해서 최선의 방법을 택해서 해야겠다는 각오로 해 나갔습니다.

**윤민재:** 대북정책의 중요한 키워드가 대북포용정책이라는 말로 표현됐습니다. 우리가 흔히 대북포용정책을 김대중 정부의 중요한 정책으로 등치시켜서 생각하고 있는데, 그 당시에도 일반적인 용어로서 대북포용정책이라는 말이 흔히 언급이 되었습니까?

**박철언:** 공식적으로는 물론 이런 용어를 쓰지 않았습니다. 우리의 공식적인 대북정책이나 통일정책은 아시다시피 1988년 7월 7일 노태우 대통령이 민족자존과 통일번영을 위한 특별선언을 하셨고, 1989년 9월 11일에는 한민족공동체통일방안을 공식으로 발표합니다. 그것이 공식적인 우리의 대북정책이고 통일방안입니다. 따라서 포용정책이라는 말은 우리의 공식적인 대북정책이나 대 공산권 정책을 아주 쉽게 풀이한 얘기입니다. 한마디로 한반도의 평화와 통일을 이루어 가는데 있어서 남한이 집안의 맏형과 같은 대승적인 자세로 포용해 나가야 된다는 그런 정책을 표현한 것입니다. 그리고 노태우 대통령 뒤에 나온 김대중 대통령의 이른바 햇볕정책, 노무현 대통령의 통일번영정책 등은 그 뿌리가 노태우 대통령의 포용정책에 있다고 얘기할 수 있습니다.

**윤민재:** 네, 알겠습니다. 통일문제는 전 국민의 관심사이고, 전 국민의 지지를 얻을 때 제대로 실현될 수 있다고 생각을 합니다. 그 당시 통일 방안을 놓고 1988년도에 7·7특별선언, 1989년도에 한민족공동체통일방안 등 야당세력이나 그 당시에 통일 운동을 했던 시민운동 세력, 재야 세력 등과

같이 논쟁 혹은 토론을 해보는 작업들이 좀 있었습니까?

**박철언:** 당시에 우리가 북한하고 접촉을 하는 문제나 통일 방안을 선언하는 문제와 관련해서는 야당 세력이나 재야와 공식적인 논쟁이나 토론을 한 일이 없었습니다. 왜냐하면 통일 방안이 완전히 선언될 때까지 보안을 지켜야 할 부분도 많이 있고, 그래서 우리가 새로운 통일 방안을 만들면 제가 평양에서 특사로 가서 의견을 구하고 하는 절차까지도 밟았기 때문입니다. 따라서 야당세력이나, 재야세력과 공개적인 논쟁과 토론은 의미가 없다고 생각했고, 다만 우리는 청송사업을 통해서 각계 전문가의 의견들을 수렴, 청취하는 그런 개별적인 청취를 많이 했습니다.

**윤민재:** 정부 산하에는 북방정책을 추진하는 다양한 조직들이 있었다고 알고 있습니다. 그렇기 때문에 상호 간에 인식과 여러 가지 차이점들이 나타났다고 생각을 합니다. 의견 조율 과정이 힘들었을 것으로 예상되는데요. 실제로 어떠했는지 궁금합니다.

**박철언:** 북방정책의 추진체계는 체계적으로 우리가 각계의 의견을 수렴할 조직을 다 갖추었습니다. 국무총리 산하에 남북 및 북방교류협력조정위원회를 설치해서 북방정책을 총괄하게 하고, 그 산하에 남북 교류협력추진협의회와 북방외교추진협의회, 대외협력위원회 및 국제민간경제협의회가 설치되어 있었습니다. 북방정책협의조정위원회는 1988년 4월에 발표가 되었고 위원장은 안기부장, 위원은 14개 관련 부처의 관련 장관으로 되어있습니다. 남북 및 북방교류협력조정위원회로 1989년 3월 31일에 발족되었는데 위원장은 국무총리입니다. 남북협력추진위원회는 1989년 3월 31일에 발족이 되어서 위원장은 통일원장관입니다. 북방외교추진협의회는 1989년 3월 31일에 추진되었는데 위원장은 외무장관입니다. 그리고 대외

협력위원회 1986년 3월 8일에 발족되었는데 위원장은 경제기획원장관입니다.

이처럼 체계적으로 구성은 되어 있습니다. 그러나 사실상 이 위원회에 일일이 붙여서 의견을 토의하는 일은 현실적으로 불가능합니다. 왜냐하면 북방정책을 추진하는 데 있어서는 보안과 신속성, 최고 통치자의 결단을 요하는 일이 많았기 때문에 이런 위원회에서 큰 방향을 제시해 줄 수는 있었지만 사실상 정책 보좌관이 조율, 총괄하는 수밖에 없었습니다. 예를 들어 7·7특별선언을 할 때도 7·7특별선언을 위한 팀을 만들었고 제가 팀장이 되어서 몇 개월간 작업을 하게 됩니다. 대통령의 결심을 얻고 관계부처 위원회 등에서 의견이 수렴되는 과정으로 작업이 되지만, 사실상은 정책 보좌관이 대통령 결심하에 조율을 하고 여러 가지 정보 제공이나 이런 것은 관계 부처에서 하고 의견제시도 하는 형식이었습니다.

**윤민재:** 북한과의 관계에 대해서 몇 가지 질문을 집중적으로 드리도록 하겠습니다. 5공 때도 북한과의 비밀 회담이 있었고, 6공에서도 마찬가지로 여러 차례 있었던 것으로 알고 있습니다. 6공하고 당시 있었던 북한과의 비밀회담 접촉과정, 특히 한시해 대표와의 회담이 성사되기까지의 과정을 좀 자세히 설명해주십시오.

**박철언:** 북한과의 비밀접촉은 5공화국 때부터 시작된 것입니다. 1985년 7월 11일부터 1988년 2월 24일까지 5공화국 기간 중에 남북 간의 비밀 접촉이 33회 있게 됩니다. 그 후에 새롭게 6공화국 노태우 정부가 수립된 1988년 2월 25일부터 1991년 체육청소년부장관을 하던 중반기까지 약 아홉 차례의 남북 비밀 회담이 있게 됩니다. 그러니까 마흔두 차례의 남북 비밀 회담의 수석대표 역할을 제가 하게 되었습니다. 그러니 1991년 말 이후의 일에 관해서는 제가 얘기할 수 있는 입장에 있지 않습니다.

처음 남북의 비밀회담이 추진되게 된 과정은, 아시다시피 1983년 10월 9일 아웅산 폭탄테러사건 이후 남북이 전쟁 일보 직전의 초긴장 상태에 들어갑니다. 그래서 남과 북이 군사비를 증강하고 자연스레 긴장이 고조되어 해외투자도 제한되고 외국 관광객도 제한하게 됩니다. 5공화국에서는 이런 식으로 민족역량을 낭비해서는 안되고 대승적 자세를 보여야겠다는 주장이 제기됩니다. 이러던 차에 마침 1984년에 수해가 발생하자 북한에서 수재 구호물자 제공을 제의합니다. 그래서 구호물자 제공을 계기로 해서 1985년 5월 27일부터 30일까지 서울에서 적십자회담, 8차 본회담이 열리게 됩니다. 1973년 7월 7일의 본회담 이후 12년 만에 남북 간에 적십자회담이 열립니다. 북한이 당시에 대남접촉에서 이렇게 유연하게 나오게 된 배경은 세계정세변동에 따라서 자기들의 대를 잇는 승계를 포함하는 체제 유지를 해야겠고 또 실익을 확보해야겠다는 의도에서였습니다. 적십자 회담 시에 양측의 비밀 조율에 의해서 남북 비밀접촉이 1985년 7월 11일에 처음 열리게 됩니다.

**윤민재:** 기록 등을 보면 그 당시에 장소나 동석했던 사람들에 대한 얘기는 없습니다. 지금 시점에서 그런 것들을 밝혀 주실 수 있으신가요?

**박철언:** 도합 42차례 회담을 했는데 주로 군사분계선을 넘어 판문점 북측 지역에 있는 판문각의 회의실, 또 우리 측은 군사분계선 이남, 그러니까 판문점의 남측 지역의 평화의 집에서 비밀리에 회담을 한 경우가 많았고, 또 경우에 따라서는 평양과 서울을 왕래하면서 한 경우도 몇 차례 있었습니다. 평양에서 하는 경우는 주석궁, 모란봉 초대소 등의 지역이었고, 서울에서는 청와대는 안보상 곤란하다는 판단하에 청와대의 별장이라고 일컫는 동아그룹 최원석 회장의 기흥 별장을 빌려서 했습니다. 또 워커힐에 빌라를 특별히 마련하거나 워커힐에 기존에 있는 독립별장식의 단독

주택 같은 곳에서 회담을 했습니다. 물론 한번은 백두산 삼지연에 있는 김일성 주석의 별장에서도 회담을 하고, 또 남쪽에서는 제주도 한라산 정상 백록담 옆의 정상 부근의 초원에서도 초원회담을 했습니다.

**윤민재:** 초원회담이라는 게 어떤 것입니까?

**박철언:** 헬리콥터 타고 양측 대표가 한라산 정상의 백록담에 가서 그 아래 초원에 자리를 펴 놓고 오찬을 함께 하는 것을 말합니다.

**윤민재:** 5공 때입니까?

**박철언:** 네. 5공 때입니다. 김일성 주석이 제게 들쭉술을 따라 주면서 통일사업을 하는 박 선생과 건배하고 싶다 해서 역사적인 건배를 하기도 했습니다. 우리는 사진을 북측에서 직접 찍을 수 없으니까 북한 측에서 사진을 찍기도 했습니다. 이런 모든 자료들은 제가 안기부 인쇄소에서 책으로 50부를 찍어서 안기부 비밀 문서고에 넣어 두었습니다. 제가 담당했던 1971년 7월부터 1991년까지 한 6년여간 남북 비밀회담의 수석대표로서 북측을 방문하고 회담하고 또 남한 쪽에 여러 곳을 안내하고 했던 모든 회담 내용, 배석자, 선물, 음식 등의 아주 자세한 내용을 백서의 형태로 컬러 사진을 넣어서 각 500여 페이지 정도로 3권을 만들었습니다. 대통령, 대통령 비서실장, 국무총리, 외무장관, 통일원 장관, 안기부장, 안기부 북한 담당 차장, 그리고 담당자인 제가 각 한 세트를 재직 중 보관했습니다. 그러니까 여덟 세트는 비밀 분류를 해서 배포를 하고 나머지 마흔 두 권은 안기부 비밀 문서고에 넣어 두었습니다. 이건 안기부에 와서 남북 비밀 접촉을 책임지게 되면서 과거의 자료를 찾았는데 그 기록이 너무 없었기 때문에 시작했습니다.

옛날에 이후락 부장이 다녀왔다는 기록 등에 대한 자료도 별로 없고 타자로 친 30~40페이지짜리 자료가 하나 있었는데 그 대화록을 읽어보니 현장에서 진실대로 메모, 녹음된 것이 아니고 사후에 무용담을 섞어서 작성한 듯해서 큰 의미와 신빙성이 없는 그런 것이었습니다. 분단 극복사에 있어서 처음으로 남북이 머리를 맞대고 오랫동안 민족문제를 다루는데 이래서는 안되겠구나 싶어 생생한 기록으로 역사에 남겨야겠다는 생각이 들었습니다. 그래서 그것을 전부 메모 했습니다. 예를 들면 북한에서 저희에게 식사 대접을 몇 끼 어떤 것을 했으며, 선물은 무엇이었는가 하는 것까지 기록했습니다. 우리가 그 쪽에 보낸 선물은 무엇인가까지도 메모해 두었습니다. 민족문제는 투명성이 매우 중요하다고 생각했습니다. 우리가 한 선물들 리스트는 물론이고 저쪽에서 우리한테 준 선물은 무엇이냐는 것도 컬러사진까지 찍어서 전부 리스트로 만들어서 안기부에 비치하고 그것을 책으로도 만들었습니다. 북한에서 습득하거나 선물 받은 물건 중에서 국가에서 관리해야 할 특수한 보존 가치가 있는 것을 제외하고는 사진 찍고 기록하고 난 뒤에는 본인에게 돌려준다는 원칙이 있기 때문에 저는 지금도 김일성 주석 등 북한 요인으로부터 받은 물건들을 상당히 가지고 있습니다. 손으로 놓은 자수 병풍이라든지, 옥돌 찻잔 세트라든지, 은하고 칠보 놓인 술병이라든지, 술잔 등 이런 여러 가지 것들이 그 당시 받았던 선물들입니다. 이런 여러 가지 상황을 사진으로 찍고 전부 기록을 해 두었습니다.

만약 남북 비밀회담에 대해서 자세한 것을 아시고 싶으면 제가 알기로는 이제 기한도 상당히 지났고 했으니까 열람 신청을 국정원에 해 보시면 될 것 같습니다. 제가 만든 각 500페이지짜리 세권에 보면 참석자, 거기에 있었던 일, 장소 등 모든 것이 나와 있습니다. 우리 쪽에서 이 회담에 참석했던 사람들을 보면, 저는 42번을 모두 참석했고, 몇 년 전에 타계한 김용환 통일부 부장, 후에 제가 보완해서 추가한 사람이 강재섭 연구관, 그 다음에 강근택 연구관을 넣고 했지만 대부분의 남북 간의 비밀 회담에 강재섭 전 한나라당 대표, 강근택 외무부 대사를 동석시켰습니다. 물론 그 중에 한 번은 장세동 부장도 함께 했습니다. 5공 때에 특사 교환방문을 이 비밀회담에서 합의, 실현시켜서 장세동 부장이 저하고 함께 김일성 주석과 얘기를 나누게 되었습니다. 북한의 대남총책 허담 비서가 와서 역시 장세동 부장과 저와 함께 아까 말씀드린 기흥의 영춘재에서 회담을 하게 됩니다. 그 나머지는 저와 허담, 저와 한시해 이렇게 진행이 되었습니다.

**윤민재:** 장소와 관련해서 북한 측은 판문점, 남한 측은 평화의 집에서 몇 차례 열렸다고 하셨습니다. 어쨌든 유엔군 산하의 지역인데 그러면 미국 측이 자연스럽게 알게 되지 않습니까?

**박철언:** 물론 남북이 비밀 접촉하는 경우에 미국 모르게 하는 것은 여기 정보 체제상 불가능 합니다. 적십자기를 달고 대외 위장을 하지만 미군 정보 당국에는 몇월 몇일 몇시 오는 시간 가는 시간을 통보해야 합니다. 남북의 평화와 통일 문제를 협의하고 현안을 협의하기 위한 회담이다 이런 정도로 통보를 합니다. 그리고 돌아오면 별 진전은 없었다, 다음 회담은 언제 하기로 했다 이렇게 보고를 합니다. 그런 것은 정보기관이 미국, 한국, 북한 이렇게 있으니까 모를 수가 없습니다.

**윤민재:** 1988년 11월부터 1989년 6월까지 북한을 방문하게 되는데, 특히 1988년 이후에 방문 과정을 통해서 아까 말씀하신 1989년도에 한민족공동체통일방안이 나타나게 됩니다. 그 방문 과정이 통일 방안을 만드는 데 큰 기여를 했다고 생각하는데, 또 밑에 질문 드리게 되겠지만 평화축전도 관람하시게 됩니다. 북한을 방문하게 되는 과정과, 돌이켜봤을 때 어떤 성과가 있었는지 말씀 부탁드립니다.

**박철언:** 1988년 11월 30일부터 12월 2일까지 6공화국의 특사로서 평양을 방문하게 됩니다. 평양으로 떠나기 전 1988년 11월 29일에 청와대에서 노태우 대통령께서 저와 함께 가는 강재섭, 강근택, 김용환 이 네 사람을 불러서 격려를 하시면서 기념사진을 촬영하고 합니다. 11월 30일부터 12월 2일까지의 방문이, 6공 때 첫 평양 방문이었습니다. 이때 허담 비서를 통해서 김일성에게 노태우 대통령의 친서를 전달합니다. 이때의 방문 목적은 1985년 남북 상호 비밀회담 수석대표의 방문을 통해서 정상회담 분위기가 호전되다가 1985년 말에 남측에서 문제제기를 하면서 남북 관계가 냉각되어 버렸습니다. 1985~1987년 사이에 냉각된 남북 관계를 호전시킬 필요가 있었습니다. 그래서 제가 가서 새 공화국이 출범해서 '7·7특별선언'을 하게 됐는데 그 취지와 배경을 설명하게 됩니다. 이게 6공화국 출범 후 4개월 뒤입니다. 그리고 앞으로 있을 새 통일 방안을 만든 요지를 북한 측에다가 설명을 합니다. 그러니까 남북 간에 도발 하지 말고, 우리는 평화 공존을 통한 평화통일의 길을 간다는 것을 분명히 밝히고 정상회담도 합의를 하자는 얘기를 합니다. 그리고 오전에는 정상회담을 위한 문건을 서로 토의하고, 오후에는 현안 문제를 가지고 논의하자는 합의를 이루게 됩니다. 그리고 여기서 하나의 특이했던 일은 앞으로 도발하지 말고 공작하지 말라는 얘기를 북한의 한시해 대표에게 하니까, 북한의 한시해 수석대표가 공작선 침투하고 보내는 걸 다 시인 합니다.

**윤민재:** 대화가 참 매끄럽게 잘 진행되었던 것 같습니다.

**박철언:** 그렇습니다.

**윤민재:** 평양축전을 직접 보셨습니까? 권유에 의해서 보신 겁니까, 아니면 직접 선생님께서 보겠다고 하셨습니까?

**박철언:** 1989년 6월 30일 평양에 가게 되었습니다. 그때도 저와 강재섭 대표, 또 강근택 대사, 김용환 부장 이렇게 네 사람이 가게 됩니다. 이것은 제13회 세계청년학생축전을 북측에서 초청을 했습니다. 능라도 경기장에 서 있었습니다. 이때 바로 평양축전에 임수경 양이 월북을 해서 능라도 경기장을 돌면서 영웅적인 대접을 받는 모습을 김일성, 김정일 주석단 바로 옆에 앉아서 봤습니다. 저희는 재일 조총련계 간부로 위장을 해서 봤습니다. 그리고 제가 온 김에 백두산에 가보고 싶다 했더니 전용기를 내서 평양에서 백두산 아래 삼지연, 김일성 주석 별장 아래 비행장에 데려다 주었습니다. 비행장에 내려 백두산 삼지연 별장에서 회담을 하고 그 다음 날 아침에 백두산 등정을 하고 오게 됩니다. 그런 과정이 1989년 7월 2일 백두산의 천지 등정을 하고「오! 백두여」시를 쓰게 됩니다. 이 시의 육필 초안을 제가 써서 가지고 있었는데 이때 북한 측의 한시해 대표, 허담 비서 이런 분들이 그것을 보고 자꾸 그 시를 달라고 하는 것입니다. 한 번 읽어보더니 그 다음날 와서 그 초고를 달라고 해서 왜 그러냐고 물었습니다. 김일성 주석께 보고를 드렸더니 박 대표가 쓴 시의 초고를 꼭 받아오라고 하신다고 했습니다. 역사적인 시인데 초고는 내가 가지고 있고 카피본을 하나 주겠다고 했더니 한시해 수석대표가 아주 큰일 났다는 듯이 통사정을 하는 겁니다. 그래서 할 수 없이 좀 유감스럽지만은 역사적인「오! 백두여」시의 원본은 한시해 수석대표를 통해 김일성 주석에게 전달했습니다. 지금은 아마 북한의 묘향산인가 어떤 박물관에 전시가 되어있다고 다녀온 사람들에게 들은 기억이 있습니다. 그 다음에 김일성 주석이 여러 가지 선물을 건네주고 한 일이 있었습니다.

어떻든 우리가 서울 올림픽 때 북한을 초청했었지만 오지 않았습니다. 서울올림픽도 초청했던 마당에 평양축전에 초청하는데 우리가 옹색하게 못 간다고 하면 대승적인 자세가 아니기 때문에, 우리도 어떻게 하는지 봐야할 것 같다는 생각에 갔다 왔습니다. 북한에 대해서 많은 것을 느끼고 서로 간의 간격을 좁힐 수 있었던 일이 아닌가 생각합니다. 나중에 북측 대표가 한라산이 보고 싶다고 해서 제가 백두산을 보고 한라산을 안 보여줄 수 없어서 그때 총리께서 타시는 비행기로 제주도로 가서 헬리콥터로 백록담 둘러보고 그 옆에 정상 풀밭에 내렸습니다. 거기서 백록담 옆 풀밭에서 오찬과 회담을 하고 소나기, 폭우와 번개를 만나 헬리콥터가 뜰 수가 없다기에 산 중에서 고립되는 일이 있었습니다. 정말로 어려웠습니다. 그런 일까지 있으니 서로 얼마나 가까워지겠어요?

**윤민재:** 네. 그 다음으로는 어떻게 보면 6공화국의 대표적인 남북 관계의 성과물인 남북 간의 화해와 불가침을 특징으로 하는 남북기본합의서가 1991년 11월에 합의를 보게 됩니다. 이것도 쉽지 않은 과정이었고 문구 하나씩 작성할 때마다 어려웠을 것 같은데 특별히 어려웠던 점은 무엇입니까?

**박철언:** 남북 기본합의서는 물론 공개 회담을 통해서 장관급 회담 그 다음에 남북 총리 간의 합의를 통해 공동 발표되었습니다만, 사전에 장기간에 걸친 남북 비밀접촉에서의 상호 토의를 통해 서로의 의견을 충분히 인식하고 공통분모를 늘려나가는 사전 작업이 있었기에 가능한 일이었습니다. 비밀회담에서 논의된 내용들이 통일부 및 관계 부처들에 전달되고 우리 측 안과 전략이 완성되면 공개적인 회담을 통해서 남북 간에 효과적으로 논의하여 합의에 이르게 되었습니다. 분단사에 있어서 남북기본합의서는 역사적인 합의라고 할 수 있습니다.

**윤민재:** 대체로 우리의 안이 좀 더 많이 관철된 것이 있습니까?

**박철언:** 우리의 안, 쌍방의 안 중에서 공통분모를 그대로 드러낸 것인데,

그대로만 하면 남북이 평화공존하고 통일로 가게 됩니다. 우리의 안이 많이 반영 되었습니다. 우리의 의사와 다른 그런 안은 없었습니다. 물론 우리의 안을 좀 더 추상적이고 간접적인 방식을 통해서 반영을 했습니다.

**윤민재:** 또 하나 중요한 문제가 아까 선생님께서 처음에 말씀하셨던 대미일변도의 외교관계를 탈피해서 균형외교라고 할 수 있는 자주적인 노선 성격을 갖게 되지 않았나 하는 말씀을 하셨는데, 미국 측의 입장에서 보면 상당히 긴장을 했을 것 같고 눈에 보이지 않는 압력이라든지 견제가 있었을 것이라고 생각됩니다. 그런 압력이나 견제와 관련된 에피소드를 좀 설명해주셨으면 좋겠습니다.

**박철언:** 북방정책을 통해서 중국, 소련을 비롯한 모든 공산권과 수교를 하고 또 남북 간의 비밀 접촉을 통해서 어떤 새로운 활로를 열어가려는 마당에 있어서 미국이 촉각을 곤두세우고 지켜본다는 것은 어쩔 수 없는 당연한 일입니다. 왜냐하면 미국은 당시에 소련이 서서히 붕괴하고 미국이 세계의 유일 패권 국가로 등장을 하려는 상황 속에서 한국이라는 나라가 어떤 새로운 변수를 초래할 수도 있으니 모든 것에 신중하라는 입장을 갖고 있는 듯 했습니다.

그래서 제가 미국 측에서 자세한 것을 알기 위해서 여러 차례 만나자는 연락이 와도 가지 않았습니다. 그러자 미국 측에서 저를 반미주의자 내지는 용공주의자 이런 식으로 보는 듯 했습니다. 예전에는 미국 대사관에서 여는 자리에 한국의 요인들이 다 가있는 모습이 좋지 않아 보여서 그런 모임에 일절 가지 않았지만, 그렇다고 해서 제가 반미주의자는 아닙니다. 제가 1976년, 1977년에는 미 국무성 초청으로 조지워싱턴 대학하고 조지타운 대학에서 유학한 적도 있고, 그 후에 미국도 여러 번 갔을 뿐만 아니라, 2000년, 2001년 공직에서 나온 뒤지만 보스턴 대학의 객원교수로도 2년 나가 있었습니다. 미국이라는 나라가 우리의 맹방이고 가깝게 지내야 된다는 데 대해서는 누구 못지않게 찬성하지만, 우리는 한국의 국익이 우선이고, 한국의 미래가 중요하기 때문에 우리 수뇌부의 일이 미국 정보기관이나 미국 요인들에게 속속들이 전달되는 것은 결코 바람직하지 않다고 생각합니다. 현재도 그런 형태가 지속되고 있다고 생각합니다. 미국에서 백악관, 국무부, 국방부, CIA에서도 초청한다고 계속 제가 바빠서 못 간다고 했더니 주한 미국 대사가 노태우 대통령에게 얘기를 했던지 "자네 미국 좀 출장 갔다 와야 되겠다"고 해서서 왜 그러시냐고 여쭸더니 자네가 하는 일에 대해 많은 관심과 의혹을 가지고 있는 듯하니 만나주고 하라고 해서서 가게 된 것입니다. 이때 백악관, 국무부, 국방부, CIA를 방문해서 35명의 고위관리와 회동을 합니다. 요컨대 전체적인 분위기가 모든 것을 미국은 다 알고 있고 한국이 무엇을 하려 해도 우리 정보망을 벗어날 수 없으니까 미국 어깨 너머로 모르게 뭘 하려고 하지 말라는 일종의 경고성의 얼차려 비슷한 것이었습니다. 물론 그 외에 여러 가지 예우나 이런 것은 아주 충실하게 했습니다. 예를 들어 CIA에 가는 경우, 아침 아홉 시부터 오후까지 하루 종일 브리핑하고 질문 답변하고 무슨 시험공부 하듯이 미국의 극동에서 여러 가지 정보, 군사적인 상황 등을 소개하고 했습니다. 미국이 특히 관심가진 것은 '전략물자나 기술이전에 유의를 하라, 대북 접촉 시에 반미선전이나 테러를 중지해야 한다' 이런 내용을 강조해줬으면 좋겠다고 했습니다. 그런 것은 받아들이지 않을 이유가 없으니까 흔쾌히 수락을 했습니다. 또 여러 사람들을 만나서 내가 용공이나 반미주의자가 아니라고 충분히 안심이 되도록 얘기를 했습니다. 결과적으로 나라에는 유익한 출장이었지만 개인적으로는 피곤하고 우울하고 힘든 출장이었습니다.

**윤민재:** 미국이라는 국가가 어떻게 보면 외교정책을 펼 때 상당히 중요한 위치에 있는 편인데, 선생님께서는 직접적인 외교 당사자로서 뿐만 아

니라 그들이 어떤 태도를 갖고 있는지 알아야지만 그 당시 국가정책이 수월하게 진행되었을 것 같습니다. 선생님 나름대로 정보통이라든지, 아니면 비공식 파트너라고 할 수 있는 그런 상대가 있었습니까?

**박철언:** 국내에서는 안기부장께 오는 정보가 '특보'니까 저한테 다 왔을 뿐 아니라 청와대 정책보좌관으로 있으니까 관련 정보들을 접할 수 있었습니다. 그리고 미 대사와는 매달 한 번씩 단 둘이 만나서 식사를 하면서 얘기를 했습니다. 그런데 제 기본 입장은 민족 문제를 다루는 데 있어서 다른 정책과는 달리 양국의 국익이 서로 다른 부분이 있을 수 있는데 실무 책임자가 상대를 만나서 구체적으로 얘기하고 해버리면 그렇잖아요? 그런 측면에서 미국은 우리 동맹국이고, 혈맹이고 하니까 우리 잘 되라고 기본적으로 노력해주고 하지만 미국은 미국의 국익이 있기 때문에 한계가 있습니다. 그러한 점을 한국의 고위 관료들이나 고위 당직자들이 알고 처신했으면 하는 바램입니다.

**윤민재:** 북방정책을 추진하는데 있어서 외교부와의 마찰이 상당했을 것이라고 생각됩니다. 기억나는 일이 있으면 말씀해 주십시오.

**박철언:** 사실 우리가 헝가리하고 수교를 할 때까지, 북방정책의 물꼬가 트이기까지는 외무부의 이견은 없었습니다. 저는 그 당시 헝가리에 가는 협상단장을 외무부 차관이나 안기부에서 맡으라고 궁정동 안가의 회의에서 주장을 했습니다. 남북 비밀회담을 하는 사람이 거기까지 돌아다니려면 위험성은 고사하고 시간이 허락하지 않기 때문입니다. 그랬더니 회의에서 전부 가기를 싫어합니다. 그래서 대통령의 뜻을 가장 잘 아는 사람이 가야 한다는 이유에서 참석자들이 의견을 모아 대통령께 보고하여 대통령 지시로 제가 다녀오게 됩니다. 왜 잘 안 가려고 하냐면 공산권 전문가는

외무부나 정보부에서 미래가 좋지 않습니다. 공산권 국가에 가면 자녀 교육문제도 그렇고 여러 가지 힘든 점이 많습니다. 외교관들은 미국이나 일본, 유럽 같은 데를 가려고 하지 공산권에 가려고 하지 않습니다. 요즘도 그런 경향이 있습니다. 그때는 더구나 위험성까지 있었습니다. 그래서 그때 할 수 없이 제가 헝가리 비밀 협상단 단장으로 가게 됩니다. 또 피 말리는 비밀 협상을 여러 차례 하게 됩니다. 그 후 헝가리와 수교를 성사시키고 북방외교가 좀 되어 간다 싶으니까, 여러 곳에서 청와대 안에서도 이런저런 소리가 나게 됩니다. 그런 잡음이 나니까 1988년 12월 31일에 노태우 대통령 주재 수석비서관회의에서 대통령께서 말씀하시기를 '북방외교는 여건상 외무부가 주도할 수는 없다, 외무부 관리에 대한 계도와 지도가 필요하다'라고 하십니다. 이런 잡음에 대한 확실한 교통정리를 대통령이 수석 회의에서 얘기해 주십니다. 말하자면 저에게 북방외교에 대한 권한과 책임을 부여한다는 사실을 공식회의에서 재차 말씀하시는 것입니다.

그 후에 1989년 1월 4일 노 대통령 주재 회의에서 노재봉 특보가 북방정책을 속도 조절을 해야 한다고 말했습니다. 1989년 2월 8일에 노 대통령 주재 수석 회의에서 노재봉 특보가 또 다시 정주영 회장이 북한을 방문한 문제를 비판하면서 고르바초프 어록까지 국내서 출판을 하는 것을 허용하고 있는데 이것이 말이 되느냐고 했습니다. 이 책은 제가 하고 있는 북방정책연구소에서 고르바초프의 연설문을 번역해서 『아시아 평화를 위해』라는 책자로 발행한 것으로서 북방외교에도 많이 활용하였고 시판 중인 책이었습니다. 뿐만 아니라 그 후 옐친이 득세하는 것 같아서 옐친의 연설문집을 입수해서 번역했습니다. 『이제는 인민이 결정한다』라는 제목으로 출판해서 내놓았는데 그런 것을 빗대어서 대통령의 정치 특보인 노재봉 특보가 정 회장의 북한 방문도 비판하고 고르바초프 어록 등의 출판 허용을 비판하였습니다. 그 이후 1989년 2월 8일 당정회의에서 이종찬 총장이 북한을 비판하고, 북방정책에 대해 시비를 거는 그런 얘기를 합니다. 자꾸 이런 일이 일어나자 노태우 대통령께서 1989년 2월 8일 다시 한번 분명하게 얘기합니다. "비밀 외교도 할 수 있고, 그보다 더한 것도 할 수 있다. 이미 관계 전문가들이 협의 기구를 만들어서 내 결심을 얻어 박보좌관이 잘 하고 있으니까 당과 정부에서 다른 소리 나지 않게 하라"는 당부 말씀을 하셨습니다. 그래서 제가 더 어렵지만 소신껏 일 할 수 있었습니다.

**윤민재:** 노재봉 특보가 기가 많이 죽었겠습니다.

**박철언:** 대통령께서 말씀하시니 좀 자제했습니다. 사실 노재봉 특보가 특보로 들어간 것도 우리 청송사업의 대상으로 여러 가지 국가적 현안에 대한 자문을 자주 구했었는데 제가 보니까 상당히 신망이 있는 정치학 교수인 것 같아서 천거해서 특보도 하고 나중에 비서실장까지 하는 건데, 사실 이분이 너무 아집이 강했습니다.

1989년 2월 2일에 정주영 회장이 북한을 다녀왔습니다. 공항에서 안기부 직원이 안기부로 가자고 동행을 요구했는데 그들을 따돌리고 오후 1시 50분경에 바로 청와대 제 사무실로 와서 저하고 북한에서 있었던 일, 그리고 거기에 대한 대응책 이런 얘기를 나눕니다. 그러면서 정주영 회장이 북한에 가서 허담 비서와 회담하고, 최수길 고문, 이런 사람들과도 회의를 했는데 앞으로 금강산 관광개발 7개년 계획에 미·영·독 자금도 넣고, 남한 기업의 자금도 넣고 해서 북한에서 금강산 관광개발 합의를 해왔다고 했습니다. 북한에서는 5년 계획으로 연 12만 명이 관광할 수 있도록 계획을 해 달라 이런 얘기를 했다는 것과, 북한에서는 1989년 7월부터 남한인의 입북을 허용하고, 관광을 허용하고, 달러도 통용되도록 하겠다 요청했습니다. 그리고 정주영 회장은 호텔 8개를 짓겠다는 제의를 했다는 등등의 얘기를 했습니다. 그러나 문제는 정주영 회장이 북한에서 모임에 초대된 자리에서 건배사를 하면서 '위대한 김일성 장군님'이라는 호칭을 쓴 것이 북한 TV에 방영되게 됩니다. 그런데 이 북한 TV를 정보부에서 녹화를 해서 전국 TV에 제공을 하고 우리 언론에 제공을 하게 됩니다. 전국적으로 정주영 회장의 용공적인 행태를 비판하는 분위기가 커집니다. 그래서 '무슨 금강산 관광 개발 합의냐, 때려 치워라!' 이렇게 해서 사업이 정지되어 버립니다. 사실 이때 이런 일만 없었다면 한 십 년은 앞당겨서 금강산 관광과 개발 합의가 이루어졌을 것입니다. 그런 에피소드도 있었습니다.

**윤민재:** 월간 중앙과 인터뷰하신 기사를 봤습니다. 거기서 현 이명박 정부의 대북 협상문제에 대해서 비판하셨습니다. 현 정부의 통일정책이 혼란스러운 면이 있는데, 통일정책과 대북협상이 갖는 문제점이 뭐라고 생각하십니까?

**박철언:** 현 정부에서 경제나 여러 가지 문제에 대해서 잘 하고 있는 부분도 많이 있습니다만 가장 중요한 통일 정책, 대북정책에 관해서는 첫 단추부터 잘못 끼운 것이라고 저는 생각합니다. '비핵, 개방, 3000구상'이라는 것이 대북정책의 기조인 듯한데, 말하자면 북한이 핵을 가지지 마라, 개방하라, 그러면 10년 내에 국민소득 3000달러 되게 해주겠다는 얘기입니다. 그러나 이것은 북한의 특성을 잘 모르는 얘기입니다. 개방하라고 하면 북한은 제일 싫어합니다. 체제가 붕괴된다고 생각합니다. 그리고 3000달러 되도록 말 잘 들으면 해 주겠다는 것도 북한 속성을 너무 모르는 얘깁니다. 아직까지 그런 얘기를 하고 있는데 하루 빨리 바꾸어야 합니다. 교류 협력이 활성화되면 저절로 개방이 되는 것이고, 공동번영해서 평화적으로 통일해 나가게 되는 것입니다. 그러니까 '비핵·남북 공동 번영'하자고 하면 되는 것이지요. 한 마디로 얘기하면 국가안보는 완벽하게 해야 합니다. 그러나 대북정책은 유연하게 해야 합니다. 그런데 이명박 정부에서는 그 반대로 하고 있는 듯 합니다. 국가 안보는 허술하기 짝이 없습니다. 연평

도 포격사건이나 천안함 사건 때 보는 것과 같이 북한이 제한적 도발을 하는 경우에는 우리도 제한적인 응징을 강력하게 즉각적으로 해야 합니다. 그리고 국방비가 더 필요하면 증액을 해서 국방을 완벽하게 해야 합니다. 그러나 대북정책, 김정일-김정은을 다루는데 있어서는 말싸움을 하든지, 심리전 전개를 한다든지 해서 그 사람들을 자꾸 자극할 필요가 없습니다. 통일세를 준비해야 한다느니, 북한 붕괴에 대비해서 여러 가지 준비를 한다는 이런 얘기는 북한이나 중국을 굉장히 자극하는 이야기입니다. 만약 북한이 붕괴된다고 한다면 남한 위주의 정권이 통일하도록 중국이 방치하지 않습니다. 과거의 20년 전에 동·서독의 장벽이 무너졌을 때 동독이 서독에 흡수되는 것을 자꾸 연상하고 통일세니, 급격한 붕괴 대비 준비니 얘기하는 듯한데 그 당시는 동독의 가장 강력한 맹방이었던 소련 자체가 붕괴하고 러시아 공화국의 옐친이 등장하는 그런 과정에서 동독을 도와 줄 여력이 없기 때문에 그대로 무너진 것입니다.

유럽의 지정학적 특수성도 고려해야 하는데 한반도는 극동에 뚝 떨어져 있을 뿐만 아니라 북한의 배후에는 강력한 중국이 있습니다. 중국은 지금 이미 G1체제에서 G2체제로 부상해 있습니다. 그래서 압록강을 사이에 두고 남한 위주의 친미 정권이 한반도를 통일하는 것을 중국이 결코 좌시하지 않을 겁니다. 그러면 결국 여기에 일종의 괴뢰정부 비슷하게 친 중국 군부세력이 주도하는 정권교체는 있을 수 있을지언정 우리가 바라는 흡수통일, 통일세 준비와 같은 이런 일은 없습니다. 그래서 대 중국 외교를 대폭 강화해야지 우리의 안전과 통일을 담보할 수 있다는 얘깁니다. 또 6자회담도 자꾸 우리가 조건을 달아서 천안함, 연평도 사건을 사과하고, 재발 방지하고, 관계자 처벌하라, 안 그러면 6자회담 할 수 없다는 식으로 끌고 있는데 6자회담을 안 하고 시간 끌면 시간은 누구에게 득입니까? 북한은 지금도 핵개발을 계속 하고 있습니다. 미사일도 계속 개발하고 있습니다. 그런데 지금 6자회담도 우리가 응해서 테이블에 나가서 북핵을 가지면 안 된다, 그리고 중국에게도 확실히 '북한 비핵화와 대남 도발 자제토록 보장하라'고 요구하고 있는데 이것은 문제가 있다고 봅니다.

북한이 이미 2005년에 핵보유 선언을 했고 2006년 2009년에 두 차례 핵실험에 성공하고 핵을 6개 내지는 10개는 가진 듯하다는 게 국제 정보통의 판단입니다. 북한 비핵화가 신속 보장되지 않으면 한반도에 미국 전술핵을 재배치하라, 아니면 우리는 자체 핵개발 하는 수밖에 없다 이렇게 미국하고 담판을 지어야 됩니다. 또 중국과도 조용한 담판을 지어야 합니다. 중국은 북한에 대하여 식량, 비료 등으로 북한을 통제할 수 있으니까 핵을 제거하게 해라, 그리고 서방에서 돕고 김정일 체제를 보장해주고 이런 일괄타결안으로 나갈 수 있도록 6자회담도 적극적으로 나가서 얘기를 해야 합니다. 지금 북한은 KAL기 폭파도 인정을 안 하는데, 천안함 사건이나 연평도 사건을 잘못했다고 하고 관계자 처벌하고 하겠습니까? 되지도 않을 일을 계속 주장을 하면서 시간을 무작정 끌어가면 우리 측은 실익도 없이 점점 손해만 보는 것입니다. 참으로 안타까운 일이 아닐 수 없습니다.

**윤민재:** 방금 말씀하신 것의 연장선상에서 중국이 우리의 새로운 외교 파트너로 중요한 역할을 할 수 있는 당사자로 등장하고 있습니다. 앞으로 통일을 위한 준비 과정에서 중국과의 관계 설정을 어떻게 하는 것이 바람직하다고 생각하십니까?

**박철언:** 지금 한·미관계와 대등할 정도로 한·중관계를 친하게 강화해야 합니다. 지금 친미 일변도, 극우 친미 일변도의 노선을 가지고는 평화통일을 할 수 없습니다. 때문에 우리가 중국외교를 대폭 강화하고 중국하고 정말로 친하게 지내야 합니다. 그것은 정치, 경제, 군사, 사회, 문화 모든 측면에서 마찬가지입니다. 지정학적으로도 우리는 역사적으로 중국과 가까이 있습니다. 물론 과거에 우리가 중국에게 괴로움도 당하고 했습니

다만 이제는 옛날의 한국이 아닙니다. 그러니까 당당하게 중국과 가슴을 연 그런 대화를 통해서 중국을 아시아의 맹주 역할도 사실상 인정을 해 주어야 합니다.

미국은 1990년 이래 20년의 유일 패권을 앞으로도 계속 유지하기 위해서 중국을 견제해야 되기 때문에 남한, 일본, 대만, 호주를 연결해서 중국을 봉쇄견제하려고 합니다. 이번에도 한·미·일 외무장관 회담, 군사 훈련, 조지 워싱턴 함의 중국 동해와 우리 서해에서의 훈련, 이런 것들을 통해서 알 수 있습니다. 그러나 이렇게 하는 것은 결국 중국과 북한을 똘똘 뭉치게 하고 북한은 한국이나 미국하고 자꾸 간격이 멀어지게 합니다. 미국은 태평양 건너에 있으니까 북한이 직접적인 안보적 위해가 안 됩니다. 코앞에 있는 한국으로서는 북한이 핵을 가지고 있는데 미국의 핵잠수함이 1년 중 3, 4일 훈련 한다고 우리 국민들이 발 뻗고 생업에 종사할 수 있습니까? 그러니까 북한하고 감정적으로 싸우지 말고, 북한을 제어할 수 있는 중국하고 강화된 외교를 통해서 잘 지낼 수 있는 기본 노선을 가져야지 안보도 지킬 수 있고 앞으로의 통일도 가능하다는 얘기입니다. 그래서 우리가 백 년 전에 국제 권력 정치의 변화를 감지하지 못해서 겪었던 국권 상실의 그런 비극을 다시는 초래하지 말아야 합니다.

**윤민재:** 선생님께서 강조하셨지만 친미 일변도의 정책에는 좀 문제가 있다는 그런 지적이셨습니다. 또 한편으로는 반대의 입장에서 보면 핵무기 문제도 있고, 한미군사동맹 등 전통적인 문제들이 있습니다. 그랬을 때 한미관계에 대한 21세기 국제사회의 변화과정 속에서 한미관계의 새로운 성찰, 이런 것들이 요구된다고 하는데 선생님께서는 중국과의 관계를 고려해서 미국과의 관계문제는 어떻게 재설정해야 된다고 생각하십니까?

**박철언:** 미국과의 관계, 물론 동맹은 계속해야합니다. 그러나 친미 일변

도의 외교노선은 벗어나야 합니다. 대중국 외교 강화하고 일본, 러시아하고도 잘 지내야 합니다. 결국은 통일외교를 펼쳐나가는 데 있어서 우리 주변의 4강인 중국, 미국, 러시아, 일본 등, 특히 중국이 한국의 통일을 원해야지 통일이 될 수 있습니다. 왜냐하면 지금 망나니짓을 하고 있는 북한이라는 존재를 어떤 측면에서 중국은 교묘하게 활용하고 있고, 일본은 뒷전에서 웃으면서 구경하고 있습니다. 북한이 핵을 가지면 일본도 가져서 군사대국화 하려고 할 겁니다. 그런 상황에 있기 때문에 북한을 우선 안심시킬 필요가 있습니다. 그래서 최소한의 인도적인 지원, 식량, 비료, 생필품, 의료품 이런 것은 우리가 어떤 경우에도 지원을 해 주어야합니다. 그래서 북핵문제도, 물론 바람직한 것은 북한이 핵을 폐기하게 하고 그 담보를 중국, 우리가 함께 할 수 있어야 하고 그 가운데 아까 말씀드린 일괄타결, 즉 김정일 체제 인정하고 북한을 도와 점진적인 평화공존과정을 거쳐서 한민족공동체통일방안에서 보는 국가 연합 단계를 거쳐 평화 통일의 순리로 가도록 해야 합니다. 이렇게 기본적으로 하려면 미국과의 관계를 조금은 조정해야 됩니다. 그리고 이런 일을 해 가는데 있어서는 우리도 무기가 있어야 합니다. 예를 들어 북한은 3200km 미사일을 가지고 있는데 우리는 한·미 미사일 협정에 의해서 300km로 제한되어 있는데 이것을 3000km로 늘려야 합니다. 또 원자력의 폐기물 평화이용도 일본은 할 수 있는데 우리는 한·미 원자력 협정에 의해서 그것도 못 합니다. 이것도 바꾸어야 합니다. 그래서 미국도 한국을 당당한 평화애호 주권국가로서 인정해주어야 합니다. 미국과의 협상은 공개적으로 투쟁적으로 할 수 없습니다. 조용한 가운데 담판을 해야 합니다.

    과거에 이승만 대통령이 1950년대 미국, 북한이 남북 정전 협정을 통해서 적당하게 하고 미군을 빼려고 할 때 이승만이 반공포로 27,000명을 일방적으로 석방하고 미국에 얻어낸 게 한·미 상호방위조약입니다. 박정희 정부 1970년 대 월남전에 미국의 패색이 완연하자 닉슨 독트린이라고 해서 월남에서 미군이 빠져나가고 이제 '아시아인의 안보는 아시아인의 손으로' 하면서 한국에서도 미 2사단 빼려고 할 때 박정희가 택한 것은 우리도 핵무기 개발한다는 것이었고 핵개발을 시작했습니다. 그래서 미국과 극도로 사이가 나빠졌습니다. 미국이 핵개발 하지 않는 대가로 한미연합사령부, 남침하면 자동적으로 미국이 개입하는 한미연합사 창설해서 미군을 계속 주둔시키고, 우리 국방력을 증강하는 등 모든 일은 박정희가 1978년에 얻어낸 것입니다. 모든 일이 결단으로 이루어졌습니다. 이승만, 박정희의 국가안보위기에 있어서의 탁월한 결단력을 이명박 대통령이 배워야 합니다. 그래서 지금 이 시기에도 미국과 그런 담판을 해야 합니다. 중국과도 해야 합니다. 너희가 그러면 결국 우리도 핵을 만드는 수밖에 없다고 강력하게 말해야 합니다. 중국의 제1과제는 경제성장, 발전입니다. 우선 13억 인민 경제 문제를 어느 정도 풀고 그 후에 유일 패권에 도전한다는 것이 중국의 복단입니다. 지금 우리가 핵개발 한다면 일본도 할 것입니다. 그렇게 되면 '공포의 동북아'가 되는데 그러면 중국의 국가 이익에 해롭습니다. 그러니 중국하고 담판 지어야 합니다. 그 대신 중국의 아시아에서의 지도국가로서의 위상을 먼저 인정을 해줘야 합니다.

 6자회담 같은 것을 남한이 왜 응하지 않습니까? 지난번에 다이빙궈 왔을 때 코방귀끼며 내보내고 하는 그런 일은 하면 안됩니다. 힐러리 국무장관은 칙사처럼 대우했습니다. 힐러리 올 때 못지않게 중국의 다이빙궈도 대해줘야 합니다. 그런 식으로 이렇게 중국하고 자꾸 하나하나 신경을 써야 합니다. 민간 차원에서도, 문화적인 차원에서도, 경제적인 차원에서도, 군사적인 차원에서도 가까워져서 중국이 한국이 한반도를 통일하더라도 자기들 국가 이익에 유해하지 않다는 인식을 하도록 한중관계의 조절이 필요합니다. 물론 미국하고도 잘 지내야 합니다. 우리는 반도국가니까 다 잘 지내야합니다. 그런 가운데 우리의 미래가 있습니다.

**윤민재:** 새로운 주제로 바꿔보겠습니다. 동유럽, 소련, 중국과의 관계로 넘어가 보겠는데 먼저 포괄적으로 좀 여쭤보겠습니다. 소련과의 수교협상 과정에서 우리가 좀 주목해야 할 과정이 무엇입니까?

**박철언:** 북방정책을 추진하는 데 있어서 상징적인 의미에서 소련보다 중국과 먼저 하기를 바랬습니다만, 중국은 북한하고 너무 묶여 있어서 오히려 더 느렸습니다. 그래서 소련과 먼저 하게 되고, 물론 그 이전에 헝가리하고 하게 되었습니다. 그런데 소련과의 수교 협상 과정은 고르바초프가 개혁 개방을 얘기하고 해서 잘 안되겠느냐 싶어서 시작했습니다. 그러나 자꾸 거액의 돈, 말하자면 엄청난 차관을 요구하면서, 수교협상은 진전이 없었습니다. 그래서 소련의 내부 상황을 잘 파악하고 분석해보니까, 장차 상황이 소련연방의 3분의 2 이상을 차지하고 있는 러시아 공화국 옐친 대통령의 인기가 올라가고 이제는 고르바초프의 세상이 아니라 옐친의 시대가 되겠구나라고 판단이 섰습니다. 그래서 고르바초프-옐친의 미묘하고 치열한 경쟁관계를 잘 활용하면 예상 외로 빨리 될 수도 있지 않겠느냐는 착안을 하게 되었습니다. 그러나 처음에는 고르바초프하고 했습니다. 결국 고르바초프가 자꾸 늦추는 통에 옐친 쪽에 접근했습니다. 위험한 일이었습니다. KGB도 있고 하지만 옐친이 아무 조건 없이 수교하고, 또 한국에서 초청하면 한국 방문하겠다는 사인까지 저에게 보내게 되자 그걸 감지한 고르바초프가 빨리 정상회담, 수교를 서두르게 되었습니다. 그런 세계의 흐름, 소련 내부의 흐름 이런 것을 잘 통찰하는 가운데 위험스런 결단을 해야만 되었습니다.

**윤민재:** 1990년에 한·소 정상회담이 열리게 됩니다. 이것도 상당히 과정이 복잡하고 어려웠을 것이라고 생각됩니다. 특히 어떤 점들이 어려우셨습니까?

**박철언:** 수교협상 과정에 대해서 요약을 해드리자면 1985년 3월에 고르바초프 집권 이후 소련이 낙후된 경제 재건을 위해서 개혁과 개방을 실시하고 우리의 입장에서는 북방정책의 핵심 과제로 소련과의 수교를 목표에 두게 되는데, 마침 1988년 5월 29일부터 31일까지 바실리예프, 동양학 연구소 부소장 겸 KGB간부가 서울을 방문했습니다. 그래서 5월 29일, 30일 두 차례 바실리예프 부소장과 제가 회담을 합니다. 그리고 양국의 수교 문제 등 이런 문제를 얘기를 합니다. 어느 정도 중재를 해서 1988년 8월 28일부터 9월 9일까지 제가 청와대 정책보좌관일 때 소련에 비밀 입국을 합니다. 그때 염돈재 안기부 국장을 수행시키고 소련통인 하만경 재미교포 교수가 통역을 담당하게 하고 소련 외무성을 정식으로 방문하게 되었습니다. 후에 국회외무위원장도 되고 주미 대사도 역임하는 엘리트인 루틴 외무차관보와 회담을 합니다. 거기서 고르바초프 서기장에 대한 노태우 대통령의 친서를 전달합니다. 그때 제가 만나서 많은 얘기를 나눈 사람들이 바실리예프 동양학 연구소 부소장, 바딘 박 박사, 게오르그기 김 부소장, 루틴 차관보, 알바토프 박사입니다. 이분은 고르바초프에 대한 자문통으로 아주 영향력이 있는 분입니다. 미하엘 카피차 동양학 연구소장, 전 외무차관이었습니다. 로그노프 모스크바 대학교 총장, 또 유명한 프리마코프 소장과도 면담을 합니다. 나중에 프리마코프 라인에 김영삼 당시 대표가 연결해서 소련을 가게 되었습니다. 그래서 고르바초프 서기장과의 대화를 위한 비밀 접촉 창구를 개설합니다. 비밀 개설 창구로서 고르바초프의 비서실장 체르니아예프의 심복인 노보스티 통신 국장 두나예프를 통해 노 대통령의 수교 의지가 전달되었습니다. 1990년 4월 23일에는 김종휘 외교안보보좌관이 저에게 도움을 요청합니다. 노태우 대통령 지시로 한·소 정상회담, 샌프란시스코 정상회담을 도와 달라, 소련 비밀 라인으로 지원을 좀 해 달라 이런 요청이 옵니다. 그래서 제가 1990년 4월 27일 정무장관 그만두고 출국하면서 동경에서 두나예프를 만나 한·소 정상회담의 필요성을

크렘린 궁에 직접 메시지를 전달해주도록 조치를 하고 제가 비공식으로 여비도 주고 해서 보냅니다.

그래서 1990년 5월 25일에 고르바초프 대통령의 외교 고문인 도브리닌이 서울 방문을 해서 정상회담 개최를 공식 통보를 하게 됩니다. 그 후에 1990년 6월 4일에 미국 샌프란시스코에서 한·소 정상 회담이 열렸지만 내용적으로는 실패를 합니다. 왜냐하면 소련통인 박철언 장관, 염돈제 라인을 제외하고 해보려다 결국 의전상으로도 고르바초프가 굉장히 늦게 나타나고, 또 노태우 대통령이 경제적 지원 제공용의 등 경제적인 문제 등을 먼저 꺼내니까 고르바초프가 냉담한 반응을 보였고 노 대통령이 격노해서 귀국 후에 김종휘 보좌관을 시켜 박철언 라인을 활용해서 재시도할 것을 지시합니다. 샌프란시스코 정상회담의 실패였습니다. 그래서 1990년 8월 4일부터 8월 11일까지 다시 제가 소련을 방문하는데 이때 옐친 카드를 사용합니다. 포도로프 소련 대통령 안보보좌관 초청으로 방문하는데, 이 포도로프는 고르바초프하고도 친하고 옐친하고도 아주 가까운 사이입니다. 또 세계적인 안과 전문의인데, 소련에서 엄청나게 재벌입니다. 그와 제가 잘 아는 관계로 초청을 받아서 슈라예프 러시아 공화국 총리를 만나고 레닌그라드 시장도 만나고 하는 등 하면서 8월 15일 귀국하면서 옐친 러시아 공화국을 연내 방문 승낙을 받았다고 밝힙니다. 그러자 고르바초프 측에서 난리났구나 하고 생각을 하고 1990년 9월 3일부터 7일 블라디보스토크 아·태 평화회의에 소련 외상 세브라 드 자네가 주관하는 모임의 초청을 받습니다. 그래서 여기에 가는데 1990년 9월 4일 소련 외상으로부터 조만간 수교 의지를 전달받습니다.

1990년 5월의 도브리닌 서울 방문 사실에 대해서도 당시 서동권 안기부장이 저의 라인인 염돈제 안기부 국장에게 저는 해외 출장중이니 알리지 말라고 지시했습니다. 저는 동경에서 두나예프 만나고 이집트로 떠났습니다. 그때 YS하고 제가 충돌해서 사표를 냈고 그냥 여행하려고 했더니 앞서 말씀드린 대로 김종휘 보좌관이 도와달라고 해서 동경을 거치게 되었습니다. 동경에는 염돈재 국장을 데리고 갔습니다. 염돈재 국장에게 후속 조치를 지시하고 이집트로 떠났는데 당초 소련 측에서는 박철언 장관이 부재중이다 보니까 주소 대표부를 통해서 도브리닌의 서울 방문 사실을 통보했고 공노명 처장이 그것을 김종휘 보좌관에게 보고를 합니다. 제가 없었으므로 김종휘 보좌관은 샌프란시스코 정상회담 수행자 명단에 당연히 염돈제를 넣고 활용해야 했습니다. 그런데 청와대 비서진에서 염돈제를 제외시키고 서동권 부장이 항의해서 마지막 단계에서는 염돈제가 포함되어 갔지만 거기 가서 아무 역할도 주지 않았습니다. 심지어 염돈제 국장이 그동안 한·소 비밀접촉의 소련 측 파트너였던 고르바초프의 비서실장 체르니야예프가 샌프란시스코에 오니까 제가 간단한 선물을 하나 전달하라고 지시했는데 그것마저 거부당했습니다. 아마 우리 전통공예품이든지, 아니면 행운의 키였든지 그런 것이었을 것입니다. 그런데 이것도 김종휘 보좌관이 전하지 말라고 염국장에게 지시했습니다. 말하자면 제 선을 완전히 단절하려고 한 것입니다. 서동권 부장이 노 대통령에게 건의해서 승인을 받아서 염돈제 국장이 소련 측에 제 선물은 결국은 전달했습니다. 말하자면 안기부장은 안기부장대로 견제하고, 김종휘 보좌관은 김종휘 보좌관대로 견제하는 등 결국 샌프란시스코 정상회담이 제대로 준비되지 않을 수밖에 없어 아까 말씀드린 그런 해프닝이 일어난 것입니다.

**윤민재:** 그 다음에 선생님께서 아까 말씀하신 것처럼 고르바초프의 경쟁상대인 옐친 전 대통령을 주요 파트너로 이용하는 전략을 펴신 것 같은데 당시 옐친을 주요 파트너로 선정하는 데에 대하여 견제나 비판은 없었습니까?

**박철언:** 소련에 대해서 잘 모르니까 심한 비판 같은 것은 있을 수 없었

지만 당연히 비판은 있었습니다. 국내 언론에 비친 갈등상은 1990년 11월 30일 세계일보가 '박철언 의원의 옐친 주도론과 민주계의 군부 주도론이 미묘한 대립을 이루었다'라는 제목으로 보도된 바 있었습니다. 당시 저는 국회에서 옐친 러시아 공화국 대통령을 초청하려다 외무부등의 반대로 보류된 사실을 지적하고 고르바초프와 옐친이 서로 대립하는 상황에서 고르바초프 정권이 잘못됐을 때에 대비한 대비책을 생각해본 적이 있는가 묻고 옐친 초청의 당위성을 역설했습니다. 이에 대해 민주계의 권헌성 의원 또한 옐친이 소련 국민의 지지를 받는 것은 사실이나 군부, KGB 등 보수층의 지지를 받지 못하는 것 또한 사실이라면서 옐친을 파트너로 삼기보다는 군부집권 가능성에 대비한 대책을 모색해야 할 것이라고 반론을 제기했다는 등 이런 식의 갈등의 한 면을 얘기하고 있습니다. 그러나 그 후에 결국 제가 예상한 대로 옐친이 결국 등장하게 되지만 그 이전에 고르바초프를 상대로 해서 수교 협상하고 한·소 정상회담을 실행했습니다.

1990년 9월 30일에 수교한 다음에 한·소 정상회담을 위해 노태우 대통령이 방문 초청을 가려고 하니까 소련 측에서 30억 불 차관을 요구합니다. 그러나 저는 그렇게 하고 갈 필요가 없다고 했습니다. 수교 했으면 됐지 지금 옐친이 부상하고 있는데 고르바초프에게 30억 불을 주면서 엄동설한에 모스코바를 방문할 것이냐는 반론을 제기했습니다. 그 당시 청와대에서 가족 만찬이 있을 때 노태우 대통령께도 그런 얘기를 드렸더니 노 대통령이 굉장히 화를 냅니다. 그때는 제가 정무장관을 물러난 뒤인데 자네는 소련 정세를 잘 모르면서 그런 말 하지 말라고 합니다. 사람들이 얘기하는데 고르바초프는 미국에서 강력하게 지원하기 때문에 앞으로 계속 소련의 지도자로서 뿐만 아니라 세계의 지도자로서 보장이 되어있는데 어떻게 박 장관은 자꾸 이제 옐친의 시대가 온다고 하냐며 강력하게 제 의견을 비판하는 말씀을 하십니다. 제가 그렇지않다고 해도 막무가내였습니다. 그러다 결국 30억 불을 김종휘, 노재봉 주도로 주고 모스크바를 겨울에 방문합니다. 결국은 30억 불 중 지금까지도 거의 22억 불인가 못 받았을 것입니다. 그런 여러 가지 에피소드가 사실 많습니다. 김종휘 외교안보보좌관은 미국통입니다. 외교안보보좌관에 있으니까 미 국무장관이나 요인들을 좀 아는데 그 사람들이 한·소수교를 돕겠다고 건성으로 얘기하는 것을 가지고 그 사람들의 의견을 진의로 판단하고 자기들의 무용담을 하고 있으나 그것은 진실하고는 거리가 먼 것입니다.

**윤민재:** 중국과의 수교협상 과정 전반에 대해 여쭤보겠습니다. 수교 협상 과정에서 첫 번째로 1991년도에 수교 당위성을 설득하는 서신을 발송했다는 내용이 저서에 있습니다.

**박철언:** 1991년 7월 25일 제가 체육청소년부장관 시에 중국 최고 지도부 5명, 또 수교 실무 담당 지도부 5명에게 수교의 당위성을 설득하는 스물여섯 장에 걸친 서신을 발송합니다. 우선 서신 사본부터 보여드리겠습니다. 이게 이제 중국어 붓글씨로 쓴 등소평 선생에게 보낸 것이고, 이것은 이것을 번역한 것이고, 그 다음에 이것은 양상곤 주석에게 보낸 것이고, 이것은 강택민 총서기에게 보낸 것입니다. 그리고 만리 상무위원장에게 보낸 것, 또 이붕 총리에게 보낸 것입니다. 이렇게 중국의 최고지도부 다섯 분한테 보내고 또 실무 책임자한테는 그 복사본을 보내주게 됩니다.

**윤민재:** 내용은 각각 동일합니까?

**박철언:** 내용은 다섯 분에 대해서 약간 다릅니다만, 요지는 비슷합니다. 왜 이런 것을 쓰게 되었냐면 제가 중국과의 수교 과정에 대해서 설명을 드리고 서신이 나온 이유를 설명하겠습니다. 중국은 우리의 7·7특별선언 직후에도 한반도 정경분리원칙에 입각해서 북한과는 공식적 관계를 남한과

는 비공식적 비정부적인 경제관계를 유지시킨다는 입장을 표명하면서 한국의 북방정책에 호응해오지 않았습니다. 그러나 1989년 12월의 몰타회담, 1990년의 한·소수교, 1990년의 북경 아시안게임 등을 거치면서 중국은 한반도에서 러시아에게 주도권을 빼앗길 것을 우려하는 한편, 한·소 간 정치적 관계가 증진 되는 것에 대해 불안감을 느끼게 됩니다. 거기에 대해서 한·중 간의 교역규모가 커지면서 중국의 한반도 정책이 변화하기 시작합니다. 중국의 관계개선을 위한 우리 한국의 집요한 노력에도 불구하고 중국은 북한을 의식해서 신중한 입장을 견지해 옵니다. 그러나 1991년 12월에 남북기본합의서가 채택되는 등 남북관계 개선이 이루어지고 구소련의 해체로 인해 중국의 전략적 입장이 변화하면서 1992년 4월 수교회담이 본격적으로 시작되고 마침내 1992년 8월 24일 수교를 하게 됩니다. 중국의 입장에서는 한·중수교 조건으로 한국과 대만과의 단교를 상정하고 있었고 그럴 경우 대만의 위상을 약화시켜 중국의 양안관계에 유리한 성과를 거둘 수 있다는 점도 고려되었던 것입니다.

수교과정을 일지별로 설명 드리자면, 1987년 8월에 당시 안기부장특보로 있던 제가 중국을 방문합니다. 이것은 아시아 태평양 법률가 회의에 고문 자격으로 갑니다. 거기서 후에 당 정치국 상무위원 겸 당 기율검사의 서기로 취임하는 차오스 부총리와 면담을 합니다. 1988년 4월에 중국은 한국에 산동성 개방을 제의하고 1988년 7월에 7·7 대통령 특별선언을 통해 중국과의 관계개선 의지를 천명합니다. 그래서 1989년 7월에 정무장관 시절에 중국에 가서 비서관 정치국 상무위원과 면담하면서 수교문제를 이야기합니다. 이때 진휘동 북경시장, 장백발 북경시 상무 부시장과도 별도로 여러 차례 회담을 하고 이 진휘동, 장백발이 핫라인이 되어주겠다는 약속을 받습니다. 그 후 1990년 9월에 제가 국회의원 신분으로 중국을 방문해서 9월 25일에 한국 요인으로는 처음으로 북경대에서 특별 강연을 합니다. 또 중국 요인들과 비밀회담을 합니다. 그리고 1991년 7월 2일부터 6일까지

체육청소년부장관으로 중국을 방문해서 체육청소년부장관을 면담하고 1991년 7월 25일 체육청소년부장관 시절인데 중국최고지도부 5명과 수교 실무를 담당하는 지도부 3명에게 수교의 당위성을 설득하는 26페이지에 달하는 서신을 발송합니다. 등소평 군사위원회 주석, 양상곤 국가주석, 만리 상무위원장, 강택민 중국공산당 총서기, 이붕 국무총리, 전기흥 부총리, 추가화 부총리, 전기침 외교부장 등에게 좋은 영향을 주어서 1991년 9월에 한중 외무장관 회담이 UN총회에서 열리고, 1991년 11월 13일에는 한중외무장관회담이 서울APEC각료회담실에서 열리고 신라호텔에서 전기침 외교부장과 밤늦게 비밀회동을 하게 됩니다. 그 후에 1992년도에 한 번 더 방문하게 되고 1992년 8월 24일에 한중외무부장관이 수교에 대한 공동서명을 하고 1992년 9월 27일에는 노태우 대통령이 중국방문을 하게 됩니다.

그러면 여기서 1991년 7월 25일의 중국최고지도부에 대한 그런 장문의 서신에 관해서 좀 설명을 드리겠습니다. 제가 여러 차례 중국을 다니면서 이제는 요인들 특히 이서환 정치국상무위원, 장백발 부시장, 진휘동 북경시장 등 하고 테니스도 치고 수영도 같이하고 했습니다. 그리고 중국체육부장관하고 회담을 했습니다. 그런데 등소평 선생을 비롯한 혁명1세대 원로들은 지금 북한의 눈도 있으니 박 장관을 직접 만날 수는 없지 않으냐 했습니다. 박 장관이 하던 이야기들을 귀국하면 좀 글로 써서 보내주면 그 요인들에게 전달하겠다고 해서 이서환 정치국상무위원하고 장백발 부시장 이런 분들이 저에게 얘기를 했습니다. 지금까지 몇 년간 당신이 했던 이야기를 써서 편지 식으로 보내라 그렇게 해서 제가 이 장문의 편지를 쓰게 된 것입니다. 이 글씨는 국전에서 특선을 한 우리 팀의 김구해 직원이 며칠 밤을 세워 붓으로 씁니다. 이것을 전달을 하고 얼마 후 반응을 보입니다. 전적으로 박철언 장관의 의견에 공감하지만 북한이 있으니 조금만 기다려 달라는 이야기를 했습니다. 이런 분위기의 조성이나 정지작업 등에 관한 일은 우리 외교백서에는 없는 일입니다. 또 이런 일들은 저의 청와대 퇴진 후에 청와대에 앉아있던 예를 들면 김종휘 보좌관이나 노재봉 특보는 그런 일을 한 일도 없고 할 수도 없었습니다.

**윤민재:** 이런 문건은 그 당시에 언론에 공개되었나요?

**박철언:** 안 되었습니다. 물론 극비로 보안을 했습니다. 시간이 많이 되었는데 이제는 공개되어 진정한 수교 과정이 역사에 기록되었으면 합니다.

**윤민재:** 네, 그 다음에 전기침 부장과 비밀회담이 결정적으로 기여를 했다고 생각합니다. 그 부분에 대해서 간단히 설명해주십시오.

**박철언:** 전기침 부장과 비밀회동이 결정적으로 기여하지 않았습니다. 그것은 이미 상당히 진행이 되어 성숙되어 오던 분위기가 조성된 후의 일입니다. 그런 서신이 1991년 7월에 가고 해서 중국 수뇌부들이 벌써 한·중 수교를 해야겠다는 공감대가 이루어진 뒤입니다. 그러나 저는 박차를 가해야하기 때문에 1991년 11월 13일 밤 9시10분부터 밤 10시 50분까지 1시간 40분 동안 신라호텔 1430호실에서 만나게 됩니다. 연구소에 있던 최경주 박사를 대동하고, 중국 측에서는 장팅엥 외교부아시아부국장이 배석을 해서 이야기를 했습니다. 여기 첸부장의 친동생, 텐진 부시장이 제가 운영하던 북방정책연구소 소장인 나창주 소장과 아주 가까운 사이였습니다. 첸 부시장이 나 의원에게 서울 APEC각료회의 때 자신의 형이 서울을 방문하게 되니 그때 박철언 장관과 만나는 것이 어떻겠느냐고 제안을 해 와서 만나게 된 것입니다. 그날 밤 수교해야 된다고 하는 이런 이야기에 공감을 하고 제가 중국 측으로부터 선물을 받습니다. 중국 전통의 조그마한 부채라든지 족자라든지 이런 것을 받은 기억이 나는데 제가 그날 선물 준비를 하지 못하여서 그 다음날 선물을 두 개 보냅니다. 금으로 만든 행운의 열

쇠 2개를, 하나는 부장한테 다른 하나는 부장의 동생 천진 부시장에게 보냅니다. 그 이후에 첸 부장이 회고록을 쓸 때 마치 금덩어리를 받은 것처럼 쓰고 그 경위도 상당히 왜곡하고 있었습니다. 자기의 청렴을 강조하기 위해서인지 사실대로 기록하고 있지 않습니다. 보통 행운의 열쇠는 우리가 미수교국 관계자와 비밀 접촉할 때 비중 있는 사람에게 반 냥 내지 한 냥, 열 돈 아니면 다섯 돈 정도의 종류가 갔을 것입니다. 물론 저는 이런 면담을 하면 대통령께도 보고합니다. 당시 '전기침 중국외교부장 면담 요지 11월 14일' 이런 식으로 정리합니다.

면담은 중국 측 요청에 의해 이루어져서 우리 측에는 최경주 박사가 동석하고 중국 측이 통역했으며, '박 장관이 한중수교의 당위성과 북한의 핵사찰의 긴요성 등 우리 정부의 방침과 논리를 자세하게 설명하고 몇 가지 질문한 데에 대해서, 전 부장은 다음과 같이 언급하여서 전기침 부장이 평양에 지난 6월에 방문한 내용과 핵사찰 문제에 대해서도 받아들이려 했다'고 보고합니다. 또한 '주변 여러 나라에서 너무 조급하거나 강력하게 압력을 가하는 경우에는 북한도 체면과 명분이 있기 때문에 받아들여지는 시기가 늦어질 것'이라고 보고합니다. '평양에는 지난 6월 이후에는 방문한 일이 없습니다. 한·중 양국 간 수교문제는 경제관계가 어느 정도 진전되고 있고 박 장관과 함께 조용하게 대화가 계속되고 있으니 서로 함께 노력하면 좋은 결과가 날 수 있으리라 생각한다'는 이런 요지입니다.

**윤민재:** 북방정책이 현재 시점에서 갖는 의미를 간단하게 말씀해주십시오.

**박철언:** 우리 북방정책의 목표는 그동안 미국과 서방만을 상대로 하는 반쪽 외교를 벗어나서 전방위 세계시대를 여는 것입니다. 둘째는 우리나라의 역량에 걸맞게 공산권으로 경제 무대를 확장시키는 것입니다. 셋째

는 북한의 우방과 수교함으로서 유리한 통일환경을 조성하는 것입니다. 이러한 북방정책의 목표를 달성하기 위해서 우선 다섯 가지 기본원칙이 지켜지는 가운데에 추진되어야 된다고 생각해서 다섯 가지 원칙을 설정했습니다. 첫 번째는 북한의 고립화를 추구하지 않는다. 우리가 북방정책을 추진하는 것처럼 북한이 미국이나 일본 이런 나라와 수교하는 것도 우리는 방해하지 않는다. 그 다음에 두 번째는 북방정책은 통일정책과 연계해서 추진한다. 셋째는 정치와 경제를 연계해서 추진한다. 넷째는 미국 등 우방과 기존 유대관계를 바탕으로 하여 추진한다. 마지막 다섯째로는 국민적 합의하에 북방정책을 추진한다.

5천 년 민족사에 있어서 우리가 주도적으로 정책을 세워 우리 민족의 활동 범위를 확장시킨 것은 북방정책이 처음입니다, 물론 우리가 고려 말, 조선 초기에 이른바 북벌이라고 해서 만주로의 진출 시도를 정도전, 최영이 하다가 결국 좌절되어 버립니다. 우리는 그 당시의 1980년대 중후반의 국제 권력 정치의 흐름을 재빨리 읽고 북방정책이라는 큰 정책을 수립해서 성공했습니다. 많은 어려움과 위험, 오해, 도전이 있었지만 성공했습니다. 이 북방정책이야말로 우리 민족사에 있어서 제대로 평가되어야 됩니다. 이 북방정책을 했기 때문에 우리가 오늘날 중국, 소련을 비롯한 온 공산권과 외교관계를 수립한 전방위 세계외교시대를 열었고 교역 등 경제규모를 크게 성장, 발전시킬 수가 있었습니다. 이제 우리나라가 중국과의 교역이 미국과의 교역보다 더 많습니다. 세계 1위입니다. 다만 한 가지 아쉬운 점은 저의 기본 뜻인 북한을 고립시키지 않고 북한도 미국, 일본과 수교를 할 수 있도록 한 것이 바로 진정한 북방정책 기조인데 그것이 잘 지켜지고 있지 못하다는 점입니다.

**윤민재**: 김대중 대통령의 햇볕정책은 6공의 포용정책과 어떤 차이점이 있다고 생각하십니까?

**박철언:** 6공화국의 포용정책과 김대중 대통령의 포용정책, 이른바 햇볕정책은 남한이 평화와 통일을 주도적으로 관리해야 할 책임이 있다는 포용의 정신에 있어서는 바탕을 같이 하고 있습니다. 그러나 한 가지 중요한 차이점이 있습니다. 그것은 너무 김대중 정부의 포용정책이 일방적인 퍼주기를 해서 남북 간의 교류 협력은 활성화 되었지만 북한이 잘못 길들여진 측면이 상당히 있고, 또 특히 남북정상회담을 하면서 뒤에 뒷돈 거래가 있었다는 점은 부정적인 측면입니다. 반면에 노태우 대통령의 대북포용정책이라는 것은 상호주의의 원칙에 충실했습니다. 큰 선에서의 상호주의를 지켰습니다. 전두환 대통령도 상호주의 원칙을 지켰습니다. 예를 들어 이산가족을 찾기 위한 고향방문단, 예술단 교환사업을 비밀 회담에서 얘기를 하고 성사시키고자 할 때, 북한은 고향 방문단도 금강산에서 하고 판문점에서 하자는 이런 얘기를 했습니다. 그러나 우리는 고향 방문단은 장차 고향까지 가야 되는데 그렇게 까지는 못하더라도 아직은 서울-평양을 왕래해야 된다는 원칙을 끝까지 지켰습니다. 그때는 고향 방문단, 예술단, 기자단이 서울-평양 방문을 실현시켰습니다. 이러한 내용이 김대중 정부 때는 무너져 버렸습니다. 금강산에 철조망을 치고 가족 상봉하는 것은 이산가족을 북한 지역에서 만나는 것이지 고향 방문단하고는 거리가 멀다는 것입니다. 그렇기 때문에 일방적인 퍼주기에서 오는 부작용에 대해 안타깝게 생각합니다.

전두환, 노태우 정부 때는 그런 상호주의 원칙을 지키려고 애를 써서, 북한이 남쪽에서 행사하면 보안이 누설되므로 북측 지역에서 하자거나 심지어는 북한의 만경봉호에서 하자고 할 때 제가 배 멀미가 나서 못한다고 그러면 제3국에서 차라리 하자고 했습니다. 그래서 싱가폴 회담을 하게 됩니다. 왜냐하면 북한은 남한도 구석구석 봐야 되고, 세계도 자꾸 보아야 합니다. 그래서 남북 비밀회담을 하면서도 북한 측 대표에게 제가 서울의 워커힐뿐만 아니라 신라호텔, 그리고 남산 타워에 올라가서 서울의 야경,

롯데 백화점뿐만 아니라 동대문 시장도 보여줬습니다. 그리고 제주도에 가서 일반 호텔에도 들어가고 비 맞으면서 백록담 회담하고 내려와서 전부 비에 흠뻑 젖어서 알몸으로 목욕하고 이발소에 가서 제가 면도도 시켜주었습니다. 또 여기 서울에 허담, 한시해 수석대표가 왔을 때는 삼청각에서 춤도 추고 술도 먹여주고 그랬습니다. 이 사람들이 구석구석 보더니 허담 비서하고 한시해 북측 대표가 "남한이 많이 발전했습니다. 남조선 동포들이 애를 많이 썼구만요", 이런 얘기를 합니다. 자신들이 총칼로써 일시적으로는 남한을 적화, 장악할 수 있지만 자유롭게 돌아다니는 남한 주민들을 계속 통제한다는 게 불가능하다는 것을 직접 느끼게 해 주도록 노력했습니다. 그래서 북한이 공개 회담에 응하고 남북 기본 합의서를 채택하게 되었습니다.

그런데 남북관계가 나빠지자 남북이 비핵화선언을 했음에도 자기들은 만약의 경우를 생각해서 결국은 무서운 무기를 마련합니다. 그렇지 않습니까? 북측이 이대로 가면 경제적, 군사적, 외교적으로 압도적으로 우세한 남한을 극복할 수 없으니 자신들을 지탱할 수 있는 것은 핵, 미사일, 무기밖에 없다 이런 식으로 나가는 겁니다. 그러므로 이런 점을 잘 파악해서 '국가안보는 완벽하게 하되 대북정책은 유연하게' 하고 '친중국 외교를 강화'해서 북한을 적절히 통제할 수 있도록 만드는 것이 중요하다고 생각합니다.

**윤민재:** 장시간 동안 상세하고 좋은 말씀 들려주셔서 감사드립니다. 이것으로 4회에 걸친 인터뷰를 마치도록 하겠습니다.

# 문희갑

(전) 대통령 경제수석

# 1. 개요

　노태우 대통령 집권 시기에 경제수석비서관(장관급)을 지낸 문희갑 (전) 경제수석과의 인터뷰는 제1차와 2차는 2011년 8월 23일, 제3차와 4차는 8월 24일에 각각 진행되어 구술기록이 이루어졌다. 장소는 대구광역시 달성군 화원읍 본리리 남평문씨 인흥세거지 문희갑 (전) 경제수석 자택이었다.

　문희갑 (전) 경제수석은 1967년 행정고시 합격을 계기로, 행정부 경제관료로 첫발을 내딛는다. 박정희 대통령 집권 시기부터, 1967년 경제기획원 경제기획국 사무관, 1976년 경제기획원 예산국 사무관과 기업예산과 과장, 1977년 경제기획원 방위예산담당관, 1978년부터 1981년까지 국방부 예산편성국장, 1981년 국가보위비상대책위원회위원, 입법회의 전문위원과 경제기획원 경제개발예산심의관, 1982년 경제기획원 예산실장을 지낸 정통 경제관료 출신이다. 전두환 대통령 시기인 1985년 약 4개월간 민주정의당 비례대표로 제12대 국회의원을 지냈고, 1986년부터 1988년까지 2년 동안 남북경제회담 수석대표, 1985년부터 1988년까지 경제기획원 차관을 지냈다. 본 구술기록의 대상 시기인 1988년부터 1990년까지 2년 동안은 우리나라 경제정책을 주도한 경제수석 비서관을 지냈다. 1989년에는 대통령비서실 지역균형발전 기획단장을 겸직한다. 1990년부터 1992년까지 대구광역시 서구갑, 민주자유당 소속 제13대 국회의원을 지낸다. 김영삼 대통령 시기, 우리나라가 본격적인 지방자치가 실시된 1995년에는 민선 제1기 대구광역시장에 당선, 1998년 민선 제2기까지 재선에 성공한다. 이후, 2003 대구 하계 유니버시아드 대회 조직위원회 위원장을 지내는 등 대구지역뿐만 아니라 우리나라 경제정책에 대한 자문활동을 계속하고 있다. 문희갑 (전) 경제수석과의 인터뷰 내용 중 주목할 만한 사항을 요약하면 다음과 같다.

　첫째, 6공화국의 가장 두드러진 특징은 노태우대통령이 박정희, 전두환 대통령과 같은 군부 출신이지만, 노태우 대통령은 1987년 6·29선언을 통해 국민의 직접선출로 당선되어 수립된 민주화된 정권의 대통령임을 강조하였다. 따라서 6공화국의 국정운용목표의 제일은 민주화 실현임을 알렸다.

둘째, 6공화국에서 5공화국 청산작업이 이루어진 이유에 대해 설명하였다. 6공화국이 국민들의 직접 선거에 의해 당선된 대통령이 출범을 하였으나 여소야대의 국회였기 때문에 특히 야당의원과 많은 일반 국민들의 민주화에 대한 강력한 요구로 인해 5공화국을 청산하지 않을 수 없는 상황이었다고 회고하였다. 강한 민주화의 열망은 노태우 대통령의 6공화국이 5공화국과 차별되어야 한다는 것을 보여주어야만 되는 상황이 전개된 것을 지적하였다.

셋째, 88올림픽의 유치와 준비 작업은 사실상 전두환 대통령 시기에 많은 부분이 이루어진 것임을 확인했다. 노태우 정부에서는 전두환 정부가 준비한 제반 사항들에 꽃을 피웠음을 강조했다. 88올림픽 개최의 가장 중요한 문제는 경기장을 포함한 제반시설을 건설하는데 필요한 재원마련인데, 실제 성금을 걷고, 각종 올림픽에 부수되는 수익사업 등을 추진하였으나 어려운 상황이었다. 당시 우리나라의 재정형편이 넉넉하지 않았음에도 불구하고 올림픽을 개최할 수 있었던 것은 전두환 정권 때 물가안정화를 위하여 정부예산을 동결하고 그 예산동결의 파급효과가 기업과 가정에 영향을 주어 결국 어려운 물가를 안정시킬 수 있었고 이로 인해 국제경쟁력이 향상됨으로써 국가경제의 지속적인 성장이 88올림픽 개최를 위한 정부예산 마련에 결정적인 역할을 한 것으로 평가하였다. 또한, 88올림픽 개최 이후, 국민들이 해이해지고, 과소비, 향락, 부패로 이어지는 자만에 빠졌다고 신랄하게 비판하였다.

넷째, 6공화국이 가장 자랑할만한 업적 중 하나가 토지공개념을 도입한 것이다. 당시 우리나라는 88올림픽을 개최하는 등 경제가 계속 호황을 누림으로써 토지 가격이 엄청나게 폭등했고 이로 인한 부동산투기가 만연되었다. 불로소득으로 인한 빈부격차를 완화하지 않고는 국민경제의 지속적인 성장과 국민생활안정이 거의 불가능했기 때문에, 정의사회구현을 위해서 토지소유상한을 제한하는 택지소유상한법 입안, 개발이익이 발생하였을 경우 개발이익을 환수하는 개발이익환수법을 입안, 토지를 과다하게 보유함으로서 초과 이득을 보는 것을 막기위한 토지초과이득세법을 제정했다. 여소야대 정국에서 우여곡절 끝에 89년 12월 기적적으로 국회에서 통과되었다. 그 결과, 폭등하던 땅값과 집값이 크게 안정세를 보이는 효과를 보게 되었지만, 부동산 소유자들의 끈질긴 반발로 김영삼 정부가 들어서면서 헌법재판소에서 토지공개념이 헌법에 불합치하다는 판단을 내려 결국 폐지되었다. 토지는 공공복리에 맞게 사용되어야 하는데, 불로소득을 얻기 위한 투기의 대상으로 이용하는 국민들 때문에 빈부격차가 계속 발생하고 있음을 안타깝게 보셨다.

다섯째, 6공화국에서도 금융실명제를 도입하려고 강력하게 시도했었던 것으로 밝혀졌다. 노 대통령 재임 초기 1989년 4월 '금융거래실명제 준비단'이 발족되어 관련법령을 정비하는 등 모든 준비를 철저히 하였지만, 1990년 1월 3당합당이 이루어지면서 정치권에서 여러 가지 비밀논의가 있은 후 금융실명제는 결국 유보되었다.

여섯째, 지금의 분당, 일산, 평촌, 중동, 산본의 5개 신도시가 노태우 정부 때 건설이 시작되었다. 인구의 수도권 집중으로 인해 부족한 주택문제를 해결하기 위하여 수도권 중심으로 200만 호의 주택을 건설하고 동시에 서울인접지역과 경기도에 신도시를 건설함으로써 심각했던 주택난을 해결하였다. 당시에는 반대하는 지역주민들이 많았기 때문에, 토지개발공사가 어려운 택지를 확보하고 많은 주택을 건설하는 과정에서 부족한 모래 등 건축자재 확보에도 어려움이 있었으나 많은 관계기관의 노력들이 합해져 5년이라는 짧은 기간에 신도시 건설이 달성되었다. 자재파동은 당초 계획보다 주택경기 활성화로 5만 호 더 건설하는 과정에서 계획을 무시한 과다한 집행이 이루어져 일어난 문제였다.

일곱째, 노태우 정부시절 서울에서 목포를 잇는 서해안고속도로 건설이 착공되어, 김대중 정부인 2001년에 완공되었다. 당시에는 서해안 쪽에 수송수요도 심각한 수준이 아니었고 공기 등 난공사로 건설비도 상당히 많이 소요되어 비경제적이라는 비판이 있었지만 중국과의 교류 등 서해안시대를 미리 내다보고 긴 안목에서 추진되었다.

여덟째, 인천국제공항 건설 착수도 노태우 정부에서 이루어진 것이다. 극초음속 시대를 대비하여 일본, 홍콩보다 한국에 중심 국제공항이 지어지면 동양의 관문이 될 수 있다는 유명한 외국의 전문가들의 조언을 받아들여, 오랫동안 미루어 왔던 신공항건설이 관계부처와 연구 끝에 영종도에 국제공항을 건설하기로 결정하였다.

아홉째, 한국고속철도(KTX) 건설을 착수한 것도 노태우 정부 때의 일이다. KTX를 건설한다는 소식을 듣고 현대 정주영 회장, 한국도로공사 등이 자동차 산업의 장래를 걱정하여 건설을 반대한 일화도 소개되었다. 당시 정치인들이나 외교관들이 일본의 신칸센이 아닌 프랑스 떼제베의 로비를 많이 받아, 결국 떼제베로 결정되었는데 현재 KTX의 여러 기술적인 문제와 미래의 지속적인 성장 등을 감안할 때 아쉬운 점이 많다고 한다.

열 번째, 전남 영암군 국가산업단지인 대불산업단지가 노태우 정부에서 착수되었다. 평소 경상도 출신 대통령에 대해 호남지역에서 호남푸대접이라는 여론이 많아 경제성이 없지만, 정치적인 판단에 의해 대불산업단지가 조성이 되었다. 현재까지 특화된 산업이 없고 기업들이 많이 유치되지 못하여 어려움을 겪고 있다.

열한 번째, 농공단지 조성도 노태우 정부에서 처음으로 시작되었다. 문희갑 경제수석이 경제기획원 차관시절 일본의 농촌이 도시 못지않게 잘 사는 이유에 대해 현장을 통해 검토한 결과 일본의 농촌이 부유한 이유는 농번기에는 농사를 짓고, 수확이 끝나면 농촌에 알맞은 소규모 공장을 여러 군데 건설하여 농한기 동안 상당한 수입을 벌어들인다는 것을 파악했다. 이후 우리나라에도 농공단지를 전국적으로 건설했고, 지금은 대부분이 지방공단으로 변모되었다.

열두 번째, 울산 현대중공업, 풍산금속 등 대기업의 노사분규가 격렬하게 일어났으나 정부부처에서 해결이 되지 않아 청와대 문희갑 경제수석이 직접 주관하여 당시 안기부, 국방부, 경찰 등 관계부처의 협조를 구하여 적극적으로 대응함으로서 어려운 상황을 해결한 것으로 나타났다.

열세 번째, 당시 끊임없는 노사분규 등으로 노동문제가 심각했음에도 불구하고 한국이 국민직선제에 의한 민주적 정권교체를 이룩하고 나아가 민주적 방식에 의한 노사분규를 해결하는 사례들을 높이 평가하여 국제노동기구(ILO)에 정회원으로 가입되었다.

열네 번째, 6공화국은 89년 헝가리, 폴란드, 유고슬라비아와 수교, 90년 체코슬로바키아, 불가리아, 루미니아, 91년 알바니아와 수교를 맺는 등 북방외교를 성사시킨다. 경제성 측면에서는 이득이 없었음에도 정치외교측면에서 큰 획을 이룩한 북방외교가 성사된 것은 우리의 경제력이 뒷받침된 것으로 보았다.

열다섯 번째, 92년 한·중수교는 북한과의 관계로 어려움이 많았으나 한국의 80년대 중반의 눈부신 경제성장과 중화학공업의 성공적인 추진으로 86아시안 게임과 88올림픽을 성대히 치루는 등 한국의 경제력이 한·중수교의 큰 원동력이 되었다. 특히 한·중수교로 인한 상호의 경제발전은 당시에도 눈에 띄게 드러났다고 한다.

열여섯 번째, 남·북한의 UN 동시가입은 UN상임이사국인 러시아와 중국이 북방외교의 성공과 한·중수교 등으로 한국의 가입에는 문제가 없었으나, 러시아와 중국이 북한을 의식하여 국제적 이해관계 등으로 남·북한 동시가입이 결정된 것으로 보았다.

열일곱 번째, 6공화국과 한·미관계는 상당히 우호적이었다고 평가하였다. 1991년 부시대통령이 걸프전에 한국지원을 요청했고, 예상보다 이라크 전쟁이 빨리 마무리되어 우리 교민과 해외건설 사업에 크게 지장은 없었던 것으로 파악되었다.

열여덟 번째, 노태우 정부에서 지방자치제 시행의 공약사항을 실현시키지 못하고 지연된 내막에 대한 구체적인 상황 설명은 없었고, 다만 민선 제1대, 2대 시장을 지내셨음에도 불구하고, 국토면적 등 지역적인 측면과 안보상황 등을 고려할 때 기초자치제는 연기하고 광역단체를 중심으로 한 지방자치를 시행했더라면 좋았을 것이라는 개인적인 의견을 내비치셨다.

열아홉 번째, 노태우 대통령의 정치비자금 조성의 문제는 안타까운 일로 인정하셨다. 초기 재임기에는 흔들리지 않으셨는데, 결국 주변 참모진, 기업인들이 대통령 임기 후를 대비하여 비자금의 조성이 필요하다는 분위기로 몰아갔던 것에서 비롯된 것으로 보고 있다. 문희갑 수석이 노 대통령의 비자금 조성 등에 소극적이었던 것도 청와대를 떠나야 했던 하나의 이유로 보고 있다.

마지막으로, 노태우 대통령의 리더십에서 물대통령이라는 이야기는 물처럼 부드럽다는 이미지이며, 굉장히 유연하게 결정을 내리되, 꼭 해야 할 일에 대해서는 강력하게 추진하는 스타일이지, 물처럼 적당히 하거나, 우유부단한 스타일은 아니라고 대변했다.

문희갑 (전) 경제수석은 박정희 정부 시절부터 경제기획원에 근무하는 전형적인 경제관료로 시작하여 전두환 대통령 시기 경제기획원 예산실장과 차관을 거쳐, 노태우 정부에서 경제수석에 이르기까지 우리나라 3대 대통령에 걸친 대표적인 경제정책 전문가로 잘 알려져 있다. 대개 역대 정권들은 정권 말기로 넘어갈수록 장기집권이나 비자금조성 등 부정부패로 막을 내렸는데, 노태우 정권 초기에는 비교적 새로운 마음으로 국가를 정비하는데 집중하는 모습을 보였다고 했다. 6공화국은 국민직선제에 의한 민주적 정권수립의 바탕 위에 상위에서 요약한 바와 같이, 토지공개념 도입, 경제집중완화와 같은 개혁과제를 실천하였고, 인천국제공항, KTX, 서해안 고속도로, 200만호 주택, 신도시를 건설하는 등 중대한 경제적 성과를 이룩했음에도 불구하고 정권 말기의 비자금조성에 따른 국민불신으로 수많은 공적들이 역사 속에 덮여있다. 이제는 노태우 대통령과 6공화국에 대한 공과 실이 객관적으로 알려지고 평가되어 수면 위로 나와야할 때이다.

   이러한 의미에서, 본 구술사료집은 6공화국 초기 경제정책이 수립, 집행되는 세밀한 과정을 마치 돋보기로 들여다보듯 생생히 전달하고 있다. 한 국가의 경제정책 추진이 국내 상황만 고려하여 좌우되는 것이 아니라, 국제정세와 환경에 큰 영향을 받는다는 사실과, 6공화국의 경제정책이 정치적 이해관계와 어떻게 연계되어 결정되는지도 파악할 수 있는 자료가 담겨졌다는 점에서 본 구술기록의 의의를 찾을 수 있을 것이다.

## 2. 구술

### 〉〉〉〉〉 1차 구술

**권자경:** 연세대학교 국가관리연구원은 '대통령 리더십과 국가관리'라는 연구과제를 진행 중에 있습니다. 2011년, 제3차년도 연구주제는 노태우 대통령 시기와 관련된 구술채록입니다.

오늘은 노태우 정부에서 당시 경제수석비서관을 지내신 문희갑 수석님을 모시고 인터뷰를 진행하겠습니다. 일시는 2011년 8월 23일 화요일 오전 10시입니다. 장소는 대구광역시 달성군 화원읍 본리리 남평문씨 인흥세거지 문희갑 (전) 경제수석님 자택입니다. 수석님, 안녕하십니까?

**문희갑:** 네, 반갑습니다.

**권자경:** 시장님께서는 노태우 대통령과 처음 어떻게 인연을 맺게 되십니까? 1967년 행정고시에 합격하시면서 공직생활을 시작하셨습니다. 첫 공직생활을 경제기획원에서 시작하신 것이 노태우 대통령 시기 경제수석으로 발탁되는데 결정적인 경로의 시작이 되지 않았나 싶은데요?

**문희갑:** 네. 원래는 1966년에 제4회 행정고시에 2차까지 합격했다가 모집정원보다 합격자수가 1명 초과하여 낙방하고, 그 다음해 1967년, 제5회에 합격을 했습니다. 당시 재경직과 행정직으로 나누어져 있었어요. 경제기획원이 지금은 없어졌지만, 당시 경제를 총괄하는 중요한 부서로 장관은 부총리급이었어요. 그때, 경제기획원에 첫 발령을 받기 어려웠는데, 제가 수석합격을 했기 때문에, 경제기획원에서 공직생활을 시작하게 되었습

니다. 그것이 뒤에 청와대에도 근무하면서 우리나라 주요 경제정책을 맡아서 하게 될 운명이 되지 않았나 싶습니다. 제 일생에 있어서도 경제기획원에 발령을 받아서 기획업무, 경제협력업무, 예산업무 등에서 골고루 경험했던 기회가 굉장히 중요한 과정이었다고 봅니다. 그리고 노태우 대통령은 저보다 대구 경북고등학교 5년 선배입니다. 제가 1978년 국방부 예산편성국장으로 근무할 때, 노태우 대통령이 9사단장이었고, 전두환 대통령이 1사단장이었습니다. 그 당시는 서로가 잘 아는 사이는 아니었지만, 결정적으로 인연이 맺어진 것은 제가 국가보위비상대책위원회에 파견근무를 할 때 전 대통령, 노 대통령을 자주 만나게 된 것이 계기가 되었다고 봅니다. 그 다음 제가 전두환 대통령 시기 경제기획원 예산실장으로 근무할 때, 노태우 대통령이 내무부장관과, 체육부장관으로 재직했기 때문에 예산과 관련해서 서로 대화도 나누곤 했지요. 노태우 대통령과 결정적으로 서로 가깝게 된 계기는 노 대통령이 대통령 출마를 했을 때 제가 5공화국 전두환 대통령 밑에서 경제기획원 차관이었어요. 차관으로서 당시에는 전국각지에 경제교육을 하러 다녔습니다. 왜냐하면, 경제라는 것은 국가와 지방이 상호 협력하여 균형발전을 해야 하기 때문에, 전국을 순회하면서 나라의 정책을 설명, 전달하고 협조를 부탁하고 그랬죠. 그때 전국을 다니면서 경제부문에서 6공화국과 5공화국과의 정책추진이 연결 되어야 한다는 맥락에서 선거운동은 아니었지만 농민들을 포함, 각계각층의 시민들과 대화를 소상히 함으로써 감화를 준 것 같아요. 그것이 노태우 대통령이 당선되는 데 다소 도움이 되었다고 봅니다. 그런 관계가 종합되어 제가 5공화국 경제기획원 차관에서 바로 6공화국의 경제기획원 차관으로 계속 근무하게 되었고, 이후 경제수석비서관까지 근무하게 된 것으로 봅니다.

**권자경:** 1978년 12월부터 1981년 4월까지 국방부 예산편성국장으로 일을 하셨는데요, 국방부 예산편성의 특이점이나 주의해야할 사항들이 있으면

설명해 주십시오. 우리나라가 남북 간 대치 상황 속에서 국방예산이 중요한 의미를 갖고 있지 않습니까?

**문희갑:** 그때는 지금하고 격세지감이 있습니다. 당시는 국가의 경제력이나 예산규모가 지금하고 비교가 안 되지요. 1970년대에 국외적으로 월남이 패망하고, 국내적으로는 박정희 대통령이 아주 열악한 여건하에서 경제를 성장 발전시키려다 보니 불가피하고 무리한 일들이 많았어요. 베트남 전쟁에서 월남이 패망한 상황에서 미국은 한국이 군사정권의 장기집권하에서 민주화와 인권문제가 발생하고 있다고 보고 미국 닉슨대통령부터 카터 대통령까지 주한미군을 우리나라에서 철수시키겠다고 계속 압력을 가하니까 우리나라는 상황이 불리하게 되어 갔어요. 따라서 박정희 대통령은 '자주국방'을 하지 않을 수 없는 입장이 되었어요. '우리가 힘은 없지만, 우리 힘으로 국방을 해야 이 서러움에서 벗어나고 국가가 자주적으로 운영되겠다'고 판단해서 자주국방을 내걸고 1974년부터 전력증강계획을 수립하고 1975년 방위세를 만들었어요. 그 당시에는 국민들이 세금을 많이 내는 어려운 상황이었는데도 자주국방을 위해 허리띠를 더 졸라매고 협조함으로써, 국방비가 많이 증가되었어요. 또, 전력증강계획으로 우리가 무기를 도입내지 생산까지 하게 되니까 국방예산이 그 당시 전체 정부재정규모에서 33%까지 늘어났어요. 국방비가 많이 늘어났기 때문에 국방비를 효율적으로 쓰지 않으면 자주 국방과 전력증강계획의 목표달성이 힘들기 때문에 군인들보다 예산 전문가가 필요했던 겁니다. 군인들은 한곳에 오랜 근무를 못하고 1년 내지 2년에 한번 순환보직이동을 했는데, 특히 대령급이나 장성급들이 보직을 자꾸 옮겨야 되니까 전문성이 결여될 수밖에 없었어요. 예산이라는 건 전문성을 요하는 것이고, 부처 간 협력도 필요합니다. 박정희 대통령이 궁리한 것이 국방부에 예산편성국을 만들어서 경제기획원의 예산전문가를 보내는 것이었어요. 그때 제가 경제기획원의 방

위예산담당관으로 근무 했어요. 국방예산도 제가 오래 다루어왔고 군대생활도 성실하게 했기 때문에 제가 선발이 되어 국방부에 가서 일을 하게 되었지요. 일을 하는 과정에서 어려움이 많았어요. 그 당시 군인들은 국장이 소장이었어요. 사단장 끝내고 각군본부 참모부장을 마치고 왔기 때문에 나이도 저보다 훨씬 많고, 그 당시만 하더라도 군이 상당히 우위에 있었기 때문에 일반 행정부 이사관은 우습게 보이던 시절이었어요. 그런데 제가 예산을 직접 챙기고 예산편성에 관여하니까 군인들은 불만이 많았어요. 하지만, 저는 그 불만을 고려하지 않았어요. 박정희 대통령의 철학이나 제 철학이 있으니까요. 국방예산을 편성하는 과정에서 제가 병까지 얻을 정도로 몸이 나빠졌어요. 그런 과정에서 국방예산이 어느 정도 효율적으로 편성집행 되어가고 있었습니다. 군인들도 특히 장성급이나 고위층에서 나라를 균형적으로 운영하고 국방비를 효율적으로 써야 나라 전체도 발전할 수 있고, 나라가 발전되어야만 국방비도 더 많이 증가될 수 있다고 시간이 지나면서 저를 이해해 주기 시작했고 국방부 일도 안정되어 갔습니다. 그 무렵 10·26사태가 발생되어 제가 국방부 국장을 하니까 국가보위비상대책위원회에 선발되어 가게 된 것입니다.

**권자경:** 1975년 방위세가 도입되었다고 말씀하셨는데요, 방위세가 보통세와 목적세 중 어떠한 것으로 세워집니까?

**문희갑:** 국방비를 편성할 때 방위세는 목적세이기 때문에 방위세 수입은 국방비에 무조건 편성되는 겁니다. 방위세가 별도로 분류되는 것이 아니라, 국방예산에 해당되는 액수 속에 들어가는 겁니다. 국방비에서 방위세가 상당한 부분을 차지하지만 전체 국가예산에 비해서는 일부가 되는 겁니다. 카터 대통령이 방한을 해서 자주국방을 요구했고, 자주국방을 전제로 주한미군 철수를 단계적으로 하겠다고 했습니다. 자주국방을 위해

한국은 GNP의 6%를 무조건 방위비로 부담하라고 요구했습니다. 따라서 국방비를 산정하는 기준이 그렇게 되었기 때문에 나중에 제가 곤욕을 치르고 애를 많이 먹었습니다. 그 6% 범위 안에서 국방비를 전부 심사분석해서 우선순위를 정하여 예산안을 편성하게 됩니다. 물론 국방부에서 만들어온 안을 경제기획원에서 심사해서 우선순위를 일부 수정한 후 GNP 6%에 해당되는 금액의 예산을 국방부에 하달하면 그 돈으로 전력증강계획을 수립하여 집행하고 또 국방운영에 쓰는 겁니다.

**권자경:** 1980년부터 1981년 2월까지 제5공화국이 수립되기 전 준비단계로 국가보위비상대책위원회가 만들어집니다. 수석님께서 그 위원회 구성원으로 들어가시게 된 배경은 무엇입니까?

**문희갑:** 박정희 정부에서 저는 국방부 예산편성국장을 했기 때문에 국가보위비상대책위원회가 설립되었을 때에 1차적으로 차출이 된 거지요. 이미 말씀드린 대로 10·26사태가 벌어지고 굉장히 혼란스러웠어요. 그 당시 발표도 되었지만 북한 쪽에서도 남침 준비를 한다든지, 국내에서는 권력의 핵심이 없어져 버렸기 때문에 국가위기상황에 봉착했죠. 이 위기를 극복하기 위해 군인들이 주축이 되어 국가보위비상대책위원회를 만들어서 각 분야의 불안과 혼란스러움을 가라앉히려고 노력했어요. 각 부처에서 그 분야에 엘리트들을 전부 다 차출해왔는데, 제가 당시 경제기획원에 있었더라면 차출되지 않았을지도 모르겠습니다만, 국방부에 있다 보니까 차출된 것입니다. 그 이전에 제가 경제기획원 출신이고 경제전문가이니까 그 경력도 반영된 듯싶어요. 국가보위 비상대책위원회 안에도 여러 위원회가 있었습니다. 그 위원회중의 하나인 운영위원회는 비상대책위원회의 일을 총괄하는 곳입니다. 국보위에서 저는 경제 분야 전위원회에서 결정된 사항을 총괄하여 보고하는 일을 맡아보게 된 겁니다,

**권자경:** 국보위 운영위원회 위원으로 계실 때 주요 역할을 좀 더 구체적으로 들을 수 있을까요?

**문희갑:** 비상대책위원회에서의 일들은 각 소관부처의 업무를 나누어 맡고 있는 여러 위원회에서 올린 안들을 가지고 전체 회의를 합니다. 당시 전두환 대통령은 상임위원장, 중앙정보부장, 보안사령관을 겸하고 있었습니다. 비상대책위원회는 전두환 상임위원장, 중앙정보부장, 보안사령관에 보고하고 구체적인 지시가 내려오면 그걸 운영위원회에서 각 위원회에 분배하고 조정, 총괄하였습니다. 특별히 운영분과위원회에서 특별한 안을 만들어서 제의하는 일은 거의 없고, 다른 분과위원회에서 만든 것을 조정해서 우선순위를 정하고 불필요한 것은 삭제하고 필요한 것은 추가하고, 또 종합정리해 보고하는 일을 주로 했습니다.

**권자경:** 국가보위비상대책위원회에 구성원들이 주로 군부 출신들로 구성되었던 것으로 알고 있습니다. 수석님처럼 각 분야의 전문가들도 포함되어 있었군요.

**문희갑:** 국보위 구성을 개략적으로 이야기하자면 상임위원장이 전두환 대통령이었습니다. 물론 그 당시에는 대통령이 아니었지만요. 그 다음, 운영분과위원장과 일부위원장은 군장성들이었고, 나머지 분과위원회 위원장들은 정부부처 기획관리실장들이었습니다. 예를 들면, 경제총괄위원회는 경제기획원 기획관리실장이나 주무국장이 맡았고, 상공위원회는 상공부의 기획관리실장이 하고, 교통위원회는 교통부 기획관리실장이 맡았어요. 모든 분과위원회가 그런 식으로 구성되었어요. 그 밑에 위원들은 해당부서에서 상당한 수준에 있는 국장들이 와서 구성되었어요. 군인이 맡아야 되는 곳은 몇 군데 안돼요. 기억이 잘 안 나는데 운영분과위원회 공보 등 몇 위

원회를 군인들이 맡았고, 나머지는 전부 일반 민간 공무원들이 맡았어요.

**권자경:** 5공화국이 수립이 되고 1981년 3월부터 4월까지 경제기획원 경제개발예산심의관으로 근무하시게 되는데 당시 경제기획원에서 어떤 역할이셨는지요?

**문희갑:** 경제기획원 예산실장이 1급 공무원으로 국가예산 전체를 총괄 책임지는 자리입니다. 그 밑에 국장인데, 국장이라고 하지 않고 심의관이라고 명칭을 부른 것은 예산을 심의를 한다고 해서 별도로 부른 것이지요. 예산실에는 경제개발, 일반행정 등 네, 다섯 개의 심의관이 있습니다. 그 심의관 중 한 사람으로 제가 경제개발예산심의관이 됐어요. 경제개발과 관련된 예산을 전부 심의하는 심의관이지요. 그걸 하다가 다음에 예산실장으로 승진했죠.

**권자경:** 박정희 정권 때 경제개발 5개년계획은 잘 알려져 있습니다. 6공화국의 경제개발계획에 대해서 특별히 기억나시는 계획안들이나 우리 국민들이 알아야 할 부분이 있으면 소개해 주십시오.

**문희갑:** 6공화국의 경제를 이야기하려면 5공화국 경제이야기를 안 할 수가 없어요. 5공화국이 수립되었을 때는 물가가 20~30% 오르고 국가재정도 굉장히 방만하게 운영되고 통화도 많이 증발되어서 국가경제에 위기상황이 왔습니다. 물가를 안정시키지 않으면 국제경쟁력을 회복하기 어렵고 민생을 파탄에서 구할 수가 없었어요. 물가가 20~30% 올랐다는 것은 지금은 상상조차 할 수 없어요. 그래서 제5공화국이 제일 초점을 둔 역점사업이 물가안정화입니다. 지금은 국가재정이 국민경제 전체에서 차지하는 비율이 얼마 되지 않기 때문에 물가안정을 위해서는 민간부분의 여러 대책

들, 즉 물량공급을 증대시킨다던지 어떤 규제를 한다든지 유통단계를 개선한다든지 등의 대책이 가능할겁니다. 하지만, 그 당시는 우선 재정을 안정적으로 운영함으로써 한국은행의 통화 증발을 막아야 했어요. 중소기업이 자금이 모자란다고 아우성하면 중소기업에 돈을 공급해야 되고, 농민들은 추곡 수매가를 안올리면 못 살겠다고 하고, 박봉에 시달리는 공무원들도 못 살겠다고 하고, 국방은 국방대로 많은 예산을 집행해야 되는 등 사회 각 분야에서 국가재정의 소요가 많아져 한국은행에서 통화가 증발하여 차입하는 등 그 집행도 방만하게 된 상황이었어요. 이런 것을 막기 위해 한국은행의 통화증발을 막고 근검절약해서 재정팽창을 막으려 했어요. 5공화국에서의 가장 큰 업적은 물가안정화를 이룩한 것입니다. 경제부문 중에서 정부부문이 더 크기 때문에 정부가 제일 먼저 나서서 허리띠를 졸라매야 개인과 기업들도 허리띠를 졸라매고 임금을 좀 억제시키고 또 가계도 지출을 줄여 물가를 안정시킬 수 있었습니다. 정부가 솔선수범해야 된단 말이죠. 그러한 경제안정화정책을 수립한 분이 5공화국 김재익 경제수석이에요. 통화량을 줄이면서 예산을 크게 절약해야 되는데 당시 제가 예산실장으로서 예산동결을 주도적으로 한 겁니다. 저의 트레이드마크는 예산동결해서 물가를 안정시킨 사람으로 되어 있어요. 지금 세월이 많이 흘러 상황이 많이 달라졌지만, 당시 5공화국에서 제가 경제수석과 힘을 모아서 재정을 안정시키고 물가를 잡는 결정적인 역할을 했기 때문에 나중에 차관도 되고 전국구 국회의원으로도 당선 되었다고 봅니다.

**권자경**: 정부예산을 동결시키는 힘든 일을 하셨는데, 정부예산 동결이 기업과 가계지출을 동결시키는 것과 어떻게 연계됩니까?

**문희갑**: 정부살림살이가 우리나라 전체 경제에서 차지하는 비중이 당시는 상당히 큰 규모입니다. 정부살림살이는 1년 지나면 모든 쓰임새가 늘어

나잖아요. 공무원 숫자부터 시작해서 정부 쓰임새가 얼마나 많아요. 그런 상황에서 1984년도 예산을 1983년 수준으로 동결시켰어요. 지금은 상상도 못하죠. 1985년에 국회의원 선거가 있는데 대개 선거 한 해 전에 선심성 예산을 포함해서 전체 예산을 늘리는 것이 관례인데, 예산을 1년 전 예산과 동일하게 동결시켰다는 것은 아마 유사 이래 처음이었을 거예요. 그걸 해내니까 농민 수매가도 동결되고, 공무원 봉급도 동결되고, 정부재정의 동결정신에 기밀비, 판공비, 이런 것들을 모두 동결할 수 있었지요. 그러니 민간 기업도 정부 따라서 절약하고 자제하고 검소하게 운영하게 된 것이죠. 가정에서도 덜 쓰고 저축을 늘려나갔죠. 이런 것들이 전부 모아져서 외국에서 보기 힘든 재정을 주축으로 한 경제안정화 시책이 성공함으로써 1984, 1985년부터는 물가가 급속히 안정되기 시작했습니다. 물가상승률이 20~30% 가던 것이 8~7%, 나중에는 4%대로 안정되었어요. 경제성장률이 12%를 넘는 급속한 경제발전과 5공화국 초기의 방만한 경제 체질을 개선해냈다는 것에 대해서 상당히 좋은 평가를 받았습니다.

**권자경:** 5공화국에서 경제기획원 예산실장으로 계시다가 1985년 7월부터 1988년 12월까지 제16대 경제기획원 차관에 임명됩니다. 경제기획원의 차관의 업무와 역할에 대해 종합적으로 말씀해 주십시오.

**문희갑:** 먼저 예산실장은 굉장히 중요하다고 볼 수 있어요. 왜냐하면 장관도 예산을 확보하자면 예산실장에게 와서 사정을 해야 되니까요. 제가 예산실장을 하는 동안 예산동결 편성이라든지 효율적인 예산편성으로 정부 내에서 유명해졌어요. 당시에 전두환 대통령은 우선 국회의원들이 경제에 대해서 잘 이해를 해야 나라경제 전체가 성장 발전할 수 있다고 생각하셨어요. 또한 국회의원들이 경제에 대해서 많은 이해를 하더라도 국회의원 입장에서는 국가전체보다 지역구의 농민들이 수매가 올려 달라, 경

지정리해 달라 요구하고, 도시지역은 필요한 사업을 해 달라고 아우성이니까 국회의원들은 자기 지역구의 수많은 요구를 들어주어야 하는 입장이에요. 지역을 우선시 하려고 해도, 전체 경제가 잘 운영되어야 그러한 주장이나 요구가 실현가능하다는 것을 결국 깨닫게 되지요. 이러한 차원에서 국회의원들도 경제를 좀 알아야 되겠다는 취지로 전두환 대통령께서 1985년도 1월에 장관들, 차관들 일부를 전국구 국회의원으로 발탁하였습니다. 현재 비례대표와 같은 것이지요. 저는 국회의원으로 가면서 민정당 정책실장을 했어요. 그때 저는 1급 공무원인 경제기획원 예산실장으로 유일하게 비례대표 국회의원으로 갔습니다. 저는 사실 가고 싶은 생각이 없었는데 전 대통령이 어떻게든 국회에서 중요한 일을 해야 된다고 요청하셔서 가게 되었지요. 제가 국회의원이 되어 일일이 국회의원들을 설득하고 대화하는데 어려움이 많았어요. 게다가 국회의원으로 가신 장·차관 분들이 정치인들하고 대화하다 보니까 국회의원들하고 맞서는 것 보다는 적당히 융화하는 쪽으로 된 분들이 많은데 저는 끝까지 국회의원들을 설득하려고 하다 보니 어려운 일을 당한 비화가 많습니다. 그분들의 틀린 이야기를 국회 속기록을 가져와서 이름을 거명해 가며 이런 것은 틀린 거다 하는 식으로 경제전체를 이해시키려 하니 국회의원들과 사이가 무척 나빠진 거예요. 그래서 전두환 대통령이 그해 1985년 7월에 국회의원에서 다시 경제기획원 차관으로 불러들였어요. 경제기획원 차관은 일반부처 차관과는 좀 다릅니다. 경제차관회의 의장이 되고 또 일반차관회의 의장이 됩니다. 경제분야의 법안 등이 상정되면 경제차관회의에서 검토, 조정을 해서 차관회의에 올리고 차관회의에서 조정되면 국무회의에 올리게 됩니다. 경제차관회의 의장에다가 전체차관회의 의장이 되니까 경제기획원 차관의 힘이 막강하기 때문에 다른 부처 차관을 서너 번 지나고 경험을 얻어 경제기획원 차관으로 임명되는 것이 선례였습니다. 이런 것을 무시하고 저는 국회의원에서 바로 경제기획원 차관으로 발탁되어 주변에서 말썽이 좀 많앉어요. 경제기획원차관으로 와서 주요정부의 정책수립 등 여러 가지 일을 많이 하게 됩니다.

**권자경:** 노태우 대통령께서 대통령에 당선되기 전, 민주화의 시발이 되는 6·29선언을 하시는데, 그때 수석님께서 그 일에 참여하셨습니까? 6·29선언이 나오게 된 배경과 당시 정황은 어떠했습니까?

**문희갑:** 그 6·29선언은 제가 행정부에 근무할 때 전격적으로 이루어진 것으로 알고 있습니다. 항간에서는 전두환 대통령과 협의하였다는 등, 전두환 대통령이 먼저 제의했다는 등 얘기가 많습니다만, 이번에 출간된 노태우 대통령 회의록에 보면, 단독으로 한 것이라고 표기해 놓으셨습니다. 6·29선언은 번개같이 급작스럽게 이루어진 것 같고, 노태우 대통령 단독으로 한 것으로 되어 있기 때문에 제가 왈가왈부 할 수도 없고, 거기에 대해서는 저는 잘 모르고 있습니다.

**권자경:** 6공화국의 수립부터 여쭙겠습니다. 6공화국의 국정운영 비전은 무엇이었고, 6공화국의 주요 과제는 무엇이었습니까?

**문희갑:** 5공에서 6공으로 넘어가는 과정은 민주화 과정 아닙니까? 6·29선언 이전 그리고 6공화국 이전까지의 전두환 대통령은 직선제대통령이 아닌 반면 노태우대통령은 군인 출신이지만 일반 국민들이 직선제로 뽑은 대통령이었어요. 그렇기 때문에 6공화국의 국정운영에서 제일 중요한 것은 '민주화 실현'이었습니다. 민주화의 욕구가 분출하고 있는데, 이 민주화를 어떻게 안정적으로 정착을 시킬 수 있겠느냐가 국정운영에서 우선순위 첫 번째였습니다. 당시 우리사회의 사회상황과 국민정서는 1980년대 초, 물가를 안정시킨 바탕 위에 경제가 기록적인 12%씩 성장을 하고 있었습니

다. 경제가 계속 성장하고 국제 수지도 흑자로 돌아서고, 거기다가 88올림픽을 성공적으로 치루었기 때문에 국민들이 분수를 잃어버리는 상황이 되어버렸어요. 국민들이 과소비하고 투기하고 무질제하기 시작했어요. 현재까지도 국민들의 삶이 방만한 것은 그때부터 시작되지 않았나 싶어요. 그 전에는 허리띠를 졸라매고 어떻게든 근검절약 저축을 해서 나도 집 한 칸 장만해야겠다는 식으로 살았는데, 독일 광부로 가고 간호사로 갔을 때의 정신이 살아있었는데, 6공화국부터는 국민들이 문란해지기 시작했습니다. 이러한 방만한 사회분위기와 질서를 바로잡느냐가 국정운영의 두 번째 순위였습니다. 그 다음 우선순위 세 번째는 민주화 물결을 타고 일어난 노사분규의 수습문제였고, 우선순위 네 번째는 국민소득이 몇 천 달러로 올라가니까 주택에 대한 급격한 수요로 집값이 살인적으로 폭등했어요. 압구정동 아파트의 경우는 아침에 자고 일어나면 그때 돈으로 5천만 원씩 상승했어요. 이러한 물가불안 문제 또 부동산투기 문제, 경제정의를 실현하는 문제, 그리고 세계가 개방화되고 동서독이 통일되고 소련이 붕괴되는 등 대외적인 변화에 능동적으로 대응하는 과제가 중요했어요. 우리는 동구권과 외교관계의 정상화를 모색하는 것이 선결문제였습니다. 문제를 해결해야 했습니다. 우리나라 경제수준이 어느 정도 상승하니까 동구권 국가들도 우리나라를 부러워하면서 한국과 협력하는 것이 괜찮다고 생각하는 분위기가 조성되었습니다. 1989년 독일이 통일되고, 1991년 소련이 붕괴되어 냉전체제가 종식되는 분위기가 조성되었을 뿐만 아니라, 국내에서는 88올림픽을 통해서 우리나라가 경제적으로 대단한 나라로 부상되고, 이제는 국민이 뽑은 민주주의 정부가 수립된 나라로 전 세계에 알려졌습니다. 동구권의 나라들이 대한민국과 교류하면 여러 가지 유리한 면이 많을 수 있다는 분위기가 조성되는 상황에서 6공화국은 당시 상황을 잘 이용해서 북방외교를 성공적으로 펼쳐나갔다고 볼 수 있습니다.

**권자경:** 6공화국의 정부조직개편은 어떻게 이루어졌습니까? 국정 비전과 방향이 반영되어 새롭게 신설된 부처가 있었다든지, 노태우 대통령께서 특별히 신경을 쓰신 부처가 있었는지요?

**문희갑:** 특별한 기구가 필요하다기 보다는 기존에 있던 부처가 일을 제대로 하는 것이 개혁이라고 보았습니다. 방금 말씀드렸지만, 사회 분위기가 한탕주의, 쾌락주의 쪽으로 바뀌면서 이러한 바람을 건전하게 유도하려 했습니다. 물가는 오르고 투기가 성행하고 불로소득이 늘어나니까 열심히 일하는 것보다 우선 쓰고 즐기자는 풍토가 병적으로 나타나기 시작했어요. 그걸 잡기 위해서 6공화국에서 제일 신경을 썼던 것이 5공 때부터 제안되어 오던 금융거래실명제를 실시하는 것이었습니다. 자금출처가 확실해야만 부정부패, 탈법상속 등을 막을 수 있습니다. 그리고 부동산투기를 막기 위한 토지공개념제도 도입, 재벌의 경제력 집중문제, 불법과 탈법적으로 이뤄지는 불공정거래 문제를 해결해야 했습니다. 공정하게 거래되는 관행을 확립하고, 노사 간 타협으로 합리적인 노사문화를 발전시키는 것도 당시 굉장히 시급하고 중요했습니다. 이러한 일들에 대해 새롭게 어떤 부처를 만들어서 해결하는 것이 아니라, 기존 부처에서 대통령의 과감한 국정장악력을 통해 장관이나 해당되는 공무원이 적극적으로 해나가는 것이죠. 또한 주택문제가 심각했습니다. 전세 값이 폭등해서 거리로 쫓겨난 전세세입자들이 굉장히 많았어요. 지금과는 비교할 수 없습니다. 심지어 민란이 일어나기 직전까지 치달았습니다. 그래서 극약처방으로 조치한 것이 200만 호 주택건설과 5개 신도시 건설이었어요. 그 일에 전심전력을 다했습니다. 그리고 경제가 계속 성장발전하려면 기반시설을 건설해야 한다고 판단했습니다. 물량을 잘 유통시키고, 외국과 교류가 잘 되기 위해 공항, 항만, KTX, 도로 등을 건설해야한다고 보았죠. 건설기간이 오래 걸리고 자본회수기간이 길고 투자가 막대하게 들어가기 때문에 결정하기가

굉장히 힘든 일들이지요. 이런 것에 대해 정부 관계자들은 다소 우유부단하고 책임지기 싫어하기 때문에 과감한 결단을 못 내렸어요. 그런 일들은 시기를 놓치면 경제의 지속적인 성장이 어렵기 때문에 6공화국은 과감하게 추진해 나갔습니다. 이러한 부분은 경제사회 쪽의 문제이고 외교국방 쪽의 문제로 국방은 전력증강을 계속해서 자주 국방과 한미 간 유대강화를 병행하는 것에 초점을 맞추었습니다. 외교 및 통일문제는 이미 말씀드린 대로 북방외교 강화를 통해 동구권과 교류를 넓히고, 나아가서 중국과 향후 교류를 준비하는 것이 필요했습니다.

**권자경:** 6공화국 초기에 5공화국과 차별화를 시도했었다는 평가가 있는데, 5공화국과 6공화국이 많이 연계가 되고 있었음에도 불구하고 6공화국 초기에는 5공화국 청산작업이 추진되었습니다. 예를 들면, 1989년 12월 15일 여야가 합의해서 5공화국 청산을 결의하고, 12월 31일 전두환 대통령께서 국회 청문회 증언대에 나오게 됩니다. 어떻게 보면 노태우 대통령께서는 5공화국 전두환 대통령의 가장 친한 육사 동기이고, 전 대통령의 지원으로 대통령까지 되셨는데, 6공화국에서 전두환 대통령을 심판하려고 한 것은 어떻게 보면 잘 이해가 안 되는 부분입니다.

**문희갑:** 저는 경제를 맡고 있었던 사람으로서 정치적인 깊은 내용은 잘 모릅니다만 다소 객관적인 시각에서 말씀드리겠습니다. 이미 말씀드린 대로 5공화국까지는 국민이 직접 선출한 대통령이 아니니까 군사정부라고 얘기할 수 있지만, 6공화국은 국민들의 직접선거에 의해 선출된 민주적인 대통령으로 출범하였기 때문에 국민들의 민주화에 대한 욕구가 굉장히 강했습니다. 마침 국회도 여소야대가 되었어요. 대통령은 여당이지만 국회에는 야당이 더 많았단 말입니다. 그러니까 일반 국민도 그렇고 국회에서도 특히 야당 정치권에서는 속칭 독재정권이고 군사정권인 5공화국을 청

산해야 한다면서 5공화국의 청산작업이 이루어져야 야당 쪽에서는 협조하겠다고 압박하였습니다. 야당의 협조를 안 받으면 국정운영이 어려우니까 5공화국을 청산하는 과정에서 전임 대통령에 대한 여러 가지 문제가 발생하였던 것이지요. 그때 청와대에서 근무한 입장에서 보자면 그 당시로서는 6공화국에 야당의 압력과 일반 국민 중에서도 특히 민주화를 부르짖는 쪽에서의 요구가 너무 강했기 때문에 그런 일이 벌어졌지 않았나 봅니다.

**권자경:** 6공화국 초기 1988년 12월부터 90년 3월까지 청와대 비서실 경제수석 비서관으로 일 하시게 됩니다. 경제수석은 주로 어떤 역할이고 어떠한 일을 보셨습니까?

**문희갑:** 앞에서 조금 논의가 되었습니다만, 나라 경제를 운영해나가는 최종책임자는 대통령이지만, 경제 분야의 전문가가 아닌 대통령은 국정 전반을 운영해야 되기 때문에 행정부에는 경제부처가 있고 조정, 총괄하는 경제기획원장관인 부총리가 있습니다. 그렇지만 대통령과 각 부처의 장관 특히 경제부총리와 늘 의견을 나눈다든지 면담하기가 힘듭니다. 그래서 그 중간에 경제수석비서관이 있고 그 밑에 여러 비서관이 있습니다. 경제수석비서관은 대통령이 나라경제를 운영해나가는 철학과 그때그때의 경제이슈나 큰 문제가 생겼을 때 대통령의 뜻과 의지를 잘 이해하고 대통령과 협의를 해서 그걸 경제기획원과 경제부처에 효율적으로 전달하는 교량역할을 합니다. 대통령, 청와대 비서실, 행정부처의 삼각체제가 효율적으로 유지되도록 해야 합니다. 대한민국 경제에 대해 최종 책임자는 대통령인데, 경제수석비서관은 대통령을 잘 보좌해 함께 나라 경제에 대해서 무한책임을 져야 되는 위치에 있습니다.

**권자경:** 말씀하신 것처럼 경제수석은 대통령의 경제철학을 잘 이해하고

또 행정부처 와의 교량역할로서 매우 중요한 자리인데, 노태우 대통령께서는 경제수석의 의견을 잘 귀담아 들으시는 편이셨습니까 아니면, 대통령 본인의 의사를 일방적으로 전달하는 편이셨습니까?

**문희갑:** 그건 케이스 바이 케이스로 달랐습니다. 대통령은 여러 곳으로부터 정보를 듣습니다. 정보기관으로부터 정보보고도 받지만, 민정수석, 사정수석이 있어서 국민들한테 일어나고 있는 문제, 재계, 학계 등에서 일어나는 일들의 정보를 수집합니다. 경제 분야도 마찬가지입니다. 경제 분야에 관해서는 경제수석한테 이건 어떻게 돼 가느냐, 이런 문제가 왜 생기는지 보고하라고 하면 그걸 종합해서 보고하기도 하고, 또 그렇지 않더라도 경제라는 것은 계속 변화되는 거니까 수시로 변화되는 큰 문제에 대해서도 계속 보고하지요. 정부에서도 부총리라든지 경제부처장관들이 수시로 보고합니다. 이때 물론 경제수석비서관이 배석을 합니다. 노태우 대통령은 다른 대통령과 비교한다면 지시형이라기보다는 좀 많이 듣고 의견을 교환하는 유형으로 볼 수 있습니다.

**권자경:** 6공화국의 대표적인 업적 중의 하나가 88올림픽 개최입니다. 물론 88올림픽은 5공화국에서 유치했지만 개최를 성공적으로 한 것은 6공화국입니다. 88올림픽 개최에 경제수석으로서 어떠한 역할을 하셨는지, 88올림픽을 개최하는 과정에서 정부가 어떻게 조직적으로 움직였는지 말씀해 주십시오.

**문희갑:** 88올림픽은 5공화국 전두환 대통령 시절에 유치되었잖아요. 그때 우리나라가 88올림픽을 유치하는 것은 굉장히 무리라고 일반국민들의 우려가 극심했어요. 당시 우리나라의 국력이나 외국에 알려진 위상으로 봐서는 기적적으로 유치가 된 것이지요. 그때는 정주영 씨를 필두로 해서

많은 분들이 노력했습니다. 유치를 해놓고 보니까 올림픽을 치르기 위한 여러 가지 준비 중에서도 제일 중요한 것이 재정의 뒷받침이었습니다. 국가예산으로 경기장부터 시작해서 모든 것을 다 준비해야 되는 상황이었어요. 당시 제가 경제기획원 차관이었어요. 그때 멕시코의 올림픽개최 경험에 대한 연구도 해오고, 정부재정이 어려운 가운데에서도 재정을 적극 지원했어요. 민간 쪽에서도 많은 부담을 하고, 학계에서도 문화예술방면 등에 많은 노력을 하게 됩니다. 노태우 대통령 시절에 치렀지만 준비는 전두환 대통령 시절에 많이 한 겁니다. 말 그대로 꽃을 피운 것은 노태우 대통령 때였는데 노태우 대통령도 올림픽 유치 이후 준비하는 기간 동안에도 체육부장관이었기 때문에 많은 IOC 위원들이라든지 IOC 위원장하고 접촉도 많이 하고 대통령 되기 전에도 많은 기여를 했죠. 올림픽을 치르는 뒷받침이 된 것은 이미 말씀드린 대로 80년대 초 그 어려운 긴축 예산동결로 물가를 안정시키고 그 바탕 위에서 12%가 넘는 고도성장을 유지하고 국제수지가 흑자로 돌아섰던 성과를 이루어 낸 것이 결정적인 힘이 되었던 것으로 생각됩니다. 정부의 여러 분야의 능력이 올림픽을 치르는데 필요한 국력을 뒷받침할 수 있는 정도가 되었단 말입니다. 온 국민이 합심을 해서 올림픽을 잘 치러야 우리가 세계적인 선진국이 될 수 있다는 마음으로 올림픽은 잘 치렀어요. 세계가 놀랐으니까요. 그런데 이후 사람들이 교만해져 버린 거예요. 올림픽 끝나자마자 한국은 잔치분위기가 되고 과소비로 늘어갔기 때문에 외국 언론들이 샴페인을 너무 빨리 터뜨린다고 보도했습니다. 올림픽이 가져온 밝은 면과 어두운 면이 있는데, 밝은 면이 더 크지요. 우리나라가 세계적으로 알려졌으니까요. 외국에서 서울이란 곳을 그 전에 알았어요? 서울을 전 세계가 알게 되고, 여러 가지 국위선양도 되고, 올림픽 특수로 인해 경제분야도 발전되고, 문화 쪽도 많이 발전되었습니다. 반면 어두운 면은 국민들이 너무 긴장이 풀려서 방만해졌다는 것이죠.

**권자경:** 88올림픽 개최 시 필요한 자금을 모으기 위해 당시 기업인들로부터 어떤 방법으로 성금을 모금했습니까? 제 개인적인 기억으로 88올림픽 메달이나 뱃지 등을 국민들한테 판매하고, 기념사업 등이 많이 이루어진 것 같습니다만.

**문희갑:** 대기업들이 성금도 많이 냈고, 국민성금도 자발적으로 걷었죠. 성금도 내고 88올림픽 기념품 등을 사준다는 것 자체가 국민들이 전부 참여한다는 거죠. 그런데 대기업의 성금과 국민들의 성금은 다 모아봤자 큰 돈은 되지 않아요. 결국 국가예산이 많이 지원된 것입니다.

**권자경:** 그럼 올림픽 유치를 위한 국가예산 운영은 어떻게 이루어졌습니까?

**문희갑:** 다른 부처 예산을 삭감해서 하는 것이 아니고, 올림픽을 치르기 위한 예산만은 최대한 편성해서 그걸 효율적으로 집행하도록 각 부처가 노력하도록 하는 방식이었습니다. 모든 게 잘 조화가 되었고 타이밍이 맞아서 잘 치러졌습니다. 1982년도에 예산동결과 재정긴축을 통해 통화안정을 시켰고, 이로 인해 1984년부터 시작해서 1988년까지 10%가 넘는 고도성장을 하고 국제수지도 흑자를 유지하지 못했더라면 88올림픽을 재정적으로 뒷받침하기 힘들었을 것입니다.

**권자경:** 88올림픽 개최를 위해서 특별히 예산편성 하실 때 가장 기억에 남는 사건은 어떤 것이었습니까?

**문희갑:** 제일 큰 것이 경기장 건설이었습니다. 주경기장뿐 아니고 역도경기장, 펜싱경기장 등 각종 경기장을 동시에 건설하려고 하니 토지 보상

비, 건설비, 운영비까지 돈이 엄청나게 소요되었습니다. 다른 예산들은 규모가 작지만, 경기장 건설, 도로확장 등 기간시설 만드는 데 엄청난 예산이 요구되었습니다. 실질적으로는 5공화국 때 상당히 많이 건설되었고, 6공화국 때는 거의 마무리 작업이었다고 보시면 됩니다.

**권자경:** 경제부문 국정목표로 박정희 대통령 때는 경제성장, 전두환 대통령 때는 경제안정화로 잘 알려져 있습니다. 노태우 대통령 시기 경제부문의 목표를 한마디로 표현한다면 무엇입니까?

**문희갑:** 경제정의실현과 경제 개방화입니다. 박 대통령 시절에는 경제를 단기간에 급속히 성장시킨 경제기적을 이룩했고, 전두환 대통령 시절에는 경제안정화를 해서 다시 지속적인 성장할 수 있는 뒷받침을 만들어 냈습니다. 지속적으로 성장하고 복잡해지는 경제에서 과거와 같은 질서보다는 경제가 정의로워져야 했습니다. 생산 활동, 거래, 분배, 임금 등 각 분야에서 경제정의가 실현되지 않으면 선진국이 되기 어렵다는 것이지요. 정의라는 것은 부의 축적과정이 합리적이고 국민이 승복할 수 있어야 된단 말이에요. 예를 들면, 부동산 투기를 해서 불로소득을 얻는 것은 승복이 안 되잖아요. 나중에 토지공개념 때 이야기가 나오겠지만, 너무나 좁은 땅에 산과 농지가 많아서 가용할 땅이 얼마 안 되는데 이걸 돈 많은 사람이 투기해서 땅값이 계속 올라가고 그 차익으로 소득을 얻으면, 피땀 흘려 일한 근로자들이 어떻게 생각하겠느냐 이거예요. 지금 우리나라 재벌이나 돈 많은 사람들은 대부분 부동산 투기에 의존한 경우가 많습니다. 혹은 정권과 결탁해서 정부로부터 탈법적으로 공사를 수주한다든지요. 정의로운 방법으로 경제활동을 해서 누가 보더라도 합법적으로 부를 축척하고 이에 상응하는 세금을 내고 공정거래를 해야 되는데, 그런 것이 너무 부족하다는 거죠. 그런 모든 경제활동이 정의롭지 않으면 경제가 성장해도 옳은 나

라가 아니라는 겁니다. 점진적으로 정의로운 경제활동이 이루어지는 국가를 만들어야 하는 당위성을 띤 시기가 6공화국 때였어요. 그걸 제가 부르짖고 열심히 하려고 하였습니다만, 아쉽게도 경제수석을 오래 하지 못해서 성과가 미비했다고 이야기할 수 있어요. 한편 국제 환경의 변화로 인한 대외경제사정에 능동적으로 대처하기 위한 경제의 세계화 개방화에 노력하였습니다.

**권자경**: 경제정의실현이라는 경제목표는 의원님께서 경제수석으로 계실 때 내 놓으신 것인가요?

**문희갑**: 경제정의실현은 제가 전두환 정권시절 경제기획원 예산실장을 할 때부터 내건 겁니다. 그런데 그때는 그것에 대해서 주변에서 관심을 두지 않았어요. 제가 쓴 책 『보리밥과 나라경제』, 『경제개혁이 나라를 살린다』, 『함께 사는 경제』에 거의 경제정의 실현에 대한 내용을 담았습니다. 지금과 같은 혼란 상황이 온다는 것을 당시 예견했었지요. 그러나 그런 쪽에 관심을 둔 사람이 별로 없었고 경제의 지속적인 확대 성장에만 중점을 두었기 때문에 자기이익, 자기주변의 이익, 자기그룹의 이익, 자기 당 이익만 찾고, 나라 전체가 잘 되기 위해서 고통을 감내하더라도 개혁해서 고치지 않으면 안 된다는 것에 대해 남의 일처럼 관심이 없는 거예요. 지금도 마찬가지 아닙니까? 양극화가 너무 심해져서 지금 경제소득 상위 5%, 10% 잘사는 사람들이 부를 거의 다 가지고 있잖아요. 하위 20%는 상대적으로 어려운 상황이란 말이에요. 이런 상황이 지속되어서는 안 되지 않습니까? 그러니 종북주의 사상을 가진 사람이 자꾸 많아지는 것이고, 전교조, 민노총, 운동권, 시민단체의 소리가 강해지는 거예요. 제가 경제기획원 차관 때부터 주장하다가, 마침 6공화국 경제수석이 되면서 제 주장을 실현시킬 수 있는 힘을 가지게 된 것이지요. 1988년 11월인가 12월에 경제수석이 되

자마자 이걸 실현시키려고 했는데, 부산과 울산에 H중공업, P화약 등에서 노사분규가 극렬하게 일어났어요. 때문에 당장 경제개혁을 할 여건이 되지 못했습니다. 한 4~5개월 동안 제가 직접 비밀리에 울산 등 현지에 내려가고 하면서 수습이 일단락되었고, 그때부터 본격적인 경제개혁 작업에 착수할 수 있게 되었습니다.

**권자경:** 6공화국의 주요 경제성과에 대해 여쭤보겠습니다. 먼저 1989년 12월 18일, 토지공개념이 국회를 통과하였습니다. 토지공개념은 어떠한 것이고, 또 이것이 국회를 통과하기까지 어떤 우여곡절이 있었는지 설명해 주십시오.

**문희갑:** 토지공개념은 아주 중요한 사안이기 때문에 제가 좀 부연 설명을 드리겠습니다. 유럽에는 스위스, 룩셈부르크 등 면적이 적은 나라들이 많습니다. 그런 나라들에는 일찍부터 토지공개념이 자연스럽게 성립되어 실시되고 있었어요. 토지공개념이란 것은 국토를 소수가 아닌 국민 전체를 위한 공공복리에 맞도록 쓰는 것이지, 돈이 있는 개인이 무한정 개인소유로 많은 땅을 차지할 수 없도록 제도화한 것입니다. 우리나라도 자료를 보면, 국토면적의 66%가 산지이고, 22.6%가 농지, 나머지 가용용지가 3.9%입니다. 그 3.9% 중에 대지가 1.8%고 공업용지가 0.2%, 공공건물들의 공공용지가 1.9%입니다. 이걸 돈이 있다고 해서 개인별로 무지한 차지한다면 땅값이 폭등하게 되지요. 실제로 토지공개념실시 전에는 당시 우리나라에의 땅값이 엄청나게 폭등했어요. 경제가 급속히 성장한 1985년부터 89년까지 땅값이 상승해서 가만히 앉아서 아무런 노력 없이 토지의 시세차익으로 얻는 소득인 자본소득의 비중이 엄청나게 커진 것이 기록에 그대로 드러납니다.

자본소득이 1985년도에는 우리 국민총생산의 14%였던 것이 1989년에는

60.3%예요. 국민총생산의 60.3%가 일도 안하고 가만히 앉아서 땅값 올라가는데서 불로소득을 얻는단 말이에요. 이게 얼마나 큰 돈인지 피용자보수와 비교해 봅시다. 피용자 보수라는 건 전노동자뿐 아니라 모든 공무원, 그리고 국립대학교수까지 봉급 받는 모든 사람들의 소득을 다 합쳐서 피용자보수라고 해요. 1985년도에 부동산투기로 얻은 불로소득이 대한민국에서 일하는 사람들이 받는 피용자보수의 33.2%였습니다. 이것이 1989년도에는 자본소득이 피용자보수의 1.36배예요. 약 1.4배란 말이에요. 땅값상승으로 축척한 돈이 대한민국에서 일한 모든 사람의 봉급보다도 1.4배나 더 많으니까, 이것이 얼마나 큰 모순입니까? 1985년도에는 이러한 불로소득이 공장 가동해서 물건 제조하는 제조업 총 생산의 44.5%였습니다. 1989년도에는 자본소득이 제조업 국내총생산의 1.7배였단 말이에요. 모든 수많은 근로자들이 피땀 흘려 일해서 생산해서 번 돈보다 1.7배 많은 액수를 가만히 앉아서 땅값 상승으로 소득을 올리는 상황이었습니다. 이러니 사회가 정의롭지 않지요. 부동산에 손댄 사람은 거의 다 부자가 되었어요. 우리나라 대기업들도 다 이야기할 수는 없지만, 부동산 투기해서 번 돈이 굉장히 많아요. 우리나라 부동산 소유 상위 5%에 해당되는 사람들이 우리나라의 전체 부동산의 65.2%를 가지고 있는 거예요. 상위 10%가 우리나라 전체 땅의 77%를 가지고 있습니다. 그러니 나머지는 힘들게 일해 봤자 소득이 상대적으로 축소되는 모순이 초래된 겁니다.

늦었지만 지금부터라도 이러한 부조리를 고치지 않으면, 지금 젊은 세대들은 미래에 대한 희망이 없습니다. 대학을 졸업하고 취직을 해서 한 달에 200만 원씩 5년, 10년 저축해서 집을 살 수 있어야 하는 이런 꿈이 이루어져야 일을 열심히 할 거 아니에요. 그렇게 노력하는 것보다 가만히 앉아서 땅값상승으로 얻는 불로소득이 훨씬 더 크니까 희망 없이 실의에 빠지는 겁니다. 그러니 우선 먹고, 놀고, 즐기자고 하는 것이지요. 이런 부동산 투기가 가져온 해악이라는 건, 근로자를 포함하여 열심히 살고자 하는 사람들의 의욕을 꺾는 거예요. 사람들이 땀 흘려 일하고 싶은 생각이 없어지게 만들어 버립니다. 가만히 앉아서 부자가 되고 부자가 된 사람들은 자식들한테 집을 사주고, 자식들한테 수십억씩 유산을 주고 또 자식들한테 스포츠카를 사주고, 해외유학을 시키고, 세 살 때부터 학원에 보냅니다. 세계에서 가장 부유한 나라들보다 더 사치스러운 생활을 합니다. 부익부 빈익빈 현상이 나타나는 사회는 정의로울 수 없는 겁니다. 오죽하면 공산주의가 더 낫다고 하겠어요.

이게 토지공개념을 만들어서 발본색원하려 했던 발단입니다. 그래서 6공화국은 우선 택지소유상한제라는 것을 도입했어요. 1인당 집을 지을 수 있는 땅을 200평만 소유하도록 제한하고 그 이상 넓은 땅은 세금을 더 많이 내고 집을 지어라는 것입니다. 10평짜리도 없는 사람도 있는데, 200평이면 집을 짓는 데 충분하다고 보았지만, 부를 소유한 사람들은 200평이 너무 적다고 야단이 났습니다. 전국적으로 적용하려 했습니다. 이미 지은 사람에게는 소급할 수 없고, 앞으로 집을 지을 사람은 200평으로 제한하자고 한 것이지요. 이후 조정과정에서 200평 이상 짓되 200평 이상에 대해서는 세금을 많이 내도록 하자는 쪽으로 타협을 보았어요. 일본은 우리나라로 치면 일조 원 정도 매출을 하는 중견기업이나 중대형기업의 회장, 사장도 20여평 정도에 살아요. 자동차도 보통 10년, 20년 탑니다. 일본은 2차대전 때 항공모함을 만들었던 나라로 그 이후도 경제성장을 계속한 나라이니 얼마나 대단한 나라입니까? 우리나라는 언제부터 부자라고 전부 아파트하면 40평, 50평, 60평, 70평인데 부자들은 둘이 살면서도 70평, 80평에서 산다 이거예요. 이건 정의롭지 못하단 말이에요.

그래서 '택지소유상한법'을 만들었습니다. 또한, '개발이익환수법'도 입안했습니다. 도로를 낸다든지 공단을 조성한다든지 정부가 여러 가지 개발사업을 하면 인접해있는 땅값은 크게 상승합니다. 예를 들면 지방에 도로를 확장 또는 새로 건설하면 도로에 인접해있는 땅값은 몇십 배 상승해요. 우리 시골 고향도 제가 예산실장 할 때 길이 났는데, 4~5만 원 하던 땅 값이 길 내고난 뒤에는 200~300만 원으로 치솟았어요. 그렇게 엄청난 이득이 발생하니까 개발이익을 환수하자는 것이지요. 개발이익으로 발생한 소득 중에 70%를 정부에 세금으로 내라는 것이지요. 세금을 70%를 내고도 땅주인은 30%의 이익은 가져가잖아요. 이러한 조치도 반대하는 아우성이 너무 심해서 50%만 내놓는 걸로 타협이 되었습니다.

세 번째는 '토지초과이득세'라는 세법을 만들었습니다. 토지를 일정규모 이상 불필요하게 가지고 있는 것은 초과이득세를 내라는 세법이에요. 예를 들면, 공장을 짓는데 토지가 1,000평이 필요한데 5,000평을 차지하고 있으면 4,000평은 사용하지 않는 공한지로 남아있는 거예요. 땅값은 계속 올라가고 집지을 땅도 없고, 공장 지을 데도 없는데, 땅을 많이 차지해서 땅값 상승만 기다리니까, 그 땅을 초과로 소유하고 있는 자에 대해 그 땅에서 발생된 이득에 대해서 세금을 내라는 거지요. 이득이 안생기면 안내는 거고 공한지를 가지고 있다가 1년 지나 땅값이 올라가면 세금을 내라는 것입니다. 이것이 소위 토지공개념에 대한 법들의 내용이에요. 당시 국민의 여론도 이문제의 심각성을 보였고 한편 여소야대 정국이었기 때문에 우여곡절 끝에 1989년 12월 기적적으로 국회를 통과하였어요. 이러한 강력한 법들이 국회를 통과하고 신도시와 200만 호 주택도 건설 되고 우리나라 최초의 도봉구 번동 임대주택 60만 호가 건설되고 나니 그렇게 폭등하던 땅값과 집값이 안정이 이루어 진 것입니다. 그런데 1년에 지가 상승으로 수백억을 벌던 사람들이 가만히 있겠어요? 결국 제가 국회의원에 낙선돼서 미국의 예일대에서 공부하고 있던 사이에 김영삼 정권이 들어서서 헌법재판소에서 이런 법들이 헌법에 불합치 한다는 판단이 나왔어요. 나라를 좀 먹고 국민의 근로정신을 망각시키는 이런 내용을 잘 아는 사람 같으면 헌법 불합치라는 판단이 안 나오죠. 헌법불합치 판단을 내린 사람들은 대부분 땅을 소유하여 엄청난 불로소득을 얻고 있는 사람들이에요.

**권자경:** 토지공개념이 헌법불합치라고 결정이 내려진 것이 언제입니까?

**문희갑:** 1993년인가 김영삼 대통령 시절이에요. 그래서 다시 부동산 투기등 불로소득이 판치는 모양이 되었잖아요. 얼마나 안타까워요. 지금 이걸 다시 만들기는 어려워요. 그때 만들어 정착시켰더라면 우리나라도 유럽의 아주 작은 나라들처럼 정의로운 사회를 구축할 수 있었을 텐데 너무도 안타까운 일입니다. 우리나라는 2만 불 조금 넘어선 상황인데, 룩셈부르크는 1인당 국민소득이 15만 불이에요. 그런 나라들은 토지 등을 정의롭고 효율적으로 사용되도록 하니까 불로소득이 없어지고 국민 모두가 땀을 흘린 만큼 잘사는 나라가 되었지 않습니까? 우리도 그런 나라를 만들어야지, 이렇게 자꾸 불로소득 등으로 빈부격차가 심해지고 잘사는 사람과 못사는 사람 사이에 갈등이 심해지면 희망이 없습니다. 토지공개념을 통해 토지의 재산권 행사가 공공복리에 맞도록 해야 합니다. 토지공개념에 반대하는 사람들은 그냥 세금을 약간 더 올리고 공시지가를 올리는 식으로 하자는데, 그런 미온적인 방법으로는 근본적인 해결이 안 됩니다. 수십 년을 해봤잖아요. 지금도 하고 있지만 잘 안되잖아요? 노무현 대통령 때 재산세를 많이 매기니까 이게 문제가 되어서 원점으로 돌아와 버렸지요. 원천적으로 부동산 가지고는 불로소득을 벌겠다고 하지 말아야 됩니다. 어떤 공단에서 자동차부품산업이 잘되어서 공장을 확장하는데 200평만 늘리면 되는데 1,000평을 확보합니다. 800평은 땅값 올라가면 나중에 팔아서 이득 보려는 거예요. 땅은 한정되어 있는데 그만큼 귀한 땅을 다른 공장 확장에 사용되어야하는데 부도덕하게 투기로 확보하니까 부도덕하고 경제정의실현이 안 되는 거예요.

**권자경:** 싱가폴은 1가구 1주택으로 한 가구가 주택 하나만을 소유할 수 있도록 제도화하고 있습니다.

**문희갑:** 자본주의 시장경제체제하에서는 공산주의처럼 완벽하게 평등할 수는 없어요. 능력에 따라서 불평등이 존재하는 것이 자본주의거든요. 만약에 똑같이 살도록 한다면 누가 땀 흘려 열심히 노력하겠어요. 공산주의, 사회주의가 폐망한 것은 열심히 피땀 흘려 일하는 사람들과 가만히 게으름 피우는 사람들이나 배분이 똑같이 돌아오니까 일을 열심히 안 하기 때문에 경제가 성장 발전할 수 없습니다. 최근 중국도 자본주의 시장경제체제를 도입해서 눈부신 발전을 이룩하고 있습니다. 그러나 현재 중국도 우리와 똑같은 문제에 봉착해 있어요. 중국도 빈부격차가 날로 심해지고, 동부 쪽과 서부 농촌지역과 소득수준의 차이가 극심합니다. 이걸 어떻게 극복하느냐에 따라 중국의 운명이 달라진다고 봅니다. 그래서 중국도 우리나라의 과거 잘못을 연구하고 있습니다. 중국은 제가 우리나라의 개혁을 부르짖을 초기인 80년대 초쯤의 시기이기 때문에 우리처럼 시기를 놓치기 전에 지금 개혁을 하겠다는 거예요. 사회주의체제에서는 가능합니다. 민주화가 되면 실시하기 어렵습니다. 싱가폴 같은 나라는 일부 사람들이 민주주의 아니라고도 하고 언론이 통제되기도 하지만 민주주의 국가 아닙니까. 세계에서 잘사는 선진국이 되었으니까, 질서가 잘 지켜지고 모범적인 국민이라고 볼 수 있죠. 그런 나라가 1가구 1주택이란 말이에요. 1가구 1주택을 시행하면서 상황에 따라 예외는 인정될 수 있겠지요. 예외를 둬야 된다는 것은 연립주택을 지어 임대업을 한다든지 하는 경우입니다. 싱가폴의 1가구 1주택제도와 유럽의 토지공개념제도를 도입해서 우리나라도 부조리를 과감하게 제거해야 경제정의를 실현할 수 있습니다

## ⟫⟫⟫ 2차 구술

**권자경:** 노태우 대통령 시기의 대통령 리더십과 국정관리에 대한 구술 기록을 위해 노태우 정부에서 경제수석을 지내신 문희갑 수석님을 모시고 제2차 구술기록을 계속해서 진행하겠습니다. 일시는 2011년 8월 23일 화요일 오후 2시, 장소는 1차와 동일하게 대구광역시 달성군 화원읍 본리리 남평문씨 인흥세거지 문희갑 (전) 경제수석 자택입니다. 6공화국의 토지공개념 제도 도입에 대해 이어서 설명을 부탁드리겠습니다.

**문희갑:** '과표현실화'라든지 '종합소득세제' 같은 것으로는 부동산투기나 불로소득에 대한 근본적인 문제 해결책이 될 수 없습니다. 지금 우리나라에서 땅투기 문제를 해결하고 가용토지를 효율적으로 관리하려면 경제주체인 국가나 기업, 일반 국민들이 땅을 통해 어떤 소득을 축적하려는 생각을 갖지 않도록 해야 해요. 국민들은 어떤 경제활동보다 땅값 상승으로 얻는 이득이 제일 크고 제일 안전하기 때문에 자꾸 땅을 가지려고 합니다. 나라 전체, 국민 전체를 위해서 토지가 효율적으로 쓰일 수 있도록 하자는 것이 토지공개념이에요. 그런데 그것이 너무 형식적이고 과격하다고 세율을 올린다 내린다, 거래를 허가한다 안한다, 또는 양도소득세를 어떻게 한다 안한다, 이런 땜질 방식으로 대처했기 때문에 우리나라가 토지문제 때문에 역사적으로 오랜기간 애를 먹었어요. 나라의 흥망성쇠가 땅 때문에 일어났다고 해도 과언이 아닙니다. 고려가 망한 것도 토지문제 때문에 그렇고, 심지어 조선이 시끄러웠던 것도 토지문제 때문에 사회갈등의 원인이 되었다는 겁니다. 이러한 문제를 원천적으로 없애려는 것이 토지공개념이었어요. 부를 축적 한 뒤 그 부를 이용해 계속 소득을 올려 크나큰 영향력을 행사하기 때문에 어렵게 만든 토지공개념법이 3년을 못 넘기고 헌법불합치라는 명목으로 폐지되었습니다. 우리사회가 정의를 실현하

고 투기를 없애고 열심히 일해서 잘사는 나라를 건설 하는 데는 어려움이 많다고 봅니다. 그래서 저는 지금이라도 늦었지만, 하루빨리 토지공개념법을 헌법의 범위 내에서 수정·보완하여야 한다고 봅니다. 제가 개인적으로 법률학도 공부했습니다만, 우리나라 헌법은 사유재산을 공공복리에 맞도록 써야 된다고 언급하고 있습니다. 공공복리에 맞지 않게 사익을 취하는 것을 법으로 막는 것이 왜 헌법에 위배되는지 이해가 안갑니다. 1989년, 제가 토지공개념 법을 국회에서 통과시킬 때도 법률가들과 당시 대법원에 문의를 해서 헌법에 저촉이 안 된다고 해서 만들었는데, 그게 나중에 결국 땅 가진 세력들의 영향력에 의해서 헌법불합치라는 판결이 나온 것은 참으로 가슴 아픈 일이 아닐 수 없습니다. 이것은 제가 공직에서 더 오래 일을 했더라면 잘 정착시킬 수 있었을 텐데 하는 아쉬움을 가장 많이 남기는 분야라고 말씀드릴 수 있어요.

**권자경:** 6공화국에서 3년 정도 토지공개념의 성과를 지금 부각시킨다면 현재 토지공개념제도 도입의 가능성은 어느 정도라고 예측하실 수 있으세요?

**문희갑:** 지금 유럽의 여러 나라들 그리고 미국, 일본이나 우리나라나 토지공개념을 도입해 제도개혁을 안 하면 안 된다고 봅니다. 정치적인 포퓰리즘에 의해 표를 얻기 위한 인기영합정책으로 계속 간다면, 그런 나라는 온전하게 발전하기 어려울 것입니다. 아주 모범적인 국가인 일본도 그것 때문에 어려움을 겪고 있지 않았습니까? 우리사회가 안고 있는 여러 가지 문제를 개혁해야 되는데, 이 개혁이 왜 안 되냐면 역사적으로도 그렇고 현실적으로 기득권 세력들이 협조와 자기희생을 안 하기 때문입니다. 솔직히 말씀드리면, 국회의원, 고위관리, 법조계를 좌지우지하는 영향력 있는 사람들의 상당히 많은 숫자가 부동산으로 부를 축적하고 큰 혜택을 보았

기 때문에 총론으로는 토지공개념을 해야 한다고 겉으로는 얘기하지만, 각론에 들어가면 자기가 손해를 보고 이익을 잃게 되니까 안 합니다. 그렇게 어렵고 힘든 법안을 여소야대 국회임에도 불구하고, 그 당시 개혁을 원하는 분들의 협조로 국회에서 통과시켰건만, 헌법불일치라는 명분하에서 없어진 건 역사적으로 큰 기회를 놓친 것입니다.

**권자경:** 당시 노태우 대통령께서는 토지공개념제도 도입을 어떻게 생각하셨습니까?

**문희갑:** 노 대통령께서 취임하자마자 집값이 폭등하고, 땅 투기가 굉장히 심각하게 번져 나갔어요. 그러니 노 대통령도 토지문제 개혁의 의지가 상당히 강했습니다. 당시 집권여당인 민정당에서는 토지공개념, 금융실명제 실시를 반대했어요. 토지공개념에 대해서는 초기에는 금융거래 실명제만큼 극렬하게 반대하지는 않았어요. 그런데 당시 여소야대 국회에서 야당을 이끌어가던 김대중 대통령과 김영삼 대통령이 그걸 지지했고, 김종필의 민주공화당은 중립 내지는 반대 입장에 있었습니다. 노태우 대통령이 마지막에 민정당과 정부사이의 당정협의를 청와대에서 했습니다. 협의 전날 이야기를 들어보니 민정당도 정부안에 대해 반대하는 소리가 굉장히 강했어요. 다 기득권세력 때문이지요. 그래서 적당한 선에서 타협하는 것으로 합의가 되었다는 거예요. 그래서 다음날 청와대에서 다시 당정협의가 열리기 전에 제가 긴급히 대통령을 찾아뵙고, 지금 당장 실시하는 데 충격이 심하다면 다소 완화하는 것은 좋지만, 땅 투기를 근절하고 불로소득을 원천적으로 없애려는 기본방향이 훼손되어서는 안 된다고 말씀드렸습니다. 기본정신을 살리는 범위 내에서 적당한 조정은 가능하다는 쪽으로 대통령이 결론을 내렸어요. 그러니 당에서도 땅 투기를 앞으로 근절한다는 것, 불로소득을 원천적으로 없앤다는 것, 땅은 공공복리에 맞도록 효

율적으로 써야 된다는 것을 포함한 기본정신이 훼손되지 않도록 해야 한다는 대통령의 입장에서 당과 정부와 청와대가 결국 토지공개념 정신에 아주 가깝게 타협을 했습니다. 공개념 법안은 훼손이 안 되면서도 기득권세력한테도 어느 정도 여유를 주게 되었는데, 나중에 늦게 알게 된 전경련과 대한상공회의소를 포함한 토지를 많이 소유하고 있는 사람들의 반대가 굉장했죠. 이렇게 되는 줄도 모르고 국회에서 통과 돼 버렸으니까요. 그렇게 충격을 받아서 다음에 실시하려던 금융거래실명제 실시는 예상보다 힘들게 되어 버렸습니다. 토지공개념이 국회에서 통과되는 것을 보니 금융거래실명제도 현실화될지 모르겠다는 우려에 금융거래실명제실시에 대해서는 굉장한 저항이 있었고 반대가 극심했습니다.

**권자경**: 금융실명제 실시는 먼저 5공화국 때 도입을 시도했던 것으로 알고 있습니다. 결국 실시가 안 되었지만요.

**문희갑**: 1982년도에 금융거래실명제가 제기되었습니다. 그 당시 김재익 수석과 또 경제기획원 간부들 가운데 나중에 부총리까지 지냈던 강경식 기획차관보가 주도해서 금융거래실명제가 제의되었어요. 전두환 대통령도 추진의사가 있었습니다. 민정당에서 엄청난 반대가 있었습니다. 특히 돈을 많이 가지고 있는 사람들은 실명화가 되면, 밖으로 드러나는 문제가 많이 발생되기 때문에 반대가 굉장히 컸어요. 국회나 정부 쪽에서도 돈 많이 가진 자나 그 외 의사, 변호사 등 사회적으로 부유한 사람들은 극렬하게 반대했습니다. 그 반대의 여파가 정치적으로 당 쪽으로 몰려오기 때문에 그 당시 5공화국을 수립하는 데 상당히 관여했던 주체세력이나 군부 출신세력들이 그런 로비 때문에 심하게 반대하는 상황이었습니다. 따라서 그걸 주장하던 김재익 수석과 경제기획원의 관료들이 궁지에 몰려서 결국 당정협의도 제대로 안 이루어지고, 금융거래실명제는 유야무야되었습니

다. 그 뒤 87년 13대 대통령 선거 때 노태우 대통령의 출마공약 사항으로 발표가 된 겁니다. 일반 서민 대중이나 돈을 많이 가지고 있지 않은 사람이 다수이고, 돈 가진 사람 중에서도 다수 사람들이 금융거래 실명제를 하자고 주장하기 때문에 노태우 후보는 이걸 공약할 수밖에 없었어요. 왜냐하면, 이미 말씀드린 대로 1985년부터 경제가 급속히 성장하고, 국제수지가 흑자로 돌아서고, 88올림픽을 치르는 과정에서 과소비 현상과 퇴폐풍조가 일어나면서 돈이 없는 서민층에서는 불만이 굉장히 높아졌단 말이에요. 그걸 아니까 87년 대통령선거에서 노태우 후보가 실명제 실시를 공약사항으로 내걸고, 대통령에 당선이 돼서 88년 1월에 이 사안을 놓고 당정협의를 했던 겁니다. 당정협의에서도 도입하자고 합의되어서 제6차 경제사회발전 5계년 계획에 반영이 되었어요. 이후 추진을 위해 경제기획원 같은 부처에서 검토가 됩니다. 제가 청와대 들어가므로 이 사안이 본격화되고 재무부에 금융거래실명제 추진단을 만들었어요. 재무부가 주관이 되고 관계부처 관계자들이 모여 태스크포스가 만들어지고 이를 노 대통령께 직접 보고하는 한편 추진단 상위 급에 '금융거래실명제 준비단'이 1989년 4월 11에 발족되었어요. 제가 1988년 12월에 청와대 경제수석이 되고 그 이듬해 4월 11일에 준비단을 만들어서 1990년에 관계법령을 정비하고 1991년 1월부터 시행하도록 준비를 해나갔어요. 1990년 1월 22일에 본격적으로 추진되는 단계에서 3당이 합당이 되었어요. 정부안은 전부 준비가 되고 법령도 다 고쳐서, 마지막으로 국회에서 법안만 통과되면 되는 상황이었지요.

그러니까 여소야대 정국에서 국회에 제출하면 통과시킬 수 있는데, 제출 직전에 3당이 합당이 되어 민정당이 민자당이 돼요. 합당으로 여소야대 정국에서 벗어났고, 또 3당합당하는 과정에서 금융거래실명제 시행은 유보한다는 비밀협상이 된 거에요. 국회의 원활한 운영을 위한다는 미명하에 힘없는 다수 국민들이 원하는 것 보다는 힘 있는 소수의 영향에 의해 국회가 운영되었어요. 힘 있는 소수들이 합당을 지지하고 금융거래실명제는 유보해야 한다고 압력이 들어온 거에요. 그러나 저는 계속해서 이건 해야 한다고 밀어 붙이면서 설득작업을 하기 시작하였습니다. 전경련, 상공회의소 등 경제단체들이 계속 반대함으로서 3월, 4월에 접어들어 작업은 계속된 겁니다. 법령정비를 해야 하는데, 4·3보궐선거에 제가 출마하게 되어 청와대를 떠남으로서 사실상 폐기된 겁니다. 제가 경제수석으로 계속 있었더라면 100% 완전한 금융거래실명제는 아니지만, 그래도 그 뜻의 60~70%는 살리는 금융거래실명제 1단계는 시행되지 않았겠느냐고 봅니다.

**권자경:** 수석님을 4·3보궐선거에 출마하도록 내보내신 분은 금융거래실명제 추진을 멈춰달라는 의미를 부여한 것이 아닐까요?

**문희갑:** 개혁이라는 건 항상 어려워요. 역사에 나오는 이야기지만, 조광조의 개혁 정치를 보면 처음에 조광조를 중용했던 중종도 그 당시 훈구파들의 썩은 정치를 젊은 조광조가 개혁을 시작하는데 처음에는 개혁작업을 도왔지만 반대세력들의 집요한 반발로 결국 조광조가 모함에 빠지고 사약을 받게 되는데, 우리의 역사에도 이런 일들이 많았어요. 제가 실명제 말고도 여러 가지 개혁작업을 많이 하니까, 모함하는 세력들이 굉장히 많아지는 거예요. 정치 쪽에서는 4·3보궐선거가 5공화국 청산에 대한 심판을 하는 결정적인 선거였는데, 거기에 대항해서 할 수 있는 사람을 아무리 골라도 없다는 것이었어요. 제가 경제수석에서 좀 비켜줘야 할 그런 타이밍에 4·3보궐선거가 나온 것이기도 합니다. 그때 일부 "언론에서는 못 쓰는 돌을 던져버리는" '사석'이라고도 표현 했습니다. 그것 말고도 여러 가지 요인이 있었어요.

그때 벌써 정치자금을 비밀리에 만들어야 된다는 이야기가 많이 나왔어요. 대통령 주변이나 친인척들이 여러 가지 구체적인 수단까지 대통령한테 이야기했는데, 노태우 대통령이 저에게 이런 게 자꾸 오고 있다고 이야기했습니다. 저는 그런 건 있을 수 없고, 해서도 안 된다고 말씀드렸지요. 전임 대통령이 그것 때문에 5공청산하는 과정에서 엄청난 고초를 받고 있는데 똑같은 것을 반복해야 되느냐는 식으로 말씀드린 기억이 납니다. 노 대통령도 집권 초기에는 비리에 대해 거부반응을 가지고 있었다고 봅니다. 그러나 계속 주변에서 청탁이나 로비가 들어오니까 반대하는 제가 노 대통령한데 걸림돌이 되었던 것 같아요. 종합적으로 경제수석자리를 좀 더 부드러운 사람이나 비개혁적인 사람을 썼으면 하고 노 대통령이 생각 중에 있었던 것 같습니다. 그러한 속내를 읽었고, 4·3보궐선거에 제가 나가지 않으면 안 될 상황이 되었기 때문에 출마하게 되었습니다. 4·3보궐선거가 아니었다면 경제수석에서 부총리로 가든지 재무부장관으로 갈 확률이 많았어요. 4·3보궐선거가 저에게는 분수령이었어요. 일부에서는 4·3 보궐선거에 출마해서 피투성이가 되는 부정선거 속에 들어가 선거에 이겨봐야 상처뿐인 영광인데 너무 아깝다는 이야기도 있었어요. 제가 네 번이나 반대했지만 대통령의 명인데 안 받아들일 수도 없고 시대상황이 그랬기 때문에 제가 희생될 줄 알지만 그렇게 출마하게 된 것입니다. 그것 때문에 금융거래실명제 등 우리사회의 근본적인 개혁과제들이 뒤로 미루어지는 불행한 일이 발생했다고 볼 수 있어요.

　제가 책에도 썼지만 그때 토지공개념, 금융거래실명제, 재벌의 경제력집중완화, 공정거래의 강력한 실시 등의 개혁이 이루어졌다면 우리사회가 이런 상황이 되지는 않았을 것입니다. 갈등으로 사회가 혼란스럽고 분열이 되고 있잖아요? 소득 계층 간, 지역 간 분열에서부터 계층간 분열, 세대 간 분열 등이 벌어져서 불신사회가 되었잖아요. 미국에 빌게이츠나 워렌 버핏은 다른 사람이 놀고 즐길 때 열심히 연구하고 고안하고 떳떳하게 합법적으로 돈을 버니 존경할 수밖에 없지요. 합법적으로 번 돈으로 자기재산에 90~95%를 남을 위해서, 복지를 위해서, 불행한 사람을 위해서, 빈곤을 퇴치하기 위하여 사회사업에 씁니다. 이러니 자본주의체제에서 아무리 경쟁을 하고 아무리 소득격차가 벌어져도 존경을 받는 것이지요. 그런데 우리는 지금 그런 점에서 굉장히 아쉽다고 봅니다. 자본주의 역사가 짧아서 그렇겠지만, 지금 연간 주식보유액이 일조 이상인 사람이 많은데, 그런 사람 누구 하나가 빌게이츠나 워렌버핏처럼 사회를 위해 큰 공헌을 할 사람이 없잖아요. 그러니까 이 사회에 갈등과 혼란, 불신이 자꾸 조성되는 겁니다. 토지공개념이나 공정거래, 금융거래실명제나 경제력집중완화 등은 중요합니다. 족벌경영, 문어발식 경영, 심지어 재벌이 중소기업이 해야 되는 사업까지 싹쓸이 합니다. 어떤 중공업은 수많은 직원들이 끼는 목장갑까지 직접 만들고, 계란을 많이 납품하니 닭까지 키우는 거예요. 정상적으로 돈을 벌어서 기업이 커지는 거야 누가 뭐라 그러겠어요. 다 존경하지요. 오죽하면 대기업과 중소기업이 함께 같이 상생하자는 말이 정부 정책으로 나오고 대통령도 그런 이야기를 하겠습니까. 그 당시에 개혁을 했더라면 우리 사회가 지금보다는 정의로워지고 안정되고 화합된 사회가 됐을 텐데, 저는 당시에 그렇게 하지 못한 것이 늘 아쉽습니다. 지금은 그때보다 계층이 더 분화되고, 이해관계가 더 얽혀 있고, 경제력도 더 격차가 나고, 이해관계가 더 첨예하기 때문에 지금 개혁하려면 그때보다도 훨씬 어려운 겁니다. 더 어렵더라도 계속 개혁을 하지 않으면, 우리나라는 골고루 잘사는 고도화된 선진복지국가는 되기 힘들다고 봅니다.

**권자경:** 주택정책은 어떠했습니까? 노태우 정부의 가장 주목할만한 정책으로 신도시 건설이 있습니다. 신도시 건설의 배경은 무엇이었습니까?

**문희갑:** 일반적인 경제사회현상으로 1980년대를 기준으로 소득이 5,000달러를 넘어서면 국민들이 급속하게 주택을 소유하려는 경향이 있다고 합니다. 국민소득 5,000달러 전에는 잘 먹고 잘 입고 즐기고 좋은 차 타려고 하는데, 5,000달러를 넘어서면 주택수요가 급격히 늘어난다고 합니다. 자

동차 등은 공산품이니까 수요가 늘어나면 더 많이 만들고 수입하면 되잖아요. 집이라는 건 하루아침에 못 만들지요. 노태우 정부 시절에는 주택가격과 전세가격이 폭등해서 길거리에 쫓겨 나오는 사람들이 늘어나면서 심지어 그 당시에 폭동이 일어난다고 할 정도로 심각한 상황이 온 겁니다. 그래서 제가 대통령께 유럽이나 미국 역사를 보면 1인당 소득이 5,000불을 넘어설 때에는 주택수요가 늘어났다고 보고했습니다. 물론 5,000달러라는 수치는 고정된 것이 아니고 인플레이션을 감안해서 본 상대적인 것입니다. 5,000달러는 비교하는 나라에 따라 700불도 될 수 있고 1,500불도 될 수 있는 거예요. 이걸 대비해서 5년 동안 200만 호의 주택을 건설할 계획을 입안하였습니다. 200만 호를 지으려니 땅이 있어야 하는데 수도권에서 주택난이 제일 심각했기 때문에, 분당, 일산, 평촌, 중동, 산본 5개 신도시 등에 200만 호 주택건설을 시작한 겁니다.

**권자경:** 신도시 건설시 어떠한 애로사항들이 있었습니까?

**문희갑:** 주택 200만 호와 신도시를 건설하는 것이 쉬운 일이 아닙니다. 신도시를 건설하려면 땅을 수용하던지 보상을 해주고 거기에 도시를 만들어야 하는데, 반대 시위하는 주민들이 극성을 부렸어요. 지금은 더 심하지만, 우리가 조상대대로 살았던 땅에다 주택건설을 위한 신도시 건설은 안된다는 등 반대하는 사람들이 굉장히 많았기 때문에 보상협의가 어려웠어요. 분당 같은 지역에서는 부녀자들이 발가벗고 고속도로에 가서 눕는 현상까지 벌어지기도 했어요. 200만 호 주택건설계획을 세우고 다섯 개 신도시를 시범적으로 건설할 때 청와대가 주축이 되고 관련되는 부처의 책임자들이 모여서 태스크포스를 만듭니다. 200만 호 주택을 건설하려면 1년에 몇 호를 지어야 하는지 등을 결정해서 모래, 철근 등 자재 수급계획도 만들어서 부처별, 구체적 작업별로 일사불란하게 시작하였습니다. 신도시

는 기본적으로 토지개발공사(현 토지주택공사)가 토지를 확보해야 하였습니다. 그 역할이 아주 중요하기 때문에 토지개발공사 사장은 대단한 사람을 임용해야 했어요. 저는 토지개발공사 사장으로 대구시장, 경북지사, 내무부 산림청장, 내무부장관을 지낸 분을 염두에 두고 있었어요. 그런 경력이 있어야 지방자치단체와 협의가 되고 경찰과 협조가 되어서 반대하는 주민들을 설득할 수 있다고 판단했습니다. 이분이 내무부장관으로 대통령 선거를 치르는 과정에서 야당의 비난을 받고 좀 자제한다는 의미에서 대전 수자원공사에 내려가서 조용히 일하고 있었어요. 그런 분이 와서 토지개발공사 사장을 해야 이 신도시를 건설할 수 있다고 주장했는데, 6공화국의 막강한 실세를 쥐고 있는 사람이 대통령한테 선거에 기여한 사람을 토지개발공사 사장으로 천거한 거예요. 권력실세가 천거한 사람은 교수 출신이어서 이론적으로는 밝지만 신도시를 건설하는 일은 잘 해낼 수 없는 사람이었어요. 노태우 대통령은 막강한 실세가 이야기하니까 입장이 곤란해서 제가 추천한 분의 임명을 유보시켰습니다. 그래서 제가 그 실세와 담판을 했습니다. 실세가 천거한 사람을 수자원공사 사장으로 해주기로 설득하고, 그 사람을 불러다가 당신이 학자로서 신도시 건설을 할 수 있을 것인지 의문이며, 수자원공사 사장만 하더라도 파격적이라고 말했습니다. 장관을 토지개발공사 사장으로 임명하는 과정에서도 실세가 양보했으므로 임명이 가능했습니다. 두 번째 애로사항은 신도시와 200만 호 주택건설을 하는 과정에서 모래가 부족했습니다. 그래서 바다모래를 가져와서 전부 씻었습니다. 염분이 있으면 철근을 부식시키기 때문에 염분을 제거하기 위해 철두철미하게 했습니다. 제가 1992년 국회의원 선거에 낙선하고 미국 예일대에 가서 공부하고 있었을 때, 우리나라 경제가 잘 안 되니까 저에게 책임을 덮어씌우는 거예요. 그때 물가가 폭등하자 200만 호 주택건설을 무리하게 했기 때문이라는 거예요. 무리하게 하니까 원자재 파동이 나고, 수입을 많이 해서 외화가 부족하게 되었다는 거지요. 더불어 분당,

일산에 지어놓은 집은 바다모래로 만들었기 때문에 10층짜리, 15층짜리 건물들이 곧 다 무너진다는 이야기도 있었어요. 그런데 나중에는 분당, 일산 사는 사람들이 저보고 국회의원으로 그곳에서 출마하라고 했습니다. 집을 잘 지어주고 그렇게 멋있는 도시를 만들어 주었다구요. 지금 분당, 일산은 최고 모범적인 신도시 아닙니까? 그 당시 매년 25만 호 정도를 지을 수 있도록 자재수급계획까지 다 만들어 놓았는데 제가 청와대를 떠난 뒤에 그런 계획들이 다 흐지부지되었습니다. 주택수요가 엄청나게 늘어나니까 우리가 지을 수 있는 능력이 최대 25만 내지 30만 호인데 실제는 50만 호 내지 약 55만 호를 지었어요. 지어도 바로 팔리니까 계속 무리하게 지은 것이지요. 그건 청와대나 강력한 부처에서 통제해야 하는데 통제를 안 하니까 이로 인해 자재파동이 일어났습니다. 이 모든 것을 200만 호 주택건설을 입안한 사람한테 전부다 덮어씌우는 거예요. 이건 제가 나중에 자서전 쓸 때도 정확하게 자료에 기초해서 진실을 밝히겠습니다. 주택 200만 호는 5개년 계획인데 너무 많이 지어서 4년 만에 목표가 달성돼 버렸어요. 목표가 앞당겨져 달성되니까 주택문제가 해결되었지만 자재파동 등 집행과정에서 일어난 문제들을 저에게 덮어 쉬우는 겁니다. 다음으로 주택을 살 돈이 없는 서민들을 위해 도봉구 번동이라는 곳에 60만 호 내지 70만 호의 영구임대주택 건설을 입안했습니다. 지금은 영구임대주택하면 다 알지만 임대주택이라는 용어는 제가 처음 만들어낸 용어입니다. 임대주택을 지어서 영구히 임대를 해주니까 돈 없는 서민들의 주택문제도 해결되었어요. 200만 호 주택건설, 5개 신도시건설, 토지공개념실시 등, 때문에 부동산 가격이 안정되고 주택난이 없어진 겁니다.

**권자경:** 신도시 건설의 부작용도 많이 지적되고 있습니다. 대표적인 것이 자재파동 때문에 부실공사가 이루어졌다는 불평이 나왔는데요.

**문희갑:** 그건 부실이 있을 것이라는 억측해서 나온 이야기입니다. 자재 파동이 나니까 자재를 제대로 쓰지 않을 것이라는 예상에 근거한 잘못된 발언이죠. 철근도 굵은 것을 써야 하는데 가는 것을 쓴다, 모래도 강모래를 써야 하는데 염분이 많이 묻은 바다모래를 쓴다, 그러니 부실이 생기지 않겠느냐 이런 예상입니다. 바다 모래는 모래 알의 입체성이 좋기 때문에 염분만 빼면 제일 좋은 모래에요. 모래를 전부 열 번 이상 씻어서 사용했으니까 일반 강모래보다 더 좋습니다. 그래서 분당, 일산, 평촌, 산본, 중동 신도시 아파트가 지금 최고 아파트이고 5개 신도시에 부실 아파트는 하나도 없습니다. 그건 세월이 증명하잖아요. 부실이 생길 것이라는 추측은 자재 파동이 나서 이렇게 비싼데 제대로 자재를 썼겠느냐며 추측해서 사람들이 만들어낸 이야기에요. 200만 호 주택건설하고 신도시 건설과정에서 자재파동이 심각하게 난 것은 사실입니다. 이미 말씀드린 대로 우리가 지을 수 있는 실력이 최대 30만 호, 정상적으로는 25만 호인데 그 배 이상을 지으니 파동이 생기지 않을 수 있어요? 그 두 배 이상 지을 수 있도록 허용한 당시의 행정책임자나 그걸 묵과해 준 기관이 문제이지 그것을 입안한 사람의 책임은 아닙니다.

**권자경:** 주택 200만 호 건설이 결과적으로 아파트분양 경쟁률을 부추기고 또 건설 이후 서울시내 아파트 값을 상승시키는 원인이 되었다는 지적이 있습니다.

**문희갑:** 그것은 올바른 지적이 아니에요. 200만 호는 그 당시에 우리나라 주택보다 더 많은 주택이에요. 한두 개 신도시도 어려운데 다섯 개 신도시를 일시에 건설한 이유는 공급이 수요를 초과함으로써 집값 폭등을 막고, 또 실수요자가 아닌 투기수요를 막기 위해서였습니다. 만약 한두 개 도시를 했다면 그 이야기가 맞는 거예요. 투기수요, 다시 말해 돈 있는 사

람들이 아파트를 사놓았다가 비싸게 팔기 때문이지요. 5개 신도시가 지어지고 200만 호 주택이 건설이 되니까 초기에는 집값이 오르려고 하다가 나중에는 경쟁률이 다 내려갔어요. 누구든지 들어갈 수 있다는 인식이 생기자 나중에 주택이 남았습니다. 그리고 200만 호 주택건설이 1년 앞당겨 지니까 집값이 내려갔습니다. 초기에는 집값이 대단했습니다. 일본에서 가방에 엔화를 들고 들어와서 압구정도 아파트를 막 매입해버렸어요. 왜냐하면 하루 지나면 5,000만 원씩, 열흘이면 5억이 올랐으니까요. 그런 현상이 벌어지는 사회가 어떻게 되겠어요? 이걸 막았다는 건 대단한 겁니다. 특히 5,000불이 되면 누구든지 집을 가지려고 하니까 특히 우리나라 사람들은 집에 대한 소유욕이 세계 어느 국민보다도 강합니다. 이것을 정말로 폭탄 퍼붓듯이 해결한 것이 200만 호 주택건설이고 5개 신도시 건설입니다. 200만 호 주택건설은 서울에만 지은 것이 아니고 전국 방방곡곡에 지었고 특히 수도권은 더욱 주택난이 심하기 때문에 5개 신도시를 동시에 건설했고 그 때문에 집값을 안정시킬 수 있었던 것이지요. 그렇지 않았다면 집값 안정이 힘들었어요. 그런데 공과를 이야기할 때에 그런 엄청난 일을 한 건 빼고, 자재파동 일어난 걸 자꾸 이야기를 하니까 그 사업을 입안한 사람 입장에서는 가슴이 아프지요. 이건 나중에 역사의 평가를 받을 것이라고 봅니다.

**권자경:** 신도시 건설이 당시 주무부처가 건설부였는데, 구체적인 시행은 어떻게 되었습니까?

**문희갑:** 건설부, 토지개발공사, 주택공사, 청와대등이 태스크포스를 만들어 공동작업을 하였지요. 청와대 태스크포스팀은 제가 청와대 근무할 때까지 존치했는데, 제가 청와대를 떠나고 난 후에 흐지부지해지면서 없어졌어요.

**권자경:** 청와대 태스크포스팀을 직접 운영하셨습니까?

**문희갑:** 네. 제가 경제기획원 차관시절이나 청와대경제수석으로 근무할 때, 다소 독단적으로 일을 했다는 평가가 많았어요. 당시 어느 정도 밀어붙여서 추진한 사업도 좀 있었습니다. 그 당시 경제기획원 차관과 청와대 경제수석으로 근무 할 때 약 20여개 위원회의 위원장을 동시에 맡았습니다. 농어촌소득증대사업특별위원회, 기계부품소재국산화대책위원회, 대일 무역적자개선위원회, 지역균형발전기획단 등 20여 개의 태스크포스를 범부처적으로 만들어서 운영하고 대통령에게 보고는 주무부처에서 하도록 했어요. 제가 태스크포스를 만들어서 일을 추진하지만 보고는 책임자가 다 하도록 만들었어요. 저는 청와대의 힘을 이용해서 부처들이 협조하고 유기적으로 연결되도록 만들어 주는 뒷받침을 주로 했습니다. 강성 이미지 때문에 제가 독단적으로 한 것처럼 알려져 있지만 실제는 그렇지 않았어요.

**권자경:** 1991년 1월 20일 수서 택지개발지구를 민간주택조합에 특별 분양한다는 발표가 있었습니다. 당시 택지개발 지구를 민간에 분양하는 첫 사례로 기록되고 있는데요. 발표가 있은 후, 위법 논란이 있었고, 그 사건으로 2월 24일 한보그룹 정태수 회장이 구속되고, 2월 16일 장병조 청와대 비서관이 구속되고, 국회의원 5명이 구속되고, 결국 2월 28일에는 박세직 서울시장이 사임하고, 2월 29일에는 노태우 대통령이 대국민 사과까지 하는 사례가 발생하였습니다. 이 사건은 경제수석을 그만두신 이후에 벌어진 사건입니다만, 어떻게 수서비리사태가 발생하게 되었습니까?

**문희갑:** 신도시가 건설되었지만 수도권 특히 서울 지역에는 좋은 집이 부족했어요. 소득이 계속 늘어나니까 기존에 집을 가지고 살던 사람들도

부자가 되니까 더 좋은 집, 새 아파트에 들어가려고 하는 거지요. 그러니까 서울은 주택이 다 공급이 되었는데도 좋은 집에 대한 투기수요가 많아졌기 때문에 택지 조성에 엄청난 이익이 발생되는 상황이었습니다. 공공기관에서 택지조성을 해서 일반 건축업자들한테 건설하도록 해야 합니다. 수서지구는 제가 있을 때부터 입안이 되어 만들어졌지요. 제가 있었으면 그런 사건이 안 나지요. 당연히 토지개발공사나 주택공사 같은 공공기관에서 다 조성해서 건설회사에 입찰을 통해 주택을 건설하게 해야 했습니다. 그 입지가 아주 좋은 장소이기 때문에 나타난 일종의 특혜지요.

**권자경:** 수서비리사태가 공개된 후 어떻게 됐습니까?

**문희갑:** 다시 원상으로 옛날 방식대로 공공 개발됐어요.

**권자경:** 1989년 4월부터 1990년 3월까지 대통령소속 '지역균형발전기획단장'을 지내십니다. 경제수석을 하시면서 겸직하신 건가요?

**문희갑:** 지역 간 불균형 문제 때문에 노태우 정부시기에 이것을 시정하기 위해 범부처적인 '지역균형개발기획단'이라는 것을 만들어 여러 가지 정책을 연구하였습니다. 아무리 토지공개념을 도입하고, 금융거래실명제를 하고, 주택 200만 호와 신도시를 건설해도, 서울로만 다 모여드니까 지방은 초등학교가 폐교되고, 농촌에서 사람들이 떠나서 노인들만 모여 산다는 겁니다. 이래서는 나라 발전이 제대로 안 돼죠. 지방과 수도권이 균형발전 되지 않아 발생되는 문제들이 지금 계속 일어나잖아요. 서울에 집을 아무리 지어도 끝이 없는 겁니다. 그래서 서울과 수도권에 너무 집중되어 있기 때문에 우리나라는 서울공화국이라고 할 수 있어요. 나라가 과분수의 형태로 변하면 제대로 된 나라가 안 되는 겁니다. 저는 경제수석을

하면서 일반부서에서 할 수 있는 것은 손대지 않았고, 뒷받침만 잘 해주었습니다. 수도권의 비대화를 억제하기 위해 지역균형 발전을 하려면 그 일들이 각 부처에 다 흩어져 있어요. 한 개 부처가 한다고 되는 것이 아니고 흩어져 있는 각 기능을 한군데로 모아 태스크포스를 만들어서 유기적으로 협조 해줘야 됩니다. 우리나라가 서울 공화국일 정도로 서울에 너무 집중되어 있기 때문에 비능률이 더 많이 나타나고 지방은 폐허상태로 변해가고 있다고 노태우 대통령도 많은 근심을 하였습니다. 경제기획원, 재무부, 상공부, 건설부 등 하나하나의 부처에 맡겨 지역균형발전을 도모할 수는 없는 겁니다. 우선 경제기획원은 예산, 기획 같은 수단은 가지고 있지만, 기술적인 전문가들은 다른 부처에 있기 때문이죠. 지방의 사정을 소상하게 알기 위해 전국적으로 유능한 교수들과 지방에 있는 연구소까지 총 동원해서 청와대에 범부처적이고 범국가적인 기획단을 만들어 대대적으로 연구를 해야겠다는 취지였어요. 제가 기획단장이었지만 부단장으로 실무 총괄을 맡은 사람은 이석채 씨였습니다. 나중에 정보통신부장관도 하고 지금 KT사장이지요. 제가 거기에 있었으면 구체적으로 시행계획까지 만들어 각 부처에서 그 역할을 다하고, 청와대에서 추진과정을 점검을 해서 대통령께 보고도 했을 텐데, 제가 청와대를 떠나고 난 뒤에 흐지부지되어서 보고서 하나만 내고 끝나버렸습니다.

**권자경:** 당시 '지역균형발전기획단' 단장으로 계시면서 내놓았던 계획안의 주요 내용은 무엇이었습니까?

**문희갑:** 보통 '지방균형발전'이라고 하면 지방에 공장을 많이 짓도록 큰 기업체가 지방으로 이전한다든지, 산업단지를 조성한다든지, 기간시설을 해준다든지 이런 식으로 했습니다. 수도권에 인구가 집중되는 것을 막고 국민들이 지방에 많이 살도록 유도하기 위하여서는 지방에 교육, 문화, 금

융, 의료 등 제반분야가 발전되도록 하여야만 합니다. 수도권에 모이는 가장 큰 이유가 교육 때문이잖아요. 그러니까 지방에도 서울대학보다 더 좋은 대학을 만든다면 서울에 있는 대학에 갈 필요가 없단 말이에요. 미국처럼 아이비리그도 있고, 스탠포드가 캘리포니아주에 있고, 텍사스에 가면 텍사스 대학이 있고, 아틀란타에 가면 조지아텍이라는 MIT하고 맞먹는 대학이 있는 등 유명한 대학들이 미국 각 지방에 골고루 분산되어 있기 때문에, 균형발전이 된다는 것이지요. 그런 개념으로 우리나라도 각 지역에 서울 대학과 비슷하거나 더 나은 대학을 만드는 것이 필요하다고 생각했습니다. 금융도 서울만 중심이 되는 것이 아니고 지방에 대형 은행을 만든다든지, 통신도 지방이 더 편리하도록 한다든지 이런 식으로 접근한 거예요. 과거처럼 공장 좀 짓고 도로 좀 내고 이런 개념이 아니에요. 그렇게 종합적이고 장기적인 계획을 세웠습니다. 그때 유명한 교수들이 연구를 많이 하여 만든 보고서가 대단했습니다. 토지공개념이나 금융실명제 못지않게 중요한 과제인데 끝까지 시행되지 못해 저도 거기에 대해서 굉장히 아쉬움을 품고 있습니다. 제가 경제수석을 1년 아니 2년만 더 했더라도 정착이 될 수 있었는데요. 제가 청와대에서 나오고 난 뒤에 저만 그렇게 생각하는 것이 아니고 그 당시 함께 연구했던 교수들이 저만 만나면 그 이야기를 합니다. 그렇게 심도있게 연구해서 우리나라 균형발전 할 수 있는 실천 가능한 걸 만들어 놓았는데 시행도 못했다고 모두들 아쉬워하였습니다.

**권자경:** 지역균형발전기획단에서 작성한 그 보고서는 언제 나왔습니까?

**문희갑:** 제가 청와대를 떠나고 난 다음, 1년 후인지 2년 후에 만들어졌어요. 그건 이석채 씨가 제일 잘 알아요. 전부 국가기록원에 있을 겁니다. 이것이 지방자치제를 시행하기 위해서도 중요한 전 단계였는데 유야무야 되었어요. 당시 통계를 보면 1960년대는 서울인구가 전체인구의 9.8%밖에

안 되었는데, 1994년에는 44.5%로 절반의 인구가 수도권에 모여 사는 것으로 집계되었어요. 수도권에 집중됨으로 발생되는 문제를 해결하기 위하여 그 이전에도 지역균형발전을 위한 여러 가지 정책들이 나오기는 했지만, 종합적이고 체계적이고 균형적으로 되지 않고, 부처마다 지엽적으로 해서 잘 안 되었습니다. 그래서 제가 청와대에서 이런 기획단을 만들고 전국적으로 전문가를 인선해서 추진해 보려했던 겁니다.

**권자경:** 지역균형발전기획단에서 지방자치제도 실시에 대한 논의도 있었습니까?

**문희갑:** 지방자치제 실시에 대한 논의는 없었어요. 지방자치제를 시행해야 된다는 논의가 당시에 무르익어 갔기 때문에 지방자치제가 본격적으로 시행되기 전에 먼저 지역균형발전이 이루어져야 된다는 전제하에 지역균형발전기획단이 만들어졌어요. 지방자치제는 사실 정치적으로 결정이 된 겁니다. 지방자치제는 우리나라에서 공과로 따지면 과가 더 많아요. 도나 광역시 같은 광역자치는 또 잘 하면 괜찮은 면도 있으나, 기초지방자치라는 것은 성공하지 못하지 않았나 평가해봅니다. 우리나라 전체가 미국의 주 하나보다 더 작고 그러니 인구나 면적을 다 합쳐도 자치구역 하나밖에 안 됩니다. 유럽식으로 도시가 생성될 때부터 주민자치에 의해서 지방단위가 만들어지고 주민자치방식으로 지역의 문제가 결정이 되는 역사가 있었으면 모르지만, 왕권에 의해서 중앙집권적으로 내려오던 지역을 두부 자르듯이 잘라서 지방자치를 한다는 것이 문제입니다. 대구광역시의 기초지방자치단체를 예를 들어 봅시다. 남구와 중구가 길 하나 차이로 갈라지는데, 어떻게 지방자치를 한다고 나누겠어요. 전혀 나뉘어질 명분이 없지 않습니까? 군단위 기초지방자치단체의 경우는 좀 다를 수 있어요. 가령, 청송군과 의성군은 특색이 좀 다르니까요. 청송군은 사과가 잘되고 의성

군은 고추, 마늘이 잘 된다든지, 전통적으로 내려오는 문화가 다르다든지 그런 기준으로 특성화할 수 있겠지만, 그것도 문제라고 봅니다. 도시와 농촌, 이렇게 나누는 광역자치는 이해가 되지만 기초지방자치는 잘 이해가 되지 않아요. 기초지방자치를 해서 문제가 얼마나 많습니까?

**권자경:** 지방자치가 제도적으로 문제점을 갖고 있다는 말씀이신가요?

**문희갑:** 그러니까 국토균형발전기획단을 만들어서 어느 정도 균형발전이 된 이후에, 자치가 될 수 있어야 합니다. 자치라는 것이 정치적인 자치도 중요하지만, 재정적인 자립이 되어야 지방자치제가 시행이 될 수 있습니다. 중앙에서 돈 받아 자치하는 그게 무슨 자치입니까? 그래서 그런 전 단계로서 기획단의 종합적인 연구가 꼭 필요 했다는 이야기입니다. 한 십 년쯤 광역자치제를 시행해서 문제점을 고쳐가면서 다음 단계에 기초자치제로 넘어 가야 되는데, 동시에 했기 때문에 지금 문제가 커지고 있다는 겁니다. 현재 시행하는 교육자치제 또한 큰 문제라고 봅니다.

**권자경:** 노태우 정부에서 토지공개념과 주택 200만 호 건설, 신도시 건설, 지역균형발전기획 등이 동시에 이루어졌고, 이 정책들이 동시에 이루어져야 국토균형발전이 가능하다고 제안하셨던 것으로 요약할 수 있겠습니까?

**문희갑:** 그렇지요. 그런데 이러한 연구와 개혁과제의 추진내용이 지금 묻혀있습니다. 지금 묻혀있는 자료를 다시 정리하고 그때의 상황을 올바르게 분석하여 다시 강력하게 추진되어야 합니다. 제가 1982년부터 예산실장과 경제기획원차관을 했고, 1990년에 청와대 경제수석을 하고 나왔으니까, 8년 동안이나 그러한 일들을 지속적으로 많이 했습니다만, 그때 일

하려던 과제들이 묻혀 있습니다. 개혁과제 외에도 인천공항, KTX, 서해안 고속도로, 대불산업단지 등의 일들이 정부에서 일찍 결단을 못 내고 계속 10년 이상 미루어 온 일들이 많습니다. 결단을 못 내리니까, 인천공항도 KTX도 더 미리 할 수 있었는데 늦어졌어요. 중국하고 교역이 곧 눈앞에 보이는데 중국하고 국교정상화만 할 생각을 하지, 그 국교정상화가 성사되면 당장 서해안이 바로 중국하고 인접해 있는데 서해안고속도로를 건설할 생각은 하지 않는 거에요. 그때는 소위 경상도 정권이니까 서해안은 전라도와 충청도 쪽이란 말이에요. 심지어 어떤 사람은 서해안 쪽에 별것 없는데 고속도로 왜 하려고 하느냐고 말했어요. 미래를 못 내다본 거죠. 대통령을 설득해서 서해안고속도로를 건설해 놓으니까 지금 그쪽이 얼마나 빠르게 발전합니까?

**권자경:** 서울에서 목포를 잇는 서해안고속도로가 2001년 12월 20일 김대중 대통령 때 완공되었기 때문에, 대개 김대중 대통령 때 건설된 것으로 알고 있었는데, 사실은 노태우 대통령 때 착공되었네요? 어느 분이 입안 하셨습니까?

**문희갑:** 제가 입안한 거에요. 서해에는 뻘이 많아서 교량이 굉장히 많아요. 그래서 건설비도 많이 들었습니다. 당진군이 서해안고속도로가 생기는 바람에 많은 발전을 해서 당진군수가 서해안고속도로 건설의 일등공신이 그 당시 경제수석인 문희갑이고, 이등공신이 김현욱 당진군 국회의원, 그 다음 심대평 지사라고 그 세 사람을 초청해서 당진군에서 큰 축하행사를 하고 감사패를 주었습니다. 저는 그때 해외출장을 갔기 때문에 우리 집사람이 대신 다녀왔어요. 완공식은 김대중 대통령이 했지만, 아는 사람은 그 내용을 다 알고 있습니다. 그래서 김대중 대통령이 저에 대해서 높이 평가합니다. 제가 대구시장을 그만두고 나올 때, 김대중 대통령께서 하신

말씀이 "문희갑 시장은 대통령을 할 훌륭한 경상도 대통령 후보인데, 일 잘하는 사람을 저렇게 할 수 있느냐"라고 한탄했다고 합니다. 제가 미국에서 공부하고 있을 때였는데요, 영남대학교에서 김대중 대통령께 박사학위를 수여한다고 했을 때, "문희갑 (전) 시장이 오면 박사학위를 받겠다"는 말씀까지 영남대학교 총장한테 했다고 하더군요. 마침 지나간 정권의 국정운영기록을 역사에 올바로 남기기 위해서 진솔하게 대담할 수 있는 기회인만큼 사실대로 이야기를 하는 거예요.

**권자경**: 서해안고속도로건설로 그동안 막혔던 서쪽의 교통량이 분산되고, 또 충청권과 전라권의 지역개발에 가속도가 붙는 효과가 나타났다고 보고되고 있습니다. 건설당시 힘든 점은 없으셨어요? 반대 의견도 많았을 텐데요.

**문희갑**: 지금 엄청난 발전이 그쪽에 오고 있죠. 건설비가 워낙 많이 드니까 비난도 심했어요. 서해 쪽은 기술적인 문제도 많았고 공기도 길었습니다. 그러니까 지금 당장 급하지도 않고 교통량의 문제가 생긴 것도 아닌데 왜 그렇게 많은 돈을 들여서 기술적으로 어려운 건설을 하느냐고 비난을 많이 들었어요.

**권자경**: 노태우 정부에서 인천국제공항을 건설하게 된 배경은 무엇입니까?

**문희갑**: 국가운영을 위해서는 미래를 내다봐야 하는 거예요. 지금의 국제화시대에 우리나라에서만 살 수 없잖아요. 제가 노태우 정부 때 인천공항 건설계획을 입안하게 된 동기는 그 당시에 10년, 20년을 내다보고 구상한 거예요. 당장 발등에 떨어진 불은 장관들이 끄면 되는 거죠. 그러나 그

때 미래학자들이나 항공분야 전문가들의 이야기는 기술적으로 하이퍼소닉 비행기로 미국 뉴욕에서 홍콩, 일본 간사이공항이나 우리 서울공항에 오는데 2시간밖에 안 걸린다고 했어요. 유럽에서 오는 건 더 빨리 올 수 있고 그 당시에는 5년 내지 10년 내에 그러한 극초음속 항공수송이 상업화 된다고 했어요. 거기에 대비해서 홍콩에서는 책넵콕공항을 근사하게 건설하였습니다. 그리고 일본은 오사카 앞 바다를 매립해서 간사이공항을 지었습니다. 유명한 외국 전문가들이 홍콩은 너무 치우쳐져 있을 뿐 아니라 앞으로 중국문제가 있고 일본은 비용이 너무 비싸고 바다위에 매립하여 여러 가지 문제가 예상되기 때문에 서울 쪽에 거대한 국제공항을 지으면 동양의 관문이 될 수 있다고 했습니다. 그 당시 제가 KDI 연구원들이나 외국인들에게 그 사실을 듣고 우리나라에 큰 국제공항을 빨리 건설해야겠다고 생각했습니다. 공항부지는 비행기가 극초음속이기 때문에 육지에는 어렵다는 겁니다. 섬에 건설해야 한다는 거에요. 홍콩도 섬이고 간사이공항은 섬이 없으니까 오사카 앞바다를 매립해서 만들었어요. 우리에게는 영종도라는 천혜의 좋은 섬이 있기 때문에 그곳에 짓기로 했는데, 지금은 아무 이야기가 없지만 처음에는 굉장히 말이 많았습니다. 육지 쪽에 해야 된다, 어디 남쪽에 해야 한다, 자연파괴와 생태계 파괴문제 등 이야기가 많았는데, 영종도로 노 대통령의 결심을 받아서 추진을 하였는데 어려운 문제가 많았어요. 그 당시 교통부장관이 이런 것을 내다볼 줄 아는 사람이었기 때문에 영종도 공항이 착수가 될 수가 있었는데, 공사기간 동안 반대운동이 너무 심했고 또한 부실공사가 발생하는 등 여러 가지 어려움이 많았습니다. 그러나 어쨌든 그때 공사했던 책임자들이 열심히 했어요. 나중에 공항운영 총책임자가 공항 출입하는 사람들이 오면 이 공항이 사실 문희갑 경제수석 때 시작한 것이라고 브리핑도하고 그랬어요. 공항에 기록을 남겨놔야 합니다. 그 당시에는 세계에서 가장 좋은 평을 받은 공항이 싱가포르에 있는 창이국제공항이었습니다. 비행기에 내려서 짐 다 찾아서 입국신고, 세관검사 통과해서 나오는데 15분 이상 걸리지 않는 세계 최고 공항이라서 우리 인천공항도 창이공항으로부터 좀 배워 오려고 협력을 구했더니, 아직까지 배울 단계가 아니라고 퇴짜 맞았어요. 지금은 반대로 싱가폴이 인천공항을 배우러 옵니다. 창이공항은 그전에 1위 했지만, 지금 우리나라가 6년 연속 1위입니다. 창이공항은 경쟁이 안되고 오사카 간사이공항은 완전히 실패했지요. 앞으로 10년 내에 하이퍼소닉 비행기가 상업화된다는 겁니다. 인천공항은 관문공항이 되도록 하고, 또한 앞으로 인천공항 하나만 가지고 문제가 생겼을 때에는 대안이 되는 공항이 대한민국에 있어야 될 것 아니에요. 국제화 시대에 많은 화물과 인력이 이동하고, 앞으로 관광객도 더 많아질 거니까요. 그런데 제2의 국제공항을 남부권에 건설해야하는데 더구나 지금 세계 문명의 축이 서양에서 유교 한자문명권인 중국, 일본, 한국, 홍콩, 싱가폴, 대만으로 대이동을 하고 있다고 합니다. 경제, 문화 등 모든 분야가 그렇게 되면 더 많은 사람들이 우리 대한민국을 찾아올 텐데 지금 공항건설이 시급한데도 계속 결정을 못하고 있단 말이에요. 미래를 내다볼 줄 아는 지도자가 필요합니다.

**권자경:** 인천국제공항 이외에도 권역별 지방에 국제공항이 운영되어야 하지 않을까요? 대구 세계육상선수권대회 개최에도 세계 선수들이 대구를 방문하기 위해 인천에서 대구로 내려오기에는 번거롭지 않습니까?

**문희갑:** 지금 지방을 발전시킨다면서 지방에 왜 삼성, 현대, 엘지에서 공장 안 짓나 하지만 막상 공장을 짓고 연구소를 짓고 나면 유명한 세계적인 인물들이 대구공장, 대구연구소에 와야 하는데 인천공항에 내려서 서울역까지 와서 서울역에서 KTX 타고 대구에 와야 할 번거로움을 생각할 때 누가 오겠어요? 외국에서 바로 대구인근 30~40분 거리에 도착할 수 있어야 합니다. 제가 지금 외국 갈 때도 하루 전날 대구에서 서울 가서, 하룻밤 자

고 다시 짐 챙겨서 인천공항 가야 되니 얼마나 힘들어요. 남부권에 대규모 관문공항이 있어서 인천공항과 경쟁관계가 되어야 합니다. 관광객이 쉽게 지방에 내려올 수 있어야 경주가 세계적인 관광지가 되고, 안동 하회마을이 번성하지요. 안동 하회마을은 유네스코 문화재로 등록되면 뭐 합니까? 사람들이 많이 와서 보고 가야죠. 그런데 그걸 경제성이 없다고 안하고 있는 겁니다. 인천공항은 경제성이 있어서 했어요? 10년, 20년을 내다보고 하는데 경제성은 다음 문제입니다. 그리고 지금 건설된 지방공항은 관문공항이 아니기 때문에 그 역할을 할 수가 없습니다. 앞으로 10년, 20년 후에 대통령이 될 사람이나 국가의 지도자들은 이러한 과거의 경험을 타산지석으로 보고 국정운영을 정말 잘 해야 됩니다.

**권자경:** 당시 경제수석으로 인천국제공항 건설을 제안하셨을 때도 지금의 건설 규모처럼 거대하게 구상하셨습니까? 아니면 이후 정권에서 규모를 크게 확대한 것입니까?

**문희갑:** 제가 인천국제공항 건설을 제안할 때 지금의 건설 규모를 제안한 것입니다. 당시 2010년 이후를 내다보고 규모를 결정하였기 때문에 지금도 문제가 없는 겁니다. 앞날을 대비해서 공항건설하면 공기가 10년 이상 걸리니까 인천공항도 활주로를 하나 더 건설할 수 있는 여지가 있어야 합니다. 그래서 2010년까지는 지금 활주로를 쓰고 수요가 계속 늘어나면 2010년대 중반에 가서 다시 하나 더 건설하면 되지요. 이제 동남권 신공항을 만들면 분산할 수도 있고, 수요에 맞춰 늘려 가면 됩니다. 지금 수도권에 사는 사람들은 물론이고 지방 출신들도 서울 가서 장관하고 총리한 사람들이 서울에만 살고 있으니까 지방사정을 모르는 거예요. 서울에 사는 사람들은 인천공항 하나면 됐지, 돈도 없는데 지방에 또 건설해서 적자만 나는 거 아니냐고 합니다. 지금 지방공항에서 적자 나는 것은 활주로도 적

고 기반시설도 관문공항이 아니기 때문입니다. 관문공항이라는 것은 국제노선이 다 개설이 되는 것을 말합니다. 세계 항공 전체를 관계기관에서 국제노선의 이착륙이 공식적으로 인증이 돼야 해요. 그래야 모든 국제노선 비행기의 운항이 가능한 겁니다. 그렇게 된다면, 수도권을 제외한 남부지역은 모두 남부권 지역의 신공항을 이용하는 것이지요. 서울까지 올라갈 필요가 없습니다. 2011년 세계육상선수권 대회를 개최했던 경기장은 원래 2002년 월드컵대비 축구전용구장으로 건설하려던 것을 육상선수권 대회를 포함한 모든 경기를 개최할 수 있는 스타디움으로 바꾼 겁니다. 제가 대구시장 시절에 처음 착수할 때 미래를 내다보고 향후 유니버시아드대회 등 각종 국제경기대회와 올림픽까지 유치할 것을 대비해 건설하였습니다. 이 경기장이 월드컵 경기장 중에서는 우리나라에서 제일 큽니다. 육만 석으로 지었는데 저는 지을 때 50년 내지 100년을 내다보고 대구가 언젠가는 아시안게임, 올림픽을 개최할 것이라는 것을 전제로 건설한 거예요. 그때 다른 지방에는 대부분 축구 전용 경기장을 만들었어요. 대구만 축구전용 경기장이 아닌 종합경기장을 건설한 겁니다. 축구도 하지만 축구장 옆에 육상을 할 수 있는 라인이 만들어져 있고 보조경기장도 있었어요. 그래서 2011년 세계육상선수권대회 유치를 할 때 조직위원회가 직접 여기 운동장을 보고 감명을 받아 대구가 유치에 성공했다고 합니다. 예를 들어 인천은 2014년 아시안게임을 유치했으나 2002년 월드컵 때 지은 경기장으로는 대회개최가 불가능하니 새로 짓고 있습니다. 광주도 2015년 유니버시아드 대회를 유치하려고 했는데, 유치단이 현지 실사를 와서 운동장을 보고 거절했다가 운동장을 다시 짓는다는 전제하에 지금 유치했잖아요. 대전도 월드컵 경기장 놔두고 다시 짓고 있어요. 그러니 지도자는 미래를 내다보고 계획을 해야 합니다. 제가 대구시장 시절 월드컵 경기장 건설하는데 진입도로 8차선, 10차선을 왜 하느냐 등 대구시민이 엄청 저한테 불평을 하였어요. 이렇게도 미래를 못 내다보느냐고 생각하면서 제가 기공식 할 때

울었어요. 지금은 오히려 도로가 좁다고 할 정도로 극찬하지요. 제가 지금 시내 나가면 굉장히 대접받습니다. 그때 시민들이 생각하지 못한 수목원도 만들고 시내 공원도 많이 만들었습니다. 땅값의 상승으로 지금은 불가능해요. 제 자랑이 아니라, 미래를 내다보는 지도자가 중요하다는 점에서 말씀을 드리는 겁니다.

**권자경:** 한국고속철도(KTX) 완공이 김대중 대통령 재임시절인 1999년 12월이지만, 건설 착수는 노태우 대통령 재임기에 이루어졌습니다.

**문희갑:** 노태우 대통령께서 임기 후반기에 일을 많이 했어요. 그러한 업적들이 정치자금 문제로 인해 대부분 사라지고 덮어져 버렸어요. 그래서 제가 지금 노태우 정부의 공적을 자랑삼아 하는 것조차 어렵게 되었습니다. 이제는 그런 사실들이 세상에 알려져야 된다고 봅니다. 노태우 대통령 회고록에는 이런 것들이 서술되어야 합니다. 노태우 정부의 북방외교, 한·중수교, 인천공항 건설, KTX 건설 등에 관한 얘기들이 나와야 하는데, 정치자금 문제 등으로 크게 공개되지를 못하고 있으니 가슴 아픈 일이지요.

**권자경:** 고속철도 건설은 어느 분의 아이디어였고 어떻게 입안되었습니까? 많은 국민들은 잘 모르는데, 우리나라 최초의 KTX인 경부고속철도 건설이 1991년 6월 3일에 착공이 되었더라구요.

**문희갑:** 그건 제 아이디어입니다. 처음에 제가 구상할 때에는 서울-부산을 연결하고, 중간에 대구, 대전이 필요하면 역을 넣되 서울부산 직행을 하도록 제안했어요. 중간에 큰 도시만으로 연결되는 직행으로 고속철도를 건설을 해야 우리나라가 1일 생활권이 되지요. 서울 있는 사람이 부산 가서 회의하고 저녁에 올라오고, 부산 사람이 서울에 와서 회의하고 저녁에

내려 가야합니다. 지금은 그런 식으로 가고 있지만요. 이 좁은 땅덩어리에 비행기로 계속 움직여서는 경제성이 없다고 판단하고, KTX 도입을 결정했지요. 소관 부처가 교통부로, 당시 교통부장관이 인천공항과 KTX를 건설하는데 적극적이었어요. 그래서 노 대통령께 건의를 하여 시작하게 됐어요. 대통령 지시로 청와대 태스크포스를 만들었고, 당시 청와대 지방발전기획단장을 맡고 있는 홍철 비서관이 담당비서관을 했는데 그 홍철 비서관이 KTX건설 태스크포스팀을 운영하게 되었지요. 그 사람이 대구 경제연구소 소장으로 일할 때 비화를 대구 신문에 크게 한번 냈습니다. 그래서 이러한 과정들이 대구에 처음 알려진 거에요. 제가 KTX 고속전철건설을 시작해야겠다고 이야기를 꺼내면서 저도 나름대로 검토를 많이 했습니다. 그때 고속전철은 전 세계에 세 나라만 건설기술을 보유하고 있었습니다. 프랑스 떼제베라는 것이 당시 제일 앞섰고, 일본의 신칸센, 독일의 이체라는 자기부상열차가 있었어요. 자기부상열차라는 것은 레일위에 바퀴가 떠서 달리는 최신기술인데, 그때에는 일반화가 되지 못하고 있었어요. 미국의 일부지역에만 지금 시험 중에 있는 걸로 알고 있어요. 이게 만약 상업화된다면 레일 위에 떠 달리니까 그게 제일 좋겠죠. 그런데 그때 제일 많이 선정된 것이 떼제베였으나, 제가 조사를 해보니까 떼제베보다는 신칸센이 더 우수한 겁니다. 일본이 거리상 우리와 가깝고, 또 세월이 흐르면 신칸센이 훨씬 더 속도가 빨라질 것으로 전망되고, 우리와 일본의 지형에는 산이 많아 굴을 많이 뚫어야 되는 상황도 비슷해서 신칸센을 선정했으면 좋겠다고 생각했지요. 그런데 우리나라 정치인들이나 외교관들이 프랑스에 가서 로비를 받고 떼제베를 밀어주겠다는 약속들을 많이 한 모양이에요. 따라서 외교상 여러 가지 문제 등으로 떼제베가 선정된 것으로 알고 있습니다.

**권자경:** 떼제베 측에서도 한국에 좋은 조건을 내세웠나보죠?

**문희갑:** 떼제베가 우리나라에 고속전철을 건설하기 위해 오래전부터 애를 썼습니다. 경제적, 외교적으로 여러 가지 교섭을 하고, 우리나라 정치인이나 외교관들이 프랑스에 가면 부탁을 많이 하니까 외교상 거의 반 승낙을 한 것같이 알려졌어요. 제가 나중에 알아차리고는 노 대통령께 아무리 간청을 해도 떼제베를 바꾸기 어렵게 되어버렸어요. 잘못하면 외교문제로 번질 가능성도 있다고 보였습니다. 그래서 대통령께서 '어지간하면 떼제베로 하는 것이 어떻겠느냐'고 말씀하셔서 제가 신칸센을 포기할 수밖에 없었어요. 만약 우리가 신칸센으로 했으면 지금보다 속력을 더 단축시킬 수도 있고, 기술도 월등히 더 나아질 수 있었어요. 제가 일을 해보니까 국정의 주요 일을 맡아 하는 사람 중에 진정한 애국자가 드물다고 생각했어요. 당시 KTX 건설을 추진할 때 정주영 씨가 저한테 항의를 했어요. 이 좁은 땅덩어리에 자동차를 이용하면 되지, 돈 들여서 고속전철을 건설하느냐고 따졌지요. 정주영 씨도 자동차를 팔아 이익을 남겨야 되니까요. 그리고 도로 건설하는 한국도로공사는 청와대에다 진정서를 제출해서 고속철도 건설할 거면 왜 고속도로를 만들었냐고 항의했어요. 미국 같은 넓은 지역도 고속전철 없이 자동차로 다니고, 우리나라도 앞으로 한 가정에 차를 두세 대 가지게 되면 자동차로 다 해결되는데 고속철도를 왜 건설하느냐고 많이 저항했습니다. 그러나 그걸 전부 막아내고 최종적으로 노 대통령 결심을 얻어 제가 고속전철건설을 추진하게 되었습니다. 지금 국민들은 쉽게 만들어진 줄 압니다. 그러나 어려운 과정을 겪고 건설된 겁니다.

**권자경:** 당시 어떻게 고속철도가 필요하다는 선견지명이 있으셨어요?

**문희갑:** 제일 첫째는 경제성입니다. 우리나라가 기름 한 방울 안 나는 국가로서, 많은 물자와 사람이 이동할 때 경제성을 따져서 이동해야합니다. 둘째는 대량수송이에요. 자동차는 매 차마다 일일이 가야하니까 얼마나

비경제적입니까? 셋째는 공해문제입니다. 자동차 매연가스가 얼마나 공해를 유발합니까? 고속철도는 전부 전기로 가니까 공해가 덜 생기죠. 제가 검토해 보니 고속철도가 제일 합리적인 수단으로 판명되었습니다. 그런데 반대파들이 대통령께 얼마나 로비를 많이 했겠습니까? 우리가 만든 보고서는 미래지향적이고 과학적이니까, 대통령도 고속전철을 건설해야 된다고 최종 결정한 것이지요. 지금 보세요. 서울-부산간에는 몇 분마다 열차가 있잖아요. 손님이 표를 못 구할 정도로 이동인구가 많습니다. 이걸 자동차로 한다고 생각해 보세요. 경부고속도로 네다섯 개 더 만들어도 부족할 것 입니다. 명절이나 주말만 되면 경부고속도로, 중부고속도로, 내륙고속도로가 막히잖아요. 이걸 어떻게 감당합니까? 이러한 모든 상황을 내다본 것이지요.

**권자경:** 전남 영암군 삼호면 일대에 건설된 국가산업단지인 대불산업단지 건설이 노태우 대통령 때 건설계획이 수립되었습니다. 대불산업단지 건설계획은 어느 분의 아이디어고, 어떻게 계획이 수립되었습니까?

**문희갑:** 제가 노 대통령 모시고 대불산업단지 기공식에 참석했었습니다. 그때는 현대건설이 시공했는데, 이명박 대통령이 당시 현대건설 회장할 때 대불단지 건설을 한 것이지요. 그 당시는 호남 푸대접에 대한 불평이 굉장히 많았어요. 경상도 정권에 대한 비난이 많았고, 경상도 정권에서 책임있는 사람이나 국회의원들이 전라도에 가는 것을 꺼리는 상황이었어요. 저는 전라도에서 초청하면 바로 갔습니다. 경제기획원 차관할 때나 예산실장할 때나 경제수석 할 때, 바로 광주든 목포든 그 지역 상공회의소에서 초청하면 설명을 소상하게 하였습니다. '지역 차별한 것이 아니다. 현실 여건상 공업화를 하려니 경부고속도로와 경부선을 중심으로 안 할 수가 없었다. 과거 공업화하는 과정에서 균형투자를 못하고 우선순위에 따라 하

니까, 울산항만 포항항만, 구미 쪽으로 기울게 되었고, 경상도 쪽에 경부선을 축으로 공장이 많이 들어섰다. 호남 쪽은 지금 KTX도 적자 내면서 운행하고 있다'는 등 모든 것을 솔직하게 설명하였어요. 그전에도 호남선에는 새마을호가 왜 안 다니냐고 항의가 들어와서 적자를 내면서까지 새마을호가 다녔어요. 자본주의 사회에서 이익이 없는 곳에 손해를 보면서 사업을 하는 것은 있을 수가 없는 겁니다. 그러나 호남 푸대접이라고 공격을 하니까 정치적으로 무리하게 추진 안 할 수가 없었어요. 저는 호남지역에 가서 사실 그대로 설명해요. 그래서 호남사람들이 저 사람은 솔직하게 사실대로 이야기한다고 저를 평가해 주었습니다. 대불공업단지도 사실은 경제성이 전혀 없었어요. 그러나 경제라는 것은 때로는 정치적인 측면도 고려되어야 한다고 봅니다. 정치적인 안정과 지역 간 균형발전에 대한 의지, 그리고 호남 푸대접이 아니라는 대통령의 철학을 보이기 위해서 대불단지의 조성을 결정한 것이지요. 공급이 수요를 창출한다는 전제하에 수요는 없더라도 공급을 먼저 하면 대불공단도 성공할 것으로 전망하고 착공했습니다. 그런데 공장이 들어와야지요? 오랫동안에 대불공단이 비어있었습니다. 최근에는 대불공단에도 공단입주가 일어나고 있지만, 공단이 활성화되려면 주변에 공항도 생기고 교통이 더 편리해져야 됩니다.

**권자경:** 대불산업단지에 들어가 있는 기업들을 조사해 보았더니, 딱히 특성화된 산업이 없고, 가내수공업이나 신발 등 소규모 사업장이 들어가 있다고 합니다. 대구, 구미 하면 섬유, 전자 등 특징적인 산업이 자리 잡고 있는데, 대불단지에는 특화된 산업이 없어서 아쉬운 것 같습니다.

**문희갑:** 대불공단은 앞에서 얘기한 대로 경제성 측면이 아니고 정치적인 측면에서 조성된 면이 큽니다. 공단에는 주변에 인력도 있어야 하고, 편리한 교통, 원료 생산지가 인접해 있어야 하고, 역사성도 있어야 합니다.

물론, 역사성 없이 인위적으로 만든 공단도 있지만, 교통이나, 노동력 등 다른 생산요소가 있으니까 투자를 한 것이지요. 호남의 큰 기업들이 초기에는 다소 어렵더라도 대불단지에 공장을 짓고 투자를 해야 됩니다. 그런데 광주 쪽에도 공단이 만들어지고 다른 인접지역에도 만들어지니까 대불공단에 들어갈 기회는 줄어든 것 같습니다. 그러나 앞으로 딴 지역의 공단보다 유리한 조건을 만든다면, 대불공단도 활성화될 가능성이 있어요. 그 지역 지방자치단체가 산업을 특화하는 등 많은 노력을 해야지요.

**권자경:** 농공단지는 어떻게 조성하게 되었습니까?

**문희갑:** 농공단지 조성을 위해 제가 '농어촌소득증대특별위원회' 위원장을 맡았어요. 경제기획원차관시절 일본에 갈 기회가 있어서 그때 배워 온 거에요. 제가 한·일 각료회담 대표로 일본에 갔을 때, 일본 농촌을 많이 보고 왔어요. 저의 카운터파트인 일본의 대장성과 기획청에게 다른 곳보다 먼저 일본의 농촌을 보여 달라고 요청했지요. 우리나라와 똑같이 논농사를 하여 벼를 수확하는데, 왜 일본 농촌이 한국보다 잘 사느냐는 겁니다. 가보니 그 당시 일본 농촌 소득 중에서 농외소득이 80%를 차지하는 거에요. 농업소득이 20% 밖에 안 되어도 다 부자에요. 일본 농부들은 자동차를 다 가지고 있고, 전부 트랙터를 이용하는 등 농업이 기계화 되어있었어요. 농외소득이 어디서 나오느냐 하면, 농촌에 소규모 공단을 지었기 때문이에요. 농촌에 공장을 건설한 단지를 농공단지라고 합니다. 농지에 공장을 지어 단지를 만들은 것이지요. 예를 들면 도요타의 부품공장을 농촌에다가 지어서, 농민들이 농번기가 끝나고 농사일을 안 할 때, 공장에 나가서 일을 하는 겁니다. 공장은 농민들의 노동력을 이용하는 거지요. 그게 농공단지입니다. 어떤 지역에 찹쌀이 많이 생산되면 특성에 맞게 미과공장을 만드는 거에요. 미과공장을 만들어서, 그 지역에서 나오는 찹쌀을 가

지고 과자를 만듭니다. 일본이니까 상당히 위생적으로 만들어 저는 일본 농촌은 농사지어서 번 돈에다가 농외소득을 합치니까 농촌이 잘 살고, 농촌에 러브호텔까지 들어가 있어요. 농민들이 소득이 높으니까 즐겨야 되고, 가정에는 그런 시설이 별로 없으니까 군데군데 가면 러브호텔이 있어서 주변 상권도 형성되어 있어요. 제가 경제기획원 차관시절부터 농공단지를 전국적으로 건설했죠. 지금은 거의 모두가 지방공단이 되었어요.

**권자경:** 6공화국에서 세계 경제가 GATT체제에서 WTO체제로 넘어가는 과도기를 겪게 되지요?

**문희갑:** 그렇죠. GATT체제하에서는 개별국가간의 무역체계이므로 직접 무역을 하지 않는 다른 국가를 규제하는 강제성이 없었어요. 쌍방간 협정에 의해서 무역이 이루어지기 때문에 많은 나라들이 무역의 불공정이 벌어지고, 규정에 어긋난 짓을 해도 규제를 못했어요. 그러나 WTO체제에서는 사무기구를 만들어 규제를 하고 벌칙을 가할 수 있게 되었습니다. WTO로 변화되는 단계가 6공화국 때입니다. 6공화국에서는 정치적 측면에서 북방외교를 하였다면, 경제 측면에서는 국제화, 개방화를 열심히 앞당기기 위해 힘을 쏟았습니다.

**권자경:** 6공화국 경제수석을 하실 때 WTO체제였나요?

**문희갑:** 아니요. 그때는 WTO체제가 정착되기 전이었어요. WTO체제로 전환되기 위한 전 단계로서 우루과이라운드, 도쿄라운드 등이 만들어질 때에요.

**권자경:** 6공화국에서 미국, 호주, 뉴질랜드 3개국으로부터 수입을 하지

않겠다고 발표한 것은 무슨 일입니까?

**문희갑:** 그게 농산물입니다. GATT체제에서는 공산품만 국제적으로 규제 대상이었어요. 그런데 우루과이라운드 협상이 본격적으로 이루어지면서 상대국이 자동차나 전자제품을 수출하려면 우리도 다른 국가의 소고기, 우유도 수입해야 한다고 요구하는 겁니다. 한국은 GATT체제하에서 농산물 수입을 억제하니까, 무역보복을 하려 들었어요. 그래서 6공화국은 우루과이라운드 등 세계무역환경의 변화로 공산품을 수출하기 위해서는 농산물 수입이 불가피하게 되었어요. 그러나 농산물을 일시에 개방하게 되면 우리 농민들의 어려움이 커지니까 어떤 품목은 3년간 유예를 해주고, 어떤 품목은 세율을 얼마까지 올리겠다고 하는 등 여러 가지협의를 했습니다. 소고기 수입 연기가 그때부터 나온 이야기입니다.

**권자경:** 미국 농산물 수입에 대한 대책을 6공화국 때부터 마련되었다고 볼 수 있나요?

**문희갑:** 대책이 마련된 것이 아니고, 수입을 계속 연기하기 위해 관계국과 협의를 한 것입니다. 그때 소고기가 들어오면 한국 농민들이 심각한 상황이 된다고 사정을 설득했습니다. 당장 농산물을 개방하면 우리나라 농민들의 어려움이 많으니까 소고기는 언제까지, 쌀은 언제까지, 바나나는 언제까지 유예해 달라고 협의하러 우루과이에 갔습니다. 호주, 캐나다, 미국 등 농산물 수출하는 나라에서는 한국에 대해 무역보복을 하려고 자기 국가들도 한국 상품에 대해 수입을 규제하겠다고 나서는 등 어려움이 많았습니다. 6공화국은 이러한 과도기 단계를 극복해나가는데 엄청난 노력을 했습니다. 외교적인 마찰 없이 협상을 통해, 농산물 수입을 조금 연기하고, 또 관세를 좀 올려서 우리 농민을 보호했습니다. 한쪽에서는 공산품

을 자유무역 하려고 하고, 농산물은 보호무역 하려고 하니까, 과도기적인 입장에서 6공화국은 굉장히 어려움이 많았다는 거에요. 그 과정에서 한·일 각료 회담 등으로 해서 저도 해외에 많이 출장을 다녔지요. 미국도 우리나라 사정을 아니까 당장 개방을 요구하지는 않았지만, 미국에 대한 수출이 계속 증대하니까 한국에 압력을 가하여 미국의 농산물 등 상품을 점점 더 많이 수입하게 하였지요.

## 〉〉〉〉〉 3차 구술

**권자경**: 노태우 대통령 시기의 대통령 리더십과 국정관리에 대한 구술기록을 위해 노태우 정부에서 경제수석을 지내신 문희갑 수석님을 모시고 제3차 구술기록을 계속해서 진행하겠습니다. 일시는 2011년 8월 24일 수요일 오전 10시, 장소는 1차, 2차와 동일하게 대구광역시 달성군 화원읍 본리리 남평문씨 인흥세거지 문희갑 (전) 경제수석 자택입니다.
경제수석으로 계실 때, 6공화국의 노사관계는 어떠했는지 궁금합니다. 1989년에 현대회사 측 임직원이 노조를 공격하는 노조원 피습사건이 발생하였고, 1989년 3월에는 서울시 지하철 파업, 1990년 4월에는 KBS 방송국 노조파업이 있었습니다. 그 외에도 많은 노사분규가 일어났습니다. 당시 이렇게 끊이지 않고 노사분규가 일어났던 것은 무엇 때문이었는지, 경제수석으로 근무하셨을 때 어떻게 해결하셨습니까?

**문희갑**: 제가 1989년 말경 경제수석비서관으로 발령이 나서 노 대통령께 처음에는 고사했는데, 다시 수락하게 된 것은 노 대통령이 굉장히 많이 권하기도 했습니다만, 우리나라가 급속하게 고도성장하는 과정에서 큰 성과

가 있었지만 부수되는 여러 문제들과 민주화 초기에 나타나는 과도한 욕구분출 등을 개선하지 않고는 지속적인 성장이나 또 선진사회를 만들기 어렵다고 판단되어서 시급한 개혁 과제를 어떻게든지 책임지고 해결해봐야겠다는 책임감이 들었고, 그런 복안을 가지고 경제수석 자리를 수락하였습니다. 경제수석비서관으로 발령이 나서 취임하자마자 본격적으로 그러한 개혁작업을 시작하고자 했으나, 예상하지 않았던 노사분규가 극렬한 상황으로 치달아서 개혁과제는 뒤로 미루고 우선 발등의 불을 끄는 식으로 노사분규를 해결하지 않으면 안 되는 상황이었습니다. 노사분규가 극렬했던 배경은 6·29선언으로 간접선거에서 직접선거로 바뀌고, 민주화 조치가 이뤄짐에 따라 그때까지 묶여있던 노사문제, 노동운동, 노동자들의 욕구가 일시적으로 분출되기 시작한 겁니다. 직접선거로 당선된 대통령으로서는 민주화 요구를 받아들이고 민주주의를 실현해 나가야하기 때문에 노사분규의 분출이라는 것은 필연적으로 오게 되어 있었는데, 그렇게 급격하게 그리고 폭력적인 양상으로 일어날 줄은 예상을 못했던 겁니다. 그래서 당황하게 되었어요. 예를 들면 울산 현대중공업이라던지 풍산금속이라든지, 몇 곳의 노사문제는 굉장히 격렬하기 때문에 빨리 수습하지 않으면 심각한 사태로 번져나가 안보문제까지도 걱정해야 되는 상황이었습니다. 더구나 노사분규가 KBS와 같은 정부출자기관에서도 일어났기 때문에 굉장히 심각한 상황이었습니다. 그래서 우선 개혁과제는 뒤로 미루고, 울산중공업 같은 데는 조기에 진압하지 않으면 문제가 심각해지기 때문에 제가 대통령의 재가를 얻어 비밀리에 울산으로 내려갔습니다. 지방자치단체장과 관련되는 경찰, 국정원 관계자들과 모여서 수습 방법을 강구하고, 어떻게든 설득을 시키고 비폭력적으로 수습하는 노력을 본격적으로 실행하였습니다. 노사분규를 지방 단위에서 수습한다든지 경찰력만을 동원하는 것보다는 청와대에서 관계비서관이 내려와서 전체적으로 조정해서 문제를 대응하는 것이 더 효율적이었기 때문에 그 당시 어려웠던 문제가 어느 정도 해결되었죠. 풍산금속 같은 경우에는 노동자들이 화약고를 점령해서 대대적으로 자기들의 요구 조건을 내걸고 1989년 1월 4일까지 들어주지 않으면 화약고를 폭발시키겠다고 협박하는 사건이 있었어요. 3일 전인 1월1일 새벽 5시에 경찰이 진입해서 화약고를 점령하고 있는 근로자들을 설득시켜 해체시켰습니다. 청와대에서 주관이 되어 안기부차장, 내무부차관, 국방부차관과 협의하여 해결방안을 강구했는데, 경찰이 바로 진입해서는 오히려 더 큰 일이 벌어지지 않겠느냐, 순순히 노동자들이 합의를 해주면 모르겠지만 만약 합의가 안 되어 화약고가 폭발하게 되면 큰 일이 날 수 있다는 것을 알게 되었죠. 고민을 하다가 대통령께만 보고했죠. 노동자들은 1월 4일 새벽 5시에 경찰이 들어온다고 알고 있는 상태이므로, 그 이전인 1월 1일에 아무도 모르게 관련된 화약고를 점령하고 있던 근로자들을 해체시켰습니다. 그 당시 노사분규를 해결하고 대응하는데 있어서 청와대 경제수석이 앞장서 해결한 것에 대해 국민들은 전혀 모르죠. 그러나 그 당시 현대 정주영 회장이나 풍산금속 유찬호 회장 등은 청와대를 방문하여 안기부, 경찰, 국방부도 적극적으로 못 나섰던 엄청난 큰 일을 경제수석이 대통령을 설득하여 해결해 준 것이야말로 큰 위기를 막은 일이라고 얘기를 하고 갔다고 합니다. 북한에서 총리급에 해당되는 분이 한국을 방문했어요. 경찰은 그쪽에 경비를 해야 되기 때문에 추가병력동원에 난색을 표명했어요. 울산 현대중공업, 풍산금속의 근로자들이 계속 폭력적으로 나올 때는 경찰이 진입할 수밖에 없었는데 당시 경찰병력은 북한에서 서울을 방문하는 총리의 경호 때문에 병력이 부족해 진압에 문제가 있다고 난색을 표했는데, 국방부장관이 경찰력이 모자라면 위수령을 발동해서라도 군을 동원 할 수 있다고 협조를 했어요. 제가 노사분규에 대한 대통령 뜻을 전달하니까 국방부에서 울산에 위수령을 발동해서라도 울산 앞바다에 군을 상륙시킬 수도 있다고 할 정도로 협조적이었습니다. 이와 같이 노사분규를 해결하는 과정이 매우 어려웠습니다. 청와대가 주축이 되어 아주 기민하고 종합적이고 적극적인 대응을 안했더라면, 노사분규가 오랫동안 갈등이 지속되고, 노사안정이 어려웠을 것으로 예상합니다.

**권자경:** 현재도 노사분규가 끊이지 않고 있는데, 대규모 회사들에서 노사분규가 일어나면 공권력이 투입되는 것이 맞는 것인지 항상 의문이 듭니다.

**문희갑:** 노사분규문제는 간단하게 이야기하기 어려워요. 제가 정부에서 근무하면서 느낀 바는 노사 양쪽과 정부 모두 문제가 있다고 봅니다. 과거 서구 선진국이나 미국은 자본주의 역사가 200~300년이기 때문에 노사갈등의 피비린내 나는 혼란과 대결을 겪은 경험이 있기 때문에 우리와 비교가 안 돼요. 오랜 과정을 겪어 노사가 서로 협의해서 원만하게 해결되는 원숙한 자본주의 사회가 된 반면, 우리는 짧은 기간에 자본주의 경제가 발전하다 보니까 이에 대한 경험이 없었어요.

제가 청와대 경제수석으로 근무할 때나 정부에서 일을 할 때 비교적 노동자 편이었습니다. 왜냐하면 앞에서 이야기한대로 토지공개념, 금융실명제, 경제력집중완화, 공정거래 등의 정책들이 전부 우리사회의 경제정의를 실현하고자 하는 의지에 바탕을 둔 것입니다. 열심히 일하고 노력해서 잘 사는 사람들에게도 경제발전의 혜택이 돌아가고, 기회를 놓쳐 어렵게 사는 사람들에게도 그 성장의 과실이 가야 되지 않겠느냐고 본 겁니다. 불로소득을 근원적으로 없애, 대기업과 중소기업이 공정하게 거래를 하고, 대기업은 중소기업에게 기술지원이나 자금지원, 그리고 부품가격을 합리적으로 조정해주는 등의 경제정의가 실현되어야 한다고 봤습니다.

당시에는 민주노총이 없었고 한국노총 밖에 없었어요. 한국노총 대표자들을 만나 제가 대화를 하고 제가 개혁과제를 설명하면 노동자나 시민들이 적극적으로 지지했습니다. 그런데 노동운동이라는 것이 노사문제도 있지만, 노노문제도 있어요. 노조 안에 강성 이미지를 띤 사람들이 있는 거에요. 그래서 합리적으로 사측과 협력해서 노동자도 이익을 얻고 기업도 발전하는 노사문화가 정착되어야 합니다. 이성적으로 노사간에 협의가 되었는데도 강성노동자가 못 받아들이는 경우가 많아요. 왜 15% 올릴 수 있는데 10%를 받아들이느냐, 그건 사측한테 이용당한 거 아니냐고 주장하니까, 합리적이었던 노동자들도 강성으로 변할 수도 있어요. 그래서 연약한 한국노총으로는 안 되겠다고 생각하여 무조건 노동자 권익을 더 많이 찾아야겠다고 발족된 것이 강경한 민주노총이었습니다. 그게 오늘날까지 이어지고 있지요.

왜 정부가 노사문제에 꼭 개입을 해야 되느냐는 질문에 대해서, 정부에서 오랜 동안 일한 사람으로서 객관적 입장에서 보면 정부가 개입을 안 할 수가 없어요. 노동운동이 오랫동안 정착된 선진국에서도 옛날엔 우리보다 더 심각했습니다. 불을 지르고, 공장을 파괴하는 과격한 행동들이 점진적으로 안정화되고 점점 이성적으로 수습을 해나가게 된 것이지요. 지금 우리는 아직 그 단계까지는 못 갔단 말이에요. 그래서 이제 폭력이 일어나고 방화가 일어나고 분신자살을 하니까, 정부는 그걸 그냥 둘 수가 없단 말이에요. 그래서 정부가 개입을 하는데, 얼마나 정부가 합리적으로 개입하느냐 또 밖에서 일반 시민들이나 노동자들, 학생들이 봤을 때 보는 시각에 따라 다르겠지만, 정부는 정부대로 최선을 다하고 경찰은 경찰대로 최선을 다하는 방식이 되어야 합니다. 많은 희생자가 나오지만, 국민은 약자 편입니다. 근로자들이 분신자살을 한다든지 근로자가 만약 경찰의 실수에 의해서 희생자가 나왔다면, 굉장히 큰 일로 보도가 된단 말이에요. 경찰은 열 명씩 희생을 당해도 크게 보도되지 않고, 근로자가 다치면 큰 일이 되는 것은, 약자를 돌보는 인간의 본능적인 심리 때문에 그렇다고 보는 것입니다. 이런 과정을 통해서 최선책을 찾아 기업을 살리고 노동자의 권익을 찾는 쪽으로 가야 되는데 그것이 쉬운 일이 아닙니다. 특히 대기업 노조들도 보수를 더 받으려고 하지만, 기업은 이윤이 창출된 것만큼, 임금도 인상해야 하지만, 재투자도 해야 하고, 기술개발도 해야 합니다. 지금은 우리나라 기업이 우리나라 기업들끼리 경쟁하는 것이 아니라 세계적인 기업과 경쟁하는 글로벌시대입니다. 노사문제는 아직까지 개선해야 될 점이 많다고 봅니다. 정부가 노사문제에 개입하는 것도 공권력에 확립이 되어야 가능합니다. 지금 선진국은 공권력에 대한 국민들의 승복으로 공권력에 대한 정당성이 얼마나 확립되어있습니까? 그래서 사상자가 나도 이걸 수습하는 것이 그 나라의 경제와 그 나라의 계속적인 발전을 가져온다고 봅니다. 우리는 공권력이 강력하게 하면 인권문제다 뭐다 해서 정치적인 문제가 되고 다음 선거문제가 되어 버리니까, 공권력이 엉거주춤한단 말이에요. 속 시원하게 공권력이 행사되고, 노동자는 그들의 입장에서 꼭 관철시켜야 할 것은 관철시키고, 양보할 것은 양보함으로써, 선진화된 노사문화가 정착되도록 노력해야하는데, 아직까지 아쉬운 점이 상당히 많습니다. 6 · 29선언 이후 민주화 과정에의 초기에 발생된 아주 극렬하고 어려운 고비는 그나마 넘겼기 때문에 그 이후에는 다소 큰 문제없이 왔지 않았느냐고 봅니다.

그때 만약 수습이 잘못돼서 풍산금속이 다 타버렸다던지 또는 현대중공업에서 분신자살이 나왔다면, 우리나라 노동운동은 더욱 격렬한 상황으로 전개되었을 것으로 봅니다. 그동안 숨겨져 있던 사실인데, 노사문제 해결의 일부를 경제수석이었던 제가 주관을 했지만 결국 노 대통령의 의지입니다. 노 대통령의 명령에 의해 경제수석이 주관하고, 안기부, 내무부, 경찰, 국방부 책임자들이 참석해서 해결책을 강구했다는 것이 중요합니다. 노태우 대통령이 정치자금 조성의 문제로 국민들에게 올바른 평가를 못 받고 있는 것을 아쉬워합니다.

**권자경:** 노태우 대통령의 리더십을 한마디로 정의하신다면 어떤 유형이

셨습니까?

**문희갑:** 저는 대통령의 리더십이란 결단의 연속이라고 정의하고 싶습니다. 대통령이 만약 그때 북한의 총리가 서울에 오기 때문에 경찰동원이 어렵다고 소극적으로 대응을 하였더라면 풍산금속이 위험했던 문제를 해결할 수 없었어요. 노사문제 이외에도 금융거래실명제, 토지공개념 도입, 인천공항, KTX, 서해안고속도로 건설 등이 전부 최종적으로 노 대통령의 결단에서 시작된 것입니다. 그런 리더십이 중요한 것이고, 대통령이 결단을 안 내려주면 그런 사업이 성공할 수 없는 거에요. 노태우 대통령은 굉장히 유연하시기 때문에 별명이 물대통령이라 하는데, 물처럼 부드럽다는 의미입니다. 유연하고 아주 신중한 대신에 그렇다고 적당하게 넘어가는 스타일은 아니고 해야 되는 건 꼭 하셨다고 봅니다. 특히 경제 분야에 관한 것은 제가 그렇게 봅니다. 참모들이 대통령이 그런 결단을 내리도록 강력한 안을 대통령께 상신하고, 또 이걸 안하면 안 된다는 등의 보고를 했더라면, 6공화국도 계속 큰일들을 성취할 수 있지 않았겠느냐 하는 아쉬움을 가지고 있어요.

**권자경:** 지금까지 노태우 대통령은 결단을 쉽게 내리지 못하고 우유부단한 성격을 가지셨다고 알려져 있는데, 결단을 신속히 내리는 편이었다는 말씀이시죠?

**문희갑:** 그렇습니다. 대통령의 결단은 참모의 건의내용과 참모가 준비한 자료, 설명에 달려있다고 봅니다. 제가 경제수석으로 근무할 때에도 당시 언론에서는 부총리하고 제가 갈등이 있는 것처럼 보도가 많이 나왔어요. 왜냐하면 언론은 조그마한 일에도 갈등이 있는 것처럼 기사가 나오니까요. 대통령께서 인사와 관련하여 부총리 의견을 들으면 그것이 맞는 것

같고, 제 의견을 들으면 그것이 맞는 것 같아서 상당히 신중을 기하지만, 그 이유를 정확하게 대고 문제가 없다고 판단하면 결단을 내려주시는 거에요. 그런 것이 지도자로서의 결단력이고 리더십이 아니냐, 그렇게 생각합니다.

**권자경**: 1991년 11월, 국제노동기구(ILO)에 우리나라가 정회원으로 가입됩니다. 우리나라가 ILO에 가입 전에 그렇게 대형 노사분규 사건이 많았는데 어떻게 ILO에 가입하고 국제사회의 인정을 받게 되었나요?

**문희갑**: 앞서 말씀드린 대로 극렬한 노사분규가 정부의 적극적이고 효율적인 시기적절한 대응으로 수습이 되었습니다. 노동자들의 협조도 있었고, 노동자들의 자제로 인해 대형 참사 등 불행한 일들이 발생하지 않았어요. 그런 과정에서 당시 한국노총 대표와 대화도 많이 했지요. 이러한 것들이 종합되어 국제노동기구에서 우리나라 노동계 대표자나 노총회장을 만나 이야기할 때, 우리나라가 민주화 기간이 일천하고 노동운동과 노사관계 문화 발전기간이 짧은데 비해서는 굉장히 빠른 속도로 개선이 되고 잘 합의와 협의가 되기 때문에 한국은 노동조합이나 노동운동이 아주 후진국처럼 정부의 위협에 의해서 정부가 하는 대로 가는 것이 아니라, 자주적이고 노동자 권익을 옹호하는 편으로 가고 있다고 얘기를 했습니다. 이러한 얘기가 설득이 되었고, ILO도 직접 한국에 와서 보니까 사실 정부도 민주화를 위해서 노력하는 모습을 본 것이지요. 한편, 기업이나 기업주들은 그 나름대로 불편이 많았어요. 앞으로 어떻게 기업을 하느냐, 기업은 이제 다 망했다, 이런 이야기가 사측에서 나왔습니다. 그러나 그런 와중에도 노사간 타협을 하고 갈등을 줄여나가니까 ILO에서 파견된 사람이나 보고서를 받아보고 면밀히 관찰한 결과 우리나라를 회원으로 가입을 시켜 준 것으로 봅니다.

**권자경:** 오히려 우리나라에서 노동운동이 발생하였고 그것이 어려운 과정에서 해결되는 것이 국제사회에서 좋은 모습으로 비춰졌을지도 모르겠네요.

**문희갑:** 물론이죠. 우리나라가 국제적으로 여러 분야의 발전수준이 계속 올라가는 게 되죠. 만약 노동자를 심하게 탄압했다면 경제성장이 되어도 좋은 평가를 받기가 어려운 거죠. 우리나라가 세계적으로 평가가 달라지기 시작한 것은 6·29선언을 한 것과 88올림픽을 잘 치렀기 때문이 아닙니까? 직접선거로 대통령을 선출하여 그야말로 민주정부가 출범했단 말입니다. 그 전 박정희 대통령 시대, 전두환 대통령 시절의 경제발전은 역사적 유례가 없는 고도성장을 했고, 그 힘으로 스포츠 분야, 교육 분야, 문화 분야 등 전 분야에서 발전을 했지만 국제사회가 크게 인정을 하지 않은 측면이 있었어요. 군사독재정부가 한 것이기 때문이라는 것이지요. 인권을 탄압하고 독재적인 수단으로 한다면 못 할 나라가 어디 있느냐는 식이지요. 민주정부가 수립되고 인권이 보장되고 88올림픽을 치르고 난 뒤에야 대한민국이 옳게 평가를 받았다고 볼 수 있어요. 제2차 세계대전 이후 110개의 신생 독립국가가 출범하면서 모두 민주화와 산업화를 이룩하려고 했지만, 거의 성공을 못하고 오직 대한민국만 민주화와 산업화를 이룩했습니다. 노태우 대통령 밑의 수석비서관이나 장관들은 민주화의 소용돌이 속에서 나름대로 속도를 조절해가면서 합리적인 방법으로 노사문제라던지 사회갈등 해소 등을 해나갔습니다. 안타까운 것은 그 이후에 국민들이 자만심에 빠지고, 본분을 잊어버리고 향락, 퇴폐, 과소비가 만연하기 시작한 것입니다. 그래서 제가 경제개혁을 하지 않으면 안 된다고 주장한 것입니다.

**권자경:** 1986년 3월부터 1988년 12월까지 5공화국부터 6공화국 초기에 걸쳐서 남북경제회담 수석대표를 하십니다. 경제기획원 차관 시절과 어떻

게 구분됩니까?

**문희갑**: 경제기획원 차관 시절입니다. 그때는 경제기획원 차관이 남북경제회담에 수석대표가 됩니다. 자동적으로 차관이 그걸 맡아서 했어요. 왜냐하면, 우리나라 경제의 실질적인 총책임자가 부총리인데, 북한이 장관급이 나오기 힘들다며 차관급으로 하자고 제안을 해서, 경제를 총괄하는 경제기획원 차관인 제가 남북경제회담 수석대표가 된 겁니다.

**권자경**: 남북한의 경제차관급이 수석대표로 만나셨네요. 그 전에는 이러한 경제회담이 없었습니까?

**문희갑**: 없었습니다. 처음으로 시작한 겁니다.

**권자경**: 대한민국 정부수립 이후 처음으로 경제수석대표 회담이 이루어졌는데, 당시의 국민들이나 사회 반응은 어떠했는지 궁금합니다.

**문희갑**: 국제적으로 동서냉전이 해소되고, 독일이 통일되고, 또 소련이 붕괴되고, 중국이 개방적으로 나가게 되니까 한반도에서도 남북한의 대화가 시작되었다고 본 것입니다. 남북 간 대화라는 것이 서로 의견차가 많이 있기 때문에 군사·외교측면은 대화하기가 어렵잖아요. 대한민국 경제는 상당 수준에 와 있고 북한 경제가 어려우니 경제 부문부터 대화를 해나가자고 해서 경제회담이 시작이 되었어요. 실질적인 경제교류를 위한 경제회담이 아니고, 남북한이 대화를 한다는 의미를 부여한 상징적인 회담이라고 볼 수 있어요. 전 세계가 지켜보는 가운데 남북한이 대화를 함으로써 해빙무드가 조성되는 것처럼 보였어요. 대한민국이 북한과 적대관계의 상황에 있으니까 투자를 꺼리는 외국인들도 어느 정도 오해가 해소되고, 북

한도 지금까지 평가받던 독선국가가 아니라는 이미지 개선이 이루어지는 효과가 있었지요. 군사·외교 부문의 대화는 현실상 어려우니까 물밑에서 이루어지는 면이 있었어요. 실질적으로 남북경제회담에의 실익은 별로 없었어요. 회담은 일종의 외형적이고 상징적인 것이었습니다. 그 뒤에 결국 정치적인 협상에 의해 금강산 문제라든지 개성공단문제가 해결됐지, 경제회담에서 이룩된 건 아니라고 봅니다. 남북대화에서 정치·군사·외교가 앞서고 경제는 뒤따라가는 식이었어요. 제가 재임할 때는 공식적인 회담은 없었고, 회담을 위한 준비작업만 이루어졌어요.

**권자경:** 1986년에서 1988년 사이에 77그룹 각료회담 수석대표를 지내십니다. 77그룹은 무엇이고, 회담 내용은 무엇이었습니까?

**문희갑:** 그 당시에는 미국과 소련이 냉전체제하에서 이념논쟁을 지속하고 있는 상황이었어요. 미국 쪽도 아니고 소련 쪽도 아닌 중립을 표방한 그룹이 형성되었습니다. 인도, 인도네시아, 그리고 아프리카의 여러 나라들이 모든 면에서 상당히 어려웠는데, 공산주의 국가도 아니고 민주국가도 아닌 중립노선을 표방하고 77그룹이라는 걸 형성해서 자기들의 권익을 찾으려고 했어요. 77그룹에 대해 그 당시 소련, 중국, 쿠바 같은 나라들이 상당히 친화적으로 대했어요. 자기편으로 만들기 위해서라고 볼 수 있지요. 77그룹에 속한 국가들이 대외적으로는 중립을 표방했지만, 사실은 소련, 중국 쪽에 친화적이었어요. 소련과 중국은 77그룹 국가들에 스포츠센터도 건립해 주고 경제 원조를 조금씩 해줬습니다. 자본주의 시장경제체제인 민주주의 국가에서도 77그룹 국가들을 무시할 수 없었습니다. 그 당시에는 여러 나라들이 해외공관을 무조건 많이 가지려고 서로 경쟁했기 때문에 우리나라도 필요 없는 공관을 곳곳에 두었어요. 북한이 두기 전에 우리도 두고 북한이 뒀는데 우리도 안 둘 수 있냐, 이래서 국가예산이 낭비되

는데도 대외공관을 확보하였습니다. 지금은 동서 이념이 붕괴되어 많은 해외공관들이 철수했지만, 그때 77그룹 총회가 브라질에서 열린 겁니다. 77그룹 총회가 브라질리아에서 열린 겁니다. 총회의 여러 주제 중에 경제주제가 많았어요. 통상문제 등 경제협력 등을 논의하는데, 대표로 다들 참석하지만 별로 실효는 없었어요. 그러나 총회에 참석하여 77그룹 회원들과 우리 경제에 대한 설명을 하고 대한민국의 상황을 알리고, 또 그 사람들의 애로사항을 듣는 것이 외교적으로 의미가 있었죠. 동서냉전 종식 후, 세계의 이해관계는 이념이 아닌 순수 경제 쪽으로 이행되기 시작했어요. 유럽에서 EU를 만들어 공동시장을 만들고, 미국과 캐나다는 NAFTA를 만들고, 남미 쪽에서도 경제협력기구를 만드는 등 아시아·태평양 지역에서도 경제협력기구가 만들어져야한다는 분위기가 많이 조성되었습니다. 1989년도에 우리가 주동을 해서 아시아태평양지역의 무역자유화를 위해 서로 협력하자고 했지만, 아직까지도 활발한 단계는 아닌 것 같아요. 왜냐하면, 국가간 경제적 격차가 너무 심하기 때문이죠. 미국, 일본, 호주, 한국은 경제수준이 상당히 나아졌지만, 필리핀, 인도네시아, 파키스탄 같은 나라들은 경제 수준이 어려워요. 상호이익이 되는 쪽으로 협력할 수 있는 방안이 강구되어야 하기 때문에 APEC은 매년 개최되어 논의되지만, EU, NAFTA, 남미 경제기구처럼 실질적인 효과는 아직까지 안 나오고 있습니다.

**권자경:** 1987년, 한국과 일본의 한일각료회담 대표를 맡은 적이 있습니다. 1988년 2월 제1차 한일정상회담 개최, 1988년 9월에 제2차 정상회담이 개최되는 등 1988년부터 1992년까지 5년 동안 한일정상회담이 중단되지 않고 계속 이루어집니다. 6공화국은 일본과의 관계가 우호적이었습니까?

**문희갑:** 당시 일본은 한국에 대해서 대등한 시각을 가지고 있지 않았어요. 지금은 완전히 다르죠. 그런데 일본이 한국에 대해서 생각을 바꾼 것

이 앞에서 말씀드린 대로, 1980년대 들어와서 경제안정화시책이 성공함으로써 계속 고도성장을 이룩하여 상당한 수준까지 경제가 발전되어, 올림픽을 개최하는 단계까지 왔기 때문에 일본이 한국과 대등한 수준에서 서로 대등한 파트너가 되려는 생각을 가지게 된 것 같습니다. 그래서 건국 이래 처음으로 1987년에 한일 각료회담을 갖게 되었습니다. 굉장히 의미 있는 것이지요. 1987년 12월 한일각료회담이 개최되었는데 다른 나라들은 수석대표가 외무부장관입니다. 우리나라는 경제부총리 겸 경제기획원장관이 수석대표가 되어야 하는데 외무장관이 수석대표가 되니까, 경제기획원 부총리 대신해 차관인 제가 대표로 간 겁니다. 다른 부처는 장관이 갔죠. 배경은 한국 경제가 눈부시게 발전하니까 일본이 한국에 대한 생각을 바꾸어서 이제 한국하고 대등한 관계에서 각료회담을 시작하고, 잘 되면 한일 영수회담도 해야 되겠다는 취지로 출발한 겁니다. 제가 당시 일본에 가서 느낀 것을 간단히 소개하면 일본에는 노무라 연구소라는 데가 있습니다. 일본의 최고 두뇌집단인데, 그 당시 노무라 종합경제연구소장이 도쿠다 히로미로 씨인데 제가 네다섯 시간 동안 독대를 했습니다. 놀란 것은 노무라 종합경제연구소에서 만든 자료를 제시하면서 지난 25년 동안 한국은 일본이 오랜 기간 발전해 온 것과 똑같이 복사한 것처럼 발전해왔다고 말했어요. 그래서 일본은 놀라지 않을 수 없다는 거에요. 25년이라는 짧은 기간에 일본이 발전해 온 것을 어쩌면 한국이 똑같이 해 왔냐는 것이죠. 한국이 속도 면에서 일본보다 더 빨리 발전해 왔고, 일본이 발전하는 과정에서 시행착오나 실패한 것을 한국은 시정하면서 발전해 왔기 때문에 앞으로 빠른 시일 안에 한국이 일본을 앞설 가능성이 높다고 평가를 했어요. 일본의 최고 두뇌집단의 총책임자가 저한테 굉장히 정중하고 높게 대우해주었어요. 과거에는 우리가 일본한테 그런 대우를 못 받았습니다.

**권자경:** 한일 정상회담도 상징적으로 이루어졌습니까?

**문희갑:** 아닙니다. 우리 입장에서는 부품, 기계류 소재를 일본으로부터 너무 많이 수입하고 있었고, 우리 물건은 일본에 수출하는데 장벽이 많았어요. 일본은 우리나라 제품에 대해 우선 관심을 갖지 않아요. 그 정도로 우리나라를 무시한 것이죠. 일본 제품의 품질이 워낙 우수했기 때문에, 독일, 유럽, 미국 제품만 일본에 들어 갈 수 있었습니다. 그래서 한국 제품 중에서도 일본이 쓸 만한 것들이 있을 것이라고 해서 일본에 우리나라 상품 전시회도 열었어요. 그러나 별로 성공을 못했습니다. 구체적인 한일협력관계는 외교, 국방, 안보, 농업, 건설, 교통, 과학기술, 경제 부문에서 상호교류를 하자는 취지에서 매년 양국에서 돌아가면서 회담을 갖자고 한 것입니다.

**권자경:** 한일 정상회담도 처음으로 열린 것이죠?

**문희갑:** 한일 각료회담도 처음이었고, 한일 정상회담도 대한민국 정부수립 이래 처음으로 열린 겁니다. 6공화국의 대통령이나 보좌하는 공직자들이 열심히 노력해서 성과를 거두기도 했지만, 이미 말씀드린 대로 박정희, 전두환 정권에서 눈부신 경제성장을 했지만, 민주주의 국가로 인정받지 못했기 때문에, 6·29선언으로 노태우 후보가 직선제 대통령이 되고 민주화가 점진적으로 이루어지니까 한일각료회담, 한일영수회담이 개최될 수 있었다고 봅니다.

**권자경:** 6공화국의 대표적 업적 중에 하나가 북방외교입니다. 1989년 2월 1일, 헝가리와 첫 수교를 맺은 것이 시작이 됐고, 89년 11월 1일 폴란드와 수교, 89년 12월 27일 유고슬라비아와 수교, 90년 3월 21일 체코슬로바키아, 90년 3월 31일 불가리아, 루마니아, 91년 8월 22일 알바니아와 수교를 맺습니다. 이러한 북방외교는 어떻게 이루어졌습니까?

**문희갑:** 소련이 붕괴되면서 위성국가들이 독립을 했고, 독일이 통일되는 등 대외환경이 크게 변화했습니다. 우리나라도 올림픽을 성공적으로 치름으로서 국제사회에서 부상되기 시작했습니다. 동구유럽 국가들이 소련의 위성국가에서 벗어나자마자 경제발전을 해야겠다고 생각하고 2차대전 이후, 신생독립구가들 중에 유일하게 한국이 경제발전을 이룩한 나라이기 때문에 한국과 교류를 했으면 하고 마음을 먹고 있었다고 해요. 동구유럽 국가들도 미국, 일본, 호주와 교류하고 싶었겠지만, 경제격차가 너무 심했고, 그런 국가들은 동구권 유럽 국가에 큰 관심이 없었어요. 우리나라는 북한, 중국 문제와 관련하여도 동구유럽과 교류할 필요성이 있었죠. 6공화국에서 소위 북방외교 정책을 효율적으로 해나갈 수 있었던 것도 경제적인 뒷받침이 됨으로써 가능했다고 봅니다. 외교적인 노력도 있었지만 동구권 유럽 국가들에는 경제지원이 있어야만 외교관계가 수립될 수 있었습니다.

**권자경:** 동구권 유럽 국가들과 수교를 맺을 때 양국 간 경제협력이 이루어졌나요?

**문희갑:** 솔직히 이야기하면, 한국은 당시 동구권 유럽 국가들과는 경제적으로 얻을 게 없었습니다. 동구유럽 국가들의 경제 및 생활수준이 매우 낮았어요. 지금의 북한하고 비슷한 형편이었지요. 우리나라가 소위 북방 여러 나라들하고 외교를 수립한다는 것은 과거에는 상상도 못할 일이었어요. 그러나 앞으로 북한, 중국문제를 해결하려면 동구권의 여러 국가들과 외교관계를 수립하지 않으면 수교가 어렵다고 판단해서 경제적인 실익보다는 외교, 안보, 국방 측면에서 수교를 한 것이지요. 북방 국가들에 대해 경제적인 지원이 가능했기 때문에 외교관계를 수립할 수 있었지요. 경제적인 혜택을 주고 외교관계를 수립했다는 것을 공개적으로 알리기는 당시

어려운 것이 사실이었습니다. 북방국가들과 수교한 성과가 나중에 중국과 수교하게 되는데 많은 도움이 되었다고 봅니다.

**권자경:** 1992년 8월 24일 한·중수교가 성사됩니다. 한·중수교가 6공화국 북방정책의 완성이라고 표현되고 있습니다. 한·중수교에서 양국 간 경제협력 사항이 있었습니까?

**문희갑:** 한중 간 외교관계 수립은 동유럽 북방 위성국가들과는 다른 차원입니다. 중국은 이제 만만한 나라가 아니에요. 당시 중국의 국민총생산이나 1인당 국민총생산 수준은 낮았지만, 원대한 꿈을 가지고 있는 나라입니다. 1992년에 한중 간 수교가 됐지만, 저는 수교가 되기 5년 전인 1987년도에 우리나라 관료 중 최고직위의 관료로 중국을 방문할 기회가 있었습니다. 공식적으로 방문한 것은 아니고, UNDP(국제연합 개발계획, United Nations Development Programe)가 개최하는 경제세미나가 북경에서 있었어요. 당시 중국도 개방, 경제교류를 해야 한다고 UN에서 권장했고, 중국도 준비하고 있던 시기였습니다. 저는 그 회의에 개인자격으로 초청을 받았어요. 제가 당시 경제기획원 차관이었기 때문이죠. 회의에 갔더니 일본정부의 반응이 제가 무슨 특사가 아니냐, 대통령 친서를 가져간 것이 아니냐는 등 주목했지만, 일체 없었고 순수하게 경제관료로서 대한민국의 경제성장 과정이나 발전에 대해 설명하기 위해 제가 한국 대표가 되고, 현대건설사장과 관련 교수들하고 간 것입니다. 그 당시 북경에 가보니 북경의 큰 거리는 어느 정도 발전을 했지만, 뒷골목에만 들어가면 우리나라의 6·25동란 직후와 비슷했어요. 그만큼 중국이 어려웠습니다. 1949년에 중국의 공산정부가 수립되었지만 그전부터 중국은 살기가 굉장히 어려웠기 때문에 상당수의 중국인이 해외로 나갔어요. 우리 광부나 간호사가 독일이나 해외에 나가는 식으로 말입니다. 20세기 100년간 중국인들이 전 세계로 나

가서 서구 열강들의 철도, 항만, 공항 등의 건설에 중국인들이 대우가 형편없는 노동자로 일을 했어요. 그래서 세계 어느 곳에든 화교가 없는 곳이 없어요. 시장개척을 위해 경제발전을 위해 해외에 나간 것이 아니라, 중국에서는 굶어죽으니까 해외로 수없이 나간 것입니다. 전 세계에 나가 성공한 화교들이 세계적인 네트워크를 형성하고 있지요. 중국이 지금 급속히 성장하는 데는, 여러 가지 요인이 있지만 이 화교네트워크가 크게 기여했다고 봅니다. 중국 화교들의 일부는 전 세계에 나가서 돈을 잘 벌고 그 후손들은 세계일류대학에 다님으로써 유명한 학자들이 된 겁니다. 중국이 일찍이 인공위성을 발사하는 등 첨단과학기술이 발전한 것도 해외에 나가 있는 인재들의 영향이 크다고 봅니다. 우리가 카이스트를 만들어서 우리나라 유학생들, 특히 미국, 독일 등에 나가 박사학위를 받은 과학자들을 유치해서 기술개발에 전력을 다하는 것과 똑같은 것이죠. 중국은 그러한 잠재력을 가진 대국이기 때문에 쉽게 수교관계를 수립하기는 어려운 상황이었습니다. 중국이 빠른 시일 내 경제적 도약을 하기 위해 굉장한 준비를 하고 있는 걸 보고 왔습니다. 당시 세미나를 끝내고 중국 관료의 감시하에서 3~4일간 북경만 구경시켜줬어요. 제가 다른 도시들을 좀 보여 달라고 하니까 그건 안된다고 합디다. 왜냐하면, 일본의 많은 신문사, 통신사 등이 한국에서 온 저한테 초점이 맞춰져 있었어요. 중국은 1992년에 우리하고 외교관계를 수립하기 이전에도 상당한 준비를 많이 하고 있었어요. 등소평이 이미 중국 동쪽의 많은 도시들을 개방한 상태였고, 외국문물도 받아들였잖아요. 모택동시대에는 완전한 공산주의체제였지만, 등소평이 권력을 잡고부터는 흑묘백묘라는 논리로 검은 고양이든 흰 고양이든 관계없이 쥐만 잘 잡으면 된다는 논리로, 경제를 점진적으로 자유시장경제와 개방체제로 전환한 것입니다. 물류 소통이 원활하게 될 수 있는 여러 가지를 연구분석하여 동쪽부터 개방을 해내려간 것입니다. 서구문물을 받아들이고 시장경제의 우월성을 점진적으로 받아들여 오늘날에 이른 겁니다. 중국은 미국보다 더 빨리 성장하고 더 강한 나라가 될 것이라고 학자들은 전망하고 있습니다. 1992년에 중국과 우리나라는 경제분야는 물론이고 국방, 외교 등 전면적인 수교가 극적으로 이뤄졌습니다.

**권자경:** 1992년 한중수교 이전에 1990년 2월 5일에 노태우 대통령과 소련의 고르바초프가 미국 샌프란시스코에서 회담을 갖게 됩니다. 한소정상회담인데요. 제3국인 미국에서 만나셨어요?

**문희갑:** 한소 정상회담을 미국에서 개최하는데, 경제협력을 하기 위해 서로가 준비를 갖추어야 하는데, 러시아 같은 경우 여건이 안 갖추어져 있었어요.

**권자경:** 남북관계가 급격히 우호적으로 전환됩니다. 1988년 7월 7일 잘 알려진 노태우 대통령의 7·7특별선언이 있었습니다. 남북한 관계 개선, 대 동구권 북방정책을 표방하면서 민족자존과 통일 번영을 이룩하자는 선언문이었습니다. 7·7특별선언은 어떻게 이루어진 것입니까?

**문희갑:** 남북관계에는 노태우 대통령의 7·7선언도 있었지만, 그 이전에 박정희 대통령 시절에도 7·4공동선언이 있었습니다. 김대중 대통령 때도 선언이 있었고, 남북정상회담도 열렸어요. 그러나 남북관계는 그때그때의 여러 상황으로 변해왔습니다. 대통령의 정책에 대해 이야기하는 것도 의미가 있지만 기본적인 문제는 우리가 북한속내를 너무 모르고 있다는 사실입니다. 북한체제가 공산주의든 사회주의든 관계없이 우리 동족이 굶어 죽고 있고, 또 경제발전 상황이 너무 열악한데다가 인권이 유린 되어서 주민들이 죽어가고 있단 말이에요. 그런 나라를 옆에 두고 우리가 혼자서 잘 살 수가 없잖아요. 동족이 아니라도 인류애를 느끼는데, 그러한 차원에서

북한이 좀 잘사는 나라가 되었으면 얼마나 좋겠어요. 이념을 넘어서 북한이 잘 사는 나라가 되기 위해 대외에 개방을 하여야한다는 것이죠. 개방에 의해 북한도 값싼 노동력 등을 활용, 수출을 해서 잘 살도록 하면 우리가 통일 후라도 부담이 가볍다는 것이죠. 나라가 분단돼서 북한이 너무 비참하게 살고 있고 지나친 인권유린으로 희생은 더해가고 있으니까 하루빨리 북한이 정상적인 나라가 되었으면 좋겠다는 것이 우리나라가 지향해야 될 길이라고 봅니다.

**권자경:** 1991년 9월 18일에 남북한이 UN에 동시에 가입합니다. 한국이 161번째 회원으로 가입하게 되는데요. 남북한 UN 동시가입에 중국이 북한에 영향력을 행사했기 때문이라는 말도 들립니다. 경제부문에서는 남북한 UN동시가입에 어떠한 역할을 했습니까?

**문희갑:** 당시 우리나라는 경제성장발전과 민주화가 동시에 이룩됨으로써 UN에 가입될 분위기였습니다. 북한 때문에 UN안보리에서 상임이사국인 중국, 러시아가 대한민국의 UN가입을 반대했기 때문에 가입이 지연되어 왔었죠. 하지만 UN 정회원으로 가입이 안 되어도 UN산하의 각종 기관에는 대부분 가입이 되어 있는 상태였어요. 북한이 어떻게든지 핵을 보유하지 않고, 세계평화가 지켜지려면 UN이 북한에 대해 보다 강력한 대응이 필요하다는 분위기가 형성되었어요. 북한이 개방개혁을 하고 세계 각국과 원활한 관계를 유지토록 하려면 북한도 UN에 가입시킬 필요가 있다고 보고 러시아와 중국이 남북한을 동시에 가입시키자고 제의 했겠죠. 북한이 UN에 가입하게 되면 여러 나라들하고 외교관계가 이루어질 것이라고 봤는데, 결과적으로 별 성과가 없었습니다. 지금까지 철통같은 폐쇄정책으로 인민들한테는 우리가 지금 어렵고 힘든 것은 전부 미국제국주의와 남한 때문이라고 선전하지요.

**권자경:** 6공화국의 한미관계는 어떠했습니까? 1991년에 미국이 이라크를 공격하면서 걸프전을 일으키고, 그때 중동의 걸프전이 일어나면서 그 영향이 한국 경제에까지 타격이 미친 것으로 알고 있습니다. 미국에 의한 걸프전이 한국의 경제에 어떤 영향을 주었으며, 노태우 대통령과 부시 대통령과의 관계는 어떠했습니까?

**문희갑:** 당시 한미관계는 굉장히 우호적이었어요. 부시 대통령이 방한을 했을 때 제가 경제수석비서관으로 양국 대통령 영수회담에도 참석했지요. 부시 대통령이 걸프전을 하게 된 이유는 이라크가 계속해서 독재를 하면서 핵개발을 하고 석유 값을 인상시키고 석유를 무기로 국제사회를 어렵게 한다는 겁니다. 석유생산국들 중의 일부나라가 단합을 하여, 반미, 반서방적으로 나오기 때문에 문제있는 이라크에 후세인을 제거하든지 조치를 취해야 한다는 겁니다. 중동에 우리나라 근로자들이 많이 나가있었어요. 전쟁이 벌어지니까 해외 건설공사 등 여러 문제가 우려스러웠어요. 그러나 미국의 이라크 공격은 다행스럽게도 우리가 예상한 것보다 훨씬 빨리 마무리되어 우리의 우려와는 달리 우리 국민들의 경제적 손실이 거의 없었습니다.

## 》》》》 4차 구술

**권자경:** 노태우 대통령 시기의 대통령 리더십과 국정관리에 대한 구술기록을 위해 노태우 정부에서 경제수석을 지내신 문희갑 수석님을 모시고 제4차 구술기록을 계속하겠습니다. 일시는 2011년 8월 24일 수요일 오후 2시, 장소는 1차, 2차, 3차와 동일하게 대구광역시 달성군 화원읍 본리리 남

평문씨 인흥세거지 문희갑 (전) 경제수석 자택입니다.

경제수석으로 계시다가 1990년 4월부터 1992년 5월까지 민자당 소속의 대구지역 국회의원으로 당선되셔서 13대 국회의원을 지내십니다. 정부 부처에 계시다가 국회의원에 출마하시게 된 사연이 있으세요?

**문희갑:** 6공화국이 국민의 직접선거에 의해서 출범했습니다. 그런데 5공화국의 속칭 군사정부를 이어받아 6공화국 정부가 같은 군인 출신 대통령이 됐고, 5공화국의 바탕 위에 있는 군사정부라는 주장을 야당 특히 재야 쪽에서 들고 나왔죠. 군사정부 잔재가 남아있는 5공화국 청산 없이는 6공화국 정부가 국정을 수행하는데 야당은 협조를 못하겠다는 것이었습니다. 그리고 당시 국회가 여소야대였기 때문에 야당의 협조 없이는 국정을 원만히 수행하기 어려웠어요. 5공청산이라는 큰 과제가 6공화국 앞에 놓여 있었습니다. 5공화국을 청산하는 과정에서 대구 선거에 정호용 의원 출마가 걸림돌이었습니다. 그러나 정호용 의원은 어떤 일이 있어도 출마하겠다고 버텼지요. 6공화국 입장에서는 정호용 의원의 출마를 억지로 막지 못하니까, 그러면 그 후보를 낙선시켜야하나 그 후보를 이길 수 있는 사람이 누구냐고 당에서 오랫동안 물색을 하다가 문희갑이 출마하면 가능성이 있다고 결정되어 당의 권고로 출마하게 된 겁니다. 물론 지난번에 이야기한 대로 그 과정에는 여러 가지 문제가 있었죠. 제가 경제수석을 하면서 경제개혁을 해나가는 과정에서 반대세력이 있었고 대통령 입장에서도 너무 개혁을 과감하게 추진해나가니까 사회적 저항도 있었습니다. 그래서 5공청산 과정에서 본의 아니게 4·3보궐선거에 출마해서 당선이 된 겁니다.

**권자경:** 보궐선거였기 때문에 임기가 꽉 채워지지 않았겠네요.

**문희갑:** 2년 1개월 했죠. 제가 그런 배경으로 당선이 되었기 때문에 의

정활동을 의욕적으로 하기 어려웠습니다. 왜냐하면 4·3보궐선거의 후유증이 컸어요. 후보자인 제가 혼자의 힘으로 선거를 치르기보다는 문희갑을 당선시켜야 되는 당시 정부 여당이 무리하게 선거를 치루었기 때문에 부정선거라는 시비가 많았습니다. 선거는 저의 당선으로 끝났지만 후유증이 컸기 때문에, 제가 떳떳하게 용기를 가지고 의정활동하기가 어려웠기 때문에 자숙하는 의미도 있었습니다. 또 그 당시 6공화국 출범 초기여서 여야 간 여러 가지 마찰이 많았습니다. 그 과정에서도 야당 국회의원이나 여당 국회의원들에게 정부의 여러 가지 상황에 대한 설명, 그리고 예산개혁, 경제개혁, 경제정의실현 등을 설득하는 의정활동을 했습니다.

**권자경:** 선거과정에서 4·3보궐선거의 정호용 후보는 불출마를 하게 되셨나요?

**문희갑:** 선거 막판에 가서 거의 자의반 타의반으로 사퇴를 했습니다. 4·3보선 전에는 문희갑이라는 사람의 이미지가 경제정의실현과 물가안정을 위해 노력한 타의 추종을 불허하는 훌륭한 공무원으로, 전국적으로 알려져 있었는데, 4·3보궐선거 때문에 그 이미지가 거의 다 실추되어 버린 거에요. 본의 아니게 선거가 심한 흙탕물 속에서 실시되어 저로서는 피해가 굉장히 컸습니다.

**권자경:** 국회의원직을 1992년까지 채우시고, 그 이후 미국으로 건너가십니다.

**문희갑:** 보궐선거로 13대 국회의원을 지내고, 제14대 선거 때 다시 출마해서 정호용 의원이 당선되고 제가 낙선되었어요. 그래서 의정활동을 정리하고 미국으로 공부를 하러 떠났습니다.

**권자경:** 미국 예일대 객원교수로 가셨습니다.

**문희갑:** 예일대학교에 저하고 시골서 같이 자란 절친한 친구가 교수로 있었어요. 연구실도 주고, 주차공간도 허용되고, 도서관도 자유롭게 이용하고, 듣고 싶은 강의도 듣고, 필요한 세미나가 있을 땐 강의도 하고 그런 요건을 갖추어 예일대에서 3년 가까이 공부를 했어요.

**권자경:** 어느 쪽으로 공부를 하신 겁니까?

**문희갑:** 저를 초청해준 학교가 산림환경 쪽을 전공하는 대학원이었어요. 그 분야에도 공부하면서 제가 하고 싶은 공부도 했죠.

**권자경:** 1994년 9월부터는 계명대학교 초빙교수, 대구 경제연구소 이사장님을 지내시는데, 대구경제연구소 설립은 직접 하셨습니까?

**문희갑:** 네. 제가 설립하고 직접 운영하였습니다. 예일대에서의 연구 계약기간도 끝나갈 즈음에 처음으로 우리나라에 초빙교수 제도가 도입되었어요. 초빙교수 제도라는 것은 정부의 차관급 이상의 공직자로서 오랫동안 국정을 담당해서 일했던 사람들이 그 경험을 대학에서 학생들에게 가르쳐 주는 것이 좋겠다고 해서 도입된 제도인데, 계명대학교에서 초빙교수 생활을 1년 했어요. 그 무렵 민선자치 시대가 시작되어 자치단체장과 지방의회 의원선거가 실시되었습니다. 그 당시 광역자치단체인 대구시에 민선시장으로 출마해달라는 여론이 비등했습니다. 그 이유는 대구가 경제적으로 어려운 상황이었기 때문에 경제를 잘 아는 분이 대구시장이 되었으면 좋겠다는 여론이었습니다. 그래서 초빙교수를 하면서 선거에 관심을 가지게 된 거에요. 그런데 대구경제에 대해서 특별히 연구한 건 없었기 때

문에 대구를 위해 일을 하려면 대구 경제를 좀 알아야겠다고 생각이 들어서 대구경제연구소를 설립해서 이사장이 되고, 본격적으로 대구 경제문제에 대해서 세미나도 하고 여러 가지 연구를 하기 시작한 것입니다.

**권자경:** 1995년 5월 전국동시지방선거가 이루어지고, 초대 민선 대구시장으로 당선이 되셔서 7월부터 임기가 시작됐습니다. 1998년 6월까지 초대 민선 대구시장을 지내시고, 1998년 7월부터 2002년 6월까지 재선되어, 민선 제2대 대구시장까지 계속 역임하십니다. 89년 중앙 지역균형발전 단장을 지내시면서 국가균형발전을 위해 세우신 계획들이 대구시장을 하시면서 실행시킨 부분이 있으십니까?

**문희갑:** 지난번에 말씀드린 대로 지역균형발전기획단에서 전국적인 전문가로 조직을 만들어서 연구하고 여러 가지 정책안을 수립하여 본격적으로 시행할 단계에 제가 경제수석을 떠남으로서 흐지부지 되었습니다. 그때 작성한 최종적인 보고서 이름이 '지방화시대의 지역균형발전을 위한 기본구상'이었습니다. 제가 대구시장에 당선되었을 때는 지역균형발전이라는 것을 전제로 낙후된 경제를 포함하여 문화적, 교육적, 환경적 수준을 어떻게 하면 발전된 도시로 만들 것이냐가 고민이었습니다. 그래서 시장선거 2개월 전에 싱가폴을 다녀왔어요. 싱가폴대사가 저하고 같이 일했던 사람이었어요. 싱가폴 인구가 340~350만이었고, 당시 대구 인구가 250만이었으니까, 벤치마킹이 되지 않겠느냐 해서 가봤습니다. 정말로 이상적인 도시국가였어요. 그걸 벤치마킹하고, 또 대구가 가지고 있는 역사적, 문화적, 전통적 특성을 살려서 선진화된 도시, 살기 좋은 도시, 문화도시를 만들어야겠다고 강한 결심을 하였습니다, 저는 장기적인 안목에서 대구의 역사성과 잠재적 특성을 감안한 여러 가지 구상을 하고 그에 따라 열심히 노력하기로 하였습니다. 지방은 역시 열악했습니다. 공무원들의 질적 수

준과 일하겠다는 의욕이 중앙보다는 크게 부족하고, 지역 주민들의 수준도 세계화, 선진화 의식이 부족했기 때문에 일하는데 굉장히 어려움이 많았습니다.

**권자경:** 초대 민선선거에서는 무소속이었는데도 당선되셨어요. 그때 선거에서 당 지원이 없었는데 힘들지 않으셨어요? 시장이 되신 이후에는 다시 민자당에 들어가셨습니까?

**문희갑:** 무소속으로 시장에 당선된 이후에 민자당에 들어갔습니다. 미국에서 공부하고 와서 계명대학교 초빙교수로 있을 때 주변 시민들이 제가 국회의원을 다시 할 줄 알았던 것 같아요. 그땐 민자당의 당직을 가지고 있었을 때니까요. 그리고 민자당이 일을 좀 해줬으면 좋겠다는 부탁도 많이 있었는데, 4·3보궐선거를 치르고 2년 동안 의정생활하면서, 또 14대 선거를 치르면서 국회의원은 적성이 맞지 않다고 생각하고 국회의원은 하지 않기로 결심했어요. 의회정치는 생리에 맞지 않기 때문에 정치를 하게 된다면 행정정치인이 되어야겠다는 이런 결심을 하게 되었어요. 그래서 대구시장으로 출마하게 되었는데, 민자당에서 당연히 공천을 줄 줄 알았는데, 당시 대통령이나 집권여당인 민자당에서 공천을 안주고 다른 유력한 사람을 주기로 주장을 하는 거에요. 그 당시 대구에서는 제가 인기가 제일 낫다고 평가되어 있었기 때문에 저는 탈당하고 무소속으로 출마하기로 기자회견을 하였습니다. 그 다음날 김영삼 대통령이 불러서 찾아가니 공천해 줄 테니까 다시 입당해서 출마하라고 말씀하셨어요. 그때 당이나 대통령이 인기가 없었고, 이미 시민들 앞에서 탈당해서 무소속으로 출마하겠다고 기자회견한 상태라서 대통령의 상당한 요청과 압력이 있었지만 물리치고 무소속으로 선거를 치루었습니다. 상상해보시면 아시겠지만 얼마나 어려움이 많았겠어요? 대통령 이야기를 안 듣고 그냥 무소속으로 출

마했으니까 당시 집권여당 출마자들은 굉장했죠. 당선이 되긴 했는데 처음에는 압도적인 인기였는데 나중에 어려움이 많았습니다. 그렇게 당선되어 시장 일을 무소속이지만 집권여당이나 당을 가진 사람 이상으로 소신껏 잘해 왔어요. 그런데 차기 대통령 출마의 유력한 후보자로서 이야기가 됐던 분이 그 당시 민자당 대표였는데, 민자당에 입당하라고 직간접적으로 이야기를 건네 왔어요. 지금 생각해보면 무소속으로 있었어야 했는데, 어려운 대구시를 빠르게 발전시키기 위해서는 집권여당이나 대통령의 힘이 필요하고 당시 후보자가 대통령으로 당선될 가능성이 높고 하니까 주위 권고도 있고 해서 입당했는데, 입당이후 여러 가지 사건이 많았어요. 입당이후 제가 계속 시장을 함으로서 제가 추진하려던 사업들을 강력히 추진하여 대구를 한 단계 더 발전된 도시로 올려놓고 그만둬야 되는데 오히려 그걸 못하게 된 원인도 입당 때문이었어요.

**권자경:** 초대 대구시장이셨을 때는 김영삼 대통령 때 되셨고, 2대 시장일 때는 김대중 대통령 때 되셨네요. 그래서 박정희 대통령 때부터 지금 현재 이명박 대통령 시기까지 다양한 역할을 하셨습니다. 중앙 행정부 공무원, 청와대 수석, 입법부 국회의원, 지방 시장님, 대학 초빙교수 등 다양한 역할 중에 다시 한 번 하면 더 잘할 수 있겠다, 다시 한 번 이 역할은 하고 싶다는 자리가 있으세요?

**문희갑:** 상당히 어려운 질문입니다. 말씀하신대로 행정고시 합격해서 정부에 들어가서 아주 중요한 일들을 많이 했어요. 국가의 중요한 여러 가지 정책결정과 특히 경제분야의 중요 정책결정에 많이 참여함으로써 큰일도 많이 했죠. 옛 말에 자리가 인물을 만든다는 말 대로 아무리 뛰어난 인물도 그런 자리에 앉지 못하면 큰 일을 할 수 없지 않느냐, 그런 의미에서 굉장히 감사하게 생각하고 있습니다. 따라서 그런 자리에서 일을 할 수 있

게 해주신 분들에게 감사하게 생각합니다. 저는 스스로 생각할 때 현재와 같은 정치상황에서는 제가 정치 활동에 적성이 맞지 않다고 봅니다. 정치가 무질서하고 정치윤리가 없고 정치법도가 없는 우리정치는 위선, 중상모략, 거짓, 허위 속에서 정치를 하고 있습니다. 저는 이러한 상황이 생리적으로 맞지 않기 때문에 행정부 쪽에서 일하는 스타일이 적합하다고 생각합니다. 행정부 쪽 일도 3공이나 5공이나 6공 시절 같이 대통령이 공직자들에게 소신을 가지고 일을 할 수 있도록 여건을 갖추었을 때 일을 열심히 할 수 있지만, 지금과 같은 혼란한 상황, 정치도 정치 같지도 않고, 철학도 없고, 민족과 국가 장래에 대한 진로나 목표가 뚜렷이 세워져 거기에 맞게끔 일관성 있게 정책을 밀고 나가는 정당이나 그런 정치 풍토가 되어있지 않기 때문에, 지금의 행정부는 제 기능을 다하지 못하고 있다고 생각이 듭니다. 아직까지 중앙정부가 많은 권한을 가지고 있고 지방자치단체장에게는 제한된 권한이 위임되어 있지만 지방자치단체장이 그 지방만은 어느 정도 자기의 소신과 자기의 철학을 가지고 발전시켜 나갈 수 있기 때문에 소신을 가지고 일하기 힘든 중앙정부의 고위직보다는, 지방정부를 맡아 지방 하나만이라도 자기의 소신과 신념에 맞도록 비전을 가지고 일을 하는 것이 좋다고 생각합니다. 최근 제가 초야에 묻혀 혼자 공부를 하면서 살고 있는데, 작년에 히말라야 에베레스트 베이스캠프에 다녀오면서 깊은 생각을 하게 되었습니다. 제가 시골서 혼자 유유자적하게 지내는 것도 좋겠지만 이러한 생활은 그간 국민들로부터 받은 은혜에 보답하는 길이 아니라고 생각을 하였습니다. 제게 남은 여생 동안이라도 어떻게 하든지 이 나라가 바로 서고, 후학들이 올바른 생각을 하도록 하는데 기여해야 되지 않겠느냐고 생각하였습니다. 물론 내가 돈에 여유가 있으면 복지사업도 하고 교육사업도 하겠지만, 그런 여유가 없기 때문에 제가 할 수 있는 길은 결국은 제가 그동안 배우고 경험한 경륜과 철학을 후학들에게 가르치는 것이 좋겠다고 생각하여 작년부터 여러 군데 특강을 하고 있습니다. 주로 공무원, 일반 시민단체, 향교, 유림단체 등에 가서 배운 실력을 활용하여 이 나라의 문제를 같이 걱정하고 세계의 돌아가는 상황, 특히 중국 문제, 미국 문제, 일본 문제, 등에 대해서 의견을 나눔으로써 국가를 위해 기여하도록 하고 있습니다.

**권자경:** 수석님께서는 박정희 대통령 때부터 전두환, 노태우, 김영삼, 김대중, 노무현, 이명박 대통령에 이르기까지 여러 가지 일을 해왔고 또 정치 쪽에도 관여한 경험을 가지고 있습니다. 노태우 정부가 다른 정부와 구별되는 점은 무엇인지 차별화되어 내세울 것이 있다면 말씀해 주십시오.

**문희갑:** 박정희 대통령 시절에는 제가 과장부터 국장까지 했기 때문에 그냥 공무원으로서 사명감을 가지고 열심히 일만 하였습니다. 박정희 대통령의 통치 철학은 정말 강력한 의지와 결단력을 가지고 가난에 대한 한을 반드시 풀어서 부강한 나라를 만들겠다는 일념으로 대통령을 해 오셨다고 보아집니다. 그때 저는 국장, 과장이라는 비교적 중간단계의 공무원이었지만, 우리가 보고 느낀 박정희 대통령은 최악의 여건 속에서도 모든 힘을 동원해서 일을 척결해내시는 그런 지도자였어요. 대통령이 저렇게 하는데 우리는 과연 이 정도로 해서 되겠느냐는 생각이 들 때가 많았어요. 그때 대통령이 얼마나 존경스러웠냐 하면, 당시 사회적으로 다 알려진 유명한 지도자들은 대부분 국산 상품보다는 외국산을 많이 사용하였습니다. 대통령 전용병원에서 입원 치료하는 고위직 인사는 대부분 외제를 사용했어요. 그런데 박정희 대통령은 100% 국산만 사용하시기 때문에 건강 체크하러 온다고 하시면 수간호사가 동대문 시장에 가서 치약, 칫솔, 비누 전부 국산을 사와야 했어요. 박정희 대통령은 임기 약 18년 동안 거의 모든 것을 국산만 쓰시니까, 공직자들도 따라하지 않을 수가 없었어요. 그런 위대한 대통령 밑에서 일함으로써 우리의 공직관이 투철하게 확립되었고 그

정신이 아직까지도 마음속에 살아 있다고 봅니다. 전두환 대통령은 박정희 대통령이 이룩한 것을 그대로 발전시킨 겁니다. 보통 사람 같으면 대통령으로서 뭔가 큰 업적을 남겨야겠다, 전임 대통령이 한 거 말고 내 것을 해야겠다고 할 텐데 전두환 대통령은 박정희 대통령 시절의 업적을 이어가려고 하였으나, 당시 가장 큰 문제였던 살인적인 물가상승을 안정시키지 않고는 계속적인 발전이 어렵다고 보았기 때문에 물가안정에 전심전력을 다하였고 그 때문에 그 후 7년 동안 경기가 좋아진 겁니다. 그러면서 박정희 대통령 시절 말기부터 불기 시작한 방종과 사회의 불안요소를 제거하고, 무질서를 많이 개혁했습니다. 그러한 업적은 언젠가 역사적인 평가를 받을 수 있다고 봅니다. 박정희 대통령 18년, 전두환 대통령 7년, 도합 25년 동안 이룩한 경제성장의 바탕이 오늘날 대한민국의 경제력의 바탕이 되었다고 봅니다.

그 바탕 위에서 초기 노태우 대통령 2년도 안정적인 발전이 유지되어 왔어요. 그러나 노태우 대통령은 전두환 대통령, 박정희 대통령과는 달리 앞에서도 수차례 언급한 것 같이 노태우 대통령은 같은 군인 출신 대통령이지만 직접 국민이 뽑은 대통령이므로, 민주화를 위한 새로운 헌정질서를 유지해야 되기 때문에 초기에는 과거와 같은 국정운영이 가능했지만 중기에 와서는 어려움에 직면하였어요. 민주화의 열기가 워낙 강했기 때문에 사회가 어수선하였지만 시대 상황을 올바르게 읽고, 거기에 맞추려고 부단히 노력했다고 볼 수 있습니다. 그게 어려운 일이거든요. 노태우 대통령보고 너무 우유부단하다, 물 같은 대통령이다, 그게 거기서부터 나온 것 같아요. 왜냐하면 사회분위기가 박정희 대통령이나 전두환 대통령 시절 같이 강하게 할 수 없는 상황이었어요. 민주화가 되어감으로써 각계각층의 요구가 분출되고 각종 비판이 쏟아지고 혼란이 극심하여, 이걸 부드럽게 설득시켜 가면서 일을 해야 할 수밖에 없었어요. 노태우 대통령은 부드러우면서도 해야 될 것은 꼭 챙겨나가는 민주적인 성향을 갖춘 대통령이라고 평가할 수 있습니다. 이러한 면이 전임 대통령들과 차별화될 수 있습니다. 그런데 노태우 대통령 임기 2년 후에 국정 중간평가를 하도록 약속되어 있었습니다. 저는 그때 수석비서관 회의 등에서 중간평가를 받자고 주장했으나 대부분 중간평가를 받지 말자고 주장하였습니다. 그래서 부득이 3당을 합당한 거에요. 노태우 대통령이 초기에는 국정운영을 잘 하였기 때문에 중간평가를 떳떳하게 받고 그 바탕 위에서 노 대통령이 구상했던 국정철학을 강력하게 추진했어야 하는데 중간평가를 안 하고, 3당합당이라는 길을 택한 겁니다. 중간평가를 안하고 3당이 합당하는 바람에 사실상 대통령 권한이 많이 축소 됐어요. 그래서 김영삼 대통령을 불가피하게 대통령 후보로 지명하지 않으면 안되는 상황이 된 거에요. 저는 그때 3당합당하지 말고, 노태우 대통령이 끝까지 소신껏 임기를 채우면서 국가를 일사불란하게 더 발전시켜 나가야 했다고 생각합니다. 그리고 후임대통령의 지명에 있어서 사려 깊은 검토를 하는 것이 좋겠다고 생각했지만, 그런 부분에 아쉬움이 있습니다. 김영삼 대통령 시절부터 우리나라가 발전보다는 정체상황이 급속하게 시작이 됩니다. 대통령은 앞으로 경륜과 경영 능력이 있는 분이 되어야 된다고 봅니다. 김영삼 대통령과 김대중 대통령은 어린 시절부터 현장 정치에서만 일했기 때문에 어떤 조직을 운영해 볼 기회가 없었어요. 조직을 운영해봐야 인사를 해본 경험도 있고 융화를 위해 설득도 시킬 줄 알고 타협할 줄도 아는 거에요. 그분들은 민주화를 위하여 소위 군사정권을 물러나게 하고 인권을 회복시켜 권위주의 정권을 물러나게 한 업적도 크지만, 우리나라가 선진국으로 가는 단계로 봤을 때는 그분들이 국정 지도자로서 좀 아쉬운 점이 많다고 보는 거에요. 현장정치 출신 대통령이 나름대로 잘한 면도 많지만, 순수한 경제적인 측면에서는 낭비가 굉장히 많았다고 봅니다. 지금 이스라엘 같은 나라는 세계 기술 5대국이지만, 또 경제가 굉장히 발전되고 성장도 되었지만, 그 경제의 성장 발전에서 얻은 한정된 재원을 전부 과학기술에 쏟아 부어요. 우리나라는 이스라엘에 비해 기술수준이 뒤떨어져 있음에도 성장의 과실을 잘 활용하지 못하고 과소비를 하고 있습니다. 이 나라가 선진경제권에 진입하려면 한정된 재원을 가장 효율적으로 사용하여야 하는데 이것은 대통령의 강력한 리더십과 정치수준의 향상에서만 이루어질 수 있다고 보는데 경제관료 출신의 시각으로 봤을 때는 김영삼 정부부터 이러한 면이 굉장히 아쉽다고 봅니다.

**권자경:** 노태우 대통령과 6공화국과 관련돼서 언론에 지금까지 공개되지 않은 에피소드나 비화가 있으면 몇 가지 소개 부탁드리겠습니다.

**문희갑:** 그런 것은 별로 아는 게 없어요. 제가 경제수석을 하면서 개혁에 중점을 두고 일을 할 때, 기득권 세력이나 기득권 세력의 비호를 받는 대통령측근으로부터 끊이지 않는 핍박을 받고 그런 여파 등으로 그 자리에서 물러나오게 된 것으로 알고 있습니다. 노태우 대통령이 수천억 원의 비자금을 모은 것은 본인의 뜻이라기보다 주변의 인물들의 영향이 더 컸다고 저는 봅니다. 이 문제가 사회에 알려지고 형사처벌을 받게됨으로써 노태우 대통령이 그렇게 많은 일을 하고, 북방외교, 경제정의, 국가기간산업, 인천공항, KTX 고속철도, 신도시 건설과 같은 업적들이 평가를 제대로 못 받고 있습니다. 주변에 사람을 잘 두어야 합니다. 충신의 이야기를 듣고 간신의 이야기는 안 들어야 되는데, 대통령이 인사를 그렇게 못하는 거에요. 인사가 만사라고 합니다만 어느 때나 잘 안 되고 있습니다.

**권자경:** 노태우 대통령의 공약사항중 하나가 지방자치제도 실시였는데 막상 대통령이 되시고 나서는 차일피일 미루다가 결국은 공약사항을 왜 지키지 않느냐 여러 질타가 있자, 단체장 선거를 제외한 지방의원 선거만 실시합니다. 1991년 3월 26일 기초지방의원 선거가 치러지고, 6월 21일 광

역의회의원선거가 실시됩니다. 단체장 선거가 빠진 소위 반쪽자리 지방자치가 시작됩니다. 단체장까지 선거를 하면 대통령의 권력이 축소된다고 미루셨다는 얘기가 있는데요, 상황은 어떻게 된 것입니까?

**문희갑:** 제가 김영삼 문민정부에서도 일해 봤고 그전 정부에서도 일해 봤는데, 군 출신 인물들은 나름대로의 여러 가지 결점도 있고 장점도 있어요. 제일 장점은 그 사람들은 순수합니다. 그리고 굉장히 애국자에요. 우리는 왜 지방자치를 안 하느냐, 우리는 왜 민주주의를 본격적으로 실시하지 않느냐고, 민주주의만 신봉하는 사람들은 계속 그렇게 이야기하는데, 국가를 실제 운영관리 해보면 민주주의도 좋고, 지방자치도 좋지만, 개발도상국가가 정말 일사불란하게 자원을 효율적으로 배분하고 지역적으로 균등하게 발전시키려면 우후죽순처럼 지방의 이해만 주장하고 나라전체를 먼저 생각하지 않으면 국가가 옳게 발전할 수 없습니다. 민주화와 지방자치제 실시를 준비없이 실시하다가는 국가의 낭비만 초래하므로 어느 정도 준비를 하여 기초를 닦아 놓고 하자는 것이었습니다.

**권자경:** 마지막으로 노태우 대통령과 6공화국이 한국사회에 미친 공과실, 그리고 한국사회에 미친 영향에 대해서 종합적인 평가를 부탁드립니다. 1960년대부터 현재까지 우리나라 현대사를 주도하신 분으로서 우리 한국사회와 국민들에게 마지막으로 당부하고 싶은 말씀이 있으시다면 부탁드리겠습니다.

**문희갑:** 박정희 대통령, 전두환 대통령과 노태우 대통령의 국가발전 업적은 대단합니다. 그중 노태우 대통령은 오랜 기간 지속된 속칭 군사정부, 권위주의정부를 민주정부로 큰 혼란없이 전환하는데 결정적으로 기여한 대통령입니다. 성격이 아주 부드럽고 융화를 잘 하는 성격이 아니었으면

힘들었다고 봅니다. 혼란이 많이 일어났지만 그걸 잘 극복했습니다. 시대적인 조류가 유리한 상황이었지만 어려운 북방외교를 성공적으로 이룩했습니다. 88서울올림픽의 유치와 준비의 많은 부분을 전두환 대통령이 했지만 88올림픽을 성공적으로 치루는데 성공하였습니다. 경제 쪽에서도 아주 중요하고 어려운 일들, 토지공개념, 금융실명제, 경제력집중 완화 등의 중요한 개혁과제들을 국민들에게 설득하여 많은 성과를 가져왔고. 우리가 현재 편리하게 이용하고 있는 인천공항, KTX, 서해안 고속도로등과, 200만호 주택건설, 신도시 건설과 임대주택 건설 등의 업적은 정말 대단하다고 하겠습니다. 이러한 과제들을 결단력 있게 해낸 대통령입니다. 나라 발전과 운영 제도의 획기적인 개선과 국제화, 개방화까지 달성한 노태우 대통령의 업적이 정치자금모금 때문에 그동안 너무 알려지지 않은 채 덮어져 있습니다. 노태우 대통령의 업적에 대해서 잘 알지도 못하면서 무턱대고 욕을 하는 것은 저로서는 굉장히 안타까운 일입니다. 우리나라가 경제적으로는 크게 발전하였지만, 올바른 역사관을 가지고 과거 우리가 잘못했던 걸 정확히 이해하고 다시 그런 잘못이나 과오를 범하지 않게 최선을 다해야 할 것입니다. 외국에 가면 기념관, 전시관, 역사관을 만들어서 과거의 잘못을 기억하고 반성하고 있습니다. 우리나라는 수천 년의 역사를 가지고 있지만 명실상부한 민주 자주독립국가는 처음입니다. 그리고 물질적인 풍요도 처음입니다. 수천 년 만에 이룩한 이 나라의 발전을 계속 유지해나가야 할 것입니다. 그런데 외형적인 모습과 달리 2세 교육이라든지, 가정문제, 질서문제, 윤리도덕문제에서 심각한 상황에 와있습니다. 우리나라가 물질적인 분야뿐 아니라 정신적, 문화적, 윤리도덕적인 측면에서도 선진화된 나라를 만들지 않으면 안 됩니다. 우리나라는 대통령을 위시하여 모든 지도층이 나서서 이러한 과제들을 해결하고 다음 세대들을 교육시키는데 열과 성을 다함으로써 더 반듯한 나라를 만들어야 한다는 것을 당부하고 싶습니다.

**권자경:** 장시간에 걸친 소중한 말씀에 감사드립니다.

# 노재봉

(전) 국무총리

## 1. 개요

　　노재봉 전 총리의 구술은 2011년 4월과 5월 중에 모두 3차례에 걸쳐 노 전 총리의 연구실에서 이루어졌다. 노 전 총리는 서울대학교 외교학과 교수로 재직 중이던 1988년 12월 대통령정치담당특보로 발탁된 이후 1990년 3월 대통령비서실장, 1990년 12월 국무총리 서리를 거쳐 1991년 1월부터 제22대 국무총리로 1991년 5월까지 재임하였다. 이후 1992년부터 1996년까지 국회의원을 역임하였다. 그는 노태우 정부에서 새롭게 떠오르는 별, 실세 비서실장으로 알려져 있다. 이것은 그의 등장이 정치 일반의 관점에서 보면 예상하지 못한 사건이었으며, 권력 관계에서 그가 차지하는 무게감을 대변하는 표현이었다.

　　구술은 노태우 정부 국정의 일익을 담당하면서 경험한 다양한 사안에 걸쳐 이루어졌다. 이 가운데 주요한 것을 범주화해서 정리하면 다음과 같다. 노태우 정부에 참여하게 된 동기와 과정 그리고 청와대 업무의 특징과 내용, 노태우 대통령 개인의 스타일과 리더십의 특성, 노태우 정부하에서 경험한 정치적, 외교적 주요 사안들에 대한 구술, 전두환·김영삼 대통령과의 관계와 인식, 노재봉 전 총리의 개혁구상 등에 관한 내용들이다. 본 개요에서는 이러한 범주별로 주요 구술내용을 정리하도록 한다.

　　우선 노재봉 전 총리는 1987년 대통령 선거 이전에는 노 대통령과의 교류가 전혀 없었음에도 불구하고 1988년 12월에 대통령정치담당특보로 발탁되어 1991년 5월 제22대 국무총리직에서 퇴임할 때까지 노태우 정부의 핵심 위치에 있었다. 이 과정에 대해 상세한 구술이 이루어졌다. 그는 우연히 사석에서 노태우 후보의 선거캠프에서 일하던 후배를 만나 김대중, 김영삼 후보의 단일화에 관해 상대방의 약점을 정확하게 파고드는 선거전략에 대한 조언을 해주었고, 이것이 선거에서 유리한 위치를 점하게 되는 핵심적인 전략으로 성과를 내면서 노태우 대통령과의 만남이 시작된 것이라고 설명했다.

노태우 대통령이 노재봉 전 총리를 발탁하는 과정에 대한 구술에서 노 대통령의 화법과 리더십의 특성이 잘 드러나고 있다. 노태우 대통령의 화법은 상당히 조심스럽고 간접적으로 시사하는 것이 많은 특성을 보이고 있다. 또 한번 신임한 인재에 대해서는 지속적으로 상대방을 설득하는 유형이다. 노재봉 전 총리의 고사에도 불구하고 비서실장직과 입각 제의를 하는 과정을 보면, 노 대통령의 의지를 상대방에게 끝내 관철시키기보다는 상대방이 수락할 수 있는 그리고 상대방의 의도와 능력에 맞는 적절한 자리를 제공하여 발탁하는 리더십임을 알 수 있었다. 노재봉 전 총리가 청와대 정치담당특보를 수락하게 되는 과정은 이를 잘 보여주고 있다.

노태우 대통령의 리더십 중 장점은 그가 참모진 활용에 상당히 능했다고 지적했다. 이러한 장점을 가지게 된 것에는 군이라는 조직에서 인력을 활용하는 법을 터득하면서 성장한 것을 가장 큰 이유로 들었다. 그러나 노태우 대통령은 군 출신답지 않은 리더십을 지닌다고 평가받는다. 여기에 대해서는 노 대통령이 기본적으로 온순하고 굉장히 인내하는 스타일이고 독단적으로 일을 밀어붙이지 않는 특성을 지닌 것으로 설명했다. 이것은 노 대통령이 평소 한 사람의 체제보다도 여러 사람의 합의된 중재를 더 중요시한다는 발언에서 확인할 수 있었다. 또한 노 대통령은 사용하는 언어가 질책하기보다는 부드러웠으며 격식을 차리는 것보다는 편한 관계에서 대화가 이루어지는 것을 좋아했다. 그러나 참모와 실무진에게는 일에 있어서 유약하거나 분명하지 못한 것에 대해서는 선을 긋고자 했다. 대통령과 실무자의 임무의 성격에 따른 적절한 행동양식이 필요하다는 것을 또한 강조했다.

청와대의 업무 특성과 관련하여 노 전 총리는 보좌진의 준비된 답변이 필요한 곳이라고 설명했다. 청와대라고 하는 곳은 대통령 명령이 떨어지면 준비할 여유를 갖기 어려운 조직으로 일반 사회와 다르다고 구술했다. 다시 말해서 연구하고 생각하고 할 시간이 없는 조직이며, 대통령도 신속한 답변을 원하는 것이 일반적인 특수한 곳이라는 지적이다. 그는 특보라는 직위의 특성을 우리나라의 정치 전반의 흐름을 파악하고 정리하여 대통령에게 보고함과 동시에, 주요 정치인들과의 회동을 통해 이를 객관적으로 알리고 협의하는 직위라고 인식하고 이에 따라 업무에 임했다. 또한 비서실장으로 봉직 시 실세 비서실장으로 알려져 있어 대통령과의 독대가 잦을 것으로 생각되었으나 열흘에 한 번 정도로 독대하였다고 구술하였다. 실무는 밑에서 하고 대통령은 큰 문제를 가지고 생각할 시간이 있어야 한다는 판단에서 작은 일들은 비서실장이 처리하고 대통령이 결정해야 된다고 생각되는 것만 올리는 형식으로 일을 처리한 까닭이다. 이 점은 오히려 비서실장의 재량권을 폭넓게 행사했음을 말해준다고 할 수 있을 것이다.

본 연구진은 노재봉 전 총리의 구술을 통해 당시의 정치적 쟁점이 되었던 문제들에 대한 정책입안, 집행자로서의 구상과 사실의 전개와 그 내용을 확인하고자 했다. 따라서 중간평가, 3당합당, 소련과의 수교를 포함한 북방외교, 남북고위급회담, 북한 핵문제 등의 사안을 그 중심에 놓아 구술이 이루어질 수 있도록 하였다. 우선 중간평가의 문제와 관련하여서는 야당에 대하여는 중간평가의 무용성을 설득하였고, 정부와 여당에 대하여는 적극적으로 추진할 것을 건의하였다. 당시 민주화 이행의 초기로 노태우 정부가 안정되어 있지 않았다고 인식하고 야당의 중간평가 강행론에 맞서 중간평가에 따른 혼란과 정치적 실익이 없음을 강력하게 주장함으로써 야당의 입장이 중간평가 무용론으로 선회하는데 일조하였으며, 정부여당이 국회 내 소수로 머물러 있어서는 정국을 안정적으로 이끌어 갈 수 없으므로 공세적 입장에서 중간평가정국을 헤쳐 나갈 것을 주문하였다. 그러나 이 중간평가 문제는 3당합당 논의가 진전을 보임으로써 하지 않는 것으로 결말을 짓게 된다.

　3당합당은 정국의 안정적 운영을 위한 현실적 필요에 의해서 추진되었다. 이것은 이미 알려진 바와 같이 밀명을 받은 박철언 당시 비서관을 중심으로 비밀리에 진행되었다. 처음에는 김대중 씨에게 제의하였으나 거절당하였고, 이후 김영삼 씨가 수락함으로써 구체화될 수 있었다. 3당합당 과정에 관하여는 특히 내각제 합의가 파기되는 과정에 대하여 자세한 구술이 있었다. 당초 3당합당은 내각제 개헌에 약속함으로써 가능할 수 있었다. 그러나 이에 대하여 김영삼 씨가 내각제개헌 합의 자체를 부인함으로써 내각제개헌은 성사되지 않았다. 노 전 총리는 3당합당 후 대통령 선거에서 김영삼 씨가 대통령 후보로 나설 수 있게 된 가장 큰 이유로 노태우 대통령의 생각이 크게 작용했음을 시사했다. 노 대통령은 군 출신의 대통령은 자신이 마지막이어야 한다는 생각이 강했다. 당시 박태준, 이종찬 씨 등이 대선 후보로 거론되었으나 이들이 모두 군 출신이라는 점에서 최종적으로 대통령의 지지를 얻지 못했다.

　노태우 정부의 북방정책에 대하여 노 전 총리는 가능한 여러 공산권 국가들과 외교관계를 수립하고 북한에 압력을 가하는 정책으로 이를 전방위 외교이자 북한에 대한 원교근공책이었다고 평가했다. 이를 위해 미국과의 협조관계도 적절히 조율해 나갔으며 실제로 관계는 상당히 좋았다고 구술했다. 특히 소련과의 외교관계 수립과정에 대한 구체적인 구술이 있었다. 도브리닌과의 비밀회담에서 15억 불의 현물차관, 15억 불의 현금차관으로 모두 30억 불의 경제원조액이 이때 정해졌으며, 소련의 입장에서 한국과의 수교는 상당히 소수에 의해 비밀리에 전격적으로 추진되어 진 것이었다. 1990년 6월의 샌프란시스코 한·소 정상회담 또한 현지 소련 영사관도 그 사실을 제대로 알지 못하고 있을 정도였다.

　북한은 노재봉 전 총리의 재임기간 중에는 남북고위급회담에 응하지 않았다. 표면적인 이유는 남한에 콜레라가 돌고 있다는 것이었다. 노 전 총리는 북한의 이러한 주장은 근거 없는 것이라고 보았다. 오히려 강경한 대북인식과 정책을 수행중인 자신에 대한 부담감이 북한의 선택에 영향을 미친 것으로 평가했다. 우선 노재봉 전 총리는 남북관계에 있어서 현실적인 힘에 의한 관계개선 내지는 통일정책이 필요하다는 인식을 가지고 있었다. 노태우 대통령도 이러한 관점에 대해 긍정적으로 평가했으나 대화에 의한 문제해결에 기대를 걸고 있었음도 구술을 통해 나타났다. 당시 북한의 경제 실상에 관한 내용도 구술되었다. 한국의 쌀을 일본을 통해 인도산으로 재포장하여 이를 북한에 보낸 일이 있었는데 북한은 이를 다시 중국에 전량 수출할 정도로 경제적 상태가 심각하였다는 것이다. 노 전 총리는 이러한 상태의 북한과의 관계는 확실한 국제정치적 힘의 우위에 근거한 것이 되어야 한다고 생각하고 있었다.

노 전 총리의 대북관은 남북한 UN 가입문제에 대한 한국정부의 공세적 제의를 통해 구체화되었다. 북한의 대남정책의 근본논리는 하나의 조선정책이라 할 수 있다. 북한은 이에 기초하여 남북불가침협정의 체결을 주장하고 평화체제로의 전환을 요구하고 있었다. 이러한 제의를 통미봉남정책의 하나로 파악한 노 전 총리는 북한의 이 제의를 받아들일 수 있다고 발표하였다. 대신 이러한 상호 간의 약속을 국제사회에서 보장받을 수 있는 안전판이 필요한데 그것은 바로 UN이라는 국제기구이며, 남북한이 UN에 가입하여 이 평화체제를 공고히 하자고 역대응하였다. UN 남북가입은 북한의 하나의 조선정책을 그 근본에서 부정하는 현실논리였기 때문에 이것은 북한에 대한 정부의 강경한 입장을 표현한 것과 같았다. 동시에 당시 남한사회 내의 불안과 시위, 파업 등이 북한과 연계된 것으로 보고 강력대응을 지시했다. 이러한 총리의 인식과 대응이 북한의 남북총리회담 중단이라는 사태의 원인이라고 진단한 것이다.

북한의 핵문제와 관련하여 한국 정부는 미국으로부터 기폭장치의 실험에 관한 사진들과 현황에 대한 정보를 제공받고서야 그 상황을 파악했다.

노 전 총리는 북핵문제는 바로 우리의 문제라는 인식에 기초하여 이를 대단히 심각하게 받아들이고 있었다. 그러나 당시 한국 정부는 북한의 핵개발에 대해 적극적으로 반응하지 않았다. 그 이유로 북한의 핵은 미국과의 문제이지 우리가 깊이 고민할 것은 아니라는 생각을 갖고 있던 정부 당국자들과 일부 정치권 인사들의 안이한 북핵문제 인식에 그 원인이 있었다고 지적하고 있다.

북한 핵문제와 관련하여 노태우 대통령의 반응은 특기할 만하다. 노 대통령은 북핵문제가 불거지자 우리도 핵을 보유하는 것을 고려 또는 준비해 볼 만하지 않느냐는 생각을 비추었던 것으로 구술하였다. 노 대통령의 이러한 생각은 우리도 북핵에 대응하여 핵을 가져야 하지 않겠느냐 하는 의지의 차원이 아니라 고려는 해볼 수 있는 문제 아닌가 하는 정도에 그치는 것이었다. 또한 핵보유가 단순한 차원의 문제가 아니라는 조언을 받아들여 한국이 핵을 보유하지 않는 대신 한반도에서의 비핵화를 보다 강하게 추진하고 이를 적극적으로 수용하는 방향으로 정책을 선택하였다는 점은 한 시점에서 우리의 핵정책결정의 이유를 설명하는 중요한 단초가 될 수 있을 것이다.

이외에도 한국정치와 관련한 많은 구술이 있었다. 특히 정치자금, 선거자금 문제에 관한 구술이 그것이다. 김영삼 대통령 후보 시절의 정치자금의 문제를 노 대통령 측에서 후에 밝힐 계획을 세웠으나 이를 실행에 옮기지 않았다는 구술, 또한 노 대통령의 정치자금과 관련하여 국내 굴지의 연구소를 계획한 것 아니겠느냐는 정도의 언급 등을 그 예로 들 수 있을 것이다. 그리고 노 전 총리도 이 부분을 모두 이야기하는 것에 대해서는 상당히 조심스러워 했다. 전두환 대통령에 대한 미안한 마음을 갖고 있었으며, 전 대통령 측에서 이를 이해해 주었으면 하는 바람을 가지고 있다는 점도 구술하였다.

## 2. 구술

>>>>> 1차 구술 ─────────────────────

**장훈각:** 선생님, 안녕하세요? 이렇게 귀한 시간을 내주심에 먼저 깊은 감사의 말씀을 드립니다. 선생님께서는 노태우 대통령을 정치특보, 청와대 비서실장, 국무총리로서 오랜 기간 보좌하셨습니다. 선생님의 경험을 통해 한 시기를 깊이 이해할 수 있는 기회를 갖게 된 것을 진심으로 기쁘게 생각합니다. 우선 노태우 정부의 국정운영에 참여하게 된 동기와 과정에 관해 말씀을 듣고 싶습니다.

**노재봉:** 제가 노태우 대통령하고 직접적으로 일을 한 것은 2년 반가량 되고, 그 다음에 간접적으로는 내가 국회에 있을 때 3년가량 됩니다. 성씨는 같은 노씨인데 나와는 전혀 인척 관계도 아니고 그 이전에는 별로 만난 일도 없고, 청와대 들어가기 얼마 전에 한두 번 만난 사이였습니다. 노 대통령이 취임하던 시기는 체육관 선거에서 직선제를 통해서 대통령이 된 첫 케이스이죠. 그리고 6·29선언을 계기로 해서 정치가 본격적으로 민주화 시대에 들어가게 됩니다. 그때부터 민주화가 진행이 되는데, 초기지요. 그리고 학문적으로 이야기하자면 근대화가 끝나면서 출발한 정권입니다. 내 판단이긴 하지만 근대화라고 하는 것은 농림사회에서 산업사회로 옮겨가는 것인데 한국의 근대화는 1987년에 종결됩니다. 따라서 이 시기에 사회구조가 산업사회로 완전히 바뀌고, 국제적으로는 재임 중에 냉전이 종결 되었지요. 그런 시대적 상황을 고려해 보면 대단히 중요한 전환기의 대통령이었습니다. 그 다음에 정치체제를 보면 우리가 대통령중심제이기 때문에 대통령 권한이라는 것이 막강하지요. 보통 6공 헌법이라고 이야기

하는 헌법이 김영삼, 김대중 씨와 합의가 되어 만들어진 헌법이었습니다. 6공 헌법이고 민주주의 헌법이라고 하지만 그래도 대통령의 권한이 막강한 헌법입니다.

**박용수:** 그런 환경에서 적극적으로 청와대에 참여하실 의지나 생각이 강하게 드셨던 건가요? 청와대 들어가시기 직전에요.

**노재봉:** 제 개인적으로 얘기를 하자면, 노태우라는 분하고 그 이전에 전혀 교류가 없었어요. 그런데 노태우 씨가 5공 시절에 당 대표를 하면서 정책연구자들을 골프에 초대를 한 일이 있는데 그때 처음 연락을 받았어요. 나는 교수가 골프 치는 걸 반대하는 입장이었고 당시는 하지도 않았고, 그래서 나는 안 갔어요. 그리고 한참 뒤에 정무실에서 연락이 왔습니다. 그 연락 이후에 처음 만났습니다.

**박용수:** 그럼 대통령 선거 그 이전, 1987년 선거 이전, 직전에…

**노재봉:** 직전이었죠.

**박용수:** 선거 캠프에서도 일을 하지는 않으셨군요.

**노재봉:** 안 했어요. 전혀 개입한 것이 없어요. 테니스를 치고 저녁을 먹고 나오면서 인사를 하는데, 한번 만납시다 그래요. 뭐 건성으로 하는 얘기겠거니 하고 그럽시다 하고 나왔는데 그 뒤에 개인적으로 한번 만나자고 연락이 와서 만났습니다. 플라자호텔에서 이런저런 세상 돌아가는 얘기를 했죠. 그때만 해도 5공 때죠. 내가 신문에 칼럼도 대단히 비판적으로 쓰고 할 때였습니다. 만나서는 점심을 하면서 여러 가지 이야기를 했어요.

노 대통령이 제가 하는 비판에 대해서 설명을 하셨습니다. 지금 기억나는 건, 군에서도 여러 가지 의견이 있고 해서 자기로서는 그걸 조정하는 데 전력을 쏟고 있다. 물론 모든 것을 잘한다고 하는 것은 아니지만 반드시 못하는 것만은 아니다. 당연히 그렇게 이야기하겠죠. 그래서 솔직하게 학자니까 비판할 것은 비판적으로 이야기를 했지요. 그리고 정치학자로서 실제 통치에 관여하고 있는 사람을 만나보지 않고 정치를 논한다는 것은 의미가 없다고 생각하기 때문에 어떤 사람이길래 당 대표를 맡고 있나 하는 것에도 관심이 있었습니다.

**박용수:** 다른 분들은 안 계셨습니까?

**노재봉:** 단 둘이서 만났습니다. 내가 지금 기억하기로는 상당히 비판적인 이야기들을 솔직하게 털어놨죠. 내가 뭐 정부에 들어갈 생각을 하는 사람도 아니고. 그리고 이제 헤어졌는데 그 뒤에 또 한참 있다가 연락이 와서 다른 음식점에서 만났나? 만나서 저녁을 하고 돌아왔습니다. 그 후에 또 자기 집에서 한번 보자고 연락이 왔어요. 그때가 6·29선언 직후일 겁니다. 당시 내가 한국일보에 내가 6·29선언에 대해서 언급을 했는데 내가 학자로서 볼 때 6·29선언은 이승만 대통령이 포로 석방을 한 것에 맞먹는 중요성을 가지고 있는 선언이라고 이야기한 적이 있어요. 그러고 난 뒤에 연락이 온 겁니다. 그래서 노 대통령 자택에서 식사도 하고, 뭐 별거 없는 이야기를 했죠. 그리고 그 뒤에 테니스를 한번 쳤나? 좌우간 별로 중요하지 않은 프라이빗한 미팅이 있긴 했습니다. 그것들이 내가 정부에 들어가기 전의 전부입니다.

**박용수:** 다른 노태우 대통령 측근이나, 다른 분들과의 관계도 거의 없으셨나요?

**노재봉:** 전혀 없었습니다. 저도 직접 물어보지 않아서 모르겠는데 나를 들어오라고 하는 것도 미스테리였어요. 1988년인데, 일체 선거에 관여한 것도 없고, 선거 전략에 대해서 그쪽에서 나한테 물어온 바도 없고 그랬어요.

그런데 여의도 유세 막판을 두고 당에서 일하던 아는 후배가 나를 찾아와서 저녁을 하면서 뭐 아이디어가 없느냐고 하길래, 내가 농담 삼아 "아니 4천만이 전부 다 정치에 대해서 한 마디씩 하는데 왜 아이디어가 없겠어? 아이디어가 있지." 그랬더니 그것 좀 이야기해봐라 이거예요. "그게 이야기를 어떻게 해. 나야 현장에 있지 않은 사람이고, 당신네들이야 현장에 있는 사람들이니 당신네들이 더 잘 알 것 아니냐." 아니 그렇게 농담하지 말고 좀 해보라 이거야. 그래서 상대방의 약점이 노태우의 강점이 아니겠느냐 말이야. 그렇게 생각하면 간단하지 않냐 하니까, 그렇게 이야기하지 말고 바로 이야기해달라고 하더군요.

한참을 애를 먹이다가 내 아이디어는 이거다, 상대방의 지금 약점은 뭐냐. 김영삼, 김대중은 절대 안 되는 것이다. 약점이 뭐냐? 단일화가 안 된다. 단일화가 되면 노태우는 진다. 그런데 두 사람은 단일화가 안 된다. 절대로 그건 안 된다. 단일화를 한다고 하면 내 손에 장을 지진다. 두 사람 지금 다 됐다고 생각하는데 저 사람들 착각하고 있는 것이다. 단일화 안 되면 이긴다. 그럼 어떻게 하냐면 여의도에서 당당하게 단일화해서 한 사람이 나오고 그 한 사람이 나하고 싸우자고 얘기해라. 선거판 막판이니까 그렇게 한번 때려봐라 어떻게 되는지. 나중에 보니 그걸 보고를 한 모양입니다. 보고를 했더니 그거 괜찮은 아이디어다 해가지고 검토를 한 모양이야. 그리고 여의도에서 유세를 하면서 그걸 쏘아댔다고.

**박용수:** 공세적으로 유세를 할 수 있었던 거네요.

**노재봉:** 그렇지. 역공으로 나간거지. 당신들 둘이 싸우지 말고 한 사람 나와서 나와 정정당당하게 싸우자, 이래 놓으니까 양 김씨 쪽에서 곤경에 처하게 되었습니다. 답을 할 수가 있어야지 여기에 대해서. 좌우간 단일화는 없었고 노 대통령이 이겼지요.

**장훈각:** 단일화를 할 수 없다고 판단하셨던 이유가 무엇이었습니까?

**노재봉:** 그건 정치세계를 관찰하고 있는 내 판단입니다. 그 두 그룹을 보면 이건 견원지간이에요, 서로가 된다고 말은 하지만 단일화는 절대로 안 되는 겁니다. 김영삼 씨는 당을 쥐고 있고, 김대중 씨는 당을 안 쥐고 있고. 그러니까 김영삼 씨는 다 되었다고 생각하는 것이고, 김대중 씨는 김대중 씨 나름대로 여러 가지 명분을 가지고 있다고 생각하고. 절대로 안 되는 거지요 둘이서는. 내가 선배 교수하고도 선거 전반을 이야기하면서도, 그때 이용희 선생님이셨지, "글쎄 상식적으로 납득이 안 되는 방향으로 갑니다 절대로 안 됩니다" 그러니까 선생님도 "그것 참…" 그런 해프닝이 있었어요. 그리고 이제 당선이 됐지. 되고 나서 그것에 대해서 감사를 전한다고 그랬는지 테니스 한번 치자고 해서 가서 쳤어요.

**박용수:** 그때 당시는 인수위가 특별하게..

**노재봉:** 인수위라는 건 5, 6명이 당에 있었고… 인수위라고 하는 것이 이명박 정부처럼 큰 조직을 가진 게 아니라고. 상호만 넘겨받으면 되는 것입니다. 거기서 무슨 정책을 논하고. 그때 정구를 치고 저녁을 하면서 거기 기업 총수도 있고 하는데, 나야 일개 교수고 하니 멀찍이 앉아있었는데 자기 옆으로 오라고 해서 갔습니다. 그래서 거기 앉아 있는데, 고맙다고, 당에 여러 사람들이 많이 있지만 그런 아이디어 쉽게 못 낸다고 그러시더

라고. 그리고는 헤어졌어요. 사람들이 가끔 제가 선거에 개입했냐고 묻곤 합니다. 말씀드린 것처럼 저는 직접 개입한 것은 없지요.

**박용수:** 아이디어만 제시해주시고...

**노재봉:** 어떤 의미에서는 말 그대로 마키아벨리적인 아이디어였습니다. 상대의 약점이 너의 강점이고 그것을 이용하는 것이니까. 그러고 나서 제 모친상 직후에, 그게 1988년 이전이니까, 대통령 당선된 후인가, 만나자고 연락이 왔어요. 당선자로서 사무실 열고 거기로 오라고 해서 갔지. 갔더니 이런저런 얘기를 하면서, 노태우 대통령의 화법이 상당히 조심스럽고 간접적으로 시사하는 것이 많습니다, 실장을 맡아달라는 뜻의 이야기를 해요.

**장훈각:** 비서실장...

**노재봉:** 나도 깜짝 놀랐습니다. 대통령 비서실장은 아무나 하는 자리가 아니잖아요? 그리고는 총리를 누굴 썼으면 좋겠느냐. 당장 그 질문으로 바로 올라가는 겁니다. 여러 가지 봐서 나이도 좀 있고 학식도 있고 근본도 있는 분이면 좋겠는데 뭐 어떻게 생각하실지 모르지만 내 은사에 속하기 때문에 이야기하기 거북한 면이 있긴 하지만 이용희 교수를 추천했어요. 학문적으로 대단한 분이고 33인의 아들이고... 그분이 좋겠다. 그랬더니 그거 괜찮겠다 하고 그렇게 수월하게 결정이 됐어요.

그래서 이제 당장 나와서는 이용희 선생 댁에 가서 뵙고, 선생님 이렇게 오늘 얘기가 됐습니다. "선생님 뜻은 어떻습니까" 하고 말씀드렸지요. 나하고는 사제지간으로 아주 절친한 사이라 그러면 "네가 실장하고 내가 총리하고, 서로 생각 다 알고 국정을 원만히 할 수 있지 않겠냐"고. 이용희 교수는 박정희 대통령 시절에도 총리 물망에 거의 여섯, 일곱 번 올랐던 분입니다. 이용희 교수는 4, 5년을 보고 평생을 투자하는 것이 그게 정치를 진정으로 해보고 싶은 뜻을 가진 사람의 생각이어야 한다는 그런 소리를 늘 했어요. 나도 그런 생각이 박힌 사람이고. 그런 식으로 다 합의가 됐어요. 그 뒤에도 그쪽에서도 박철언 씨하고 앞으로 셋이서 잘 협력해서 일을 합시다. 이제 거기까지 됐어요. 그런데 나는 언론에 노출이 안 되고, 총리에 대해서는 정보가 새어나갔습니다. 내 추측엔 박철언 씨가 언론에 흘려서 떠본 것 아닌가 합니다.

**박용수:** 반응을...

**노재봉:** 이용희란 분이 세속적인 생활 스타일이 아니고 쉽게 타협하는 스타일도 아니고. 잘못 보면 대단히 거만하고 고답적으로 보이고 권위주의적으로 보입니다. 그때 권위주의 청산한다 그런 분위기였으니까 언론들이 그분에 대해서 다 좋은 소리만 한 건 아닙니다. 학문적으로는 한국에서 대단히 뛰어난 학자인데 이 사람이 권위주의적이다 이런 식으로 됐단 말이에요. 그래서 아이고 이거 안 되는구나. 그래서 다른 사람이 되는 거예요. 이현재 씨였죠. 무난하고, 자기주장 내세우는 사람도 아니고. 그리고 내 문제는 어떻게 됐는지 이야기도 없고 그냥 흘러갔습니다.

그리고는 대통령 취임하기 직전이죠. 직전에 수고한 사람들 오라고 해서 갔습니다. 그때 어떤 사람들이, 어떤 학자들이 개입이 된지 처음 알았어요. 난 선거에 일체 개입해 본 일이 없거든. 그 자리에서 이용희 교수가 총리가 안 된 것에 대해서 유감으로 생각한다고 하는 것을 나한테 얘기하더라고요. 내 문제에 대해서는 이야기도 없고 해서 그렇게 넘어가버렸어요.

**박용수:** 서운하게 느끼셨을 것 같습니다.

**노재봉:** 아니, 서운하지는 않았어요. '국가경영을 한번 해본다고 하는 것은 남자로서는 해볼 만한 일이다, 뜻이 있는 일이다'라는 것이 내 평소의 생각이고 해서, 하라고 하면 하는 것이지만, 안 되면 그뿐이고. 그래서 그렇게 그냥 정리 됐어요. 나중에 측근 얘기를 들으니까 나를 쓰려고 했는데 다른 건 좋은데 행정경험이 없다. 내 이력서가 아주 간단합니다. 그렇게 간단한 이력서 별로 없을 겁니다. 학과장도 별로 해본 일이 없는, 장이라고는 아무것도 해본 일이 없는 평교수라는 거죠. 결과적으로 홍성철 씨가 실장이 되고, 박통 때부터 장관도 했고 국회의원도 했고 했으니까 그렇게 되었고, 총리는 이현재 씨가 되었습니다. 그러고 나서 끝나고 연락도 없었습니다. 그런데 9개월 정도 지났나 했을 때였습니다. 이제 개각을 할 때가 된 모양인지 메신저가 와가지고 입각을 해 달라…

**박용수:** 청와대가 아니고 장관 쪽으로 입각을…

**노재봉:** 이전 일에 부담을 느꼈던지 입각을 해 달라 그래서, 나 입각 못하겠다. 내가 정치하는 사람이 아닌데 들어갈 데가 어디 있으며, 장관 조금 하다가 그만둘 텐데 난 그럴 생각이 없다고 거절했죠. 그런데 두 번째 또 왔어. 똑같은 소리에요. 통일부나 외무부 하나를 해라. 그래서 내가 싫다 그랬습니다. 그 당시만 하더라도 통일부라고 하는 것은 중앙정보부 한 국보다도 예산이 적은 곳이었습니다. 내가 그것을 잘 아는데 왜 하느냐 말이야. 그거 안 한다. 무슨 힘이 있다고. 하려면 내 생각 펴 볼 수 있는 그런 곳에서 해야지. 외무부? 거기는 저희들끼리 짜여가지고 외부 사람 들어가서 버티기도 힘든 곳이고, 해봤자 얼마나 하겠느냐, 그거 안 한다. 학교에서 임기도 꽤 남았는데, 내가 도와 줄 일 있으면 알아서 도와줄 테니까 나

에 대해서 전혀 신경 쓰지 말라고 얘기를 했죠. 그러자 또 왔어요. 그게 한 3개월 걸린 겁니다. 그리고 다시 와서는 대통령이 꼭 하라고 한다. 대통령 말씀이고 뭐고 내가 생각이 없다고 그러지 않느냐, 장관 하고 싶은 사람 많은데, 난 안 한다고 또 돌려보냈어요.

그리고 뒤에 홍 실장에게 전화가 왔어요. 좀 만나자고. 만났더니 대통령이 입각을 시키라고 한다는 거예요. 여러 번 내가 전달했지만 나 입각 같은 데 생각 없다, 장관이고 그런 거 생각 없다고. 내가 장관을 높게 생각하는 사람이 아니고 대통령도 별로 높게 생각하는 사람이 아닌데 무슨… 그랬더니 홍 실장이 "정년까지는 아직 십 몇 년이나 남았는데 일단 들어오면 조금 더 늘어나지 않겠느냐"고 해요.

그래서 내가 홍 실장 보고 "홍 실장, 청와대라고 하는 것이 내가 인식하기로는 거길 거쳐서 좋은 자리 바라고 하는 곳이 아닙니다. 하루를 하더라도 국정 전반에 대해서 뜻을 가지고 자기 생각을 표현해보고 거기에 책임을 지는 자리지, 뒤에 내가 무슨 좋은 자리고 뭐고. 그거 할 바엔 내가 교수하지 내가 뭘 하겠다고 하느냐, 나 그거 안 한다"고 했더니 실장이 대단히 무안하게 됐죠. 그러니까 말을 돌려가지고 "아이고 노 교수, 이러니까 대통령이 좋아하는 모양입니다." 이러더라고요. 다음날 홍 실장에게서 전화가 왔어요. 결정했냐는 이야기입니다. 내가 어제 이야기한 대로라고. 그러면 대통령을 내가 바꿔주겠소. 그 이야기를 들으니까 이게 너무 예의가 아니다 하는 생각이 들더군요.

**박용수:** 노태우 대통령의 뜻이 아주 확고했던 것 같습니다.

**노재봉:** 어떻게 하든지 넣어라 이렇게 된 모양입니다. 대통령한테 직접 받아서 넘기겠다 그 소리를 들으니까 이게 체면이 좀 아니다 하는 느낌이 들어요. 그때 무슨 오퍼(offer)였냐면 장관 자리가 아니고 특보자리. 이제

6공에서 특보자리라고 하는 게 처음으로 만들어지는 겁니다. 청와대 특보로 들어오라 이렇게 된 거지. 학자적인 입장에서 볼 때 특보는 국정 전반을 갖다가 관찰할 수 있는 기회인데, 그런 의미에서 잘 되었다고 생각을 했고, 대통령이 직접 하라 하는데, 지나치게 거절하면 대통령의 체면이 아니다 생각해서 수락을 했어요. 그래가지고 특보로 들어갔습니다.

**박용수:** 노 대통령 임기 시작하면서 같이 들어가신 것은 아니셨군요.

**노재봉:** 이용희 교수가 내 은사지만 박통 때 특보를 했습니다. 특보가 어떤 자린지 잘 안다 이 말이지. 특보로 내가 들어간다, 들어가는데 내 임무는 문제를 제기하는 것이다. 그런 식으로 나 혼자 주장을 하고 들어갔지요. 대통령이 여기서 노 박사 앞으로 잘 도와달라고, 국사 역할을 좀 해 주시오 이러시더라고. 그때만 해도 내가 나이가 50대 전반 아닙니까. "당치도 않은 말씀입니다."라고 했습니다. 처음 내가 처음 만나면서 한 이야기 중에 기억나는 것은 '각하, 앞으로 국정을 운영하는데 예산만 가지고 안 되는 정치비용이라는 것이 필요하다는 것을 내가 나름대로 잘 알고 있습니다. 그런데 돈 절대로 직접 만지지 마십시오.' 그렇게 내가 어드바이스를 했어요. 그게 첫 만남이에요.

청와대라고 하는 곳이 아침 일찍부터 나가서 일 하는 데 내가 도저히 아침에 일찍 못 일어나는 성격이라. 대학에서 내 첫 강의 시간도 빨라봤자 10시인데. 내가 도저히 잠 안 자고 그거 못하겠다고 그랬더니 나오고 싶은 시간에 나오라고 합니다. 그래서 약 한 달은 학교에 있을 때와 마찬가지로 열 시쯤에 출근을 했어요. 있을 수 없는 일이지요. 가만 보니까 다른 조직과도 보조를 맞춰야겠더라고. 그래서 시간을 맞춰서 나가는데 힘들더라고요, 습관을 고치는데. 그리고 특보실이라고 해서 가 보니까 비서실장 방보다도 커요. 그래서 방이 이렇게 클 필요 없다 줄여라, 그리고 다른 파트의 방에 스페이스가 필요한 모양이니까 줄이라고. 그래서 줄여서 있었습니다.

**박용수:** 비서실과의 관계는 어떻게 설정되어 있었는지요? 그리고 업무에 관한 보좌진 구성은 어떻게 되어 있었습니까?

**노재봉:** 특보는 대통령에 대해서 스텝이요, 비서실은 라인입니다. 이게 다르다 이 말이에요. 비서들이 회의를 하는데 내가 안 들어갔어요. 대통령은 한참 동안 내가 비서관회의에 들어간 줄 알았던 모양이에요. 그때는 박철언 씨가 힘을 펴고 할 때니까 나는 옆에서 구경만 하고. 저는 독자적으로 특보로서의 활동을 했습니다. 바깥사람들도 만나고 정치계에 있는 사람들도 만나고, 문제 같은 게 보이면 대통령에게 보고도 하고 그랬죠. 그때만 해도 컴퓨터가 많이 없을 때니까, 워드프로세서로 써서 여직원한테 주면 이것을 타이프로 치고 또 그것을 가지고 한자로 바꾸는 일을 남자 비서가, 보좌관이 또 바꾸고. 이러다 보면 아침 열 시쯤에 넘긴 게 나오는 게 오후 한 세 시쯤 돼요. 그래서 답답해서 교수 시절 하던 식으로 파격으로 했습니다. 바로 수기로 써 가지고 올려버렸어요. 그게 이제 12월 말경입니다.

그리고 크리스마스가 얼마 안 남았고 한데, 의전비서에게서 연말에 국민들에게 선물할 정책 아이디어가 없냐는 어사인먼트(assignment)가 내려왔습니다. 당장 그 자리에서 핸드라이팅으로 해서 올렸어요. 올렸더니 그 다음에 부르더라고. 정치에 있어서의 문장은 길어서는 안 되고, 설명조가 되어서는 안 되고, 축약을 해야 된다는 게 내가 가지고 있는 생각이었기 때문에 아주 그냥 축약을 해 가지고 1. 뭐, 2. 뭐 그렇게 쓰고. 수기로 쓰면 내가 초서로 한자도 많이 쓰기도 하고 이랬단 말이에요. 대통령이 부르더라고. "아, 내가 어제 읽어봤는데 확실히 파악을 못하겠으니 설명을 해 달라"고 하시더라고요. 그래서 1번은 뭐고, 2번은 뭐고 설명을 했어요. 다섯 가지를 다 설명을 했더니, 아 그렇게 되는 거냐고 좋다고, 됐다고 그 자리에서 의전실 비서를 불러서는 내일 아침 비서회의, 그게 일주일에 한 번씩 하는데 그 다음날이 원래 그걸 하는 날이 아닙니다. 이제 예외의 회의죠, 내일 아침 소집해서 지금 이야기한 것을 발표하겠다고 해서 내가 그랬죠. "각하, 내일 이 서류를 가지고 하는 건 좋으신데 거의 전원이 반대할 겁니다."

**박용수:** 어떤 내용이었나요, 다섯 가지가.

**노재봉:** 그게 두 가지 이유가 되는데 하나는 내가 정책을 내 놓은 게 어느 수석한테 해당되든지 좌우간 해당되는 아이템들 아닙니까, 그렇죠? 그런데 이게 수석실이 아니고 다른 곳에서 나왔다고 하는 것 하나, 그 다음에 자기들이 생각을 못한 아이디어들이니까 이걸 실행하려면 복잡한 절차 문제가 생기잖아요. 그러니까 이게 루틴(routine)한 권력적으로 나가는 게 아니라 파격적인 아이디어들이라는 말이에요. 그래서 내가 다섯 가지를 이야기했는데 지금 다 기억하고 있지는 않아요. 그중에 하나 기억나는 건 박 대통령 때 공부를 할 수 없었던 가난한 사람들을 위해서 공장에 새마을학교니 이런 걸 하지 않았어요? 우리나라가 지금 대학 졸업장이 필요한 사회가 됐는데 어려워서 대학 못 가는 사람이 많다. 그러니까 대학이라고 하는 곳이 옛날 국민교육 비슷한 수준이 되는, 대중화 되는 이런 추세이기 때문에 독학학사제를 제안했어요. 대학을 못가더라도, 부지런한 사람들은 학위를 받을 수 있게끔 해준다. 그것이 전문교육의 출발인 거예요. 전문직업교육의 출발이 되는 것입니다. 그때 다섯 가지 이야기를 했는데 지금 내가 기억을 다 못하겠어요. 어딘가에 기록은 남아 있겠지. 그 당시 언론을 보면 아마 나올 겁니다. 그 다음 날 회의를 하니까 다 이런 저런 소리를 하면서 꽁무니 빼는 소리들이 나옵니다.

**박용수:** 비서실 회의였나요?

**노재봉:** 네. 그러니 나도 처음 비서실 회의에, 대통령 주재 회의에 참가를 했는데 이게 누구 머리에서 나왔다는 걸 뻔히 알 거 아니냐 이 말이에요. 관료 시스템이라고 하는 게... 한두 사람 빼고는 전부 관료시스템에서 올라온 사람들이니까. 관료의 사고는 주어진 업무의 틀 안에서 반 발자국 나가기 힘듭니다, 왜냐하면 안전을 제1로 하기 때문에. 이런저런 반대가 나와요. 그러니까 대통령이 책상을 탁 치면서, 이런 식으로 해가지고 무슨 일이 되느냐 하면서 고함을 치셨죠. 그래서 독학학사제도 되고 했는데..., 독학학사제는 장관이 구체적인 안을 가져왔는데 이건 대학 다니는 재학생들도 통과하기 어려운 커리큘럼이에요. 그래서 내가 "장관, 이게 뭐요? 이거 가지고 지금 일반 대학에다 내 보세요. 학생들이 못 따라갑니다. 이렇게 하라고 하는 게 아니오."

**박용수:** 초안의 내용이 선생님의 의도를 제대로 반영하지 못하고 상당히 형식적으로 짜여졌던 것 같습니다.

**노재봉:** 그래서 좀 쉽게 하고 그 다음에 직업에 도움이 되는 것으로 하라고 하는 것이지 이래 가지고 어떻게 하느냐고 했지요. 그래서 그걸 또 확 뜯어 고쳤어요. 청와대라고 하는 곳은 대통령 명령이 딱 떨어지면 그때부터 연구하고 생각하고 할 시간이 없는 곳이에요. 문제가 주어지면 그 자리에서 답이 딱, 딱, 딱 1,2,3하고 나와야 돼요. 그러니 대통령도 금방 답이 이렇게 나오니까 그리 했던 것 같아요. 그래서 그게 이제 문제가 된다는 거죠.

**박용수:** 사각지대에 있는...

**노재봉:** 그렇습니다. 일종의 사각지대지요. 그럼 대통령이 또 뭘 했냐고 호통을 치고 하니까. 그런 경우가 몇 번 있었습니다. 여당이나 이런 데에서는 저 사람이 아무래도 이론적인 논리를 제공할 것이다 이런 이미지를 가지고 있었습니다. 그때가 여소야대 시대 아닙니까. 그래서 내가 김대중 씨 측에도 먼저 연락해 보고 설명을 했어요. 내가 지금 여기 들어와 있는 게, 전체가 어디로 가느냐 하는 것을 정리를 하고 파악을 해서 대통령께 보고하고, 당신들한테도 객관적으로 알리고 하는 게 내 임무다.

당시는 여소야대였을 뿐만 아니라 데모가 굉장하고 했을 때였습니다. 민주화라고 해서. 게다가 파업이 굉장했었죠. 그래서 정치계에 대해서는 이렇게 얘기했어요. 아직까지 노태우 정권이 견고하다고 나는 판단하지 않는다. 그런데 여소야대라고 해서 국회에서 아무 것도 못 하게 만들고 노동자 데모를 부채질을 하고 하면 이 결말은 대단히 위험하게 될 가능성이 있다고 했죠. 위험하게 될 가능성이 뭐냐 하면 다시 쿠데타가 발생하게 될 가능성이 있다. 정권이 당신들에게 절대로 안 간다. 내가 그 이유를 쭉 설명을 했어요. 내가 하는 분석에 대해서 노태우 대통령 입장에만 서서 얘기를 한다든가, 혹은 맞지 않는 이야길 한다든가 하면 질문을 해보시오라고 했죠. 양 캠프 전부 다 이건 반론의 여지가 없다고 전부 이런 얘기를 했어요. 그럼 어떻게 했으면 좋겠냐고 그래요. 어떻게 했으면 좋겠냐는 건 당신들이 생각해라. 지금 이렇게 가면 어떤 사태가 벌어질지 모르고, 나도 대통령도 다 날아간다 말이야. 국정이라고 하는 것이 그런 것이지. 집단으로 책임지는 건데...

**박용수:** 당시 중간평가가 쟁점 사안 아니었나요?

**노재봉:** 내가 아까 이야기 하나가 빠졌는데, 거기에 중간평가가 들어갑니다. 중간평가 할 것이면 해라. 여소야대가 한창일 때에 대통령이 중간평

가를 들고 나왔거든요. 그래서 중간평가를 놓고 이제 야당에서 나하고 만나자고 한 것이지. 중간평가 이거 내가 생각하는 바로는 노태우 대통령이 틀림없이 이긴다. 왜냐하면 지면 말할 수 없는 혼란이 온단 말이에요. 그 혼란이라는 것이 어떻게 되느냐. 국민이 중간평가를 하게 되고, 거기서 만약에 대통령이 지면 대통령은 대통령으로서 있을 명분이 없어진다. 말하자면 국민투표(plebiscite)인데, 거기서 진다고 하더라도 법률적으로 물러날 이유는 없지만 정치적으로는 앉아있을 수 없다. 결국 물러나게 된다. 물러나면 어떻게 될 것이냐. 당신들한테 정권이 갈 것 같으냐. 냉정하게 생각해 봐라. 안 간다 했죠.

거기서 와락 화가 났지. 이제 제1야당으로써 김대중 씨가 아주 저력이 있을 때였는데 이 중간평가 잘못 했다가는 제1야당으로서 곤란에 처하게 될 형국이었습니다. 그러니 김대중 씨 쪽에서는 중간평가 반대고, 김영삼 씨야 마이너리티니까 한번 해보자 이런 식이었고.

**박용수:** 중간평가를 하지 않는 것에 야당들이 입장을 바꾸는 것에 선생님께서 상당히 기여를 하셨군요.

**노재봉:** 그렇지요. 그쪽도 지금 위험하다는 것으로 판단하고 있었으니까. 대선 정국 들어가기 전에는 여론 조사에서 김대중, 김영삼 씨가 여론조사에서 11, 12% 밖에 안 나왔습니다. 그리고 국민들 정서가 불안할 때였습니다. 야당입장에서 중간평가를 해서 지게 되면 나락이고, 이긴다 한들 무슨 장점이 있느냐 하는 딜레마가 있었어요. 그러나 대통령은 지면 물러나야 됩니다만, 이기면 명분이 강해집니다. 그때부터 본격적으로 정치를 할 수 있는 힘을 갖게 됩니다. 그러니까 대통령도 상당히 위험한 결정을 한 거죠. 그래서 중간평가를 하기로 하고 여당도 찬성을 하고 하니 한번 해보자는 말이었어요. 나도 그렇다. 청와대 직원들 모아서 중간평가 들

어간다고 선언을 하고 당 위원들 불러가지고 중간평가를 한다는 것을 암시를 했어요. 당시 안기부장이 박세직 씨였는데 뒤에 나하고 서있으면서 제게 중간평가를 한다는 얘기죠? 그래요. 그래서 그렇다고...

**박용수:** 그 시점이 정확히 언제였지요?

**노재봉:** 당선 된 후의 이야기입니다. 그런데 대통령이 무슨 일이 있어서 진해로 내려갔다가 중간평가를 하지 않는다는 발언을 했어요. 나는 강력하게 중간평가를 하자고 했고. 그래서 만반의 준비에 들어갔는데 대통령이 중간평가는 없다고 발언을 해버린 거예요. 아, 이게 무슨 소리냐. 그러면 나는 책임질 수밖에 없죠. 그래서 나는 사의를 표명을 했어요. 한 10시쯤 되어서 올라오라고 해서 갔어요. 그랬더니 누누이 설명을 하시더군요.

나중에 안 일이지만 박철언 씨가 밀명을 받고서 물 밑에서 합당교섭을 하고 있을 때였어요. 그리고 대통령 뜻도 내가 알고 있지만 국회에서 마이너리티가 되어서는 대단히 힘들다는 것이 제가 중간평가를 내가 강력하게 밀었던 이유입니다. 그리고 공화당이 못마땅하더라도 현실적으로는 다른 방도가 없다. 공화당이라도 합하자는 것이었고, 김종필 씨로서는 그것을 바라고 있던 것이었지요. 그렇게 되면 김종필 씨는 세컨 파워풀 맨으로 될 가능성이 높았던 겁니다. 대통령은 그렇게 되면 또 과거로 회귀한다고 할 거 아니냐고 비난이 일 것을 걱정했습니다. 그런 이야기들은 당연히 나올 것입니다. 나오겠지만..., 하지만 어떡합니까 이래 가지고...

그런데 그때 이미 물밑 작업이, 교섭이 되고 있었던 겁니다. 처음엔 김영삼 씨에게 오퍼를 한 모양이에요. 그러나 김영삼 씨가 거절한 거죠. 그리고 김대중 씨에게 오퍼를 했는데 김대중 씨가 해볼까 말까 하다가 김대중 씨도 거부하는 식으로 되었단 말이에요. 그러니까 김영삼 씨가 확 바꿔버린 거예요. 김영삼 씨는 그때 자기 파 의원이 서른 몇 명밖에 없었어요.

힘이 없었어요, 전혀. 그래서 이제 김종필 씨, 김영삼 씨와 다수당을 만든 것이 합당입니다. 좋고 나쁜 건 제쳐두고 현실적으로 추진이 되었던 것입니다.

**박용수**: 중간평가를 하지 않은 상황에서는 그것이 현실적으로 불가피한 선택이었다는 말씀이시죠?

**노재봉**: 그렇습니다. 그래서 일단은 그것으로 권력구도는 안정이 된 셈입니다.

**박용수**: 그러면 사의를 표명하셨던 것은 일단 선생님께서 다시 철회를 하셨나요?

**노재봉**: 대통령이 설명을 해서 사표, 사의를 표한 건 아닌데, 너무 그러지 마라고 해서 그게 내 감정대로 되는 것도 아니고, 한번 들어가면 내 마음대로 나오고 싶을 때 나올 수 있는 것도 아니고 말이야. 책임도 있고 하니까. 그래서 참고 다시 나갔습니다. 그 뒤에 3당합당이 된 겁니다. 한번은 김영삼 씨가 3당합당에 관해 어떤 얘기가 있었냐는 식으로 나한테 물어요. 당신 잘 한 거야. 이게 아니었으면 어떤 사태가 벌어졌을는지 정말 나도 종잡을 수 없다고 그랬죠. 5공 말기에 전두환 씨에 대한 쿠데타 움직임이 있었습니다. 조직된 세력이 아직까지 군인데. 그때 상황하고 별반 차이가 없는 혼란이 계속된다 할 때는 군이 또 어떻게 나서게 될지 모른다. 그런데 그것을 막은 것이 되고 그런 면에서 당신이 구국의 결단을 한 것이오. 뒤에 내 말을 듣고 어디서 3당합당이 '구국의 결단'이었다라고 설명을 하는 겁니다.

**장훈각:** 선생님, 이제 비서실장 시기의 이슈들로 초점을 옮겨 보겠습니다. 실장으로 발탁되는 과정부터 말씀해 주세요.

**노재봉:** 특보로 이런 일 저런 일 겪으면서 한 1년이 지났어요. 그쯤 되니까 나 혼자 생각에는 아이고 이제 내 머리에서 빼 줄 것도 없고 이제 그만두어야겠다. 1년 했으면 됐지 뭐 밤낮 그 자리에 있어봤자..., 그런 생각이었죠. 와이프도 찬성이고. 그때는 학교로는 요새처럼 못 돌아가니까 나가서 어디 교수하면 하지 뭐. 그래서 사표 낼 작정을 하고 기회만 바라보고 그랬어요. 그런데 하루는 오후에 올라오라고 하시더라고. 옳다, 사표 내야지. 사의를 표해야지 하는 생각으로 올라갔어요. 몇 마디 하다가 내가 사표를 내려고 하는데 "노 특보, 비서실장 좀 맡아주시오" 하는 거예요. 나는 좀 놀랬죠. 비서실장 맡아달라고 하는데. 나는 행정 경험도 없는 사람이고 회의하는 걸 보니까 이게 보통 자리가 아니던데 그건 내가 자신이 없다고, 그래서 난 못하겠다고. 다른 사람 시키십시오. 이쯤 해서 물러나는 게 대통령한테 도움이 될 것 같다고 그랬죠. 그러니까 무슨 소리냐고, 하라 이거에요. 내 스스로 판단하기에 안 된다고 그랬죠. 1년 동안 훈련시킨다고 그러셨던 것 같은데 제가 안 하겠다고 그러니까 대통령도 좀 난감한 표정이에요. 잔소리 말고 좀 하라고. 그러니까 어쩔 수 없어서 하겠습니다 해버렸죠. 죽이 되든지 밥이 되든지. 나중에 밑에 있던 사람들한테 행정 경험이 없는 사람이니까 당신들이 잘 보좌를 해줘요 이렇게 됐던 모양이에요.

홍성철 전임실장이 말은 참 잘 하시는 분인데 자신이 결정을 잘 안 해요. 수석들이나 대통령에게 맡기지. 그런 부분에 대한 고려가 제가 비서실장을 맡게 된 주된 이유였습니다. 저를 임명하면서 대통령이 그 부분에 대한 당부를 말씀하시더군요. 그래서 그 다음날부터 매일 아침 8시 15분 회의 소집해서 브리핑 받고, 그 자리에서 내 재량으로 판단을 해서 이것은 실장이 결정할 수 있는 것이다 싶은 사안들은 대통령 대신에 제가 결정을 내려 버리고, 대통령 결재가 필요하다고 판단하는 것은 별도로 해서 올렸습니다. 특보 할 적에는 일주일에 한 서너 번을 독대를 했어요. 그런데 실장 되고 나서는 대통령을 열흘에 한 번쯤 만났을까…

그 이야기는 뭐냐면 대통령의 시간을 필요 없이 빼앗지 마라. 그리고 한 장짜리 보고서니 뭐니 그런 것 좀 제발 올리지 마라. 들어갈 적에 서류철을 잔뜩 가지고 들어가니까. 이런 실무는 밑에서 하고 대통령이 큰 문제를 가지고 생각할 시간이 있어야 한다. 그래서 작은 일들은 내가 해버리고 대통령이 결정해야 된다 싶은 것만 올리는 거예요. 나도 별도로 올라갈 필요가 없는 거예요. 그래서 한 열흘에 한 번 올라갈까? 그런 정도였지. 밖에서 보는 거하고 전혀 다르죠?

**박용수:** 선생님께서는 권한이 강한 실장으로 평이 나있습니다. 재량의 폭이 넓었던 것이 그 이유라고 할 수 있겠군요.

**노재봉:** 그러니까 내가 결정을 그 자리에서 아침에 회의하면서 해버리고, 늦어봤자 9시 반이면 그날 일과에 대한 지시 이런 건 다 끝납니다. 그리고 별도로 대통령한테 보고해야 할 것은 내가 하고, 안 그러면 끝나고 하고. 그리고 각 수석들이 별도로 내가 꼭 알아야 될 필요도 없는 건 수석들에게 힘도 실어주고 재량도 키워주려 바로 올라가서 이야기하도록 했습니다. 청와대라고 하는 곳이 그리고 대통령을 한 번 만난다고 하는 것이 권력의 도를 얘기하는 거예요. 일주일에 서너 번 독대를 한다고 했을 때는 이건 막강한 것이 돼요.

**박용수:** 직책과 상관없이…

**노재봉:** 네. 막강한 힘이 됩니다. 그런 곳이니까 대통령하고 구체적인

사안은 직접 올라가서 얘기를 하고, 올라갈 때에는 특별히 기밀 사항이 아니면 비서관을 대동을 해라. 그러니까 비서관들이 신이 나지. 비서관들은 대통령 직접 보는 기회를 갖는 것을 바라지요. 그리고 우리가 서류를 옮기더라도 실무는 그 사람들이 다 하는 거니까, 실무자들이 대통령의 감을 아는 것이 좋겠다는 생각에 비서관들을 대동토록 한 거예요. 비서관들도 신이 나는 거예요.

그러고 이제 초도순시작업이라는 것이 있었습니다. 처음 내가 들어와서 특보로 있을 때 보니까 온 부처가 4, 5개월 간 거기에 매달려가지고 다른 일도 못하는 것을 보았었습니다. 초도순시 이렇게 할 것이 아닙니다. 1년 내내로 이걸 풀어버립시다. 사안이 있을 때에 부처에 브리핑을 받는 식으로. 그때는 지방 자치가 없을 때니까 도에서 그것을 하는데, 도도 일이 있을 때에 가서 거기서 실무자에게 바로 질문을 대통령이 해 보십시오 그랬습니다. 그런데 행정관들이나 비서관들이 각 부처에서 올라온 사람들이 많다보니까 내가 아무리 이야기를 해도 이 친구들이 미리 질문지 만들어서 답변서까지 준비해서 한단 말이에요. 대통령이 누구에게 무엇을 질문하는 것까지 다 정해주니까...

**장훈각:** 노태우 정부의 획기적인 정책 가운데 하나가 외교분야입니다. 당시 적극적으로 북방외교를 펼침으로써 정치적으로 그리고 경제적으로 국제무대에서 한국의 입지를 강화시키는 계기를 마련했습니다. 또한 통일 문제를 주변국과의 협력을 통해 당사자들이 해결하고자 하는 시도를 했다고 보여집니다.

**노재봉:** 우선 전방위 외교 관계를 펼쳐야겠다, 이제 냉전이 끝나기 전이니까. 그게 나 들어가기 전입니다. 박철언 장관이, 그때는 박철언 비서지, 그분이 임무를 맡아가지고 헝가리하고 수교를 하고 그랬어요. 그중에 7·7

선언인가를 하는데, 대통령 생각은 '원교근공'이었죠. 가능한 공산권 국가들과 전부 다 외교관계를 수립을 하고 북한에 압력을 가하는 이런 정책 방향을 잡고 나갔습니다. 나도 거기에 대해서는 전적으로 찬성을 했고. 그런데 그것을 하기 위해서는 미국하고 중대한 협조가 필요합니다. 미국과의 관계는 6공 때 아주 좋았습니다. 그 이후야 전부 망가져서 엉망이 되었지만, 당시는 아주 가까웠습니다. 그리고 원교라고 하는 것 때문에 소련, 동구하고 외교관계 문제에 힘을 많이 기울였죠. 고르바초프(Mikhail Sergeyevich Gorbachyev)와 샌프란시스코에서 만나서 소련하고 외교관계가 수립되었는데. 박철언 씨가 중요한 역할을 했고, 또 미국 사이드에서의 도움이 컸습니다.

이와 별도로 OB서미트라 하는 게 있었어요. 국가 원수들이나 총리를 했던 사람들이 모여서 1년에 한 번인가 돌아가면서 회의를 하는 겁니다. 그걸 한국에서 주도를 하기로 했습니다. 그 문제로 소련에서 도브리닌(Anatoly Fyodorovich Dobrynin)이 왔습니다. 나하고 외교안보수석, 그리고 경호실장, 대통령 이렇게 편성이 되어 청와대에서 도브리닌을 만났습니다. 소련이 경제적으로 대단히 어려울 때였기 때문에 도브리닌의 주목적이 한·소 경제외교였어요. 그때 경제 원조를 도브리닌이 청구를 했습니다. 50억 불을 얘기를 했습니다. 그래서 우리는 경제적 원조를 이야기할 때에는 다 조사를 하고 왔을 텐데 50억 불은 좀 과하다 하면서 30억 불로 하자, 그것도 일종의 흥정이니까. 저쪽도 흥정해서 깎일 작정 하고 그렇게 불러본 것 아니겠습니까? 그래서 30억 불로 낙찰이 되고 15억 불 현물차관, 그 다음에 현금차관 15억 불 그렇게 낙찰이 되었습니다.

그리고 나서 도브리닌하고 자그마한 술집엘 갔어요. 그런데 도브리닌이 그 방에 있는 전화기를 들고 와서 소련으로 전화를 하더니 한참 이야기를 하고 끊어요. 무슨 전화를 여기서 그렇게 급하게 하느냐고 했더니 여기에서 하는 이유가 있다고 해요. 그쪽에서 한 사람이 따라왔었습니다. 아마

KGB같았습니다. 그 사람은 떼놓고 왔었어요. 도브리닌 하는 말이 지금 전화한 게 고르비의 비서실장이다 이거야. 그러니까 이 문제를 알고 있는 사람은 고르비하고 비서실장 그리고 자기 이렇게 세 사람이라는 겁니다. 외무성은 전혀 모른다. 외무성이 알게 되면 극력 반대를 한다 이겁니다. 그래서 'OK. 다 타결됐다' 하는 전화를 지금 한 거다. 그래서 이제 끝나나보다 하는 안심을 했습니다.

**장훈각:** 소련에서도 굉장히 조심스럽게 접근을 했던 것이군요.

**노재봉:** 우리가 샌프란시스코를 갔을 때에 거기서 뒤에 고르바초프를 만났는데, 샌프란시스코 소련 영사관이 고르비하고 대통령하고 만난다는 것도 통보를 안 받은 모양입니다. 전혀 모르고 있어요. 영사에게 물어보니까 누구하고 만난다고? 무슨 소리냐 하는 식이에요. 그런데 그 전날 도브리닌하고 경제수석, 부수석 그리고 나, 외교안보하고 전부 만나서 최종 액수에 대한 합의를 다 하고 이제 재차 확인이죠, 최종 확인을 하고 회의를 한 겁니다.

**박용수:** 그럼 샌프란시스코에서 만난 것은 오히려 소련 측의 필요도 상당히 영향을 미쳤을 것이라 생각됩니다. 이 과정에서 미국은 어떤 역할을 했는지, 이후 중국과의 수교과정에서 특기할 만한 것은 어떠한 것이었는지요?

**노재봉:** 미국 사이드가 중재하는데 애를 많이 썼습니다. 특히 슐츠(George Shultz) 국무장관이 사람이 고르바초프와 공개협정하고 상당히 힘을 써 주었습니다. 그 뒤에 이제 중국과의 수교를 위한 공작이 또 시작이 되고. 등소평(鄧小平: 덩샤오핑) 시대에 중국도 새로운 방향으로 넓혀 나가는 정책

으로 나가고 하니까 그게 맞아떨어졌던 겁니다. 내가 이 과정에는 적극적으로 개입은 안 했어요. 나는 총괄만 해서 거기서 방향을 지시하고 했죠. 이제 북한으로 뭘 해야 되겠는데…

**장훈각:** 당시 남북관계의 개선 혹은 발전방향에 대해서 선생님께서는 어떠한 관점으로 접근하셨는지요?

**노재봉:** 중국, 소련하고 한국과, 혹은 헝가리하고 했던 것과 비슷한 양식으로 북한하고 관계가 정상적으로 갈 수 있으리라고 하는 판단이 한 쪽에 팽배해 있고, 나는 안 된다는 입장이었죠. 북한 정권이 그럴 성격이 아니다. 이것이 완전히 제3자의 공산국가 같으면 가능한데 이건 바로 전쟁을 경험한 경우고, 서로가. 말하자면 자기 페이스로 통일을 해야겠다는 통일문제가 걸려 있기 때문에 단순한 외교 관계가 아니라는 것이었지요. 그래서 그런 식으로 도저히 안 된다 하는 게 내 판단이고 내 생각은 결국 힘으로 압도하는 수밖에 없다는 것이었죠. 그래서 흡수통일로 가는 방법 밖에는 도리가 없다. 저 쪽이 절대로 타협적으로 나오지 않는다는 게 내 생각이고 내 판단이었어요. 지금까지는 거기에 대해서 변함이 없습니다. 대통령도 그런 식으로 어떻게 하지 않을까 하는 믿음을 가지고 있었지요. 내가 대통령한테도 얘기했어요. 대통령 각하, 이건 대화로 아무리 해도 통일 문제가 걸려있기 때문에 다른 공산국가하고 수교하는 것과 다릅니다. 결국은 우리가 힘이 있어서 흡수통일 하는 길 밖에는 없습니다. 그런데 대통령이나 박철언 씨나 이분들은 대화를 통한 통일이 가능하다는 생각을 갖고 있었던 것 같습니다.

윤기복 씨가 왔다가 간 것에 대해서 대통령이 이야기는 안 하셨습니다. 나는 알고 있는데. 뭐 이야기 안 하는 걸 내가 굳이 물어볼 필요도 없고. 조금 지나서 이야기를 하시더라고. 사실 윤기복이 왔다 갔다고. 그렇습니까? 이야기는 잘 안 됐죠? 내가 뭐 그렇게 하고 넘어갔어요. 그리고 연형묵 총리에게 대통령이 쌀 문제를 처음으로 끄집어냈었어요. 당신네들 식량이 좀 어려울 텐데, 우리가 식량을 좀 지원할 생각이 있다 하니까 연형묵 총리가 "아이구 우리야 먹고 사는 건 문제 없습니다"라고 해요. 어려운 걸 아는데. 그때 이미 북한에 에너지가 없어서 전투기가 연습을 못 할 때였습니다. 만경봉호가 기름이 없어서 일본도 못 갈 때에요. 안기부에서도 그건 대통령한테 보고를 안 했어요. 그래서 내가 그 이야기를 하니까 이북이 그런 상태냐 이거야. 그런데도 연형묵 씨가 먹고 사는 건 문제 없다고 이렇게 변명을 했습니다.

뒤에 무슨 무역회사인가 해외에 있는 무역회사를 통해서 쌀을 보내봤습니다. 50톤인지 500톤인지를 일본에 가져가서 포장을 인도산으로 바꿨습니다. 그래서 이북이 가져 간 거죠. 가지고 가서 그걸 또 파는 겁니다. 북한이. 외화가 필요하니까. 중국이 그걸 또 샀습니다. 그런 판국이었다고. 그래서 뒤에 내가 국회에서 남북관계에 관해 연설하면서 통미봉남이라는 용어를 쓰지 않았어요? 그때 힘을 이야기했어요 내가. 그랬더니 내가 뒤에서 군사력으로 어떻게 해보자 하는 거냐 하고 웅성웅성 해요. 그때 중국의 이붕(李鵬: 리펑) 총리가 방청을 하러 국회에 와 있었다고. 그러니까 큰 소리도 못 하고 뭐라 정도만 하고. 내가 이야기하는 힘이라고 하는 것은 그 야말로 국제정치적인 힘이라는 거죠. 힘을 가지고 대응하는 수밖에 없다. 우리가 힘을 길러야 된다. 힘을 갖고 있으면 이 사람들이 제 멋대로 못 한다는 말이죠.

**장훈각:** 북한은 선생님께서 총리로 계실 때 남북고위급회담을 중단한 적이 있습니다. 그 이유에 대해 보다 자세히 말씀해 주시면 좋겠습니다.

**노재봉:** 제가 12월 말에 총리로 발령이 났어요. 총리가 고위급회담의 당

사자가 되잖아요? 내가 3월 달에 하게 되었었는데, 내가 할 차례에 저쪽이 보이콧을 했어요. 유일하게 나한테 그랬습니다.

**장훈각:** 그 이유가...

**노재봉:** 그 이유가 상당히 복잡합니다. 저쪽에서 대는 이유는 그게 2월인데 남한에 콜레라가 생겨서 못하겠다는 겁니다. 얼토당토않은 이유였습니다. 저쪽에서는 나를 당사자로 대하는 것에 대해서, 내 추측이지만, 나에 대해서 상당히 부담을 느끼지 않았나 하는 생각이 들어요.

그때 데모가 많지 않았어요? 데모에 대해서는 안기부는 안기부대로 판단이 있고, 나는 나대로 판단이 있는데, 이것이 반드시 노동자의 권익을 위한 데모만은 아니다 하는 게 내 판단이었어요. 저쪽의 판단이라고 내가 생각하는 것은 이쪽의 재벌기업이 무너지면 대한민국이 망한다, 경제공세로 들어오는데. 타겟을 현대냐 대우냐, 현대가 끝나면 대우가 붙고, 대우가 끝나면 현대가 붙고 이렇게 공세가 시작되는 거지요.

**박용수:** 정치적인 어떤 성격의 목적을 갖는다고 보신 것이군요.

**노재봉:** 그러니까 이제 전복전쟁이지.

**장훈각:** 북한의 대기업에 대한 공격...

**노재봉:** 대기업이 무너지면 대한민국이 무너진다하는 판단이 있었던 것입니다. 뒤에 결과를 우리가 다 봤지만 대우가 무너진다고 해서 대한민국이 무너지지 않는다 이 말이에요. 저쪽에서는 그런 거예요. 그저 붉은 깃발을 내들고 그걸 하는데 이건 단순한 데모가, 노사관계의 데모가 아니다.

북한이 반드시 개입되어 있다. 그리고 개입된 흔적이 저쪽에서 해제해서 나오는 민주해방전쟁인지 하는 방송이 있습니다. 그게 지시 역할을 합니다. 나는 그렇게 파악을 하고 전 경찰 병력을 투입시켰습니다. 내가 이제 주장하는 건 뭐냐. 민주화가 되었는데 데모는 좋다. 파업도 좋고. 그런데 파업을 하려면 사업장 밖에서 해라, 남의 재산을 갖다가 무단점유는 못 한다. 그건 내 원칙이에요. 또 헌법정신이고. 파괴하거나 하는 건 못한다. 그러니까 그런 행동을 하는데 대해서는 국정 책임의 일부를 지고 있는 나로서는 경찰 투입을 안 할 수 없다. 그래서 투입을 하고 그랬던 것이죠.

그 뒤에 어떤 사태가 벌어졌습니까. 1991년에 연쇄분신자살 데모가 있었지요. 그 김지하 씨가 죽음의 굿판이라고 했습니다. 요새 김지하 씨가 그 당시 고통 속에서 겪었던 일이 신문에 나고 하지 않았습니까? 연쇄분신자살이 일어나는데 도울 학생들이 아니란 말이야. 그런데 무엇 때문에 데모를 하는지... 그 때문에 나온 삐라를 갖다가 전부 주워오라고 했습니다. 이유가 뭐냐 말이야, 구체적으로 이유가 없어. 지방도 그렇고 연쇄분신자살이 일어나는데. 그 전년도 말에 일본서 나오는 미디어를 보니까, 조총련이 축하 파티를 하는데 김일성이 내어 준 교육홍보비인가 하는 게 있어요. 그걸 위한 축하 리셉션이 열린다고 하는 조그마한 기사를 보았습니다. 그것을 보고 안기부에 전화를 해서 이 항목의 비용이 연차적으로 조총련에 얼마나 전달되었는가를 알아보라 했어요. 보니까 그 전 해보다 일곱 배가 뛰었어요. 그것이 공작비용입니다. 아차, 이게 본격적으로 움직이기 시작한다 말이지. 그런데 이유가 있어야 할 것 아니에요?

그 일이 있기 전에 내가 관훈토론에 나와서 두 시간 정도 이야기한 적이 있습니다. 비서실장으로 있었던 때입니다. 연형묵 씨가 고위급 회담 한다고 하면서 이쪽으로 와서 청와대 방문한 적이 있어요. 연형묵 씨가 대통령한테 그 이야기를 부탁했단 말이에요. 임수경이를 좀 석방을 시켜주십시오 하는 게 있고, 두 번째는 UN가입을 보류해 주십시오. 이거에요. 임수경에 대해서는 대통령이 "연총리, 임수경이는 내 딸이야. 그러니 그건 나한테 맡겨 보시오"라고 한 거죠. 그러니까 무슨 뜻인지 다 알아들었지. 그러니까 감사합니다 하면서 대통령 손을 잡고 막. 그리고 UN가입을 보류해 주십시오 하는 것에 대해선 대통령이 "당사자 입장이 그렇다면 한번 생각해 봅시다"라고 하니까 그것도 감사하다고 하고. 거기서 내가 딱 힌트를 잡은 게 UN 무대입니다. 북한이 하나의 조선 갖다가 이쪽에 막 선전공세를 펼 때였습니다. 하나의 조선. 그때 벌써 소련하고 이쪽하고도 이야기가 다 되어서 UN 가입 신청하면 한국은 자동으로 들어갈 판이야. 자동적으로 우리는 들어갈 판인데. 연형묵 북한 총리가 와서 이야기할 적에는 신청해서 수속하는 기간이 이미 지났던 때에요. 그런데 연형묵은 외교 차원에서 그것도 모르고 온 겁니다.

**박용수:** 그럼 그때 당시에는 남북 간에 UN가입에 대해서 어떠한 논의 또는 합의는 없었던 것이었군요.

**노재봉:** 합의해 가지고 한 것이 아닙니다. 연형묵 총리는 아마 성공을 했다고 생각을 했을 겁니다. 그런데 우리는 다음에 자동으로 들어가게 되어 있었습니다.
여하튼 일본에서 그렇게 교섭하고 여기에서 데모하고 이러는 걸 같이 놓고 생각해 보니까 그게 아무래도 UN 가입 같아. 하나의 조선이 완전히 파괴가 될 판입니다. 이유가 없는 게 바로 그것 밖에 연결이 안 되는 거예요. 그런데 그 전에 내가 관훈에서 이야기를 하면서 남북문제가 나오길래, 지금 같으면 헌법위반이다 뭐다 난리가 났을 겁니다만 뭐라고 했느냐, 이제는 전복전쟁 같은 그런 식으로 북이 하지 마라. de facto state다. 저쪽도. 그러니까 사실상의 국가로 인정하니까 정상적인 외교를 하자. 그때 이제 불가침 조약을 하자고 저 친구들이 난리를 칠 때였습니다.

그리고 고위급 회담을 하기 위한 준비팀이 있잖아요. 한 30~40명이 전부 나와 가지고 마지막에 총리가 읽을 텍스트를 독해를 하는데, 그게 관훈토론에 나가기 전입니다. 거기서 몇 달 동안 노력을 해서 만든 그 연설문을 내가 비토를 놔버렸어요. 당신들 정신이 있는 사람들이야, 없는 사람들이냐 말이야. 이걸 보면 불가침 협약을 하자는 것에 대해서 누누이 못 하겠다고 하는 변명뿐인데, 이토록 레버리지(leverage)가 없느냐, 그리고 당신네들 이북이 뭐 때문에 이런 짓을 하는지 모르겠냐는 말이야. 이북이 뭐에 대해서 제일 죽을 문제에 직면했다고 생각하느냐 지금. 다시 한번 생각해 봐. 이것 가지고는 나는 못 나가. 변명하려는 난 못 나간다고 했죠.

준비팀원들이 앉아서 전부 다 얘기 듣는데 난처하게 되어 버렸어요. 몇 달 동안 준비를 했다고 하는데. 심한 이야기까지 좀 했어요. 당신네들 이것 가지고 밥 먹고 산다고 하는 사람들이 이게 뭐냐 도대체. 난 이것 가지고 안 된다고 다시 하라고 했어요. 이게 무슨 아이디어가 있느냐. 도대체 당신들 하는 소리가 대단히 못마땅하다. 당신들 지금 대한민국 총리를 갖다가 앞에 놓고 브리핑을 하면서 뭐 걸림돌이 어떻고 이러는데 이게 어디 나오는 거냐. 걸림돌이라고 하는 건 이북말이야. 당신들이 노동신문을 늘 읽고 있어서 그런지, 그걸 갖다가 내 앞에 함부로 써? 그리고 뭐 연결고리 운운하고 있는데, 연결고리 그런 얘기가 어디서 나온 얘긴지 아느냐, 레닌(Vladimir Il'ich Lenin)에서 나온 얘기다. 국제자본주의 체인이 되어있는데 왜 자본주의가 덜 발달했는지, 러시아에서 혁명이 났느냐 하는 걸 정당화할 때에 레닌이 한 소리가 '고리가 약한 부분에서 터진 거다' 그래서 나온 이야기인데, 대한민국 총리 앞에서 이런 소리까지 하냐고 화를 왈칵 낸 거죠. 그러니까 이 사람들이 우리한텐 더 이상 아이디어가 없다 이거야. 나는 자꾸 다시 짜라 그러고. 그렇게 한 시간 동안을 독려하는데도 아이디어가 안 나와. "야 이 친구들아, 불가침 조약이고 뭐고 간에 전부 누를 수 있는 아이템이 UN가입이다."라고 했죠. 그 방향으로 다시 고치라고 하고 대통령에게 가서 오늘 회의가 이렇게 얘기가 되었는데 내가 아까 전에 말한 건 이겁니다 하니까 대통령이 "됐어."라고 하고 그걸 가지고 그렇게 하라고 했습니다.

그러니 이게 소문이 안 나겠어요? 그리고 관훈토론에서 비슷한 얘길 내가 했어요. 아까 얘기했듯이. 이젠 정상적으로 외교를 하자. 이북에서 불가침 운운하는데 불가침조약에 사인하는 건 얼마든지 할 수 있다. 보장이 뭐냐? 국제적으로 보장을 받아야 하는 것이고 국제적으로 보장을 받으려면 UN에 들어갈 수밖에 없다는 얘기를 했단 말이에요. 관훈토론에서 한 그 얘기가 사상 최초로 처음부터 끝까지 두 시간짜리 전부가 나갔습니다.

그렇게 UN 가입문제가 딱 떨어진 거예요. 그 데모가 UN 가입 반대 데모야. 바깥에서는 도저히 할 수가 없으니까 안을 뒤집어가지고 그걸 타결시켜보려고 뒤집어 놓는 겁니다. 그 데모 와중에 김대중 씨가 UN 사무총장, 미국 국회의장 등 온 곳에 대한민국 단독가입 반대 편지를 보내게 했단 말이에요. 그걸 보고 내가 아, 김대중 씨는 이전에 알고 있었구나 싶었죠. 그래서 외무부장관, 통일원 장관한테 전화를 해서 김대중 씨가 그런 편지를 보내고 해서 파상 공격을 해야 한다, 내가 직접 나서면 더 좋은데 나보고 그만두라고 하는 판에 내가 남북문제를 갖고 나오면 저들도 남북문제 핑계를 대가지고 안 물러난다고 문제 삼을 거 아니냐. 과거에 그런 예도 있었고. 이런 이야기 나올 게 뻔하다. 그래서 장관들에게도 이유를 내가 얘기를 못하고 그렇게 편지를 보낸 데 대해서 파상공격을 해라, 대비를 시켰어요. 이분들도 내가 왜 지시를 했는지 모르지. 이후에 이제 김지하 씨나 박홍 씨가 죽음의 경제학 문제를 들고 나온 겁니다. 그러면서 연쇄분신자살이 확 사그러들었습니다. 그때 운동권에서 김지하 씨에게 죽으라고 했던 거예요. 죽을 이유를 만들어서 말입니다. 당신이 죽어야 나라를 살린다. 민족을 살린다 이렇게 된 겁니다. 김지하 씨로서는 얼마나 황당한 일이에요. 김지하 씨가 얼마나 고통을 받았던지 정신적으로 돌아버리는 사태가 벌어진 거라고. 여하튼 그걸 갖다가 노골적으로 공격을 해서 데모가 죽은 거예요. 데모가 죽자마자 이북이 UN가입, 그렇게 반대하던 이북이 UN가입 신청을 먼저 탁 내 놓은 겁니다.

**장훈각:** 북한이 먼저…

**노재봉:** 먼저 냈죠. 우리는 서서히 기다리면 그냥 가는 거고. 그러면서 하나의 조선이라고 하는 게 완전히 붕괴되면서 운동권이 그만 허탈상태에 빠져든 거예요. 운동권이 그때 완전히 죽다시피 했습니다. 하나의 조선이었다가 두 개의 조선이 되어 버리니까.
내가 남북대화를 하게 되면 그 문제를 들고 나올 게 뻔한데, 이 사람들이 그래서 나를 보이콧 해버렸어요. 결국은 내가 못 하고 내려 왔습니다.

**장훈각:** 노태우 정부 시기는 북한의 핵문제가 수면 위로 부상하던 때였습니다. 이에 대한 정부의 인식은 어떠했는지요? 그리고 이 문제에 대한 정부의 정책적 대안은 무엇이었는지요?

**노재봉:** 핵문제에 대해서는 나는 개인적으로 상당히 심각하게 생각을 했습니다. 내가 실장으로 있을 때였나 8군에서 사령관 이하 장성들이 나한테 청와대 브리핑을 하겠다고 요청해서 들어왔어요. 그때 북한이 기폭장치를 시험한 것을 사진을 내 놓았습니다. 핵개발 문제지요. 아, 이게 심각하구나 하고 그때 느꼈습니다. 그런데 왜 그렇게 심각하게 받아들였나 하면 카터가 주한 미군을 갖다가 1개 사단을 빼지 않았어요? 카터는 정치를 할 수 없는 도덕주의자입니다. 국제정치를 아는 외국의 전문가들도 이건 나이브한 짓이다라고 다 평가할 때에요. 그런데 대한민국이 경제발전을 한 것은 주한 미군이 버텨주고 있기 때문에 다 가능한 것이었습니다. 안

그랬으면 경제발전 할 여력이 안 생기지. 안보가 우선 확보가 되니까 경제개발을 할 수 있었던 것인데 카터가 이걸 빼겠다고 한 겁니다. 미국의 원조가 끝난 게 1973년입니다. 처음으로 국민 세금으로 경제를 유지면서 안보 초보 단계에서 갖춰야 할 일이 많은데다가 북한은 핵개발 한다고 하지, 그래서 박 대통령이 카터에 대해서 아주 큰 반발을 했고, 그 반발의 표시가 우리도 핵을 가져야겠다, 도리가 없다 이렇게 된 것입니다. 그게 박 대통령의 불운의 시작입니다.

게다가 남북관계를 놓고 대한민국을 생각을 한다면 대통령은 핵을 갖고 싶은 유혹을 느끼게 됩니다. 노태우 대통령도 약간 그런 생각을, 준비는 해볼 수 있지 않느냐는 이야기를 조금 비추신 적이 있습니다. 그래서 내가 섣불리 그리 생각하시면 안 된다고 말씀드렸습니다. 이건 국제정치적으로 보통 문제가 아니거든. 우리가 세계를 리드하고 있는 국가 같으면 문제가 다르지만 우리가 핵우산하에 있는 국가로서 핵을 갖는다 할 때에는 이것이 세계정치적으로 엄청난 문제란 말이지요. 그리고 한반도는 세계에서 가장 위험한 긴장지역인데 핵보유 문제는 이게 여간 작은 문제가 아니거든. 그래서 죽 설명을 한 일이 있어요.

**장훈각:** 노 대통령께서도 처음 북한의 핵개발 소식을 접하셨을 때 남한도 대응핵을 보유할 필요도 있지 않겠느냐 까지도 생각을 하신 거네요.

**노재봉:** 군사적으로 압도적인 위력을 우리가 확보해야 되겠다라는 생각 중에 하나가 핵도 만들어야 된다는 건 아니고, 고려는 해볼 수 있지 않느냐 하는 생각까지는 조금 하신 거예요. 그래서 내가 그건 대단한 문제입니다. 섣불리 생각하실 일이 아닙니다라고 설명한 일이 있습니다.

**박용수:** 미국 측에서는 북한의 핵개발 시도에 대한 보고 외에 그것과 관

련된 다른 정보를 제공하진 않았습니까?

**노재봉:** 아마도 북한에 대한 정보를 많이 가지고 있으니까 대통령 직속인 우리한테 알려준 것이죠. 그래서 어느 단계라고 하는 것을 우리가 알게 되었죠. 그런데 문제가 하나 있어요. 핵에 대해서 그 당시 외교부도 그렇고, 정치계에서 핵은 미국하고의 문제지 우리 문제가 아니다라는 이런 인식이 있었단 말이에요. 심지어 내가 국회에 있을 때에 내가 잘 아는 내무부장관이 국정감사인가 할 때에 내가 물으니까 "그거 뭐 핵은 미국하고의 관계지 우리야..." 이런 식으로 나오는 겁니다. 그리고 통일원 장관에게 통일을 하자면 어떻게 통일이 돼야 하겠느냐. 단순히 통일이라고 하는 것은 의미가 없는 것이고, 어떤 모습의 통일이라고 하는 것을 당신이 지금 주장한다고 하는 얘기냐고 물었었습니다. 이북과 같은 전체주의 체제에서 살아도 통일만 되면 좋다는 것이냐고 물었죠. 자유민주주의 체제라고 얘길 하더군요. 그런데 핵에 대해서는 외무부장관도 그저 미국 문서고 뭐 이러네? 잘 아는 친구라 뭐라 말도 못하고... 감각이 그런 식이었어요. 나는 이 핵은 바로 우리 문제고, 핵 다음의 문제가 생화학무기, 그 다음에 재래식 장비, 그 다음에 비정규전. 그리고 소위 전복전쟁이라고 얘길 하는 겁니다. 전복은 국제법의 전쟁이 아닙니다. 국제법으로는 전쟁이 아니지만 사실적으로는 전쟁이지요. 이 네 가지를 저는 생각을 하고 있는 거예요. 그런 상황으로 나는 인식을 하고 있는데 핵에 대해선 안이한 인식이 그 당시에 상당히 팽배했어요. 그 뒤에 내가 국회에 들어가서 통미봉남에 대한 연설을 할 적에 천재일우의 기회를 놓쳤다는 말을 했습니다. 그게 무슨 말이냐 하면..., 이북 핵 문제를 가지고 서울대 외교학과 교수들과 저녁을 하면서 내가 그런 얘기를 했습니다. 미국이 북한이 핵 개발한다고 난리인데 조건은 네 가지다. 열전이 없어야 하는 것, 그 다음에 열강들이 개입하지 않게 만드는 것, 그 다음에 피난민들이 이쪽으로 내려오지 않게 하는

것. 또 뭐 하나가 있었는데... 이 네 가지 조건을 충족시킬 수 있는 대북정책을 한번 내보라고 했죠. 이것은 내가 지금 대통령이라고 생각을 하고 당신들에게 묻는 건데 이게 몇 달 동안 연구하고 할 시간이 없어, 답이 당장 나와야 돼, 청와대는 이런 곳이야. 해 봐라. 했죠. 다들 한숨을 쉬더니 그 네 가지를 중요시하십니까. 한번 해 보겠습니다라고 합니다. 그럼 일주일 뒤에 다시 만나자, 일주일 동안 생각해봐라 하고 헤어졌습니다.

일주일 뒤에 다시 만났습니다. 답이 나왔냐고 물었더니 일주일 동안 생각해봐도 답이 안 나온다고 합니다. 선생님 답은 뭡니까 하고 묻습니다. 네 가지 조건을 충족시켜 보라고 할 때는 그 타겟을 먼저 정해야 한다. 타겟을 먼저 정하고 나면 그 다음부터 전략문제가 나오는데, 타겟을 정하는 데까지가 전략 문제란 말이야. 이 네 가지 조건을 충족시켜줄 대전제로서의 타겟을 너희 어떻게 잡을래. 청와대 가면 이런 식으로 당장 생각을 해야 된단 말이야. 그것은 이북의 지도부다. 이북의 지도부를 우선 타겟으로 해야 한단 말이야. 이북의 인민들을 상대로 하는 건 지금 불가능하다. 그리고 전술에 있어서는 전면적인 제재(total sanction). 이것은 전략이 아니다. 그리고 피난민이 내려오는 것은 우선 저 쪽이 무너지는 경우에 못 내려오도록 이쪽에서 군사적으로 조치를 하면 되는 것으로 하는 식으로 얘기했지요. 결론은 전면적인 제재다. 이 전면 제재라는 안이 나온 것은, 이렇게 타겟을 잡고 외국의 개입이 안 되고 할 수 있는 방법은 이북이 스스로 무너지게 하는 것이고 그것이 궁극적인 목표가 되는 것이다라는 말이야. 그런 식으로 내가 설명을 한 적이 있어요. 그게 천재일우의 기회를 놓쳤다고 하는 겁니다. 그때 전면적인 제재로 들어갔어야 하는 거예요. 그런데 이게 미국의 대통령들이 선거에 개입해서 또 흐지부지해지고. 지금도 뭐 이상하게 또... 이런 겁니다.

**장훈각:** 저는 그 선생님, 외무부나 통일부에서 북한의 핵 문제가 우리와

관계없는 문제다라고 인식을 하는 경향이 있었다는 점에 있어서 상당히 충격적입니다.

**노재봉:** 충격적이죠? 충격적이에요. 나도 기가 차는 편이에요. 그러니까 얼마나 관료적인 생각입니까. 핵이라고 하는 건 멀리 떠나서 핵을 가진 나라들 사이의 문제다 이런 인식이야.

**장훈각:** 미 국무부 문서들을 보다 보니까요, 이미 1985년도에 미국은 북한이 1980년대 말이나 1990년대 초에 핵무기를 제조할 수 있는 능력을 갖게 될 것이라는 정보들을 올리거든요. 물론 하나의 가설이긴 하지만 말입니다. 그런데 이게 한국 정부 내지는 정보 파트에서 그런 사실들을 모르고 있었다는 것도 한편으로는 이해가 잘 안가지만 핵문제가 수면 위로 떠오르기 시작하는데 담당 부서들의 수장들이 이게 우리와는 관계없는 문제라는 인식을 갖고 있었다는 것이…

**노재봉:** 그 문제에 있어서는 박 대통령의 판단을 못 따라가는 겁니다. 그때 박 대통령이 이게 카터가 이렇게 하면 도저히 우리로서는 자구책을 구하지 않을 수 없다. 이건 죽느냐 사느냐의 문제니까. 그래서 미국에 있는 물리학자도 불러들여서 자문을 받고 했거든요. 그 '무궁화 꽃이 피었습니다'의 이휘소 있잖아요? 나하고 동기입니다. 이휘소가 박 대통령을 만나기 전에는 완전히 이북 동조세력이었어요. 중국처럼 돼야 된다, 이북처럼 돼야 된다 하던. 대한민국에 대해서 비판적인 시각을 가지고 있던 친구에요. 박 대통령을 만나고 나서 이 친구가 확 돌아 섰다고. 박 대통령이 군인 출신이니까 무척 고민을 한 거지. 안보문제 틀어지면 죽도 밥도 안 되니까.
지금 말씀하셨다시피 나도 충격을 느꼈는데. 그런 식이었습니다, 인식이. 당시 외무부장관이 잘 아는 친구라 공개석상에서 뭐라고 할 수도 없고

사적인 자리에서 그게 어떻게 미국하고의 문제냐, 당장 우리 문제인데라고 했죠. 그리고 생화학무기 이런 데 대해서도 뭐 관심이 없어. 그래서 내가 북이 우리한테 적이냐 아니냐 하는 질문을 했는데, 답이 엉뚱하게 돌아오는 겁니다. 그 사람도 정치학자인데. 나는 홉스적인 정치관에 대해서는 별로 뭐 취미가 없고. 답이 이런 식이에요. 내가 물었던 취지는 홉스(Thomas Hobbes)가 말한 자연 상태에서의 적이다 어떻다 이런 것이 아니라, 정치에 있어서의 적이라고 하는 것은 칼 슈미트적(Carl Schmitt)인 의미로 이야기한 것입니다. 전혀 관계없는 이야기지. 내가 거기서 학술적인 토론을 하겠나 어쩌겠나. 슈미트적인 컨셉트를 갖다가 보면 이북에 대해서 보는 감각이 확 달라지죠. 실존적인 적이 되는 거니까.

뒤에 김대중 씨가 대통령 되고 나서 그 장관이 나랑 이야기를 하면서 이제는 김대중 씨가 미국을 견제하면서 북쪽으로 간다 그러니까 이 친구가 취임사에 보면 미국하고 돈독하게 나간다고 하지 않았냐고 합니다. 그래서 내가 웃으면서 그 외무부에 오래 있었던 사람이 레토릭을 그대로 믿느냐 그 사람의 행적 전체를 보고서 생각을 하라고 했죠. 그런 미스테리컬하다고 할까 나이브하다고 할까 이런 게 정부 내에 상당히 있었습니다.

**장훈각:** 노태우 대통령께서 남북정상회담에 굉장히 강한 의지를 가지고 계셨던 것 같습니다. 노태우 대통령께서는 어떤 생각을 가지고 정상회담에 임하려고 하셨는지, 성사를 시키려고 하셨던 게 진심이셨는지요?

**노재봉:** 그 정상회담이라고 하는 문제를 두고 나하고 얘기를 했던 적은 없습니다. 했다고 하면 박철언 씨 하고는 했을 겁니다. 박철언 씨는 계속 저쪽하고 라인을 유지하려고 힘이 떨어지고 나서도 애를 많이 썼어요.

**장훈각:** 한시해 씨하고 지속적으로 비밀회담을 가졌던 걸로 알고 있습

니다.

**노재봉:** 저쪽에서는 이미 박철언이 힘이 떨어졌다는 걸 알고 거 하는데도 계속 그런 생각을 안 버리고 있었어요. 비서실장이나 이런 사람이 하는 말 한 마디가 중요하기 때문에 나는 방향만 보고 있었지만 처음부터 무슨 짓을 해도 이건 안 된다는 걸 알고 있었습니다.

## 〉〉〉〉〉 2차 구술

**장훈각:** 오늘은 민주화 이후의 북방정책 또는 전방위외교와 관련한 문제부터 말씀해주시는 것으로 시작하도록 하겠습니다.

**노재봉:** 여야 합의를 통해 헌법이 제정되어 민주화가 본격적으로 시작된 이후 외교영역에 있어서는 올림픽이 대단한 국제적인 영향을 미쳤습니다. 먼저 소련하고 수교한 것까지 이야기했지만 올림픽을 두고 소련 사람들이 서울에 와서 보고는 그전까지 우리가 생각한 것과는 완전히 다르다고 보고했다고 합니다. 그때까지 국제 이미지가 6·25전쟁 이미지가 있기 때문에 한국이라 하면 가난하고 밤낮 데모나 하고 후진국이라고 비쳐지다가 실제 와서 보니까 수교하는 것이 당연하다. 한국에서 올림픽을 하면서 전 세계적으로 텔레비전에서 비춰진 게 아주 굉장히 영향을 미친 게 사실이다. 완전히 바깥사람들이 생각한 것 하고는 한국이 전혀 다르다. 발전하는 게 자기네들이 생각하는 거랑 다르다. 그래서 이제 국제적인 이미지가 확 올라가고 그게 수교에 전부 다 영향을 미치게 되는 겁니다. 그렇게 해서 소위 당시 전방위 외교라는 것이 착착 진행이 되어갔죠.

**박용수 :** 참여국들의 문제는, 88올림픽이 그 전에 있었던 LA올림픽이나 그 전에 국가 올림픽과는 다르게 다시 이제 동서가 같이 하는 올림픽이었지 않습니까?

**노재봉:** 뉴욕타임즈에서는 위험한 지역이다, 방송을 못한다 하는 것처럼 보도한 적이 있지요. 이렇게 되어서 노 대통령도 대표시절에 노력을 많이 했어요. 사마란치 위원장한테 한국에서 올림픽을 못한다하고 철수를 하면 올림픽을 위해서 만든 운동장에서 그냥 죽어버리겠다, 내 묘지를 거기에다 만들든지 알아서 해라 이런 식으로 강하게 밀어붙였습니다. 사만란치 위원장이 그래서 호감을 갖게 되고 한국 이미지가 확 바뀌게 되었습니다. 소련에서 처음으로 오페라 가수가 와서 노래하고 하지 않았어요? 이로써 국제 사회에 완전히 정식 멤버가 되는 요건을 갖추게 되고 그 연장선상에서 UN가입이 되죠. 그 얘기는 UN가입 이전까지는 국가라고 하는 의미에서 준회원이지 정회원 자격을 못 가졌던 겁니다. 그런데 올림픽을 통해서 한국의 위상이 높아지고, 국제사회에서의 발전 등을 감안해서 그런 지위에 오르게 된 것이죠. 그 과정 중간에, 그리고 후에 고속전철, 인천공항이 발표가 되었습니다. 그게 확정이 되어 기공식 정도만 하고 대통령이 물러나게 되었습니다. 인천공항만 하더라도, 그거 안했으면 어떡할 뻔 했어요? 그리고 그것도 성공적으로 마쳤고, 고속전철도 성공적으로 마치고 했습니다.

사실상 고속전철이 서울-부산 간만 생각한다면 비용상 돈이 너무 많이 드는 사업이었습니다. 그럴 바에야 고속도로를 하나 더 만드는 게 낫지 고속전철을 만들 필요가 없어요. 처음에 어떻게 구상을 했냐 하면, 우선 만드는 컨셉가 전혀 다른 각도에서 생각한 것입니다. 소련 지도와 책들을 갖다놓고, 그때 나한테 시사를 던진 것이 그 영국하고 불란서하고 해저터널을 만드는 것이었습니다. 남쪽으로는 해저터널로 일본을 연결시키고,

북쪽으로는 북을 통과해서 시베리아 철도를 거쳐 구라파로 간다. 이렇게 되면 여기가 센터가 되는 것이죠. 특히 이북을 통과하는 것이 대단히 중요했었습니다. 그 컨셉트를 중심으로 대통령도 받아들이고 출발이 된 겁니다.

그래서 일본, 불란서, 독일 이렇게 세 나라가 경합이 붙었습니다. 그래서 내 주장은 세 나라를 다 참여시키자. 컨소시엄을 하자. 그 이유는 그렇게 돼야 저 사람들이 소련에 설득을 넣고 압력을 넣을 수 있다. 그렇게 되면 일본서 시작해서 구라파로 가는 게 일주일이면 들어간다고. 선박으로 가는 시간이 한 달 이상 걸리니까. 이건 굉장히 경제적이고, 소련으로 봐서도 철도 이용료가 있으니까. 그래서 이제 소위 새로운 유럽까지 가는 실크로드, 이런 개념으로 비슷하게 이렇게 착수를 했던 겁니다. 엄청난 구상이었죠. 나도 대통령한테 말하기를 모든 길은 로마로 통한다로 하는 격언을 아시지 않느냐고. 우리나라도 나라는 조그맣지만 못할 게 없다. 크게 생각해보자 해서 그렇게 됐고. 노태우 정권 이후에 지지부진됐고. 돈도 엄청나게 들고. 그 대신 인천공항은 비교적 순조롭게 진행이 됐지만 김영삼 씨가 인천공항 준공식을 할 적에 그 정책을 입안하고 결정을 하고 추진을 했던 노태우 대통령은 초대를 하지 않았어요.

김영삼 씨 관계에 관한 말을 조금 하면, 노태우 정권 관련해서 김영삼 씨의 문제는 정치자금문제입니다. 하도 자기에게 분명한 언지를 안 주는 것에 대해서 불만을 터뜨리고 소란을 피우고 했어요. 정원식 씨가 남북 고위회담으로 평양을 가 있는 동안이었습니다. 그때, 연기군 쪽에서 선거문제가 터졌어요. 그 흔히 보는 식으로 소송감이던지 낙선이던지, 그런 문제가 생긴 겁니다. 이것을 가지고 대통령을 직접 공격하기 시작하는 거야. 차마 대통령 물러나란 소리는 못하고 평양 가서 회담하고 있는 총리 물러나라고 하는 겁니다.

내가 있을 때도 마찬가지였습니다. 3당합당의 여당대표인데도 불구하고 김영삼 씨가 공안정국이다, 증거가 있다라고 주장하고 다녔어요. 그러면 증거가 뭐냐 말이야. 그래서 부산에 내려가 있는 걸 서울로 올라오게 했습니다. 대체 공안정국이 뭐냐, 그리고 증거가 뭐냐, 증거가 있다고 하니까 내 보시오 그랬어. 그랬더니 증거를 내놔요. 그래서 온 걸 보니까 별것도 아닌 정당 돌아가는 인포메이션입니다. 안기부에서 대통령한테 보고하는 자료 중에 들어 있는 한 페이지야. 별 거 아니니까 대통령이 본 후에 나도 봤던 건데. 별것 아니니까 나도 머릿속에 없었지요. 그 안에 여당 의원들 김영삼 씨 하고 가까운 사람들 이름이 나와서 이 사람들 내가 이 사람들 만나서 이건 전혀 당신들 생각하고 그런 게 아니다 라는 걸 설명을 한번 해줘야겠다고 생각하고만 있었습니다.

　보통은 내가 문서들을 보고 나면 세절기로 없애버리는데 그 페이지를 뜯어서 책상 위에 서류에 끼워놨던 모양입니다. 끼워놓고 나도 잊어버렸지. 근데 김영삼 씨가 서류를 딱 가져오는데 그거야. 그런데 그 서류를 청와대에서 만질 수 있는 사람은 딱 세 사람입니다. 의전수석이 받아 대통령한테 보고하고 그 다음에 비서실장이니까. 그러니까 안기부에서는 대통령은 의심을 할 수 없는 것이고, 수석 아니면 비서실장 아니냐. 비서실장은 원래 그런 사람은 아니지만 영함이 된 것 아니냐 이런 의심을 하는 겁니다. 의전실장도 이게 뭐 나 아니면 실장 아니냐 이게 무슨 소리냐 이런 식으로 난감해가지고.

　그래서 내가 출근하기 전에 보좌관 시켜가지고 혹시 이런 서류 있나 찾아봐라 그랬어요. 내가 출근하기 전에 온 데를 다 뒤진 거야. 용케 그게 나왔습니다. 중요한 부분은 책 읽는 펜을 가지고, 녹색 펜을 가지고 각 카피마다 손으로 줄을 그어 놓은 거였어요. 내가 메모를 해 놓은 것도 있고. 그래서 두 개를 갖다 놓고 대통령하고 나하고 안기부장하고 봤어요. 둘 다 진본은 틀림없는데 같은 카피가 아니다 말이야. 진본을 만드는 게 두 개가 되거든. 하나는 안기부장이 보는 거고 하나는 대통령한테 올라오는 거고.

대통령이 보더니 줄 그어 있는 게 다르잖아. 나보고 임프니 뭐니 하는 메모가 뭐냐 그러십니다. 그건 important의 약자로 내가 그런 의미로 쓰는 말이지. 결국 보니까 줄그어 있는 것부터 다른 겁니다. 대통령이 그럼 청와대에서 흘러나온 게 아니지 않느냐. 분명해진 거야. 이게 바로 파워 스트러글(power struggle) 관계지요. 왜냐하면 안기부에서는 내가 대통령한테 영향력이 크다. 대통령이 내가 뭐라고 하면 노실장이 뭐라고 하면 거의 전적으로 판단을 받아들여 시행을 한다. 이것에 대해서 견제하려고 하는 패턴이 그렇게 나타난 겁니다. 그 일에 대해선 "노 실장 그거 뭐 우리끼리만 알고 밖에 얘기 안 나가도록 합시다." 그래서 나도 정권에 몸을 담고 있는 사람인데 그렇게 합시다 했지. 난리가 나고 보니까 안기부에서 나왔고 안기부에 김영삼 씨 먼 친척인지 무슨 가까운 사람인지 그 사람이 빼준 것이고, 공안정국이라고 이야기할만한 내용이 아무것도 없는 겁니다.

 그리고 후보 결정 시한을 6개월 인가 남겨놓고 김영삼 씨가 그때까지도 아직 확실히 결정이 안 났었어요. 그땐 대통령이 국회의원 표를 민정당이 압도적인 다수를 가지고 있었고, 김영삼 씨는 서른 뭐 그거밖에 안되고 그래서 언질을 안주고 있었습니다. 김영삼 씨가 강하게 드라이브해 나갔어요. 이 문제를 나한테도 대통령이 물으시길래 연초에 기자회담에서 다음 후보 선택은 민주적으로 하겠다고 하시지 않았냐고, 약속한대로 하시면 된다고 말씀드렸습니다. "그게 무슨 말이냐?" 그러시더군요. 그래서 연초 기자회담에서 얘기하지 않았느냐고. 그건 국민에 대한 약속이니까 민주적으로 해야 됩니다. 민주적으로 절차를 어떻게 해야 되겠느냐. 그거야 당 소속 의원들이 전당대회에서 뽑는 겁니다. 그렇게 되면 김영삼 씨는 물 건너가는 겁니다. 그 다음날이 일요일인데 대통령이 수석들 긴급회의를 소집해서는 "자, 대통령 후보는 민주적으로 뽑는다. 준비하라" 요렇게만 딱. 그러니까 새 비서실장이 내게 전화를 했어요. "이게 무슨 얘기입니까?" 그건 비밀투표를 해야 한다는 얘기입니다. 그렇게 말하니까 그러냐고 알겠다고. 당시 여권에서 대통령으로 나오겠다고 한 사람이 몇 사람이 됐어요.

**박용수:** 박태준 씨...

**노재봉:** 박태준 씨, 또 이종찬 씨... 그런데 한 가지 대통령이 고민한 게 이겁니다. 이제 군 출신은 나로서 끝내야 되겠다. 그렇게 몇 번 둘이서 이야기했습니다. 그러면서 박태준 씨는 좋다. 그런데 군 출신 아니냐. 옛날에 그만뒀다고 하더라도. 그 다음에. 이종찬 씨도 군 출신 아니냐. 이렇게 되니까 대통령이 고민에 빠진 거예요. 군 출신은 이것으로 종결을 해야 되겠다 하는 걸 몇 번이나. 그래서 박태준 씨랑 이종찬 씨가 뛰고 할 적에 저거 안 된다 하는 건 나는 알고 있지만 내가 말은 못하는 거 아니냐. 김영삼 씨는 바깥에서 합당해서 들어온 사람이고. 꼭 그 사람을 갖다가... 물론 국민들이 선거를 해야 되지만 조건을 제쳐놓고 얘기 하자 이겁니다. 꼭 마이너리티(minority)한테 줘야겠다고 하는 생각도 노 대통령 자신으로서는 조금 이제 그런 기분을 느끼지 않을 수 없는 그런 거죠. 자꾸 시간이 흘러가니까 6개월인가 남았는데 누가 청와대비서실에서 날 찾아왔더라고. 내가 국회 있을 때였는데.

**박용수 :** 총리 마치시고 국회의원으로 있을 때.

**노재봉:** 내가 비례대표 하는 것에 대해서 김영삼 씨가 엄청나게 반대했었다는 얘기는 했죠?

**박용수:** 아니요. 총리 그때까지만.

**노재봉:** 이제 서울에 잠시 올라왔을 때 하루는 노 대통령이 불러서 가보

니까 국회로 들어와라 그러십니다. 사실 난 국회는 해 볼 생각이 별로 없었어요. 대통령이 그렇게 말씀하시니까 내가 또 개인으로서 입법부가, 행정부에서는 일을 해봤지만, 입법부가 도대체 하고 있는 것인지 또 정당이 어떻게 굴러가고 있는 것인지 개인적으로는 정치학자 출신으로서 관심이 있었고 그러다가 대통령이 그렇게 해서 꼭 하시라고 한다면 뭐 해보지요 그랬습니다. 그래서 대통령이 총무를 불러가지고 노 총리 명단에 넣어라. 가능하면 빠른 숫자를 가지고 국회로 들어가도록 해라. 그런데 내가 국회 들어간다고 한 것에 대해서 김영삼 씨가 결사반대하는 겁니다.

**박용수 :** 정적으로 간주한다면 받아들일 수 없는 일이겠지요.

**노재봉:** 국회까지 들어가면 이제 완전히 교육이 다 되는 셈인데. 그렇게 되면 어떻게 될지 모른다. 이래서 반대를 하는 겁니다. 그래서 김재광 씨가 원내총무인데 와서 십 몇 번을 얘기 했나 그래요. 그러니까 대통령이 "원내총무 무슨 소리야. 그런 소리나 하려면 총무 그만둬" 하고 화를 내셨습니다. 그 뒤에 또 와서는 "그럼 6번이 어떻겠습니까." 이랬습니다. "6번이고 뭐고 안 돼." 대통령이 노 총리를 국회 넣으라고 한 것에 대해서는 완강하다. 도무지 이건 양보가 안 된다. 당신 이거 반대하면 나도 당신 도와주지도 못하겠소. 일이 이렇게 된 거예요. 그래서 김영삼 씨가 책상을 쳤다 그래요. 마지못해서 승낙을 했다고. 그래서 내가 4번이 되었습니다. 그 후에 김영삼 씨가 1번이 되어서 대통령이 되었죠. 박태준 씨가 그만두고 김재광 씨도 돌아가셨지. 내가 이제 1번이 된 겁니다.

그렇게 우여곡절 끝에 국회에 들어갔습니다. 김영삼 씨가 6개월 남겨놓고 청와대에서 난리를 쳤을 때 비서실장이 찾아왔어요. 지금 어떻게 했으면 좋겠냐, 대통령이 물은 거지. 그래서 내가 얘기했지. 방법은 두 가지다. 양극을 놓고 생각해봐라. 지금 이대로 가면 대통령이 임기를 순조롭게 못

마칠 위험까지 있다. 독립적인 입장에 서라. 지금 상황으로서는 대통령이 불명예 퇴진을 하느냐, 탈당하느냐 둘뿐이다. 길은 둘뿐인데 불명예 퇴진을 하라고 어드바이스 할 수는 없지 않느냐. 탈당밖에 없다. 그래서 대통령이 결심하고 탈당을 한 겁니다. 그래서 김영삼 씨가 왔을 적에 당도 보호하고 대통령직도 원만하게 국가를 위해서 수행하고 또 당신도 보호가 돼야 되고 하니까 내가 당을 떠나서 국가원수로서만 역할을 할 수밖에 없겠다. 그래서 탈당을 하고 김영삼 씨를 설득을 해가지고 간 겁니다.

근데 거기서 반응이 또 고약하게 나타나요. 국회 맨 뒷자리에 앉아있는데, 서열이 높을수록 뒷자리에 앉거든, 누가 가면서 어깨를 툭 쳐요. 누군가 싶어서 보니까 김대중 씨야. 생전 그런 짓 안하는 사람인데 그리고 광주사태 발언으로 나하고 감정이 나쁘지 않을 수 없는 사이인데도 김대중 씨가 어깨를 툭 치면서 고맙소. 탈당을 시켜줘서 고맙다 이러는 겁니다. 이젠 자기가 해 볼만 하게 되었다 이런 얘기입니다. 그리고 김영삼 씨는 이제 설득이 되어가지고 상도동에 돌아가서 자기 참모들 모아놓고 대통령이 탈당을 했다는 걸 내가 듣고 왔다 하니까 참모들이 무슨 소리냐, 그렇게 되면 당신 죽는다 말이야 이제. 대통령이고 뭐고 다 틀렸다 이거야. 그게 무슨 이야기냐. 대통령 선거를 치르려면 자금을 마련해줘야 하는데 대통령이 탈당을 해버렸으니까 자금을 누가 마련해주느냐 말이지. 이래가지고 상도동에서는 난리가 난 겁니다. 양쪽 반응이 이렇게 된 거예요.

그런 과정을 통해가지고 후보가 되었습니다. 나중에는 대통령도 도리가 없다. 방법이 없다 하는 식으로 기울어지더라고. 난 그때 대통령한테 냉정하게 반대를 했어요. 김영삼 씨를 시켜선 안 된다고 하는 이유는 저 사람은 예전에 야당 때부터 봐왔지만 오직 권력을 위해서만 힘을 쓰는 것이 저 사람 특징이고, 아는 게 너무 없다. 지식을 갖는다고 해서 국가 운영을 할 수 있는 자격이 있는 거는 아니지만 적어도 무슨 감은 있어야 하지 않느냐. 나로서는 그걸 저 사람한텐 찾을 수가 없다…

**박용수 :** 국정운영에 대한.

**노재봉:** 그러니까 대통령을 해 보겠다 하는 그 이외에 다른 문제에 대한 관심이나 지식이 전혀 없어요. 어떤 문제에 대한 구호가 될 만한 것, 그 이외엔 관심이 없는 사람입니다. 그러니까 막 본능적인 정치인이라고 할 수 있는지는 잘 모르겠지만...

그리고 김영삼 씨가 대통령이 되고 나서 정치자금 문제가 터지지 않았어요? 김대중 씨가 그때 북경에서 상해로 갔을 때입니다. 급해가지고 20억 받았다고 발표를 했단 말이야. 이왕 터질 판이니까 선제공격을 그런 식으로 해버렸어요. 요즘 같으면 야당 하는 사람이 여당 대통령 돈 받고 정치를 해? 이래서 난리가 났을 겁니다. 원래는 20억만은 아닙니다. 플러스 알파인데. 여하튼 내가 20억 받았으면 김영삼 씨 당신은 불문가지 아니냐 말이야. 토해내라 하는 식의 압박이었습니다.

대통령이 이래저래 자금지원 했는데 큰일 났다, 잘못하면 대통령 자리 물러나야 된다고. 상황이 위기지. 그래서 참모 한 두 사람하고 의논해서 아이디어를 낸 것이 특별법이라. 이것은 헌법적으로 완전히 소급입법입니다. 헌법학자들은 다 알아요. 소급입법이고 성립 안 된다 하는 거. 그것으로 김영삼 씨가 자금문제 국면을 전환시켜서 모면해버린 겁니다. 그래서 본인들 입에서는 아직까지도 얼마를 받았다는 얘기 안 나오죠. 아마 김영삼 씨 대통령 선거 비용이 역대 최고일 겁니다. 대충 내 추산으로, 분명한 근거를 가지고 하는 건 아닙니다만, 약 1조 2천억 정도 선거예요. 노태우 대통령이 선거 자금을 갖다가 수천억을 만들어 준 것은 분명하단 말입니다.

정치자금이라는 게 참 묘한 겁니다. 우리나라 같은 정치체제에서 대통령이 되고 나서 그만 두더라도 뒤에 여러 가지 챙겨주고 봐줘야 될 문제, 또 정치적인 것 그런 때문에 돈을 어느 정도 가지고 있을 수밖에 없게끔

되어 있어요. 체제가, 정치 생리가. 노 대통령이 교도소에 있을 땐데, 내가 면회를 갔어요. 이 지경까지 됐으면 이제 더 숨길 거 없다. 싸우면 내가 싸울 것이다. 대통령이 이렇게 되어 버리니까 나도 움직이질 못 하지 않냐. 어차피 일이 여기까지 왔으면 한 단계 완전히 비약을 시켜야 한다는 생각을 하시고 다 털자고. 그리고 내가 아무리 얘기를 해도 내가 본인이 아니기 때문에 진행능력이 없다. 본인이 얘기를 해야 된다. 이걸 터뜨립시다. 그래서 밖에서 싸우는 건 내가 싸우겠습니다 그랬습니다. 그러자고 그러시더라고. 그래서 참모 몇을 불렀어요. 자, 이제 폭로 다 한다. 준비해라. 그리고 하는 줄 알았는데 며칠 지나면 또 그만두고… 그런 일이 또 두어 번 있었어요.

나로서는 그랬지. 지금 이런 상황이 되었으면 나 같으면 이순신 장군이 얘기했듯이 사는 게 죽는 거고 죽는 게 사는 거다. 이제는 다 까버리자, 저런 짓은 더 이상 못 보겠다. 자기는 지금 얼마나 정치지원을 받아놓고 전직 대통령을 형무소에 집어넣고. 그 사람이 언제 돈을 벌어서 정치를 했고. 다 이게 지금 무슨 짓이냐. 아예 지금 정치생리를 바꾸려면 다 터뜨려 버리자. 난 이런 생각을 했죠.

**장훈각** : 재벌들과 정치자금과의 관계에 관해 이야기를 더 해주시겠습니까?

**노재봉**: 한번은 이런 에피소드가 있었습니다. 대통령이 앉는 자리 옆에 전화기가 있습니다. "각하, 그 전화 어디 제인지 보십시오." 무엇 때문에 묻냐, 그러면서 전화를 들고 어디 것인지 모르겠지만 국산인데 그러셔. 그게 얼마하는지 아시느냐고 물었더니 대통령이 무엇 때문에 묻는 거냐 하면서, "글쎄, 한 십 몇만 원 하나" 그러시더라고. 그래서 네, 대충 그 정도 갈 겁니다. 그런데 각하 지금 군통수권자입니다. 국가 원수뿐만 아니라 군

통수권자이고, 모든 비상전화를 하는데 국산 쓰고 있죠. 근데 각하가 십 몇만 원짜리 전화를 쓰는데 국방장관이 어떻게 백오십만 원짜리 전화를 쓰느냐, 더욱이 외제로. 깜짝 놀랐지. 대통령이 놀라서는 경호실장한테 사실이냐고 알아보라고 시켰습니다. 군 관계 심부름은 경호실장한테 많이 시키니까. 알아보니까 사실이거든. 그러니까 경호실장도 그렇고 대통령도 기가 차지. 그런 에피소드가 있습니다. 정치자금도 누가 얼마나 어떻게 되는 것인지는 내 손을 거치지 않은 거니까 잘 모르지만 재벌들하고 대통령하고 만나서 회식도 하고 이런 일은 많았지. 그때만 해도 재벌들이 나에 대해서 상당히 경계를 했다는 소문이 있었어요. 한두 사람이 봉투를 내미는 걸 갔다가 내가 다 전부 다 거절을 해버렸습니다. 거절하는 거 어렵습니다.

**박용수 :** 직접 총수가 가져오는 것은...

**노재봉:** 용돈으로 쓰라고 내 놓는데 일체 다 거절했습니다. 그렇게 거절하고 나면 그 사람하고는 인간관계 끝나는 겁니다. 당시 제2롯데월드 문제 있었잖아요? 그거 내가 결사반대했습니다. 안된다고. 한번 만났어요. 만나서 뭘 하시려고 그러십니까? 하고 물었어요. 그랬더니 해양관광 뭘 만들겠다 이럽니다. 그래서 신 회장, 해양관광을 하려면 바닷가로 가십시오. 거기 지금 뭘 세워놓으면 교통이 어떻게 될 겁니까 앞으로. 성남 비행장이 있고 해가지고 높은 거 못 올립니다. 이렇게 복잡한 거 지금도 교통이 보통 문제가 아닌데 이건 안 된다고. 세 시간을 얘기를 했어요. 왜 안 되냐고 신 회장이 그러는데. 나중에는 일어서서 봉투를 하나 꺼내더라고. 신 회장, 이런 봉투는 나한테는 필요 없는 거라고, 마음은 내가 감사하게 받겠지만은 난 이건 받을 수 없다고. 내가 농담으로 했지. 신 회장, 이거 만져보니까 상당히 두껍네요. 얇으면 내가 받겠지만 두꺼워서 내가 못 받습니

다. 그게 무슨 말이냐고. 얇으면 큰 액수가 한 장이 있지 않겠냐고. 한 장이면 몰라도 두꺼우면 푼돈인데…라고 농담도 하고 그랬어요.

**장훈각 :** 그 당시, 그렇게 자금을 건네고 하면 보통 액수가 어떻게 되나요?

**노재봉:** 그건 나도 자세히 몰라요. 그건 천차만별이라서. 그 이후에는 그런 일이 있고 그런지 일체 재벌들이 나한테 접근하는 일이 없었어요.

**박용수 :** 아까 전화기 말씀하셨잖아요. 국방장관이 사용하는 전화기가 대통령이 사용하는 전화기보다 좋았던 건 당시 군이 힘이 상당히 강했던 것을 의미하는 것이라고 보아도 좋을까요?

**노재봉:** 그건 힘의 문제라기보다는 로비과정에서 일어난 거라고 봐야지요. 군이 구매한 게 많잖아요. 결과가 어떻게 되는지는 잘 모르겠지만 호되게 혼이 났다 하는 겁니다.

**장훈각 :** 당시 군에 대한 통제의 필요성이나 특별한 움직임이나 그런 것은 없었는지요?

**노재봉:** 군은 그때까지만 하더라도 대통령의 전면적인 통제하에 있었으니까 특별한 문제는 없었고, 그때 군 장병 현대화 사업, 그건 돈이 왔다 갔다 하는 것이고. 군에 대한 로비 심합니다.

**박용수 :** 미국으로부터의 로비는 어땠었나요?

**노재봉:** 뭐 미국도 있고 여러 나라에서 이제 경쟁관계에 있고 하니까. 그런 것도 자세하게는 잘 모르고, 정치자금 문제도.

**박용수 :** 당시 미국과의 관계는 굉장히 좋은 편이었다고 말씀하셨는데요... 국방정책 추진하는 과정에서 오해나 마찰 같은 것은 없었는지요?

**노재봉:** 없었습니다. 우리가 무슨 중대한 정책을 추진한다고 하면 반드시 미국에 통보를 해서 알려주고 얘기하고, 저쪽 의견도 듣고 그랬으니까 관계가 아주 좋았습니다. 그 뒤에 완전히 달라졌습니다. 김영삼 씨 때부터 달라지기 시작했습니다. 민간 대통령과 군 출신 대통령이 여러 가지 다른 면모가 있는데, 민간 대통령은 보안관계라고 하는 걸 잘 모릅니다. 야당을 오래 해보고 산전수전을 겪었기 때문에 사람을 우선 안 믿습니다. 왜 그러느냐 하면, 하도 배신을 많이 경험해봤기 때문에 자기를 잘 아는 사람, 그러니까 자기를 약점을 알고 있는 사람들은 어느 선까지는 쓰되 그 이상은 딱. 아까 이야기한 박용만 씨 케이스도 그런 케이스에 속해요. 선거운동도 나름 수고를 했고 국회의원 시켜준 것도 박용만 씨고 한데 자기를 너무 잘 알고 있으니까. 다 이게 토사구팽이니, 다 그런 것도 같은 케이스에 해당합니다. 김영삼 씨가 대통령 되고 나서 김대중 씨가 나 이제 정치는 완전히 떠난다고 영국 갔죠? 정치 아는 사람들은 아무도 그 말 안 믿었거든. 정치에서 손을 뗀다? 김영삼 씨가 어떤 보복을 할 것이다라는 것을 김대중 씨는 알고 있거든. 그래서 떠나 버린 겁니다.

또 하나의 차이는 군 출신들은 사관학교 출신들 아닙니까? 사관학교는 휴강이 없는 군사대학입니다. 아주 혹독한 운동이고 훈련을 받아서 나오는데 민간인 출신들은 자기 혼자서 그 자리에 오르기 때문에 자기는 잘 안다고 생각하는 경향이 있지요. 그런데 막상 마키아벨리적인 권력투쟁은 잘하는지 모르겠지만 소위 전문적인 국정전체가 잘 돌아가고 하는 거에 대해서는 관심이나 이해도가 아주 희박합니다. 이게 무슨 이야기냐 하면 민간하고 군 출신 대통령하고 큰 차이점이 참모 활용 문제입니다. 군 출신들은 사령관을 지내면서 참모진들에게 지시하고, 참모들이 그걸 받아 실행합니다. 군 출신들은 그게 몸에 배어 있는 사람들입니다. 그러니까 참모진을 활용을 합니다. 힘을 실어주는 결과가 되지요, 결국. 민간 대통령은 그게 안 돼. 참모진을 활용을 잘 못해요. 그냥 개인적인 심부름꾼이나 이런 식의 취급이야. 그러니까 중대한 것도 자기가 뭐 잘 알고 믿을 수 있는 장관하고 절대로 남한테 알리지 마라하면서 비밀로 하라 그러면서 둘이서 소곤소곤 해버리고 수석은 붕 떠버리고 이런 사태가 벌어진다고. 그게 지금까지 노 대통령 이후 민주화 되고 나서 민간 대통령들의 일관된 행태입니다. 지금 청와대도 MB 정부도 사람 잘 못쓴다고 비판이 나오는 게 그게 전부 그런 겁니다.

**박용수 :** 노태우 대통령은 군 출신 중에서 그 군 출신 같지 않은 리더십을 가지고 계시다고 많이 얘기되잖아요?

**노재봉 :** 그게 군 출신이지만은, 이제 개인적인 성격이나 대통령 스타일에 따라서 많이 다르니까. 노태우 대통령 경우에는 성격이 기본적으로 온순하고 그리고 굉장히 참는 스타일이고 그러니까 일하기에는 참 좋아요. 그냥 막 독단으로 밀어붙이는 이런 건 거의 없는 분이니까. 우리 회의할 적에도 가끔 그런 이야기를 했어요. 나는 한 사람의 체제보다도 여러 사람의 합의된 중재를 더 중요시한다, 이런 이야기를 많이 하곤 했어요. 참모들의 이야기나 이런 걸 경청을 잘 해주고 하는 부드러운 성품입니다.

**박용수 :** 구체적인 사례가 있으면 말씀해주시면 좋겠습니다.

**노재봉:** 언짢은 게 있어도 아주 언어사용이 여간해선 부드러운 표현을 쓰십니다. 또 나하고 사이에서만 있었던 일인지는 모르겠지만, 대단히 인포멀(informal)하게 있을 수 있었습니다. 보고할 적에도 태도나 자세도 난 아주 자연스럽게 하고, 복장관계도 그런 식으로. 또 대통령도 그걸 편안하게 받아들였고... 담배도 내가 좀 어려운 얘기를 하는데 담배를 안 피우면 말이 잘 안 나온다고 그러면, "아이, 뭐 피워, 피워." 이러셨지요.

**박용수 :** 노 대통령은 담배를 안 피우시고요?

**노재봉:** 옛날에는 굉장히 많이 피웠는데요. 하루에 몇 갑을 태웠는데 국정운영을 해야 되니까 끊기로 했었는데. 꿈에 그 구수하게 피우셨다는 얘기도 하고 그래서 부드러운 분이에요. 일하기는 쉬웠습니다.

**장훈각 :** 그래도 참지 못하는 부분이 있었을 것 같습니다. 어떤 문제에 있어서는 격하게 반응을 하신다거나 선을 분명히 긋는다거나 하는 부분은 어떤 것이었는지요?

**노재봉:** 내가 경험한 것만 가지고 얘기를 하고 하자면..., 실무자가 이건 괜찮고 합리적이다라고 생각하지만 이것을 수행하기 위해서는 행정적으로 여러 가지 고려할 점이 생길 순 있죠. 그런데 그런 걸 가지고 어렵다 해서 그것을 미루거나 거부하는 태도를 보인다거나 할 때는 화를 내기도 하셨습니다. 그리고 이제 자기는 그렇지만 밑에 사람들은 강하게 밀어주기를, 추진해 주기를, 내가 부드럽게 나간다고 해서 여러분들도 나처럼 행동하면 어떻게 되느냐. 나는 대통령으로서 부드럽게 나가야 되지 않느냐. 제발 밑에서는 내가 그렇게 한다고 해서 여러분도 흐지부지하게 그러지 말고 강하게 해 달라. 내가 처음 들어갔을 적에 몇 번 회의에서 그런 얘기가 나

오더구만. 그런데 내가 실장 되고 대통령이 느낀 것이 아마 그건가 봐요. 노 실장 상당히 강하게 나간다. 자기가 대통령으로서 처리를 해야 되지만 대통령이기 때문에 그 나설 수 없는 이런 게 있잖아요. 그런 문제에 대해서 노 실장이 상당히 강하게 나간다 이런 인상을 가졌던 것 같아요.

**장훈각 :** 상당히 좋게 보신 거지요.

**노재봉:** 한번은 경찰서가 학생들에게 습격당하고 한 일이 있어요. 그러니까 데모를 막는다고 하는 경찰서가 습격을 당해서 난장판이 벌어진다는 것은 말이 안 되는 거거든. 실장 되고 뭐 몇 달 안 되었을 때였습니다. 당장 올라가서, 각하, 지금 내무부장관한테 전화 좀 해주십시오 그랬습니다. 왜 그러느냐 하시길래, 도대체 경찰청이 이 정도로 무르게 해가지고서야 이거 어떻게 질서를 잡느냐, 경질시켜야 되겠다고 하니까 대통령이 좀 놀란 눈치입니다. 그 정도로 내가 강하게 나가니까. 그러니까 실장이 좀 얘기를 하지 그러시는 겁니다. 실장도 급은 장관급이지만 실장은 대통령을 보좌하는 사람입니다. 장관한테 명령하는 것은 각하가 하셔야지 실장이 하게 되면 옥상옥이 된다. 이건 각하가 좀 하십시오. 그래서 바로 내무부장관한테 인사 처리하라 당장 대기발령하라고 결정을 내렸죠. 내무부장관이 들어가기 전에 쫓아왔어요. 나한테. 노 실장 이거 무슨 소리냐고. 그래서 지금 상황이 얼마나 복잡한지 이해하시오. 그러니까 강하게 나가야지 이래서는 안 된다고. 그것이 강하게 나간 첫 케이스에요. 그러니까 대통령이 인상이 되게 깊었던 거지. 저 친구는 말 안 들으면 그냥 여지없다는 걸. 대통령이 만족했어요, 그때. 대통령은 내 위치가 그러니 부드럽게 하더라도 여러분은 딱 부러지게 일을 해다오 하는 청이 많았습니다.

후에 한 토론회에 토론자로 갔었습니다. 노동자복도 아니고 이상한 옷을 입고 있는 한 사람이 있었어요. 보니까 내가 서울대 있을 때 철학과 학생이었어. 아이고, 그런데 이건 뭐 태도가 당신 언제 봤냐 하는 식이에요. 당신이 노동운동 탄압하지 않았느냐. 바로 말투가 이래. 우리는 아무래도 그렇게는 못하거든, 그죠? 다른 과에 있었다고는 하지만… 그래서 제가 그랬어요. 내가 책임진다고 하는 것은 대한민국을 첫 번째로 대통령을 위시해서 헌법을 수호해야 될 의무가 있는 사람이야. 헌법에 뭐라고 되어 있어. 국민의 재산과 권리를, 생명과 재산을 보호한다. 그렇게 되어 있는데, 데모는 좋아. 데모는 좋다고 내가 얘기하지 않았느냐. 파업도 이젠 할 수 있다. 그게 내가 총리로서, 역대 총리로서 처음 한 발언입니다. 그것도 신문에 대서특필로 나왔어. 나는 그걸 뉴스로 전혀 생각안하고 당연한 걸로 생각했는데. 근데 파업을 하면 일단 자기가 일하던 곳은 그건 사유재산이야. 사유재산은 점거 못 해. 그러니까 파업을 하면 일단 사업장 밖에서 데모를 하던지 뭘 하던지 해야 된다. 그런데 너희는 뭐야? 북치고, 장구치고 때려 부수고 너희 맘대로 하는 게 이게 데모야? 이게 헌법에서 그렇게 하라고 하는 데가 어디 있어? 그래서 내가 경찰에게 치고 들어가라 했어. 뭐가 잘못됐어? 하니까 말 못 하더구만. 그런 일까지도 있었습니다.

**박용수 :** 당시는 민주화 초기였기 때문에 상당히 혼란이 심했습니다.

**노재봉:** 마음대로 하는 게 민주주의라고 생각하는데, 지금도 그런 면이 있잖아요. 내 제자로 교수하는 친구가 하나 있는데 학교 다닐 적에 완전히 좌파는 아니지만 비판적인 신념은 갖고 있었고, 남보다 강직한 친구인데 나보고 그러더라고. 제가 민주주의라고 하면 이제 신물이 납니다. 이게 뭡니까, 도대체 사회가. 이러더군요. 지금 제일 문제가 뭐냐하면, 사회적인 기강이 다 무너졌다는 겁니다. 이게 참 학문적인 이야기입니다만, 근대 국가가 들어서면서 기강을 어떻게 유지를 했느냐, 폭력만 가지고 유지를 했느냐. 막스 베버 식으로 얘기를 하자면 국가란 무엇이냐, 합법화된 폭력을

독점적으로 보유하고 있다. 그럼 폭력만 가지고 기강이 유지가 되느냐, 또 그것만 가지고 또 인간사회가 컨트롤 되느냐? 안 됩니다. 내면화된 게 뭐 있어야지, 서양에서는 칼빈주의가 유행하면서 그 기강이 확립이 되고 이 것이 정치하고 연결이 된 겁니다. 그래서 근검절약이며 정직성이며 그 위에 국가가 올라서서 되는 겁니다. 지금 그나마도 최소한 늙은 사람이 지하철 타면 젊은 사람이 자리 비워주고 하는 게 일종의 불문율의 기강 아닙니까? 가정에서 내려오는 오랜 유교적인 문화의 전통, 이게 있어서 이나마 예의 차리고 그렇잖아요. 근데 이놈이 점점 약해진단 말입니다. 기강 문제가 참 보통 문제가 아니에요.

**장훈각 :** 전두환 대통령과의 관계에 관해서 노 대통령의 생각은 어떠했는지요?

**노재봉:** 그건 내가 들어가기 전인데 그 당시에 정무수석 했던 사람이 최병길 씨였는데, 하도 전두환 대통령에 대한 비판이 심하고 노태우 대통령이 동시에 도매금으로 묶이면서 국정운영이 대단히 힘들었습니다. 그래서 궁여지책으로 그 백담사로 보내는 안을 자기가 강구를 했다 그렇게만 얘기를 들었어요. 백담사 발표할 때에 대통령은 외유 중이었습니다. 그래서 그건 내가 독단으로 그렇게 한 겁니다. 그렇게 이야기했습니다. 그 이상은 내가 또 다른 사람한테 얘기를 들어봐야 전부를 알겠지만 최병길 당시 정무수석이 이야기한 건 그런 거예요. 노 대통령이 굉장히 신경을 썼어요. 거기에 대해서. 자기 선임자고 육사 동기지만 깍듯이 존댓말하고 합니다. 굉장히 신경을 쓰는 것은 내가 한두 번 목격한 것도 아니고. 엄청난 부담을 느끼고 했던 건 사실인데, 당시 전두환 대통령 쪽에서는 대단히 유감스럽게 생각을 하지. 노 대통령 인식은 노골적으로 얘기를 안 했어도 슬쩍슬쩍 이야기 가운데 이젠 옛날이 아니고 정치체계가 달라지고 있는데 그걸

저쪽에서 이해를 해주면 좋을 텐데 하는 그런 표시가 말의 행간에 많았습니다.

**장훈각 :** 대통령의 그런 생각을 전달하거나 이해를 시킨다거나 아니면 달라진 사실에 대해서 새로운 정부가 이렇게 해야 되는 것에 대해서 어떤 양해를 구한다거나 하는 일을 했는지 모르겠습니다. 물론 선생님께서 정부에 들어가시기 전이긴 하지만…

**노재봉:** 그 레벨에서는 그런 대화는 보통 없어요. 상대가 그런 식으로 얘기를 꺼내더라도 이게 조직관계가 그렇게 됐다는 것은 어떤 의미에서는 유감스러운 일입니다. 굉장히 마음은 아팠던 그런 사실이지요. 초상이 나고 할 적에 찾아오고 노태우 모친 돌아가시고 했을 적에도 문상도 오고. 호상이었으니까 찾아오고 했지만, 서먹서먹한 관계가 옛날식으로 회복은 안 되는 겁니다.

**장훈각 :** 노 대통령께서는 김영삼 씨에 대해서 직접적으로 느끼는 감정이나 판단을 말씀하신 적이 있나요?

**노재봉:** 형무소에서 나오는 날, 내가 개인적으로 갔어요. 갔는데, 하도 기자들이 바깥에서 사진을 많이 찍길래 내가 길에서 사실 마중을 해야 되는데 집 안으로 들어가 버렸어. 그래서 집무실에서 기다리는데 노 대통령이 나오는데 악수를 하면서 첫 마디가 "노 총리 판단이 옳았어." 그게 첫 마디였습니다.

**박용수 :** 어떤 판단이…

**노재봉:** 김영삼 씨에 대한 판단이 옳았다는 얘기 같아요. 노 총리 판단이 옳았어. 이런 얘기를... 노 대통령이 감옥에 들어가기 전입니다. 김영삼 씨가 미국 방문을 하게 됐는데 노 대통령은 김영삼 씨가 외교관계를 잘 모를 테니까 미국가면 어떻게 하라고 어드바이스를 해주려고 청와대에 전화를 했는데 응답이 없어요. 그런데 미국 가는 날 비행장으로 가면서 차 안에서 전화를 했다고 하더군요. 그래서 이제 가면 어떻게 하라고 조언을 해 줬다라고 그러시더라고. 그래서 내가 그걸 듣고 김영삼 씨가 뭐라고 그럽디까 하니까 아무 소리도 안하고 듣고만 있더라. 내 속으로 해드리고 싶은 말이 여기까지 올라오는데 말 못했습니다. 그러고 얼마 있다가 그런 거잖아요. 김영삼 씨가. 자기가 그래도 돈도 마련해주고 해서 자기를 어느 정도는 보호해줄 줄 알았지. 그런 사람이 아니거든. 그래서 내가 뭐라 그랬냐고 김영삼 씨는 그런 사람이 아니라고. 게다가 전두환, 노태우 두 사람한테 대통령 예우에 관한 법률로 해주게 하는 거 다 박탈해 버리지 않았어. 국립묘지에도 현재로서는 못 가게 되어 있어요. 그거는 그렇게 하는 게 아니지요.

**장훈각:** 노 대통령께서 노 총리님 판단이 옳았다고 말씀하신 것은 어떤 하나의 행동이나 사건을 말씀하신 거라기보다는 그 3당합당 이후에...

**노재봉:** 전체를 놓고 이야기하는 거 같은데 내가 꼬치꼬치 물을 수도 없는 거고 금방 나온 사람한테. 노 총리 판단이 맞았어, 딱 그 한 마디.

**박용수:** 3당합당에 대해서는 어떤 입장을 가지고 계셨는지요?

**노재봉:** 그게 3당합당도 내가 직접 개입한 건 아니고 박철언 씨가 주로 개입을 했는데. 이러나저러나 다수를 만들어야지 도리가 없다 그 판단이

었습니다. 합당 후에 당 공동대표가 박태준, 김종필, 김영삼 씨 이렇게 세 사람 있었는데 그 세 사람 중에서 김영삼 씨가 수석대표야. 청와대 들어와서 김영삼 씨가 대통령을 만나고 나서 나머지 대표한테 무슨 말이 있었다고 하는 걸 일체 얘기를 안 해주는 거예요. 나에게 김영삼 씨가 하는 말이 "저것들이 무슨 민주화에 기여를 했다고." 노골적으로 그런 소리를 해요. 아무리 그렇다고 하더라도… 그런 스타일의 사람입니다. 그래서 이거 대통령한테 얘기도 못하고. 내가 저녁에 전화로 오늘 무슨 일이 있었다고 하는 걸 두 사람한테 내가 알려주었습니다. 그래서 두 사람이 알게 되고. 심지어 내가 무슨 일로 만났는데도 상소리를 하거든. 일부러 하는 거라고도 볼 수 있고, 그 사람 습관이라고도 볼 수 있고. 노태우 지가 무슨 놈의 큰 소리를, 지가 무슨 놈의 민주화야. 나보고 이러는 겁니다. 그걸 내가 대통령한테 얘기를 해버리면 어떻게 되겠습니까. 그냥 나 혼자 듣고 그냥 삼켜버렸습니다.

**박용수 :** 그래도 그 당시에 노태우 대통령 다음으로 권력을 많이 행사했다고 하는 분이 박철언 씨잖아요.

**노재봉:** 정책보좌관으로 무소불위로 움직이는 거 같았습니다. 박철언 씨는 월계수회가 있어서 당선이 됐다 하는 생각이고, 당에서는 무슨 소리냐 당이 아무리 그렇더라도 당의 힘이 어떤 건지 모르고 저런 얘기를 한다고 해서 상당히 당 중진들하고 관계가 안 좋았어요. 그래서 실장이 되고 내가 대통령한테 박철언 씨를 세 번인가 거론한 적이 있어요. 저거 안 됩니다. 그랬더니 나중에는 짜증을 내더라고. "노 실장, 박철언 문제는 나한테 맡겨놔." 그 뒤부터는 내가 입을 딱 다물어버렸습니다. 한참 지나고 어느 날 회의를 하고 나서 저녁을 먹고 "노 실장, 커피나 한 잔 하지" 이래서 관저로 들어갔지요. 들어가 보니 박철언 씨와 통화하면서 호통을 치시더

구만. 왜 이렇게 떠들고 다녀. 민주화의 태양 어쩌고 이러면서 야단을 치더라고. 전화를 끊으시더니 내게 "그렇게 됐어." 그러십니다. 그래서 잘 하셨습니다 그러고 나왔어요. 그 며칠 뒤에 이제 당 중진하고 궁정동에서 회의를 하고 저녁을 먹는 자리에서 무슨 일 끝에 박철언 씨 이야기가 나왔습니다. 그 자리에서는 내가 아무 소리 안하고 헤어지고 그 다음 날 대통령한테 얘기를 했지. 그랬더니 "노 실장, 며칠 전에 내가 박철언한테 얘기하는 거 다 보지 않았어. 근데 왜 아무소리도 안했어?" 그러시더라고. 그래서 각하, 그 사람들이 그렇게 하는데, 제가 그래 당신들이 옳소 하면 각하가 뭐가 되는 거냐고. 그래서 나는 침묵을 지키고 있을 수밖에 없는 상황이라고 얘기를 하는데 이해를 하시더구만. 그런 일들이 있어선지 박철언 씨가 기자들한테 자기에게는 오적이 있다고 하면서 나 그리고 누구누구 얘기를 하고 공격을 하고 이렇게 됐어. 그래서 내가 박철언을 한번 불렀어요. 그래서 내가 오적이라면서? 그랬더니, 하도 만나고 싶어도 그것도 잘 안 되고 커뮤니케이션도 잘 안 되고 해서 그런 거 아닙니까 합니다. 그래서 내가 그랬습니다. 당신은 아직까지 젊고 또 대통령이 당신을 늘 백업하고 있는 것도 있으니까 천천히 해라. 왜 이렇게 자꾸 말썽을 일으키느냐 말이야. 천천히 생각해라. 내가 너하고 무슨 이해관계가 있다고 내가 너하고 원수 질 일이 뭐가 있냐. 내가 당신을 도와줬으면 도와줬지. 오적이 무슨 소리냐 도대체. 내 개인적인 것보다는 내가 지금 실장을 하고 있는 사람인데 이렇게 되면 국정의 권력 내부에 갈등이 있던 것처럼 비칠 것 아니냐 말이야. 제발 좀 조용히 있으라고. 그 자리에선 알겠습니다라고 하더군요.

## ⟫⟫⟫ 3차 구술

**장훈각 :** 기존에는 민주주의라는 하나의 시각만을 가지고 평가하는 경향이 굉장히 강했었는데요. 요즘에는 시각이 좀 달라지고 있습니다. 긴 역사에서 본다면 이 시기도 하나의 전환기가 될 수 있잖아요? 이러한 관점에서 노태우 정부 5년의 기간을 전반적으로 평가하고, 어떻게 접근하는 것이 보다 역사를 객관적으로 볼 있는 방법이 될 수 있는지 하는 점들을 말씀해 주시면 좋겠습니다. 우선 3당합당 당시의 내각제 합의 문제에 관한 이야기를 해주시면 좋겠습니다. 특히 총리로 재직하실 때의 문제들입니다.

**노재봉:** 김영삼 씨가 완전히 당무를 접어놓고 부산에 내려가 있던 때가 있지 않았어요? 사람들이 다 말리고 했는데. 그래서 이 사람이 뭐 때문에 이러나 나 혼자 가만 생각하다가 정무수석을 불렀습니다. 최창윤 정무수석이었는데, 당신 오늘 김영삼 씨에게 좀 갔다 오라. 3당합당 했을 적의 그 합의. 그걸 깨자는 것이냐. 그대로 나가자는 것이냐. 그걸 깬다고 할 것 같으면 결별이다. 3당합당 무효화 시킨다. 그걸 당시 내가 대통령한테도 얘기 안 하고 정무수석한테 하는 것이니까 가서 통첩을 해라. 최후통첩이다. 대통령도 고심을 하고 있는데 내가 대통령한테 보고도 안하고 그렇게 했습니다. 정무수석이 가서 대통령께 결과를 보고했지요. 대통령이 깜짝 놀랐어요. 그 누구를 보내도 말을 안 듣는데, 실장이 자기가 간 것도 아니고 정무수석 시켜가지고 했는데 들었으니 말이지요. 자, 그러면 이걸 다시 확인을 하자. 그래서 김영삼 씨 아래 김동영 씨, 또 김종필 씨 아래 김용환 씨, 정무수석 최창윤 그리고 나 이렇게 플라자호텔에서 이제 만났습니다. 이제 그렇게 합의를 했으면 다시 그 합의를 갖다가 다시 확인한다. 그러고 확인하고 이 확인 된 것을 갖다가 당 안에 명시를 한다 하고 내가 선언을 했습니다.

**박용수**: 그때 그 합의내용이 내각제개헌을 전제로 하는 거죠?

**노재봉**: 그렇습니다. 그런데 이제 그렇게 하려고 하는데 김동영 씨가 한사코 내각제라는 얘기를 빼자 이겁니다. 그래서 내가 양보해서 '행정부와 국회가 공히 국민에게 책임을 지는' 이런 표현을 썼어요. 그래가지고 문구는 확정이 되었습니다. 내가 문구를 불러주었어요. 그대로 전부 다 받아 적었습니다. 김종필 씨는 원래 내각책임제를 갖다가 이제 주장했는데, 그래야 자기한테 찬스가 온다 이런 계산이고. 노 대통령 계산은 좀 이제 다르고. 대통령을 해보니까 너무 힘이 든다. 그래서 그런 것도 있었습니다.
　한번은 대통령이 묻더라고. 노 실장, 대통령제가 좋으냐 내각제가 좋으냐. 그래서 내가 그랬어요. 현군이 있을 적에는, 옛날 단어지만은, 현군이 있다고 할 때는 우리나라는 대통령제를 해야 맞습니다. 그런데 인간사회가 쉬운 게 아닙니다. 그래서 내각제를 이미 하기로 해놨기 때문에... 그런데 김영삼 씨, 김대중 씨 두 사람은 국정경험이 전혀 없어서 내가 보기에는 문제가 뭔지를 잘 모른다. 국가 경영의 문제를 모르기 때문에 이 사람들을 어떻게 하던 간에 국정경험을 갖도록 하려면 내각책임제가 괜찮지 않겠느냐. 그런데 우리 정당 사정으로 봐서는 내각책임제라는 것이 사실 현실적으로 맞지도 않다. 당원들이 당비를 내서 움직여 나가는 것도 아니고 하니까. 그런 문제는 있지만 지금 현실적으로 도리가 없지 않느냐. 그런 식으로 설명을 해 준 일이 있어요. 바깥에서는 내가 내각책임제 주장론자다 이런 식으로 소문이 나 있었습니다. 나는 3당 합의한 것을 존중해서 정치적으로 문제를 해결해 나가려고 한 것이지만. 내가 개인적으로 생각하는 것은 내각책임제는 그 당시로 봐서, 지금도 별 차이 없습니다만은, 한국 현실에 별로 적합하지 않다. 그 나라 사정에 따라서 장단점이 있는 거니까. 큰 역사적 결단을 내려야 될 사정들이 몇 번 생길 텐데, 그걸 생각하자면 대통령제 아니고는 힘들다 하는 게 내 생각이었습니다. 대통령도

대략 그런 생각이었지만은 우선 3당합당을 해서 정쟁을 완화시키고 나가는 데는 차선을 통하는 길밖에 없다. 그래서 이제 그렇게 한 겁니다.

그래서 그 호텔에서 내가 쭉 불러 줘서 적었어요. 적고 김동영 씨가 옆방으로 가서 김영삼 씨한테 당장 전화를 걸었어요. 이렇게 합의했다. 그러니까 김영삼 씨가 이제 받아들인 겁니다. 그리고 나 좀 바꿔 달라. 그래서 내가 받았습니다. 노실장 수고했다. 그런데 우리 신의를 지킵시다. 아니 신의고 뭐고 이거 해가지고 당 안에 집어넣으면 되는 거 아니냐. 그렇게 통화를 마쳤습니다. 헌데 당 안에 넣는 것을 한사코 반대하는 거예요, 김동영 씨가. 그래서 당 말고 강령에만 넣자 이런 얘기야. 뭐 그거나 저거나 별 차이 없다고 내가 생각을 해서 양보를 하고 강령에 넣기로 이제 합의를 했습니다. 김영삼 씨는 내각책임제가 한사코 싫은 거야. 자기가 이용만 당한다는 생각이었던 겁니다.

**박용수:** 내각제에 대한 단어는 빠진 상태에서 행정부와 국회가 공히 국민에게 책임을 지는 문구가 어디 들어가느냐가 상당한 쟁점이었군요.

**노재봉:** 그렇습니다. 나는 당 안에 넣자고 하는 거였고. 3당합당을 했으면 합의의 비중으로 봐서 당 안에 들어가야 된다는 것이었고, 김동영은 당 어딘가는 들어가야 되는데 당 안에 들어가면 빼도 박도 못 한다는 생각을 했던 모양입니다. 그래서 이걸 강령에 넣자 이렇게 주장한 거예요. 그래서 내가 양보를 했습니다. 뭐 이거나, 그거나 큰 차이 없지 않겠느냐 해서 강령에 그렇게 넣기로 다 합의를 했습니다. 그 다음날인가 정무수석이 그럼 전부 서류화해서 나한테 보이면서 지금 가지고 당에 간다 하더라고. 김종필 씨, 김영삼 씨에게 서명을 받는 서류행위지. 그래 다녀오라고. 그렇게 해서 김용환 씨한테는 전달됐고, 김영삼 씨한테 전달하거나 이제 당 사무총장인 박준병 씨에게 줘서 김영삼 씨한테 전달해 달라. 자기는 사무총장

이고 김영삼 씨는 당 대표고 하니까. 그래 이제 그렇게 전달하고 왔었습니다.

뒤에 신문에 어떻게 났냐 하면, 김영삼 씨가 나는 그런 거 합의한 일도 없고 서류를 받은 일도 없다 그러는 겁니다. 이게 대서특필이 되어 나오네. 그래서 정무수석에게 이게 어떻게 된 거냐. 자기는 분명히 전달해주고 왔다. 김영삼 씨가 못 받았다 이거야. 그럼 박준병 씨가 어떻게 했냐. 그때 그걸 놓고 박준병 씨가 뭐라고 또 얘기를 했냐면, 그걸 전달해 주려고 책상 안에 넣었다가 깜빡 잊고 며칠 지났는데 그 봉투를 누가 뜯어가지고 서류는 없고. 봉투가 뜯긴 채로 있더라. 이런 식으로 이야기를 합니다. 그래서 내가 박준병 씨를 불렀습니다. 그랬더니 그 봉투를 가지고 왔어요. 봉투가 뭐 이래서 전달이 안 됐다 하는 얘기에요. 내부적인 이야기지만은 결국 이게 진실이 아니었다 하는 게 드러났어요. 왜냐하면 김영삼 씨가 박준병 씨에게 내가 안 봤다고 얘기를 할 테니까 당신 동조를 해라. 이렇게 되어서 박준병 씨가 거짓말을 한 겁니다.

**박용수:** 그럼 김동영 씨하고 사전에 합의한 것 그것도 인정을 안 했던 건가요?

**노재봉:** 나는 합의한 일도 없고 그 서류를 받은 일도 없다.

**장훈각:** 그 합의자체를 부인한 것인가요?

**노재봉:** 합의자체를 부인해버리는… 후에 알고 보니까 그런 장난이 있었어요. 그래서 김영삼 씨를 내가 만나러 갔습니다. 롯데호텔에선가 2주에 걸쳐서 두 번 만나서 한 번에 약 세 시간씩 한 여섯 시간 얘기를 했습니다. 이 내각책임제가 자기를 완전히 무력화시키기 위한 이 모략 아니냐. 이런

식의 이야기입니다. 그래서 그렇다고 하면 뭐한다고 당신이 합의를 했냐 말이야. 당신 혼자 당 가지고 있는데 당신 혼자 나갈 일이지. 이거는 대통령과 내가 공히 국민에게 책임을 질 수밖에 없는 합의요. 그리고 당신이 지금 무언가를 하려고 하면 민정당 계통의 표는 다 당신한테 돌아가게 돼 있다. 여기에 대해서 지금 반대하는 사람도 없고 하니까 그쪽으로 전부 몰아주는 것으로 다 돼 있으니까 그렇게 받아들이라고. 그런데 김영삼 씨는 나를 대통령제를 밀어주기를 설득하려고 했어요. 그렇지만 내가 설득이 어디 되냔 말이야. 이제 다른 사람도 와가지고 내각제 그것만 좀 양보하면 안 됩니까. 이런 식으로 나한테 와서 얘기하는데, 그건 안 된다. 그 사람 끝내 고집 부리고 뭐 포기하고 그게 전부 그 문제였던 겁니다. 사실 그때 대통령만 강하게 나갔으면 안 되는 겁니다.

그런 일이 있었고, 뒤에 대통령하고 당 대표하고 네 사람이 오후 2시에 만나가지고 이야기하고, 나는 밖에서 기다리고 있었습니다. 그런데 2시에 들어가서 6시까지 아무도 나오지를 않아요. 좀 있으니까 대통령이 난 피곤해서 거기서 더 이상 이야기를 못 하겠다 하고 나오시더라고. 어떻게 된 겁니까 하니까, 피곤해서 이제 더 이상 할 말도 없고 이번에는 좀 쉬어야겠다 그러시는 겁니다. 그 말 듣고 바로 그 방으로 들어갔습니다. 가보니 세 대표들이 앉아 있는 겁니다. 아니, 이게 뭘 하는 데 이렇게 시간이 걸려도 결론이 안 나느냐고. 그래서 내가 김영삼 대표 당신이 이걸 반대를 하는 모양인데 그러지 말고 두 사람이 만나시오. 내가 팔을 잡고, 일어서시오. 단 두 사람이 만나시라고. 그러니까 이제 김종필 씨, 박태준 씨도 그게 좋겠다, 그래 실장 시키는 대로 둘이 가보라고. 그래서 두 사람을 한 방에 집어넣었어. 10분도 안 돼서 김영삼 씨가 허허 웃고 나오는 거야. 대통령이 다음 후보자로 언질을 아마 좀 준 모양이야. 그런 일이 있었어요. 만약 그날 내가 그대로 두었으면 3당합당은 깨지는 겁니다. 그걸 내가 사실 지금은 후회하고 있습니다.

**박용수:** 그 일 이후에 김영삼 씨와의 관계는 어떠셨습니까?

**노재봉:** 김영삼 씨가 매주 당대표로 올라오잖아요. 근데 이 사람 올라오면 딱 한마디뿐입니다. "개혁해야 됩니다." 노 대통령이 황당해서, "그 무슨 문제를 어떻게 개혁하자는 거요?" 그에 대한 답도 없이 또 개혁해야 합니다. 이것뿐이라고. 그래서 할 수 없어서 대통령이 그 개혁을 얘기를 하려면 날 만나봐라. 이렇게 되었습니다. 그 시점은 내가 총리를 그만두고 나왔을 때입니다. 그 후에 연락이 왔어요. 개혁문제로 만나고 싶어 한다고. 하얏트 호텔 방을 빌려놓고. 그래 갔습니다. 이 사람이 시간을 안 지키는 사람이 아닌데, 15분이 되도 안 나타나. 아, 또 고의적인 술수구나. 묘한 그런 약은 꾀를 많이 씁니다. 정치라고 하는 게, 정치학을 해서 알지만 권력의 신비성이라고 할까 이런 게 있기 때문에 다음 대통령이라든지 혹은 현직 대통령과 악수를 한번 하면 사람이 넘어가버립니다. 4·19 때 학생들이 부상당해가지고 서울대 병원에 있는데 이 대통령이 찾아가지 않았어요. 그래 나 때문에 참 젊은 학생들이 이래서 정말 마음이 아프다고 펑펑 울지 않았어요? 이걸 권력의 신비성이라고 하는 겁니다.

좌우간, 15분 늦게 들어와서 앉았습니다. 나는 개혁문제로 이야기를 해보자고 연락이 왔던 거니까 날 불렀으면 이제 상대가 먼저 말을 꺼내야할 거 아닙니까. 근데 말을 안 꺼내는 거예요. 나도 안 꺼내지. 그러니까 날씨 얘기하고, 뭐 엉뚱한 얘기만 하고. 점심이 들어와서 다 먹었는데도 얘기가 안 나와요. 나도 끝까지 개혁에 대한 얘긴 안 꺼냈습니다. 한 시간 반을 개혁에 대한 말 한마디도 없이 스테이크만 먹고 헤어져버렸어요. 김영삼 씨는 개혁이 문제가 아니고 "당신이 노 대통령 밑에서 힘 있고 뭐 생각도 많이 있다고 하니까, 나를 도울래, 안 도울래. 내 밑에 항복하고 들어올래, 안 들어올래?" 이제 자기가 기대한 것은 머리 숙이면서 개혁이 어떻고 하면서 항복하고 들어오길 바라는 거예요. 내가 그걸 왜 해. 그래서 한 시간

반을 갖다가 아무 얘기 없이 엉뚱한 말만 하고 헤어졌습니다.

그리고 총리 그만두게 될 적에 김종필 씨가 전화를 했어요. "총리 물러나게 됐는데 송구스럽소. 이해를 하시오." 하고 위로전화를 했어요. 내가 총리가 됐을 때에 김종필 씨는 "늙은 사람 물러나라는 거겠지" 이런 식으로 빈정거린 일도 있고 그래요. 연배로 봐선 젊은 사람이 총리가 됐다 이 말입니다. 그래도 김종필 씨는 그런 식으로 위로 전달을 했습니다. 엊그제까지 같이 모여서 저녁도 하고 와인도 마시고 하던 사이라 이거지. 그런데 김영삼 씨는 일언반구도 없고.

그 뒤에 대통령이 전국구로 들어가라고 했지만, 김영삼 씨가 반대를 하지 않았습니까? 정무수석이 플라자 호텔에서 전국구문제를 두고 김영삼 씨와 만나기로 됐다고 연락이 왔어요. 그래서 내가 저녁에 나갔는데 안 나타납니다. 두 시간 기다려도 안 와요. "지방에서 지금 올라오고 있는데 뭐 피곤하고 시간이 늦어서 오늘 못 만나겠다." 이제 피하는 겁니다. 그리고 이틀인가 지나서 정무수석이 보자고해서 만나니까, "김영삼 씨가 집에서 보자고 그럽니다." 이게 또 무슨 짓이냐. 그것도 내가 실수한 거야 사실은. 그래서 내가 정무수석한테 대통령도 알고 계시냐고 했더니, "알고 있다. 노 총리 수고스럽더라도 그렇게 해 주는 게 좋겠다."고 해서, 나는 그럼 기자고 뭐고 다 없어야 가지, 안 그러면 내가 머리 숙이는 경우가 되는데 난 그렇게 하긴 싫다는 말이지. "아니 그런 게 아니라고. 기자 없이 만난다." 그래서 갔더니 아니나 다를까, 기자들이 다 기다리고 있어요. 모아둔 겁니다. 그렇게 내가 항복하러 온 모습을 만들었어요.

그리고 후에 이제 확정이 됐으니 대표실에 한번 인사를 또 가는 게 좋겠다고 그래서 또 갔지요. 기자들 또 모여 있어. 기자들 딱 질문이. "대통령이 지명을 해서 전국구가 되는 거냐, 김영삼 씨가 지명을 해서 되는 거냐?" 이렇게 나온다 이 말이야. 야, 이거 난감하대. 그래서 내가 김영삼 씨 체면을 봐서 이건 김영삼 씨가 승낙을 해서 된 거다. 이렇게 내가 자기를 위하는 발언을 해 주었습니다. 그러고 이제 기자들 다 갔어. 그래 이제 차 한 잔 하고 같이 나오는데, "노 총리, 그 아까 한 얘기대로 내가 그래했다고 밖에 나가서도 얘기를 좀 해 주시오."라고 하더군요. 나를 제압하기 위한 그런 과정이 있었어요.

**장훈각:** 노태우 대통령 시기에 황태자는 박철언 씨였고, 선생님은 신성으로 불리셨습니다. 박철언 씨는 소련 방문 이후에 김영삼 씨의 견제로 실권하게 되는 과정이 있었는데, 선생님께서는 어떤 관계에 처했는지 많이 궁금합니다. 아무래도 김영삼 씨하고 당내 권력을 놓고 상당히 다투셨을 것 같습니다.

**노재봉:** 내가 여의도 정치에는 관계를 했던 사람이 아니고 당 관계를 했던 사람도 아니니까. 나는 나 혼자고, 나를 밀어주는 사람은 대통령뿐이었습니다. 대통령 권한이 원체 막강하고, 대통령이 압도적인 표를 가지고 있기 때문에 내가 대권에 대해 생각해 본 일도 없고 대통령한테 표현을 한 일도 없지만, 대통령이 꼭 당신이 해야 하겠다라고 한다면 내가 아마 거부했을 겁니다. 그래도 대통령이 다른 도리가 없다고 했으면 어떻게 되었을지는 모르죠.

**박용수:** 선생님께서는 한번 해 봐야겠다는 그런 마음은 안 가지셨는지요.

**노재봉:** 아, 그런 일은 없어요. 난 청와대에서 대통령 보좌는 완전히 보좌고, 총리도 대통령을 보좌하는 것이다. 딱 그 생각만 하고 있었지. 일절 정치적인 게임이라든지 이런 건 내가 생각을 안 했고, 하기도 싫고 세력을 나눈다던지 이런 짓도 안 했고.

**장훈각:** 선생님께서는 공직에 계시면서 여러 개혁안을 구상하셨고, 또 구체적으로 추진하려 하신 것으로 알고 있습니다. 그 내용에 관한 이야기를 부탁드립니다.

**노재봉:** 당시 내 생각의 출발점은 '이대로는 안 된다'라는 것이었어요. 그걸 종합해서 말했던 것이 당원교육을 위한 강연에서였는데, 선거운동 들어가서 각 지역당의 간부들, 당원들 교육을 위해 일주일 동안 연수를 한 적이 있어요. 거기 나가서 얘기를 해야 될 사람이 무슨 사정이 생겨서 하루 못하게 되어버렸어요. 그러니까 누가 대타로 들어가야 됐어요. 준비하던 사람들이 나에게 연락을 해서 총리가 좀 그걸 좀 맡아주시오. 그래 나가서 했습니다. 그때 내 논지가 '이대로는 안 된다' 하는 거였습니다. 여기서부터 정치적으로 들어가는 겁니다. 내가 이대로는 안 된다고 했던 것이 총리가 되어서 내가 계속 얘기했던 겁니다. 이대로는 안 된다. 그게 개혁입니다.

이대로는 안 된다 하는 게 무슨 얘긴가 하면, 근대화는 1987년경에 종결됐다. 그 체제로는 정부가 더 이상 밀고 나갈 수도 없고 또 사회도 그대로 이 방식으로 움직여 나갈 수 없다. 이제는 사정이 완전히 달라지고, 조건이 달라졌다. 그래서 이대로는 안 된다. 이대로는 안 되는데, 무엇을 제일 먼저 해야 하느냐. 정부조직부터 우선 전부 다 바꿔야 된다 하는 거였어요. 당시 경제기획원, 재무부, 상공부 이 세 부처가 가장 힘이 막강했고, 엘리트들이 전부 다 그쪽으로 가 있었습니다. 그때 대통령에게도 이야기하기를, 이제는 경제기획원의 역할이 완전히 없어졌습니다. 지금 과장급 150명이 놀고 있습니다. 경제기획원은 어차피 폐지가 돼야 할 테고 하니까 과장급에 해당하는 이 엘리트 관료들을 정부 정부전체를 재구성하면서 다른 데로 보내야 되겠다. 재구성을 한다고 하는 그 원칙은 이제는 생산독려체제로부터 서비스체제로 나가야된다 하는 거였어요. 그 이야기는 뭐냐면 근대화 시기에는 정부가 이끌고 나갔지만, 이제 정부가 민간경제 사이즈나 이걸 이끌만한 지식이나 능력이 안 되는 겁니다. 이건 이제 민간들이 알아서 하는 것이지, 상품이 어떻게 되는지 뭐가 뭔지 관료들이 어떻게 아나? 그래서 이제는 서비스체제로 나가야 됩니다. 서비스체제라고 하는 것은 민간들이 자율적으로 나가는 데 거기에 뒷받침해서 힘을 실어주는 겁니다. 그렇게 하자면 노동, 농수산 환경 등 이런 부처에 엘리트가 들어가서 경제정책도 서비스를 중심으로 밀어주는, 앞에서 당기는 게 아니고 뒤에서 밀어주는 식으로 나가야한다. 그쪽으로 엘리트를 전부 재배치하고.

  그 다음에 공무원 교육연수원에서 옛날에는 새마을운동이니 이런 것으로 정신교육을 주로 했잖아요? 이제 이거 안 되겠다. 영어로 얘기하자면 civil service collage로 만들 계획이었습니다. 그렇게 하면 어떻게 되느냐. 이것이 영국모델인데 일을 하다가 모르면 거기 가서 교육을 받는 겁니다. 강연을 하는 사람은 대학교수나 이런 사람도 있지만은 그런 사람보다는 기업이나 이런 데에서 실무에 관계하고 있는 사람들이 맡는 겁니다. 그렇게 공무원 지식을 자꾸 업그레이드시켜 나가는 거지요. 그래서 공무원 훈련을 그런 식으로 완전히 바꾸고 인력도 그런 식으로 재배치하고 하는 것이죠.

  그 다음에 이제 인력양성을 어떻게 하느냐 하는 문제입니다. 이게 교육문제하고 밀접하게 연관이 되잖아요? 모든 가정이 교육문제로 엄청난 고통을 받고 있지요? 이게 넌센스인 것이 학생들이 적성이 맞아서 어느 과를 가는 것도 아니고. 무조건 대학 졸업장을 따기 위해 가는데. 도저히 이래가지고 안 되겠다. 앞으로는 기술 인력이 필요한데. 기술 인력이나 직업이 다양화 돼야 하는데. 그래서 경제개발원에다가 한국의 직업종류 좀 가져와봐라 했어요. 몇 개? 했더니 그런 게 없다는 거예요. 그럼 대충이라도 얼마냐 되느냐. 3만 5천... 그럼 3만 5천이라고 하는 것이 상당부분은 생산업도 있고 하겠지만 서비스계통이 대부분일 거 아닙니까. 그런 훈련은 하나도 안 돼 있습니다. 생산, 노동 이것만 우리가 생각했지. 그런데 이 서비스라고 하는 것이 말이 쉬워서 서비스지 간단한 거 아니거든요. 굉장히 복잡한 거 아닙니까. 정부도 어떤 의미에서는 국민의 세금 받아가지고 서비스하는 게 정부인데. 그래서 인력낭비, 모든 가정에 고통을 주는 이 경제적 낭비, 효율 때문에 이거 안 되겠다. 이걸 대대적으로 물갈이를 해야 되겠다. 그래서 대통령한테 내가 또 브리핑을 했죠. 대통령하고 나하고는 큰 정책에 대해서 서류행위로 한 게 별로 없어요. 둘이서 그냥 얘기를 해가지고 대통령이 질문하면 답변하고 했습니다.

하나하나 순서대로 이야기하면 그래요. 그때 인터넷, 컴퓨터 이제 막 생산되고 이럴 때인데, 업자들이 조합에서 와서는 도저히 인력이 모자라니 공과대학에 그 정원을 늘려주시오. 내가 가만 생각해 보다 안 되겠어. 그래서 이제 서울대 하나를 샘플로 잡아가지고 돈이 어떻게 쓰이느냐를 보니까 서울대 예산의 80%가 공과대학 예산입니다. 그러니 다른 곳에 돈이 돌아갈 틈이 없어요. 그래, 이제 업계에서는 사람 모자란다고 이러고. 안 되겠다 싶어서, 공과대학이 응용과학 아닙니까, 그래서 순수과학만 서울대에 두고. 응용과학에 속하는 공과대학을 국립 공과대학으로 독립을 시켜버리려고, 그래야 정원을 확 늘릴 수 있을 거 아니에요. 그래서 대전이나 청원으로 공과대학을 새로 만들려고 계획을 했습니다.

마침 서울대에서 공과대학 백서가 나왔는데. 보니까, 연구비가 안 나와서 도저히 연구를 못하겠다. 이런 백서가 공과대학에서 나왔습니다. 이것 참, 내가 어제 아래까지 서울대 있다왔는데 이게 무슨 소리, 말이 안 되는 소리였어요. 우리가 버스타고 다닐 때 그 친구들은 전부 다 자가용 타고 다녔거든, 옛날에. 공과대학에서 나온 백서 중에 외부에서 연구위탁 받은 것은 하나도 표시가 안 되고 있었어요. 약 200 몇십 억이 외부에서 연구의뢰가 들어갔는데 그건 하나도 반영하지 않고 있는 거예요. 그래서 공과대학에 내 친척 아저씨뻘 되는 은퇴한 교수가 있었어요. 불렀지. 아저씨, 날 좀 도와주시오. 나도 엊그제까지 있다가 나온 사람이고, 아저씨도 그 쪽에 있다 나왔는데, 도대체 연구비라고 하는 게 나오면 교수 포켓에 얼마나 들어가는지 나한테 솔직하게 얘기 해 달라고. 조카, 내 솔직하게 얘기를 안 할 수도 없고, 정직하게 이야기하면 50%는 교수 포켓에 들어간다 이겁니다. 그래 내가 이제 대충 알고 있지만 확인을 했지. 그래가지고 과학진흥을 위한 교육문제에 대해서 그 쇄신안을 만들도록 위원회를 갖다가 만들었어요. 그 아저씨도 넣고. 보고서 나오기 전에 내가 물러났어요. 나중에 보고서 받아보니까 여전히 결론이 돈이 없어서 연구를 못하겠다 그래요. 이런 한심한 일이 어디 있냐 이 말이야. 그래서 공과대학을 국립공대를 만들어서 옮긴다고 하는 것도 내가 나오는 통에 진행이 안 되고, 좌절되고 말았습니다.

그 다음에 예체능 문제입니다. 이게 또 치맛바람이 엄청나서 고약한데. 예체능에 대해서는 그게 실기, 즉 performance에 관련 된 것 같으면, performance에 탁월한 소질이 있는 학생들이 그대로 성장 해 나갈 수 있도록 하자는 것이 내 주장입니다. 모차르트가 한국에 태어났으면 국내 학교도 잘 못 다니고 대학은커녕 아무 데도 못가고 작곡도 못했을 겁니다. 이런 식의 교육제도를 갖다 놓고는. 그래, 안 되겠다. 실기에 관련되는 예체능은 독립을 시킨다. 그래서 우선 음악부터 시작을 했어요. 그래서 생긴 것이 국립종합예술대학입니다. 그게 내가 처음에 치중했던 것은 음악에 한해서, 국립음악원을 만들려고 했던 겁니다. 나오고 나니까 거기에 온갖 분야가 다 붙어가지고 학위까지 주는 이런 곳이 되어버렸어요. 음악대학은 그렇게 하고, 미술대학은 이제 미술 또 그것대로 별도로 순차적으로 진짜 재주가 있는 학생들. 소질만 가지고 들어갈 올 수 있도록. 열일곱 살, 점수고 뭐고 이런 거 필요 없다. 하는 것 보고 소질이 있는 것 같으면 그냥 입학할 수 있는 그런 식으로 계획한 겁니다. 그럼 이제 음대 미대가 없어지면, 어떡하느냐? 그건 문과대학에다가 음악학과, 미술학과 이렇게 해서 학문적으로 인문학을 연구하고 교육한다.

그리고 사범대학을 없애버린다. 그것이 어떤 이야긴가 하면 그 당시만 해도 한국의 4년제 종합대학이 약 200개 됐어요. 인구 4천5백만에 종합대학이 200개라는 것이 말도 안 되는 것이 실제로 가보면, 시설이니 뭐니 엉망이다 이거예요. 지금도 사실은 서울대 연고대가 분야마다 조금 차이가 있겠지만, 박사학위를 줄 만한 시설들이 안 됩니다. 도서관으로 치면 서울대 책이 제일 많다고 그러잖아요. 백 한 삼사십만 권 정도 될런지 모릅니다. 그중에 80만 권이 규장각 도서입니다. 다른 책 많이 없어요. 그리고 나머지 35만 권이 경성제대 때 모아놓은 겁니다. 이래가지고 무슨 학위를 주느냐 말이에요. 그래서 내가 실장 때 경향신문을 한화에 팔면서 프리미엄을 붙였어요. 정부소유였으니까. 150억 주겠다 합디다. "안 된다, 300억." 그렇게 협상을 해서 250억에 낙찰이 됐어요. 자 250억을 어디 쓰느냐? 문광부장관하고 안기부장관하고 나하고 셋이 앉아서 논의했습니다. 문광부장관은 이걸 갖다가 문예진흥원에 투자하자 이거야. 그래 내가 그랬습니다. "예술계통은 국가에서 돈을 주면 하고, 안 주면 안 한다 하는 것은 말이 안 된다. 예술은 자기가 좋아서 하는 것이지 잘 먹고 잘 살고 예술한다? 그런 거 없어. 없다. 박통 때 원체 못 사니까, 그것도 지원을 해서 문화도 진흥을 하고 좀 생활에 도움도 좀 주자는 것이었다."고 내가 반대했습니다.

"그럼 어떡할 겁니까?"라는 질문에 나는 "지금 책이 없다. 올림픽을 한 나라에서 창피해서 얼굴을 지금 못 들 판이다. 국제경기 하나 하면 근 500억이 드는데, 책이 없는 나라다." 서울대만 하더라도 창피해서 내가 책 사는 데 줘야 되겠다. 서울대에 준다. 서울대에 주는 것은 서울대만을 위해 주는 게 아니고 이걸 흩어놓으면 죽도 밥도 안 되기 때문에 책은 체계적으로 모여져야 한다. 그렇게 해서 나중에 컴퓨터 시대가 되면 그걸 가지고 전국대학에서 전부 사용할 수 있도록 한다. 그래서 그 쪽에다가 한몫 모은

다. 그렇게 결정을 하고 대통령한테 보고를 했습니다. 올림픽도 한 대통령이니까, "단일 종목 하는데 돈 얼마나 듭니까? 그런데 지금 대학 실상이 이렇습니다." 대통령도 수긍하셨어요. 그래서 당시 달러로 쳐서 환율이 700원대니까 3천만 불이야. 엄청난 돈 아닙니까. 그리고 거기다가 조건을 딱 걸었습니다. 자연과학에는 절대로 못쓴다. 자연과학교수는 저널을 해주면 되고, 저널은 학교에서 사주거든. 그건 개인이 사기엔 워낙 비싸니까. 이 돈은 인문사회에만 쓴다. 인건비고 시설비 일체 이 돈 가지고는 못쓴다. 딱 정했습니다. 그것가지고 조금이나마 책이 들어오던 겁니다.

그 다음에 이제 의과대학문제. 의과대학에서는 임상에서는 박사학위를 주면 안 됩니다. 기초의학에만 줘야 되는 것이지. 그런데 임상에다가 박사학위를 줘서는 여기저기 의학박사 간판을 달고 있습니다. 이게 국민들을 속이는 것입니다. 그래서 보사부장관을 불러가지고 기초의학 이외에는 박사학위 못준다. 이게 또 의과대학교수들은 수입원인 모양이야. 박사학위 못준다. 그럼 기초의학이 돈이 없다. 좋다. 기초의학에 대해서는 제약회사들이 시즌마다 교수들한테 돈 줘가지고 연구목적이라 해가지고 외유를 시키는데 그 리베이트 값은 다 어디로 가냐 이 말이야. 제약회사 지금까지 도와주던 거 전부 다 조사해라. 조사해가지고 그걸 가지고 기초의학진흥을 위한 재단을 만들겠다. 그랬더니 난리가 났습니다. 누가 이렇게 총리한테 상세하게 가르쳐줬냐. 내 동기들이 그때만 해도 서울대 의대 몇 사람이 있었는데. 이 친구들이 혼났어요. 너희가 가르쳐 줘가지고 이렇게 된 거 아니냐. 그것도 해놓고는 내가 끝을 못 맺고 나온 겁니다. 내가 짧게 있었기 때문에.

그 다음에 직업교육에 있어서는 기초학문 가는 것하고 실제 직업방면하고 대학을 완전히 양분을 하려고 했습니다. 기초방면은 어떻게 되느냐. 기초방면은 4년제에다가 대학원이 붙는데, 대학원을 모든 대학마다 많이 가져야 될 필요가 없다, 기초학문이니까 대학을 마치고 대학원을 들어가는

데 거기서 반드시 연구원으로 간다던지, 교수로 간다던지 하는 개런티가 잘 안 되잖아요. 대학원 이런 데 가는 사람 말고는 4년에서 끝내고, 거기서 4년 동안 기초학문으로 교육 받은 사람을 교사로 내 보낸다. 그래서 일제시대부터 내려오던 사범대학을 없애버린다. 직업방면은 어떻게 하느냐. 직업방면이라고 하는 것이 획일적으로 2년제 전문대학이 아니고. 분야에 따라서 연한을 전부 다르게 한다. 어떤 것은 5년, 어떤 것은 6년. 이제 이런 식으로 바꾸는 겁니다. 그래서 중고등학교에서 자기가 좋아하고 흥미를 갖는 방면으로 나갈 수 있도록 길을 터주는 거지요. 그 학생들이 그 직업방면으로 나가게 어디로 가든지 자원의 특색에 따라서 그렇게 하게 해준다.

그렇게 되면 이제 학원이 없어져요. 학원을 단일 분야를 전문적으로 가르치는 대학으로 바꿔 버리는 거야. 2년짜리도 있고 4년짜리도 있고 6년짜리도 있게 되는 겁니다. 스위스를 예로 들면 스위스에 목공 양산하는 학교가 5년입니다. 거기 나오면 탑 클래스가 되요. 예를 들면 그런 식으로 해야 되겠다 이거였습니다. 그러면 사회에 나올 적에 갈등이 없어요. 열등감도 없어집니다. 자기 분야에서 자신감이 생기면 열등감이 없어지잖아요. 그렇게 되면 과외가 필요 없어요. 학교에서 다 소화하면 그뿐입니다. 그리고 교과서를 한 과목에 몇 백 페이지로 만들기로 하고 전과니 뭐니 참고서 전부 다 없애버리고. 이거 짜고 한 고스톱이거든. 교과서는 요만하게 만들어놓고 참고서 안 보면 안 되게 그렇게 딱 만들어 놨단 말이야. 이게 무슨 교과서입니까.

그렇게 하고, 그 다음에 고등고시를 없앤다. 그게 뭐냐면 지금 현재의 상황으로 봐서는 외국어 하나 모르는 사람이 고등고시를 통해서 고급관료를 한다고 하는 것은 말이 안 된다. 적어도 외국어 실력은 하나 둘 있어야 된다. 이것은 대학원을 적어도 나와야 된다. 대학원을 나와 가지고 다시 박사급 과정에 해당하는 고급공무원 양성 학교를 만들어서 거기에 들어가게 한다. 소수 엘리트를 뽑는 것이지. 독학하는 것은 이제 안 되겠다 말이야. 지금이 어느 시댄데.

그 다음에, 군이 60만인데, 교육받아야 하는 연령대에 속하는 사람들이 다 들어가 있는데 이걸 이대로 방치해서는 안 되겠다. 우선은 예체능 계통의 병역면제를 없앤다. 이 인력으로 국군 정훈부대를 만든다. 상무체육부대는 있는데 왜 정훈부대가 없냐 말이지요. 그래서 국방부장관을 불렀습니다. 여보시오, 북하고 남하고 싸우는 데는 단순히 무기가지고 싸우는 게 아니오, 이제는. 사상전이고 이런데… 60만 군대가 정훈부대를 안 가지고 있다. 이거 대응 어떻게 하려고 그러냐. 그래서 정훈부대 다시 만들어야겠다. 당신 어떻소, 그러니까 좋습니다, 이거야. 그러면 병역특례해서 면제 없다. 분야에 따라서 총기 들고 훈련시켰다가는 저 손 망가지니까 안 된다. 국가에서 돈 주고 하는 거니까 하루 여덟 시간 강훈이다 이거는. 총 들고 하는 대신에 이거다. 그러면 자, 지금 대학을 가야 되는 애들이 학교 몇 시간에다가 데이트 몇 시간에다가 연습 몇 시간을 하냐 말이야. 외국어하고 예술은 하루에 여덟 시간 이상 앉아있는 애들이 결국 이기게 되는 거다. 그러니까 그런 식으로 군에서 훈련시키는 거다. 그리고 민간하고 경쟁시키는 거다. 그러면 군의 위상이 올라가고 민간하고 충분히 경쟁이 된다. 우선 들어가는 절대시간이 다른데. 다른 분야의 후방에 근무하는 장병들은 저녁에라도 시간 날 적에 과목별 학점을 따게 한다. 그래서 군에서 나오면 바로 학교에 인문으로 가던지, 직업으로 가던지 연계되도록 한다. 자이건 내 계획인데 군은 하겠습니까 안 하겠습니까 하니까 좋습니다 했지. 교육개혁은 내용이 대충 그렇게 되어 있었습니다.

그래서 내 지론은 뭐냐면, 과외를 안 하면 안 되도록 제도를 갖다가 만들어놓고 아무리 경찰력을 투입해 잡으려 해도 이건 안 된다 이거예요. 물이 흐르는 골을 다른 데로 바꿔 줘야지. 과외를 하면 분명히 이익을 보게 돼 있는데 왜 안 하겠냐 이 말이야. 과외를 누를 것이 아니라 과외를 필요 없도록 한다. 그리고 애들을 놀게 해야 한다. 논다고 하는 것은 애들한테는 놀이가 자기를 생각하고 자기를 만들어내는 창조시간이다. 방과 후 활동이라는 게 있잖아요. 그게 자기 창조시간인 거죠. 요샌 그런 게 없잖아요. 집이 하숙방처럼 돼 있잖아요, 지금은.

**박용수**: 총리 취임하실 때 그런 계획을 잡으셨던 건가요?

**노재봉**: 내가 청와대 있을 때부터 대통령한테 브리핑을 내가 한번 했어요. 그 다음 총리 돼서도 무슨 얘기하면서 "교육문제가 보통문제가 아니다, 학생들이 완전히 불구인간으로 밖에 안 되니까 이런 식으로 바꿔야 되겠습니다." 하고 말했더니, 대통령이 '끄떡끄떡' 하셨지. 문교부장관하고 국장 다 오라해서 "내 계획은 이거다, 책임은 내가 전폭적으로 진다, 완전히 교육제도를 바꿔버린다. 그러니까 이걸 듣고 우선 1차 아웃라인을 만들어오라."고 했죠. 그런데 나중에 만들어왔는데 내가 이야기한 그대로 녹음기 푼 것처럼 가져왔어. 말귀를 못 알아들은 거야. 교육부 관리들이 못 알아들어요. 그래서 내가 호통을 치고 위원회를 별도로 구성을 하려고 했습니다. 내가 설명을 해서 그냥 밀고 나가려고 그렇게 했던 것이고.

**박용수**: 위원회를 만들지는 못하셨습니까?

**노재봉**: 못 만들고 나왔습니다. 그렇게 되면 어떻게 되느냐. 200몇 개의 대학이나 전문대학이 전부 자연적으로 소멸하든지, 구조를 다 바꿔야 돼요. 그렇게 해서 정리를 해 버리려고 했죠. 학교들에 경쟁이 안 되는 분야들이 많거든. 수업료 너희 마음대로 받아라. 그 대신에 세계적인 경쟁력이 있는 것으로 해야 된다. 단과로 딱 정하고, 확장 못한다. 학원 원장들 몇 사람 불러가지고 자 이렇게 하려고 하는데 당신들 생각은 어떠냐. 다들 쌍수를 들고 환영이야. 그게 내 교육 개혁안이었습니다.

**박용수:** 노태우 대통령도 그 안에 대해서는 찬성을 하셨던 건가요?

**노재봉:** 찬성하셨지요. 그래서 내가 장관 불러서 이야기한 거였죠. 그리고 뒤에 대통령도 그만 두고 저녁 하러 한번 오라 그래서 갔을 때, 또 이 교육문제가 나와. 영부인께서 "교육문제는 해결방법이 없지 않냐?" 그러시는 거야. 아니, 문제가 있는데 왜 해결방법이 없느냐고 그랬더니 노 대통령이 옛날에 한번 들은 게 있는데, 다시 얘기를 해 보라고. 그래서 죽 설명했습니다. 지금 하는 식으로. 쭉 설명했더니 왜 밖에 있으면서 나한테 다시 하라 하지 이런 이야기에요. 들어보니 그럴듯하다 이 말이지요. 내가 웃으면서, "각하, 발상을 한 사람이 떠나고 나면 그게 안 됩니다. 내가 발상을 해놓았지만 뭐 때문에 어떻게 했는지를 모르는 사람들이 그걸 손대가지고 됩니까?" 대통령도 그건 알지 무슨 의미인지. 참 아쉽게 생각하는 거지. 그걸 했으면 교육이 지금 이렇게 안 됐을 겁니다.

그 후에 김영삼 씨가 대통령되고 그 문제를 그 사람들이 어떻게 하느냐 1년 유예를 두고 지켜봤어요. 1년 딱 되고 보니 이게 안 되겠어. 그때 내가 포문을 열었지. 여당에서. 이건 실패하는 정부다. 그래 내가 금년 말 끝난다 하고 내가 선언을 한 겁니다. 결론적으로 어떻게 됐느냐. 노태우 대통령 시절에 대한민국이 가장 좋은 조건을 만들어서 유산으로 김영삼 씨한테 물려준 겁니다. 그것이 파괴돼서 위기로 간 겁니다.

참, 제가 분당과 일산 건설할 때의 이야기했던가요?

**장훈각:** 아니오, 아직 말씀하지 않으셨습니다.

**노재봉:** 제가 특보로 있을 때 결정이 된 건데, 내가 그 회의에 들어가지 않았고, 후에 일이 어긋났지만은… 분당, 일산 신도시계획… 이게 발표가 되었습니다. 분당, 일산을 전문가를 대동해서 직접 몇 번을 가 봤어요.

가보니까 선이 고약하게 그어져 있는 거예요. 분당을 가보니까 구릉지로 해서 광주로 넘어갑니다. 제일 높은 곳이 해발 300m밖에 안 돼요. 완만하게 올라가는 거예요. 그 정도 경사도 같으면 옛날하고 달라서 도로로 그대로 써도 돼요. 그 다음에 처음 그어진 것이 대부분 농지, 평지 기준으로 돼 있어요. 6공 들어 처음 도시를 만드는데, 이제 새로운 형태로 해야 된다. 이래서는 안 되겠다. 그 당시만하더라도 택지가 전체 국토의 2%로 한정이 돼 있었어요. 그러면 우리나라는 98%가 산지고 구릉지 아니냐 이 말이야. 그런데 우리나라 산이 그렇게 높은 산이 없거든. 그래서 대통령께 건의했어요. "각하, 홍콩이니 하와이니 우리 다 가보지 않았습니까. 전부 산에 마을들이 들어가 있는데, 자연환경 그대로 놓고 구릉지를 사용해야 되겠습니다." 지금 우리가 트럭이 없나, 굴을 뚫을 그게 없나. 장비 다 있는데. 이제는 평지, 농지를 깎아먹는 그건 하지 말고, 그건 그대로 두고, 농지는 배후 그 식량공급 그걸로 두고 구릉지로 바로 올라가야 되겠다. 근데 구릉지를 가보면 곳곳에 조그마한 마을이 있단 말이야. 그걸 사용합시다. 그 지형에 따라서 다양한 건물로, 단독주택도 있고 빌라도 있고 아파트도 있고, 이렇게 해서 아름답게. 그렇게 구릉지 이용으로 들어갑시다.

그래서 계획도를 갖다가 놓고 사람들을 불러 회의를 하는데, 선이 왜 이렇게 그어졌느냐, 경계가. 그러니까 해발 100m, 경사 30도 기준이라는 말입니다. 그래서 내가 그게 법으로 규정되어 있냐 했더니 그게 관례입니다 그래요. 당신 지금 무슨 소리를 하고 있냐. 옛날 손으로 뭐 삽이나 이런 걸 들고 할 적 이야기지. 경사 30도가 그게 뭐가 높은 지역이냐 말이야. 그러니까 이게 이래가지고 안 된다. 해발 100m? 그거 조금 올라가면 해발 100m인데. 그런 기준을 갖다가 지금 세워가지고는 안 된다. 그래서 내 생각은 농지를 수용해버린다면 보상비를 엄청나게 줘야 되잖아요. 산지는 이게 땅값이 안 들거든. 땅값 안 들면 굉장히 싸지는 겁니다, 거기서 남는 돈으로 구릉지를 그대로 사용을 해서 새로운 형태의 도시를 만드는 겁니다.

그 다음에 일산 쪽은 또 보니까 성토를 해야 되는데 4m 성토를 해야 된다 그래요. 왜 4m 성토를 갖다가 해야 되느냐. 그 일산지역에 뭐 있고 그래서 그렇다. 그럼 이 흙은 다 어디서 가져 온 거냐? 그 역시 일산지역에서 산을 파서 가지고 왔다고 합니다. 이런 넌센스가 어디 있냔 말이야 도대체. 성토를 갖다 하려면, 그 일산지역에 가져온 것도 문제거니와, 이것이 다져져야 집을 지을 수 있는데 그 시간도 한참 걸린단 말이야. 그러니까 그러지 말고, 골프장 있잖아요, 그 서부컨츄리, 한양컨츄리. 골프장 있죠. 그곳을 몽땅 수용을 하고 그 사람들은 땅을 다른 데로 주고. 그 땅에다가 구릉지 그대로 사용한다. 그것이 내 계획이었습니다.

이제 하수시설, 상수시설 등이 문제가 됩니다. 건축업자한테 물어가지고 하수시설에 터널을 뚫으면 되지 않냐. 얼마든지 가능합니다. 자, 그게 기계로 가능해. 그럼 땅값이 안 드니까 얼마나 싸게 들어요. 그래서 내가 건설부에 국장한테 오라고 해서, 내 계획이 이러니까 계산해 오라. 처음 그은 것과 내가 그은 것하고 가격이 어떻게 차이가 나느냐. 한 장짜리 보고서를 가지고 왔어. 보니까 썼다가 또 지우고, 그 위에 또 쓰고 이런 거야. 내가 한 대로 하자면 비용이 처음 계획했던 것 보다 3배가 더 든다. 이렇게 나와 있어요. 종이 한 장에. 국장, 내가 까막눈인 줄 아나. 세 배가 든다고 할 땐 세 배가 드는 계산근거가 나와야 할 거 아니냐. 이런 보고서가 어디 있냔 말이야. "내가 모른다고 지금 이런 보고서를 가지고 왔느냐. 내 안대로 하면 처음 계획한 비용의 0.9밖에 안 돼. 처음 그게 1이라고 할 것 같으면." 국장이 벌겋게 됐지. 그러면서 나보고 뭐 정치적인 그런 고려를 해서 좀 편하시려면 그대로 받아들이시지요.

**장훈각:** 국장의 그런 얘기가 어떻게 가능한가요?

**노재봉:** 그게 학교서 만난 내 후배예요. 자기는 나를 위한다고 하는 건

데 나는 화가 되게 났지요. 대통령은 이미 다 결정된 것으로 생각하고 있었습니다. 내가 자꾸 말씀드리니까 성가시게 생각하더라고. 그래서 나도 포기를 해버렸어요.

그 다음에 저 한강 밑으로 해서 지금 여의도까지 지하로 터널을 뚫었잖아요. 저것도 굉장히 위험한 짓을 한 겁니다. 국제 기준이 하상에서 24m 아래에서 터널이 만들어 져야 돼요. 근데 저게 17m입니다.

**박용수:** 얕은 겁니까?

**노재봉:** 왜 그러냐. 비용 적게 하면 건설업자야 좋잖아요, 비용 적게 드니까. 그죠? 이게 24m로 밑으로 내려가려면 완만하게 길이가 굉장히 길어지죠. 지하철이라는 게 바로 들어갈 수 없는 거니까. 비용이 엄청나게 들잖아. 그래서 설계가 그렇게 됐는데, 건설회사에서는 위험하다는 걸 알아요. 그래도 입구를 약간 더 길게 잡아가지고 공사를 해서 하상은 17m가 된 겁니다. 위험한 짓이지.

**장훈각:** 원칙을 지키지 않는 이유가 딱히 있나요? 그 어떤 정치적인 입김이나…

**노재봉:** 정치적인 이유보다도 유착관계가 가장 큰 거고.

**장훈각:** 건설업계하고…

**노재봉:** 건설업자들이야 나중에 잘못되면 책임을 지게 되니 자기들도 겁은 나지. 왜 공사를 이런 식으로 해놨냐. 그런데 관에서 괜찮다고 하라고 하면 나중에 잡혀 들어가더라도 돈을 주니까 한단 말이야. 위험은 느끼

고 있지. 그래서 약간 더 연장을 시켜가지고 공사를 한 겁니다. 고속철도 얘기는 내가 먼저 했죠? 다 그런 식이야. 그러니 이런 식으로 되가지고는 안 된다 이 말이야. 전체를 갖다가 소위 학술적인 용어로 쓰자면 합리적인 정치를 가지고 해 나가야 된다 이런 말이지요.

**박용수:** 시점을 다시 올라가서 3당합당을 할 때에는 YS에게 대권을 넘긴다는 생각이 없었던 건가요? 아니면 그런 가능성도 일단 인정을 하고…

**노재봉:** 가능성 가운데 하나로 놓고 있었다고 봐야죠. 우선 합당을 해서 정부 안정부터 취하고 정책을 밀고 나갈 수 있는 기반을 만드는 게 일차적인 것이고, 누가 바통을 받는가 하는 건 2차적이고.

**장훈각:** 그때는 내각책임제도 합의사항이었잖아요? 그러면 내각책임제를 하겠다라는 것도 정해져있지 않은 상태였고, 또 대통령제를 유지하겠다 이것도 확실한 것은 아니었다고 할 수 있는지요?

**노재봉:** 내각책임제를 한다고 하는 것은 합의가 된 것이었습니다. 김영삼 씨가 그걸 튼 겁니다. 일단은 그렇게 해놓고 안에서 들어가지고 나간다 하는 이런 계산입니다. 그러니까 철저히 불신입니다. 김영삼 씨, 김대중 씨가 특히 그렇습니다. 자기 참모들도 그렇고 특히 자기를 잘 아는 사람은 절대로 안 믿습니다. 그리고 정치자금 문제인데, 김영삼 씨, 김대중 씨나 거액의 정치자금을 가지고 있다고 하는 것은 누구나 상상할 수 있는 일입니다. 정치계에선 다 상상할 수 있는데 그걸 누가 추적도 안 하고 밝히지도 않고 있죠. 노 대통령은 자기 입으로 하는 얘기는 아니지만 세종연구소와 같은 큰 연구소를 구상했던 것 같아요. 연구소를 하려면 이제 큰 돈이 들어가죠. 그렇죠? 직접 이야기는 안하지만 내가 뭐 얼마를 살 거라

고 내가 잘 살기 위해 그걸 비자금을 모았겠느냐. 대통령이 얘기를 하지는 않지만은 분명히 뭘 하다가 이제 들어갔거든. 비자금도 그런 이유였던 것 같아. OB사무처도 노 대통령이 주관해서 과거 수상이고 했던 사람들 모임이 있었습니다. 일 년에 한 번씩 하는 거. 그게 노 대통령이 주관을 주로 했습니다. 그것도 임기 끝나고 나서 없어져버렸는데. 그 뭐 쟁쟁한 사람들 그때 다 참가를 하고 했거든요.

**박용수:** 노태우 정부에서 대통령하고 임기를 거의 같이 했던 분 중에 한 분이 김종휘 수석이 계셨지요?

**노재봉:** 아, 외교안보.

**박용수:** 그분 같은 경우에는 대통령의 뜻과 맞아서 계속 갔던 것이라고 봐도 될까요?

**노재봉:** 북방외교 그쪽 전부 다.

**박용수:** 그분이 박철언 씨와 의견조율이 잘 되었나요?

**노재봉:** 안 좋았어요. 왜냐하면 박철언 씨가 전부 다 자기가 그냥 진행을 하려고 했으니까.

**박용수:** 노태우 대통령 입장에서는 그 두 사람을 균형을 유지하는 것이 중요했을 것 같습니다. 그런 노력 같은 것은 없었는지요?

**노재봉:** 그렇지는 않았고 김종휘란 분이 얌전했기 때문에 불만이 있어

도 가만히 있었지요. 나중에 내가 들어오고 청와대 구성이 좀 바뀌고 박철언 씨 내보내고 했는데, 그러면서도 갈등이 약간 있었습니다.

**장훈각:** 선생님, 끝으로 노태우 정부에 대한 전반적인 평가와 우리 사회에 해주고 싶은 당부라고 할까요?

**노재봉:** 내가 그 정부의 그 중책을 맡고 있던 한 사람이기 때문에 그런지 모르겠지만, 노 대통령 이전 대통령들이 나름대로의 업적은 다 있습니다. 노 대통령은 그 기초 위에서 세계에 한국을 알리고, 희생 없이 자유민주주의, 헌법에 부합되는 체제로 완전히 바꿔놓는 역할을 했지요. 그리고 이제 세계 속의 그야말로 국제사회의 정회원으로서의 한국, 그것을 만들어 놓은 게 노태우 대통령입니다. 그 이전까지는 국제사회에서는 준회원 비슷했어요. 이제 민주화로써 국제클럽에 정회원이 되었습니다.

그러나 그런 새로운 환경에 맞는 국민의 기강수준이 못 따라가고 있는 것이 대단히 염려스럽습니다. 요새 부산 저축은행이니 사고 나는 거 보면, 이거 뭐 도둑질 아니에요. 이것이 사회기강, 인재교육하고 밀접한 관계가 있습니다. 어느 사회가 건전하다고 하는 최후의 판단기준은 교육기관과 종교기관이 부패하느냐 안하느냐에 달려있습니다. 그 두 기관이 부패하면 사회 기강은 끝나는 겁니다. 근데 우리나라는 그 두 기관이 엄청나게 부패해 있습니다. 이건 참 위험해요. 이것은 물질적으로 계산이 될 수가 없는 겁니다. 마치 전쟁에서 사기라고 하는 것은 숫자로 계산 할 수 없다 이 말이지요. 이것은 싸움이 붙어봐야 아는 겁니다.

그리고 근대국가는 정당화된 폭력의 독점을 특징으로 한다고 하죠. 그 정당화된 폭력만으로 사회의 질서가 유지가 되느냐. 절대로 아닙니다. 사회질서 유지의 또 하나의 축이, 조금 광범위한 개념입니다만, 문화입니다. 자율적 기율이 있는 겁니다. 우리에게 그런 자율적인 기강이라고 하는 것은 소위 유교의 윤리, 이게 사람을 움직여 나가는 자율적인 메커니즘을 갖는데, 이제는 그게 거의 다 소멸되다시피 했지요. 아직도 그나마 자율적으로 움직이는 부분 하나를 보면 가정에서 내려오는 생활이라 할 수 있습니다. 이것이 다 유교적인 전통에서 내려오는 거죠. 근래엔 이조차 점점 깨지는 판이란 이 말이야. 그래서 그걸 대체할 수 있는 기강 확립이 필요하고, 가장 큰 것이 교육입니다.

종교인구가 동북아시아에서 제일 많다고 하는 것이 한국인데, 그렇게 종교인구가 많음에도 불구하고 전부 다 물질주의 일변도로 나아가는 것, 이렇게 되면 언제 사회가 후퇴하고 허물어지고 할지도 몰라요. 행복이라고 하는 것이 어디까지 물질적인 행복을 더 추구할거냐. 지금 우리가 선진국 아닙니까. 선진국이에요. 국민소득이 2만 불에서 몇천 불, 몇만 불, 천정부지로 올라간다. 그건 그럴 수도 없거니와 의미도 없는 거예요. 인간의 행복이라고 하는 것이 경제적인 부를 추구하는 것만으로 오는 것이 아닙니다. 정책만으로, 소위 정치적인, 경제적인 정책만으로 되는 것은 아닙니다. 그리고 이제 교육도 특화를 할 수 있으면 할 수 있는 대로 하고 전문화하고 해야지, 백화점 식으로 벌려놓으면 안 됩니다. 교육이라고 의례 자율 그러는데, 대학평가, 심의하는 거 스스로 봐주기 하고 이래가지고는 안 된다 이 말이지요. 이게 다 기강의 문제인 겁니다.

# 노태우 대통령 연표

| 연도 | 개인사 | 공직사 |
|---|---|---|
| 1932 | 12월 4일 출생 (경북 달성) | |
| 1944 | 공산초등학교 졸업 | |
| 1945 | 대구공업중학교 입학 | |
| 1948 | 경북중학교 4학년 편입 | |
| 1950 | 학도병으로 헌병학교 자진 입대 | |
| 1951 | 경북고등학교 졸업 | |
| 1952 | 1월 육군사관학교 입학<br>군부 내 사조직 '오성회' 가담 | |
| 1955 | 육군사관학교 제11기 졸업<br>육군 소위 임관 | |
| 1956 | | 육군 보병 소대장<br>광주 보병학교 구대장 |
| 1959 | 김옥숙 여사와 결혼<br>미국 유학 (노스캐롤라이나주의 특수전학교에서 6개월간 심리전 과정) | |
| 1960 | 4월 귀국<br>육군 대위 진급 | 학생군사교육단(ROTC) 창설요원(서울대학교 교관) |
| 1961 | '오성회'→'칠성회'로 확대 | 군사정보대학 영어 번역장교<br>방첩부대 정보장교<br>5·16군사정변 지지 선언 |
| 1962 | 칠성회 회장에 선출 | |
| 1964 | '칠성회'→'하나회'로 개칭 | |
| 1966 | | 방첩부대 정보과장 |
| 1967 | 육군 중령으로 진급<br>을지무공훈장(베트남 전 참전 공로) | |
| 1968 | 육군대학교 졸업 | 수도사단 맹호부대 대대장으로 베트남전 참전 |
| 1970 | 육군 대령 진급 | 육군참모총장 수석부관 |
| 1971 | | 보병연대장 |

| | | |
|---|---|---|
| 1974 | 육군 준장 진급 | 공수특전여단장 |
| 1978 | 육군 소장 진급 | 대통령경호실 작전차장보 |
| 1979 | | 제9사단 사단장<br>10월 26일 대통령 박정희가 중앙정보부장 김재규에 의해 피살됨<br>12월 13일 제8대 수도경비 사령관 |
| 1980 | 육군 중장 진급 | 국군보안사령관 |
| 1981 | 7월 15일 육군 대장 예편 | 정무 제2장관<br>9월 25일 대한민국 국가안전보장회의 상임위원<br>11월 대통령 특사로 유럽, 미국, 아프리카 국가 순방<br>1988 서울올림픽 유치 |
| 1982 | | 남북한 고위회담 수석대표<br>3월 초대 체육부장관<br>4월 제41대 내무부장관 |
| 1983 | | 서울올림픽대회 및 아시아게임 조직위원장 (~1986) |
| 1984 | | 대한체육회장, 한국올림픽위원장 역임(~1985) |
| 1985 | | 2월 12일 제12대 국회의원 당선(민주정의당 전국구 의원) 민정당 대표 선임 |
| 1987 | | 4월 13일 '4·13호언조치' 발표<br>6월 10일 노태우 민주정의당 차기 대통령후보로 선출<br>29일 민정당 대표로 '6·29선언'<br>8월 5일 민정당 제2대 총재로 선출<br>12월 16일 제13대 대통령 당선 |
| 1988 | | 2월 25일 제13대 대통령 취임<br>27일 시국사범 등 7,234명 사면복권<br>3월 1일 북방외교 추진을 천명<br>11일 3단계 해외여행 자유화 방안 마련<br>4월 26일 제13대 국회의원 선거<br>5월 29일 야 3당 총재와 청와대에서 4자회담 |

|      |                          | |
|------|--------------------------|---|
|      |                          | 7월　7일 '민족자존과 통일 번영을 위한 특별<br>　　　　선언'(7·7선언) 발표<br>　　　8일 중공을 중국으로 공식 호칭 발표<br>　　　14일 '국정감사 및 조사에 관한 법률안' 등<br>　　　　에 대하여 거부권 행사<br>8월 15일 남북한 최고책임자회담 제의<br>9월 17일 제24회 서울 하계 올림픽대회 개막, 다<br>　　　　케시타 수상과 한·일 정상회담<br>10월 18일 유엔총회 본회의 연설<br>　　　21일 레이건 대통령과 한·미 정상회담<br>　　　27일 5공화국과의 단절을 강력히 시사<br>　　　　'국가보안법' 개정 착수 지시<br>11월　3일 아시아·태평양지역 순방 출국<br>　　　4일 한·말레이시아 정상회담<br>　　　6일 한·호주 정상회담<br>　　　10일 한·인도네시아 정상회담<br>　　　12일 한·브루나이 정상회담<br>　　　26일 특별담화(민주화 6개항 발표 등) |
| 1989 | 조지워싱턴대학교 법학 명예박사 | 1월 30일 호크 총리 수상 방한<br>　　　　한·호주 정상회담<br>2월　1일 헝가리와 공식수교<br>　　　23일 당·정부에 대한 중간평가 실시 언급<br>　　　27일 부시 미국 대통령 방한<br>　　　　한·미 정상회담<br>3월 20일 중간평가 실시 유보 특별담화<br>8월 15일 통일 3대원칙(자주·평화·민주) 제시<br>9월 11일 '한민족공동체통일방안' 제시<br>10월 15일 미국 방문하여 의회 연설<br>　　　17일 부시 미 대통령과 한·미 정상회담<br>11월　1일 폴란드와 대사급 외교관계 수립<br>　　　18일 서독·헝가리·영국·프랑스 순방 출국<br>　　　23일 헝가리 국회에서 연설<br>　　　29일 소련과 영사관계 수립에 합의 |

| | |
|---|---|
| | 30일 미테랑 대통령과 한·프 정상회담<br>12월 4일 유럽 4국 순방 마치고 귀국<br>15일 야3당 총재와 5공비리 등 11개 항 합의 |
| 1990 | 1월 3일 5공청산 문제 종결선언 특별담화<br>10일 남북 정상회담 개최 촉구<br>16일 알제리와 대사급 외교관계 수립<br>1월 22일 민정당·민주당·공화당, 3당통합 선언<br>2월 9일 3당합당으로 민주자유당 출범<br>3월 1일 남북 정상회담 개최 촉구<br>9일 제1차 남북체육회담 개최<br>4월 12일 대한항공 858기 폭파범 김현희 특별사면<br>5월 7일 '시국에 관한 특별담화문' 발표<br>9일 제1대 민주자유당 총재<br>24일 일본 방문(~05.26)<br>25일 일본 국회 연설<br>26일 가이후 총리와 한·일 정상회담<br>6월 3일 한·소 정상회담 위해 미국 방문<br>5일 샌프란시스코에서 고르바쵸프와 한·소 정상회담<br>6일 부시와 한·미 정상회담<br>21일 방한한 로드리게스 대통령과 한·파라과이 정상회담<br>7월 3일 남북고위급회담 제7차 예비회담<br>20일 남북한 민족대교류에 관한 특별담화<br>9월 4일 서울에서 남북한 첫 총리회담 개최<br>12일 방한 중인 모하마드 총리와 한·말레이시아 정상회담<br>10월 1일 소련과 대사급 외교관계 수립<br>13일 10·13특별 선언(범죄와의 전쟁) 선포<br>16일 남북 고위급회담 제2차 평양회담<br>30일 주소 한국 대사관 개설<br>11월 8일 방한 중인 요비치 대통령과 한·유고슬라비아 정상회담<br>15일 헝가리 곤츠 대통령과 정상회담 |

|  |  |  |
|---|---|---|
|  |  | 27일 나자르바예프 소련카자흐스탄공화국 대통령 접견<br>12월 13일 한국 대통령 최초로 소련 공식방문<br>14일 한·소 정상회담, '모스크바선언' 발표<br>17일 방소 일정 마치고 귀국 |
| 1991 | 모스크바대학교 정치학 명예박사 | 1월 8일 1994년도부터 대학입시 완전자율화 천명<br>9일 방한한 가이후 수상과 제1차 한·일 정상회담<br>10일 제2차 한·일 정상회담, 한일 우호협력 3원칙 합의<br>3월 26일 시·군·구의회 의원선거<br>4월 20일 방한한 고르바쵸프 대통령과 한·소 정상회담<br>5월 2일 경경대 사망사건 관련 대국민 사과<br>6월 29일 미국, 캐나다 순방 차 출국<br>30일 스탠포드대학 연설에서 아시아-태평양 공동협력체 창설 제창<br>7월 1일 샌프란시스코 교민조찬모임<br>2일 한·미 정상회담<br>4일 멀로니 캐나다 총리와 한·캐나다 정상회담<br>7일 미국·캐나다 방문 마치고 귀국<br>19일 유엔헌장 의무수락 선언서에 서명<br>8월 29일 중국에서 두만강개발국제회의 개막<br>9월 13일 한·말레이시아 정상회담<br>18일 제46차 유엔총회에서 남북한이 유엔 회원국으로 동시 가입<br>20일 유엔총회 기조연설·멕시코 방문 위해 출국<br>23일 한·미 정상회담<br>24일 유엔총회 기조연설에서 통일의 3대 원칙 제시 |

| | | |
|---|---|---|
| | | 25일 한·멕시코 정상회담 |
| | | 30일 귀국 |
| | | 11월 12일 전기침 중국 외교부장과 면담 |
| | | 16일 루킨 러시아대통령 특사 접견 |
| | | 21일 체니 미국 국방부장관과 파월 합참의장 접견 |
| | | 12월 13일 '남북 사이의 화해와 불가침 및 교류협력에 관한 합의서' 서명 |
| | | 18일 핵부재 선언 |
| 1992 | 민자당 명예 총재 | 1월 6일 부시 미 대통령과 청와대에서 한·미 정상회담 |
| | | 2월 17일 '남북기본합의서'와 '비핵화공동선언'에 서명 |
| | | 19일 '남북기본합의서' 발효 관련 특별담화문 발표 |
| | | 3월 24일 제14대 국회의원선거 실시 |
| | | 4월 27일 한·체코슬로바키아 정상회담 |
| | | 6월 5일 20회 세계환경의 날 기념식에서 '환경보전을 위한 국가선언' 선포 |
| | | 26일 '대통령선거법' 개정 제시 |
| | | 8월 24일 한·중수교 및 특별담화 |
| | | 25일 민주자유당 총재직 사퇴하고 김영삼 대표 최고위원에게 승계 |
| | | 9월 3일 방한 중인 둔켈 GATT 사무총장과 면담 |
| | | 18일 중립 선거관리 내각 구성 |
| | | 민주자유당 탈당의사 발표 |
| | | 20일 제47차 유엔총회 참석차 뉴욕 방문 |
| | | 22일 제47차 유엔총회 기조연설 수행 |
| | | 23일 한·인도네시아 정상회담 |
| | | 29일 한·중 정상회담 |
| | | 10월 5일 민자당 탈당계 제출 |
| | | 13일 한·벨기에 정상회담 |
| | | 11월 8일 미야자와 총리와 한·일 정상회담 |

| | | |
|---|---|---|
| | | 20일 옐친 러시아 대통령과 공동성명<br>23일 군내 사조직 발본색원 지시<br>12월 18일 제14대 대통령 선거, 김영삼 당선<br>12월 22일 베트남과 대사급 외교관계 수립 |
| 1993 | 민주평화통일자문회의 의장<br>헌정회 원로자문회의 위원 | 1월 31일 새 정부가 과거 정부를 단죄하는 것은 바람직하지 않다고 언명<br>2월 23일 청와대에서 퇴임 기자회견<br>25일 김영삼 제14대 대통령 취임<br>8월 금융실명제 전격 실시 |
| 1995 | 11월 16일 특정범죄 가중처벌법상 뇌물수수 혐의로 서울 구치소에 구속 수감되어 무기징역을 구형 | |
| 1997 | 4월 17일 12·12사태와 5·18사건 및 대통령 비자금 사건 관련 대법원 선고공판에서 징역 17년형과 추징금 2,628억 원을 선고받음<br>12월 18일 특별사면조치에 의해 석방 | |

\* 국사편찬위원회, 『대한민국사 연표 3』(서울: 경인문화사, 2008)/ 공보처, 『제6공화국 실록: 노태우 대통령정부 5년』(1992) 등 참조.

---

\* 이후 '하나회'로 발전